한국산업 안전보건공단

NCS + 최종점검 모의고사 7회

시대에듀

2025 최신판 시대에듀 한국산업안전보건공단
NCS + 최종점검 모의고사 7회 + 무료NCS특강

Always **with you**

사람의 인연은 길에서 우연하게 만나거나 함께 살아가는 것만을 의미하지는 않습니다.
책을 펴내는 출판사와 그 책을 읽는 독자의 만남도 소중한 인연입니다.
시대에듀는 항상 독자의 마음을 헤아리기 위해 노력하고 있습니다. 늘 독자와 함께하겠습니다.

머리말 PREFACE

일하는 모든 사람의 안전과 건강을 지키는 한국산업안전보건공단은 2025년에 신규 직원을 채용할 예정이다. 한국산업안전보건공단의 채용절차는 「원서접수 ➡ 서류전형 ➡ 필기전형 ➡ 인성검사 ➡ 1차 면접전형 ➡ 2차 면접전형 ➡ 최종 합격자 발표」 순서로 이루어진다. 서류전형은 적부 심사로 진행되고, 필기전형은 5급의 경우 직업기초능력평가와 직무수행능력평가로, 6급은 직업기초능력평가만으로 진행된다. 직업기초능력평가는 의사소통능력, 문제해결능력, 자원관리능력, 조직이해능력, 대인관계능력, 수리능력 총 6개의 영역을 평가한다. 2024년에는 피듈형으로 출제되었으며, 필기전형에서 고득점을 취득하기 위해서는 기본 모듈 개념에 대한 이해와 더불어 PSAT 유형에 대한 폭넓은 학습 등의 철저한 준비가 필요하다.

한국산업안전보건공단 필기전형 합격을 위해 시대에듀에서는 한국산업안전보건공단 판매량 1위의 출간 경험을 토대로 다음과 같은 특징을 가진 도서를 출간하였다.

도서의 특징

❶ 기출복원문제를 통한 출제경향 확인!

- 2024년 주요 공기업 NCS 기출문제를 복원하여 공기업별 필기 유형을 파악할 수 있도록 하였다.

❷ 출제 영역 맞춤 문제를 통한 실력 상승!

- 직업기초능력평가 대표기출유형 및 기출응용문제를 수록하여 NCS에 유형별로 꼼꼼히 대비할 수 있도록 하였다.

❸ 최종점검 모의고사를 통한 완벽한 실전 대비!

- 철저한 분석을 통해 실제 유형과 유사한 최종점검 모의고사를 5회분 수록하여 자신의 실력을 점검하고 향상시킬 수 있도록 하였다.

❹ 다양한 콘텐츠로 최종 합격까지!

- 한국산업안전보건공단 인성검사와 면접 기출질문을 수록하여 채용 전반에 대비할 수 있도록 하였다.
- 온라인 모의고사 2회분을 무료로 제공하여 필기전형을 준비하는 데 부족함이 없도록 하였다.

끝으로 본 도서를 통해 한국산업안전보건공단 채용을 준비하는 모든 수험생 여러분이 합격의 기쁨을 누리기를 진심으로 기원한다.

SDC(Sidae Data Center) 씀

한국산업안전보건공단 이야기 INTRODUCE

◇ 미션

안전하고 건강한 일터를 조성하여
국민의 행복한 삶과 국가 경제 발전에 기여

◇ 비전

국민과 함께하는 산업안전보건 종합 솔루션 전문기관

◇ 핵심가치

안전보건 | 전문성 | 소통 | 혁신

◇ 경영목표 및 전략방향

사고사망만인율 감소	국민 안전(安全) 최우선 일터 조성
작업환경 위험사업장 개선	일하는 사람의 생명 및 건강 보호
고객편의 디지털플랫폼 구현	혁신성장 산재예방 미래가치 선도
경영개선을 통한 효율성 제고	ESG · 혁신 중심 지속가능경영 강화

◇ 인재상

1	공공	윤리의식을 기초로 맡은 업무를 성실하게 수행하는 자세
2	전문성	안전보건의 중심적 역할을 수행하기 위해 필요한 총체적 역량
3	화합	서로 믿고 배려하며 강한 결속력을 통하여 성과를 창출하는 자세
4	고객	고객에게 최우선의 가치를 제공하기 위해 헌신적으로 노력하는 자세
5	창의	수동적 사고방식을 넘어 미래를 향해 끊임없이 도전하는 정신

신입 채용 안내 INFORMATION

◇ 지원자격(공통)

❶ 공단 인사규정 제18조의 결격사유에 해당하지 않는 자
❷ 임용예정일 기준 정년(만 60세)에 도달하지 않은 자
❸ 임용예정일 즉시 근무가능한 자

◇ 필기전형

구분	직무	내용	문항 수
직업기초능력평가 (NCS)	5급	의사소통능력, 문제해결능력, 자원관리능력, 조직이해능력, 대인관계능력, 수리능력	30문항
	6급	의사소통능력, 문제해결능력, 자원관리능력, 조직이해능력, 대인관계능력, 수리능력	80문항
직무수행능력평가 (전공)	5급	산업안전(일반 · 기계 · 전기 · 화공)	70문항
		산업보건	
		건설안전(건축 · 토목)	
		경영	

◇ 면접전형

구분	평가내용
직무역량평가	직무 관련 이론 및 실무역량, 전문성 등
가치적합성평가	정신자세, 공단 인재상, 공직윤리, 발전 가능성 등

❖ 위 채용 안내는 2025년 채용공고를 기준으로 작성하였으므로 세부사항은 확정된 채용공고를 확인하기 바랍니다.

2024년 기출분석 ANALYSIS

총평

2024년 8월 실시한 한국산업안전보건공단 필기전형은 5지선다 피듈형으로 출제되었으며, 채용대행사는 '트리피'였다. 5급 신입직을 기준으로 NCS 직업기초능력평가는 의사소통능력, 문제해결능력, 자원관리능력, 조직이해능력, 정보능력, 수리능력 총 6개 영역으로 구성되었다. 영역별로 5문항씩 출제되었고, 전체적으로 모듈형과 PSAT형의 비중이 비등하였다는 후기가 많았으므로 모듈 이론에 대한 이해와 더불어 PSAT 유형에 대한 폭넓은 학습도 필요해 보인다.

◇ 영역별 출제 비중

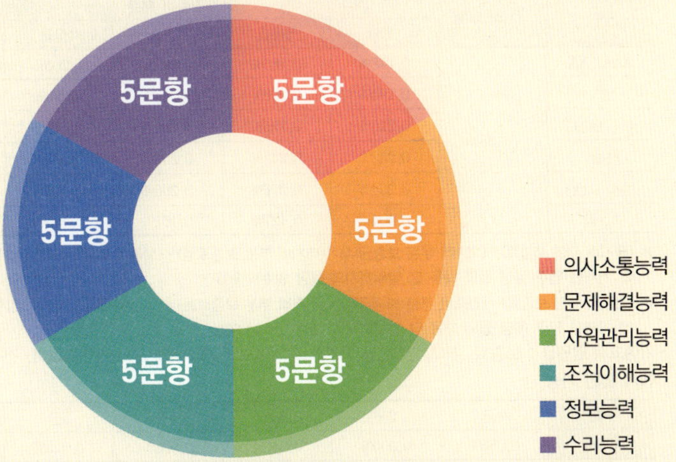

구분	출제 특징
의사소통능력	• 공단 관련 지문이 출제됨 • 빈칸 삽입, 문단 나열 문제가 출제됨 • 대화문 중 적절하지 않은 것을 고르는 의사 표현 문제가 출제됨
문제해결능력	• 명제 문제가 출제됨 • 창의적 사고와 관련된 모듈형 문제가 출제됨 • 긴 지문의 PSAT형 문제가 출제됨 • 사탕을 나눠 가지는 내용의 참거짓 문제가 출제됨
자원관리능력	• 각 연수원의 정보가 주어진 뒤 묵을 숙소를 고르는 문제가 출제됨 • 도표를 참고하여 선정될 업체를 고르는 문제가 출제됨 • 시간관리와 관련된 모듈형 문제가 출제됨
조직이해능력	• 대부분 모듈형 문제가 출제됨 • 행동 형성 4가지 이론에 대응하는 사례가 출제됨
정보능력	• SQL 문제가 출제됨 • 코딩 명령어 문제가 출제됨 • 정보 이해와 관련된 모듈형 문제가 출제됨
수리능력	• 응용원순열 문제가 출제됨 • 보험료를 산정하는 문제가 출제됨 • 수당을 계산하는 응용 수리 문제가 출제됨 • 산업 업종별로 분류된 자료 이해 문제가 출제됨

※ 2024년에는 '대인관계능력' 대신 '정보능력'이 출제되었습니다.

PSAT형

| 수리능력

04 다음은 신용등급에 따른 아파트 보증률에 대한 사항이다. 자료와 상황에 근거할 때, 갑(甲)과 을(乙)의 보증료의 차이는 얼마인가?(단, 두 명 모두 대지비 보증금액은 5억 원, 건축비 보증금액은 3억 원이며, 보증서 발급일로부터 입주자 모집공고 안에 기재된 입주 예정 월의 다음 달 말일까지의 해당 일수는 365일이다)

• (신용등급별 보증료)=(대지비 부분 보증료)+(건축비 부분 보증료)

• 신용평가 등급별 보증료율

구분	대지비 부분	건축비 부분				
		1등급	2등급	3등급	4등급	5등급
AAA, AA	0.138%	0.178%	0.185%	0.192%	0.203%	0.221%
A^+		0.194%	0.208%	0.215%	0.226%	0.236%
A^-, BBB^+		0.216%	0.225%	0.231%	0.242%	0.261%
BBB^-		0.232%	0.247%	0.255%	0.267%	0.301%
BB^+ ~ CC		0.254%	0.276%	0.296%	0.314%	0.335%
C, D		0.404%	0.427%	0.461%	0.495%	0.531%

※ (대지비 부분 보증료)=(대지비 부분 보증금액)×(대지비 부분 보증료율)×(보증서 발급일로부터 입주자 모집공고 안에 기재된 입주 예정 월의 다음 달 말일까지의 해당 일수)÷365

※ (건축비 부분 보증료)=(건축비 부분 보증금액)×(건축비 부분 보증료율)×(보증서 발급일로부터 입주자 모집공고 안에 기재된 입주 예정 월의 다음 달 말일까지의 해당 일수)÷365

• 기여고객 할인율 : 보증료, 거래기간 등을 기준으로 기여도에 따라 6개 군으로 분류하며, 건축비 부분 요율에서 할인 가능

구분	1군	2군	3군	4군	5군	6군
차감률	0.058%	0.050%	0.042%	0.033%	0.025%	0.017%

〈상황〉

• 갑 : 신용등급은 A^+이며, 3등급 아파트 보증금을 내야 한다. 기여고객 할인율에서는 2군으로 선정되었다.

• 을 : 신용등급은 C이며, 1등급 아파트 보증금을 내야 한다. 기여고객 할인율은 3군으로 선정되었다.

① 554,000원
② 566,000원
③ 582,000원
④ 591,000원
⑤ 623,000원

특징
▸ 대부분 의사소통능력, 수리능력, 문제해결능력을 중심으로 출제(일부 기업의 경우 자원관리능력, 조직이해능력을 출제)
▸ 자료에 대한 추론 및 해석 능력을 요구

대행사
▸ 엑스퍼트컨설팅, 커리어넷, 태드솔루션, 한국행동과학연구소(행과연), 휴노 등

모듈형

❙ 문제해결능력

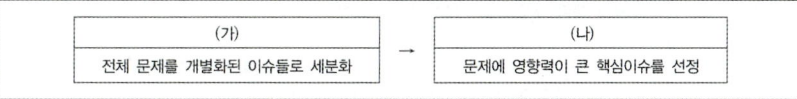

41 문제해결절차의 문제 도출 단계는 (가)와 (나)의 절차를 거쳐 수행된다. 다음 중 (가)에 대한 설명으로 적절하지 않은 것은?

(가)	→	(나)
전체 문제를 개별화된 이슈들로 세분화	→	문제에 영향력이 큰 핵심이슈를 선정

① 문제의 내용 및 영향 등을 파악하여 문제의 구조를 도출한다.
② 본래 문제가 발생한 배경이나 문제를 일으키는 메커니즘을 분명히 해야 한다.
③ 현상에 얽매이지 말고 문제의 본질과 실제를 봐야 한다.
④ 눈앞의 결과를 중심으로 문제를 바라봐야 한다.
⑤ 문제 구조 파악을 위해서 Logic Tree 방법이 주로 사용된다.

특징
- 이론 및 개념을 활용하여 푸는 유형
- 채용 기업 및 직무에 따라 NCS 직업기초능력평가 10개 영역 중 선발하여 출제
- 기업의 특성을 고려한 직무 관련 문제를 출제
- 주어진 상황에 대한 판단 및 이론 적용을 요구

대행사
- 인트로맨, 휴스테이션, ORP연구소 등

피듈형(PSAT형 + 모듈형)

❙ 자원관리능력

07 다음 자료를 근거로 판단할 때, 연구모임 A～E 중 세 번째로 많은 지원금을 받는 모임은?

〈지원계획〉

- 지원을 받기 위해서는 한 모임당 5명 이상 9명 미만으로 구성되어야 한다.
- 기본지원금은 모임당 1,500천 원을 기본으로 지원한다. 단, 상품개발을 위한 모임의 경우는 2,000천 원을 지원한다.
- 추가지원금

등급	상	중	하
추가지원금(천 원/명)	120	100	70

※ 추가지원금은 연구 계획 사전평가결과에 따라 달라진다.

- 협업 장려를 위해 협업이 인정되는 모임에는 위의 두 지원금을 합한 금액의 30%를 별도로 지원한다.

〈연구모임 현황 및 평가결과〉

특징
- 기초 및 응용 모듈을 구분하여 푸는 유형
- 기초인지모듈과 응용업무모듈로 구분하여 출제
- PSAT형보다 난도가 낮은 편
- 유형이 정형화되어 있고, 유사한 유형의 문제를 세트로 출제

대행사
- 사람인, 스카우트, 인크루트, 커리어케어, 트리피, 한국사회능력개발원 등

한국산업안전보건공단

대화문 ▶ 유형

2024년 적중

03 다음은 새로 부임한 김과장에 대한 직원들의 대화 내용이다. 키슬러의 대인관계 의사소통에 따를 때, 김과장에게 해줄 조언으로 가장 적절한 것은?

> 직원 A : 최과장님이 본사로 발령 나시면서, 홍보팀에 과장님이 새로 부임하셨다며, 어떠셔? 계속 지방에 출장 중이어서 이번에 처음 뵙는데 궁금하네.
> 직원 B : 김과장님? 음, 되게 능력이 있으시다고 들었어. 회사에서 상당한 연봉을 제시해 직접 스카우트 하셨다고 들었거든. 근데 좀 직원들에게 관심이 너무 많으셔.
> 직원 C : 맞아. 최과장님은 업무를 지시하시고 나서는 우리가 보고할 때까지 아무 간섭 안 하시고 보고 후에 피드백을 주셔서 일하는 중에는 부담이 덜했잖아. 근데 새로 온 김과장님은 업무 중간 중간에 어디까지 했냐? 어떻게 처리되었냐? 이렇게 해야 한다. 저렇게 해야 한다. 계속 말씀하셔서 너무 눈치 보여. 물론 바로바로 피드백을 받을 수 있어 수정이 수월하긴 하지만 말이야.
> 직원 B : 맞아. 그것도 그거지만 나는 회식 때마다 이전 회사에서 했던 프로젝트에 대해 계속 자랑하셔서 이젠 그 대사도 외울 지경이야. 물론 김과장님의 능력이 출중하다는 건 우리도 알기는 하지만 ….

① 독단적으로 결정하시면 대인 갈등을 겪으실 수도 있으니 직원들과의 상의가 필요합니다.
② 자신만 생각하지 마시고, 타인에게 관심을 갖고 배려해주세요.
③ 직원들과 어울리지 않으시고 혼자 있는 것만 선호하시면 대인관계를 유지하기 어려워요.
④ 인정이 많으신 것은 좋으나 직원들의 요구를 적절하게 거절할 필요성이 있어요.
⑤ 타인에 대한 높은 관심과 인정받고자 하는 욕구는 낮출 필요성이 있어요.

창의적 사고 ▶ 키워드

2024년 적중

01 다음 사례를 통해 유과장이 최대리에게 해줄 수 있는 조언으로 적절하지 않은 것은?

> 최대리는 오늘도 기분이 별로다. 팀장에게 오전부터 싫은 소리를 들었기 때문이다. 늘 하던 일을 하던 방식으로 처리한 것이 빌미였다. 관행에 매몰되지 말고 창의적이고 발전적인 모습을 보여 달라는 게 팀장의 주문이었다. '창의적인 일처리'라는 말을 들을 때마다 주눅이 드는 자신을 발견할 때면 더욱 의기소침해지고 자신감이 없어진다. 어떻게 해야 창의적인 인재가 될 수 있을까 고민도 해보지만 뾰족한 수가 보이지 않는다. 자기만 뒤처지는 것 같아 불안하기도 하고 남들은 어떤지 궁금하기도 하다.

① 창의적인 사람은 새로운 경험을 찾아 나서는 사람을 말하는 것 같아.
② 그래, 그들의 독특하고 기발한 재능은 선천적으로 타고나는 것이라 할 수 있어.
③ 창의적인 사고는 후천적 노력에 의해서도 개발이 가능하다고 생각해.
④ 창의력은 본인 스스로 자신의 틀에서 벗어나도록 노력해야 한다고 생각해.
⑤ 창의적 사고는 전문지식이 필요하지 않으니 자신의 경험을 바탕으로 생각해 봐.

국민건강보험공단

접속사 ▶ 유형

2024년 적중

08 다음 중 빈칸에 들어갈 접속사로 가장 적절한 것은?

> 날이 추우면 통증이 커질 수 있는 질환이 몇 가지 있다. 골관절염이나 류마티스 관절염 등 관절 관련 질환이 여기에 해당한다. 통증은 신체에 어떤 이상이 있으니 상황이 악화되지 않도록 피할 방법을 준비하라고 스스로에게 알리는 경고이다.
> 골관절염과 류마티스 관절염은 여러 면에서 차이가 있으나 환절기에 추워지면 증상이 악화될 수 있다는 공통점이 있다. 날씨에 따라 관절염 증상이 악화되는 이유를 의학적으로 명확하게 설명할 수 있는 근거는 다소 부족하지만 추위로 인해 관절염 통증이 심해질 수 있다. 우리는 신체의 신경을 통해 통증을 느끼는데, 날이 추워지면 신체의 열을 빼앗기지 않고자 조직이 수축한다. 이 과정에서 신경이 자극을 받아 통증을 느끼게 되는 것이다. 즉, 관절염의 질환 상태에는 큰 변화가 없을지라도 평소보다 더 심한 통증을 느끼게 된다.
> ＿＿＿＿＿＿ 날이 추워질수록 외부 온도 변화에 대응할 수 있도록 가벼운 옷을 여러 개 겹쳐 입어 체온을 일정하게 유지해야 한다. 특히 일교차가 큰 환절기에는 아침, 점심, 저녁으로 변화하는 기온에 따라 옷을 적절하게 입고 벗을 필요가 있다. 오전에 첫 활동을 시작할 때는 가벼운 스트레칭을 통해 체온을 올린 후 활동하는 것도 효과적이다. 춥다고 웅크린 상태에서 움직이지 않으면 체온이 유지되지 않을 수 있으므로 적절한 활동을 지속하는 것이 중요하다.

① 그러나　② 따라서
③ 한편　④ 그리고

빅데이터 ▶ 키워드

2024년 적중

01 다음 중 '녹내장' 질환에 대한 설명으로 적절하지 않은 것은?

> 국민건강보험공단이 건강보험 빅데이터를 분석한 내용에 따르면 '녹내장 질환'으로 진료를 받은 환자가 2010년 44만 4천 명에서 2015년 76만 8천 명으로 5년간 73.1% 증가했으며, 성별에 따른 진료인원을 비교해 보면 여성이 남성보다 많은 것으로 나타났다. 남성은 2010년 20만 7천 명에서 2015년 35만 3천 명으로 5년간 70.1%(14만 6천 명), 여성은 2010년 23만 6천 명에서 2015년 41만 6천 명으로 75.8%(18만 명) 증가한 것으로 나타났다.
> 2015년 기준 '녹내장' 진료인원 분포를 연령대별로 살펴보면, 70대 이상이 26.2%를, 50대 이상이 68.6%를 차지했다. 2015년 기준 인구 10만 명당 '녹내장'으로 진료 받은 인원수가 60대에서 급격히 증가해 70대 이상이 4,853명으로 가장 많았다. 특히, 9세 이하와 70대 이상을 제외한 모든 연령대에서 여성보다 남성 환자가 많은 것으로 나타났다. 국민건강보험 일산병원 안과 박종운 교수는 60대 이상 노인 환자가 많은 이유에 대해 "녹내장은 특성상 40세 이후에 주로 발병한다. 그런데 최근장비와 약물의 발달로 조기 치료가 많은 데다가 관리도 많고 관리도 잘돼 나이가 들어서까지 시력이 보존되는 경우가 늘어났다. 그래서 60대 이후 노인 환자가 많은 것으로 보인다."고 설명했다.
> 2015년 남녀기준 전체 진료환자의 월별 추이를 살펴보면, 12월에 168,202명으로 진료인원이 가장 많은 것으로 나타났다. 2015년 기준 성별 진료인원이 가장 많은 달은 남성은 12월(80,302명)인 반면, 여성은 7월(88,119명)로 나타났다.
> 박종운 교수는 안과질환 녹내장 환자가 많은 이유에 대해 "녹내장은 노년층에 주로 발생하지만, 젊은 층에서도 스마트폰 등 IT기기 사용의 증가로 인해 최근 많이 나타나고 있다. 따라서 가족력이나 고혈압, 당뇨, 비만이 있는 경우 정밀검사를 통해 안압이 정상인지 자주 체크하여야 한다. 또 녹내장 환자이면서 고혈압이 있다면 겨울에 안압이 높아지는 경향이 있으니 특히 조심해야 한다. 높은

국민연금공단

맞춤법 ▶ 유형

2024년 적중

10 다음 〈보기〉에서 밑줄 친 부분의 맞춤법이 옳은 것은?

> 보기
>
> 조직에 문제가 발생하면 우리는 먼저 원인을 일일히 분석합니다. 이후 구성원 모두가 해결 방안을 찾기 위해 머리를 맡대고 함께 고민합니다. 이때 우리는 '어떻게든 되겠지.'라는 안일한 생각을 버리고, '흐터지면 죽는다.'는 마음으로 뭉쳐야 합니다. 조직의 위기를 함께 극복할 때 우리는 더 나은 모습으로 성장할 수 있습니다.

① 일일히　② 맡대고
③ 어떻게든　④ 흐터지면

건강보험심사평가원

의료 ▶ 키워드

2024년 적중

32 다음 글을 읽고 시력 저하 예방 사업과 그 핵심 내용이 바르게 연결되지 않은 것은?

> 예전에 비해 안경이나 콘택트렌즈 등 일상생활을 영위하기 위해 시력 보조 도구를 사용해야 하는 사람들이 증가하고 있는 추세이다. 이는 모니터나 서류 같은 시각 자료들을 오랫동안 보아야 하는 현대인들의 생활 패턴과도 관계가 있다고 할 수 있다. 근시와 난시 같은 시력 저하의 문제도 심각하지만, 그와 별개로 안압 증가 등의 이유로 시력에 영구적인 손상을 입어 시각 장애 판정을 받거나 사고로 실명이 될 수도 있다. 옛말에 몸이 천 냥이라면 눈이 구백 냥이라는 말이 있듯이 시력은 우리 생활에서 중요한 부분을 차지하기 때문에 문제가 생겼을 때, 일상생활조차 힘들어질 수 있다. 그래서 한국실명예방재단에서는 다양한 이유로 생길 수 있는 시력 저하에 대해서 예방할 수 있는 여러 사업을 시행하고 있다.
>
> 먼저 '눈 건강 교육' 사업을 시행하고 있다. 눈 건강 교육 사업이란 흔히 노안이라고 하는 노인 저시력 현상 원인에 대한 교육과 전문가들의 상담을 제공함으로써, 노인 집단에서 저시력 위험군을 선별하여 미리 적절한 치료를 받을 수 있도록 하고 개안 수술, 재활 기구 및 재활 훈련을 지원하는 사업이다. 노인분들을 대상으로 하는 사업이기 때문에 어르신들의 영구적인 시각 장애나 실명 등을 예방할 수 있고, 특히 의료 서비스에서 소외되어 있는 취약 계층의 어르신들께 큰 도움이 될 수 있다.
>
> 또한, 비슷한 맥락에서 취약 계층의 눈 건강 보호를 위하여 '안과 취약지역 눈 검진' 사업 또한 시행하고 있다. 안과 관련 진료를 받기 힘든 의료 사각지대에 있는 취약계층에 해당하는 어르신과 어린이, 외국인 근로자를 대상으로 안과의사 등 전문 인력을 포함한 이동검진팀이 지역을 순회하면서 무료 안과검진을 실시하고 있다. 눈 관련 질병은 조기에 발견하여 치료를 받으면 치료의 효과가 극대화될 수 있기 때문에 정기적인 안과검진이 더욱 중요하다. 반면 정기적인 검진을 받기 힘든 분들을 위하여 이동검진을 통한 조기발견과 적기 치료를 추구하고 있다. 재단은 전국 시·군·구 보건소로부터 검진신청을 받아 안과의사를 포함한 이동 안과 검진팀이 의료장비와 안약, 돋보기를 준비하여 환자에게 치료 및 상담을 진행하고, 수술이 필요한 저소득층에게는 지역 안과와 연계하여 수술비를 지원하고 있다. 안과 취약지역 눈 검진 일정은 매년 초 지역 시·군·구보건소에서 재단에 신청하여 일정을 편성하고 있으며, 개별신청은 받지 않는다.

① 눈 건강 교육 : 저시력 문제에 취약한 노인층을 사업의 대상으로 한다.
② 눈 건강 교육 : 사업을 통해 개안 수술과 재활 훈련을 지원받을 수 있다.
③ 안과 취약지역 눈 검진 : 취약 계층 안구 질환의 조기발견과 적기 치료가 사업의 목표이다.
④ 안과 취약지역 눈 검진 : 수술이 필요한 경우 서울에 위치한 재단 연계 병원에서 수술받게 된다.

한국산업인력공단

증감률 ▶ 유형

2024년 적중

06 다음은 자동차 생산 · 내수 · 수출 현황에 대한 자료이다. 이에 대한 설명으로 옳지 않은 것은?

〈자동차 생산 · 내수 · 수출 현황〉

(단위 : 대, %)

구분		2019년	2020년	2021년	2022년	2023년
생산	차량 대수	4,086,308	3,826,682	3,512,926	4,271,741	4,657,094
	증감률	(6.4)	(▽6.4)	(▽8.2)	(21.6)	(9.0)
내수	차량 대수	1,219,335	1,154,483	1,394,000	1,465,426	1,474,637
	증감률	(4.7)	(▽5.3)	(20.7)	(5.1)	(0.6)
수출	차량 대수	2,847,138	2,683,965	2,148,862	2,772,107	3,151,708
	증감률	(7.5)	(▽5.7)	(▽19.9)	(29.0)	(13.7)

① 2019년에는 전년 대비 생산, 내수, 수출이 모두 증가했다.
② 내수가 가장 큰 폭으로 증가한 해에는 생산과 수출이 모두 감소했다.
③ 수출이 증가했던 해는 생산과 내수 모두 증가했다.
④ 내수는 증가했지만 생산과 수출이 모두 감소한 해도 있다.
⑤ 생산이 증가했지만 내수나 수출이 감소한 해가 있다.

노동자 ▶ 키워드

2024년 적중

02 다음 글의 내용으로 적절하지 않은 것은?

기업은 많은 이익을 남기길 원하고, 소비자는 좋은 제품을 저렴하게 구매하길 원한다. 그 과정에서 힘이 약한 저개발국가의 농민, 노동자, 생산자들은 무역상품의 가격 결정 과정에 참여하지 못하고, 자신이 재배한 식량과 상품을 매우 싼값에 팔아 겨우 생계를 유지한다. 그 결과, 세계 인구의 20% 정도가 우리 돈 약 1,000원으로 하루를 살아가고, 세계 노동자의 40%가 하루 2,000원 정도의 소득으로 살아가고 있다.
이러한 무역 거래의 한계를 극복하고, 공평하고 윤리적인 무역 거래를 통해 저개발국가 농민, 노동자, 생산자들이 겪고 있는 빈곤 문제를 해결하기 위하여 공정무역이 생겨났다. 공정무역은 기존 관행 무역으로부터 소외당하며 불이익을 받고 있는 생산자와 지속가능한 파트너십을 통해 공정하게 거래하는 것으로, 생산자들과 공정무역 단체의 직거래를 통한 거래 관계에서부터 단체나 제품 등에 대한 인증시스템까지 모두 포함하는 무역을 의미한다.
이와 같은 공정무역은 국제 사회 시민운동의 일환으로, 1946년 미국의 시민단체 '텐사우전드빌리지(Ten Thousand Villages)'가 푸에르토리코의 자수 제품을 구매하고, 1950년대 후반 영국의 '옥스팜(Oxfam)'이 중국 피난민들의 수공예품과 동유럽국가의 수공예품을 팔면서 시작되었다. 이후 1960년대에는 여러 시민 단체들이 조직되어 아프리카, 남아메리카, 아시아의 빈곤한 나라에서 본격적으로 활동을 전개하였다. 이 단체들은 가난한 농부와 노동자들이 스스로 조합을 만들어 환경친화적으로 농산물을 생산하도록 교육하고, 이에 필요한 자금 등을 지원했다. 2000년대에는 자본주의의 대안활동으로 여겨지며 공정무역이 급속도로 확산되었고, 공정무역 단체나 회사가 생겨남에 따라 저개발국가 농부들의 농산물이 공정한 값을 받고 거래되었다. 이러한 과정에서 공정무역은 저개발국 생산자들의 삶을 개선하기 위한 중요한 시장 메커니즘으로 주목을 받게 된 것이다.

① 기존 관행 무역에서는 저개발국가의 농민, 노동자, 생산자들이 무역상품의 가격 결정 과정에 참여

도서 200% 활용하기 STRUCTURES

1 기출복원문제로 출제경향 파악

2024 | 주요 공기업 **NCS 기출복원문제**

정답 및 해설 p.002

| 코레일 한국철도공사 / 의사소통능력

01 다음 글에서 나타나는 화자의 태도로 가장 적절한 것은?

거친 밭 언덕 쓸쓸한 곳에
탐스러운 꽃송이 가지 눌렀네.
매화비 그쳐 향기 날리고
보리 바람에 그림자 흔들리네.
수레와 말 탄 사람 그 누가 보아 주리
벌 나비만 부질없이 엿보네.
천한 땅에 태어난 것 스스로 부끄러워
사람들에게 버림받아도 참고 견디네.

– 최치원, 『촉규화』

① 임금에 대한 자신의 충성을 드러내고 있다.
② 사랑하는 사람에 대한 그리움을 나타내고 있다.
③ 현실에 가로막힌 자신의 처지를 한탄하고 있다.
④ 사람들과의 단절로 인한 외로움을 표현하고 있다.
⑤ 역경을 이겨내기 위한 자신의 노력을 피력하고 있다.

| 코레일 한국철도공사 / 의사소통능력

02 다음 글에 대한 설명으로 적절하지 않은 것은?

중국 연경(燕京)의 아홉 개 성문 안팎으로 뻗은 수십 리 거리에는 관청과 아주 작은 골목을 제외하고는 대체로 길 양옆으로 모두 상점이 늘어서 휘황찬란하게 빛난다.
우리나라 사람들은 중국 시장의 번성한 모습을 처음 보고서는 "오로지 말단의 이익만을 숭상하고 있군."이라고 말하였다. 이것은 하나만 알고 둘은 모르는 소리이다. 대저 상인은 사농공상(士農工商) 사민(四民)의 하나에 속하지만, 이 하나가 나머지 세 부류의 백성을 소통시키기 때문에 열에 셋의 비중을 차지하지 않으면 안 된다.
사람들은 쌀밥을 먹고 비단옷을 입고 있으면 그 나머지 물건은 모두 쓸모없는 줄 안다. 그러나 무용지물을 사용하여 유용한 물건을 유통하고 거래하지 않는다면, 이른바 유용하다는 물건은 거의 대부분이 한 곳에 묶여서 유통되지 않거나 그것만이 홀로 돌아다니다 쉽게 고갈될 것이다. 따라서 옛날의 성인과 제왕께서는 이를 위하여 주옥(珠玉)과 화폐 등의 물건을 조성하여 가벼운 물건으로 무거운 물건을 교환할 수 있도록 하셨고, 무용한 물건으로 유용한 물건을 살 수 있도록 하셨다.
지금 우리나라는 지방이 수천 리이므로 백성들이 적지 않고, 토산품이 구비되어 있다. 그럼에도 산이나 물에서 생산되는 이로운 물건이 전부 세상에 나오지 않고, 경제를 윤택하게 하는 방법도 잘 모르며, 날마다 쓰는 것을 팽개친 채 그것에 대해 연구하지 않고 있다. 그러면서 중국의 거마, 주택, 단청, 비단이 화려한 것을 보고서는 대뜸 "사치가 너무 심하다."라고 말해 버린다.
그렇지만 중국이 사치로 망한다고 할 것 같으면, 우리나라는 반드시 검소함으로 인해 쇠퇴할 것이다. 왜 그러한가? 검소함이란 물건이 있음에도 불구하고 쓰지 않는 것이지, 자기에게 없는 물건을 스스로 끊어 버리는 것을 일컫지는 않는다. 현재 우리나라에는 진주를 캐는 집이 없고 시장에는 산호 같은 물건의 값이 정해져 있지 않다. 금이나 은을 가지고 점포에 들어가서는 떡과 엿을 사 먹을 수가 없다. 이런 현실이 정말 우리의 검소한 풍속 때문이겠는가? 이것은 그 재물을 사용할 줄 모르기 때문이다. 재물을 사용할 방법을 알지 못하므로 재물을 만들어 낼 방법을 알지 못하고, 재물을 만들어 낼 방법을 알지 못하므로 백성들의 생활은 날이 갈수록 궁핍해진다.
재물이란 우물에 비유할 수가 있다. 물을 퍼내면 우물에는 늘 물이 가득하지만, 물을 길어내지 않으면 우물은 말라 버린다. 이와 같은 이치로 화려한 비단옷을 입지 않으므로 나라에는 비단을 짜는 사람이 없고, 그로 인해 여인이 베를 짜는 모습을 볼 수 없게 되었다. 그릇이 찌그러져도 이를 개의치 않으며, 기교를 부려 물건을 만들려고 하지도 않아 나라에는 공장(工匠)과 목축과 도공이 없어져 기술이 전해지지 않는다. 더 나아가 농업도 황폐해져 농사짓는 방법이 형편없고, 상업을 박대하므로 상업 자체가 실종되었다. 사농공상 네 부류의 백성이 누구나 할 것 없이 다 가난하게 살기 때문에 서로를 구제할 길이 없다.

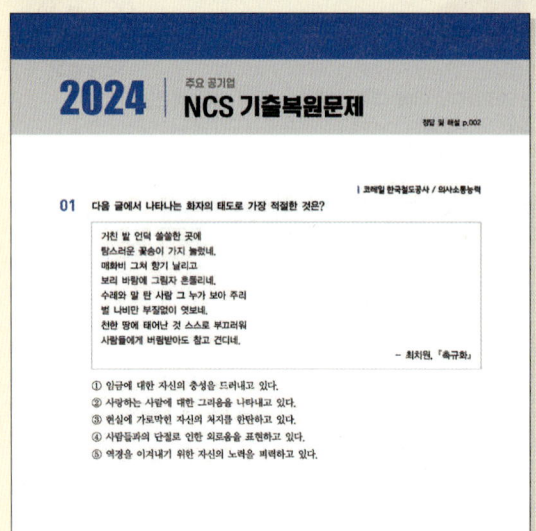

▸ 2024년 주요 공기업 NCS 기출문제를 수록하여 공기업별 출제경향을 파악할 수 있도록 하였다.

2 대표기출유형 + 기출응용문제로 필기전형 완벽 대비

대표기출유형

01 | 문서 내용 이해

| 유형분석 |

• 주어진 지문을 읽고 선택지를 고르는 전형적인 독해 문제이다.
• 지문은 주로 신문기사(보도자료 등)나 업무 보고서, 시사 등이 제시된다.
• 공사공단에 따라 자사와 관련된 내용의 기사나 법조문, 보고서 등이 출제되기도 한다.

다음 글의 내용으로 적절하지 않은 것은?

언어도 인간처럼 생로병사의 과정을 겪는다. 새로 생기기도 하고 사멸 위기에 처하기도 하는 것이다. 하와이어도 사멸 위기를 겪었다. 하와이어의 포식 언어는 영어였다. 1778년 당시 80만 명에 달했던 하와이 원주민은 외부로부터 유입된 감기, 홍역 등의 질병과 정치・문화적 박해로 1900년에는 4만 명까지 감소했다. 당연히 하와이어의 사용자도 급감했다. 1898년에 하와이가 미국에 합병되면서부터 인구가 증가하였으나, 하와이어의 위상은 영어 공용어 교육 정책 시행으로 인하여 크게 위축되었다. 1978년부터 몰입식 공교육을 통한 하와이어 복원이 시도되고 있으나, 하와이어 모국어를 구사할 수 있는 원주민 수는 현재 1,000명 정도에 불과하다.
언어의 사멸은 급속도로 진행된다. 어떤 조사에 따르면 평균 2주에 1개 정도의 언어가 사멸하고 있다. 우비크, 쿠페뇨, 맹크스, 쿤월, 음바바람, 메로에, 컴브리아어 등이 사라진 언어이다. 이러한 상태라면 금세기 말까지 지구에 존재하는 언어 가운데 90%가 사라지게 될 것이라는 추산도 가능하다.

① 하와이 원주민의 수는 1,900년 이후 100여 년 사이에 약 $\frac{1}{40}$로 감소하였다.
② 하와이 원주민은 120여 년 사이에 숫자가 약 $\frac{1}{20}$로 감소하였다.
③ 최근 미국의 교육 정책은 하와이어를 보존하기 위한 방향으로 변화되었다.

대표기출유형 01 기출응용문제

01 다음 글의 내용으로 적절하지 않은 것은?

대기업의 고객만족 콜센터에서 상담원으로 8년째 일하고 있는 김씨(30・남)는 매일 아침마다 극심한 두통에 시달리며 잠에서 깬다. 김씨는 "욕설을 듣지 않은 날이 손에 꼽을 정도다."라며 "물론 보람을 느낄 때도 있지만, 대부분 자괴감이 드는 날이 많다."라고 '감정노동자'들의 고충을 호소했다. 이처럼 콜센터 안내원, 호텔관리자, 스튜어디스 등 직접 사람을 마주해야 하는 서비스업 종사자의 감정노동 스트레스는 심각한 수준으로 나타났다. 특히 텔레마케터의 경우 730가지 직업 가운데 감정노동 강도가 가장 높았다. 최근 지방자치단체와 시민단체, 기업 등을 중심으로 감정노동자 보호를 위한 대안들이 나오고 있지만, 서비스업 종사자들이 느끼는 감정노동의 현실이 개선되기까지는 여전히 많은 시간이 걸릴 것으로 보인다.
문제는 감정노동자들의 스트레스가 병으로도 이어질 수 있다는 점이다. 한국산업안전보건공단에 따르면 감정노동자들 중 80%가 인격 모독과 욕설 등을 경험했고, 38%가 우울감을 앓고 있는 것으로 조사됐다. 이는 심한 경우 불안장애나 공황장애 등의 질환으로 발전할 수 있어, 전문가들은 감정노동자들에게 각별한 주의를 당부하고 있다.
하지만 이런 현실에 비해 아직 우리 사회의 노력은 많이 부족하다. 많은 감정노동자들이 스트레스로 인한 우울감과 정신질환을 앓고 있지만, 재계의 반대로 '산업재해보상보험법 시행령 및 시행규칙 개정안'은 여전히 공중에 맴돌고 있는 상태다. 서비스업의 특성상 질병의 인과관계를 밝혀내기 어렵기 때문에 기업들은 산재보험료 인상으로 기업의 비용이 부담된다며 반대의 목소리를 내고 있다.

① 감정노동자에 대해 우리 사회도 더욱 관심을 가져야 할 필요가 있다.
② 감정노동자 중 20%만이 욕설 등 모욕적인 발언을 경험하지 않았다.
③ 우울감은 심한 경우 정신장애를 일으킬 수 있다.
④ 지방자치단체와 시민단체, 기업 등의 무관심이 서비스업 종사자들의 업무 환경을 더욱 악화시키고 있다.
⑤ 감정노동으로 발생한 질병의 인과관계를 밝히기 어렵다는 이유로 기업들은 산재보험법 시행령을 반대하고 있다.

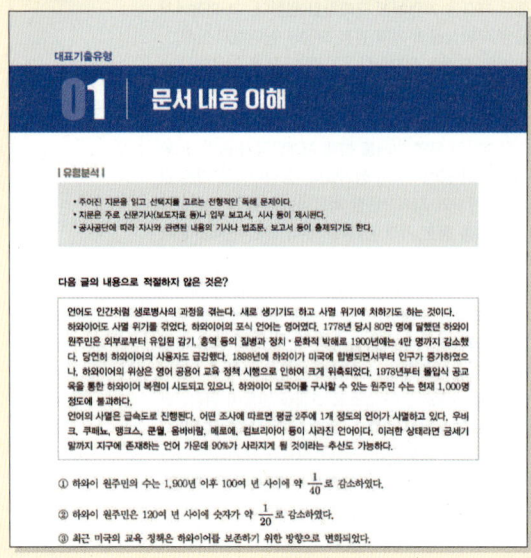

▸ 직업기초능력평가 대표기출유형 및 기출응용문제를 수록하여 NCS에 유형별로 꼼꼼히 대비할 수 있도록 하였다.

3 최종점검 모의고사 + OMR을 활용한 실전 연습

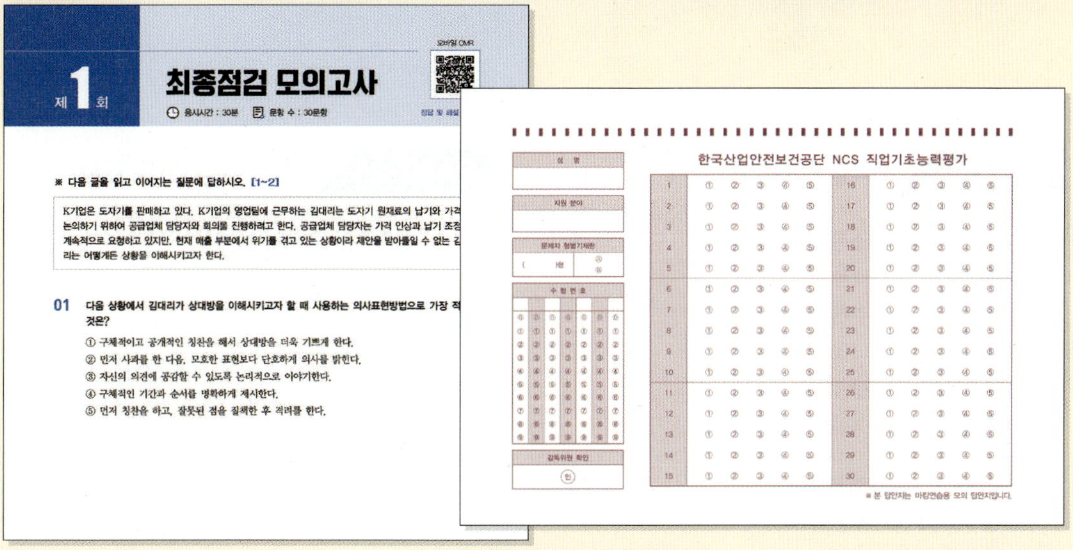

- 철저한 분석을 통해 실제 시험과 유사한 최종점검 모의고사를 5회분 수록하여 자신의 실력을 점검하고 향상시킬 수 있도록 하였다.
- 모바일 OMR 답안채점/성적분석 서비스를 통해 필기전형에 대비할 수 있도록 하였다.

4 인성검사부터 면접까지 한 권으로 최종 마무리

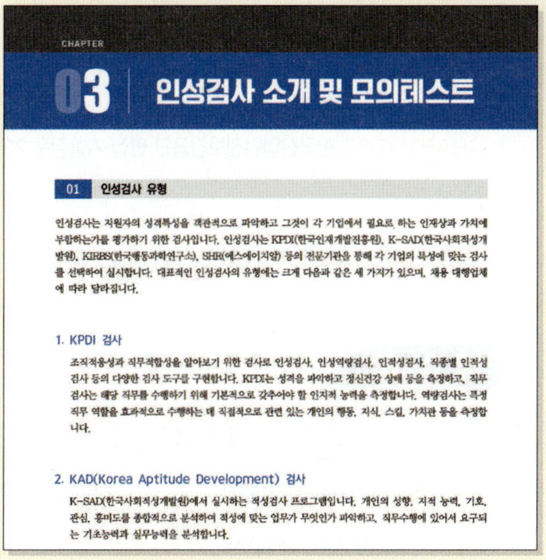

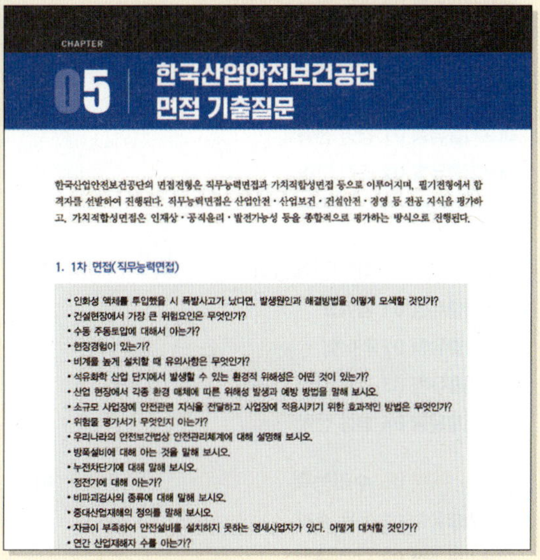

- 인성검사 모의테스트를 수록하여 인성검사 유형 및 문항을 확인할 수 있도록 하였다.
- 한국산업안전보건공단 면접 기출질문을 수록하여 면접에서 나오는 질문을 미리 파악하고 대비할 수 있도록 하였다.

이 책의 차례 CONTENTS

Add+

2024년 주요 공기업 NCS 기출복원문제

2024 주요 공기업 NCS 기출복원문제

정답 및 해설 p.002

| 코레일 한국철도공사 / 의사소통능력

01 다음 글에서 나타나는 화자의 태도로 가장 적절한 것은?

> 거친 밭 언덕 쓸쓸한 곳에
> 탐스러운 꽃송이 가지 눌렀네.
> 매화비 그쳐 향기 날리고
> 보리 바람에 그림자 흔들리네.
> 수레와 말 탄 사람 그 누가 보아 주리
> 벌 나비만 부질없이 엿보네.
> 천한 땅에 태어난 것 스스로 부끄러워
> 사람들에게 버림받아도 참고 견디네.
>
> – 최치원, 『촉규화』

① 임금에 대한 자신의 충성을 드러내고 있다.
② 사랑하는 사람에 대한 그리움을 나타내고 있다.
③ 현실에 가로막힌 자신의 처지를 한탄하고 있다.
④ 사람들과의 단절로 인한 외로움을 표현하고 있다.
⑤ 역경을 이겨내기 위한 자신의 노력을 피력하고 있다.

02 다음 글에 대한 설명으로 적절하지 않은 것은?

> 중국 연경(燕京)의 아홉 개 성문 안팎으로 뻗은 수십 리 거리에는 관청과 아주 작은 골목을 제외하고는 대체로 길 양옆으로 모두 상점이 늘어서 휘황찬란하게 빛난다.
> 우리나라 사람들은 중국 시장의 번성한 모습을 처음 보고서는 "오로지 말단의 이익만을 숭상하고 있군."이라고 말하였다. 이것은 하나만 알고 둘은 모르는 소리이다. 대저 상인은 사농공상(士農工商) 사민(四民)의 하나에 속하지만, 이 하나가 나머지 세 부류의 백성을 소통시키기 때문에 열에 셋의 비중을 차지하지 않으면 안 된다.
> 사람들은 쌀밥을 먹고 비단옷을 입고 있으면 그 나머지 물건은 모두 쓸모없는 줄 안다. 그러나 무용지물을 사용하여 유용한 물건을 유통하고 거래하지 않는다면, 이른바 유용하다는 물건은 거의 대부분이 한 곳에 묶여서 유통되지 않거나 그것만이 홀로 돌아다니다 쉽게 고갈될 것이다. 따라서 옛날의 성인과 제왕께서는 이를 위하여 주옥(珠玉)과 화폐 등의 물건을 조성하여 가벼운 물건으로 무거운 물건을 교환할 수 있도록 하셨고, 무용한 물건으로 유용한 물건을 살 수 있도록 하셨다.
> 지금 우리나라는 지방이 수천 리이므로 백성들이 적지 않고, 토산품이 구비되어 있다. 그럼에도 산이나 물에서 생산되는 이로운 물건이 전부 세상에 나오지 않고, 경제를 윤택하게 하는 방법도 잘 모르며, 날마다 쓰는 것을 팽개친 채 그것에 대해 연구하지 않고 있다. 그러면서 중국의 거마, 주택, 단청, 비단이 화려한 것을 보고서는 대뜸 "사치가 너무 심하다."라고 말해 버린다.
> 그렇지만 중국이 사치로 망한다고 할 것 같으면, 우리나라는 반드시 검소함으로 인해 쇠퇴할 것이다. 왜 그러한가? 검소함이란 물건이 있음에도 불구하고 쓰지 않는 것이지, 자기에게 없는 물건을 스스로 끊어 버리는 것을 일컫지는 않는다. 현재 우리나라에는 진주를 캐는 집이 없고 시장에는 산호 같은 물건의 값이 정해져 있지 않다. 금이나 은을 가지고 점포에 들어가서는 떡과 엿을 사 먹을 수가 없다. 이런 현실이 정말 우리의 검소한 풍속 때문이겠는가? 이것은 그 재물을 사용할 줄 모르기 때문이다. 재물을 사용할 방법을 알지 못하므로 재물을 만들어 낼 방법을 알지 못하고, 재물을 만들어 낼 방법을 알지 못하므로 백성들의 생활은 날이 갈수록 궁핍해진다.
> 재물이란 우물에 비유할 수가 있다. 물을 퍼내면 우물에는 늘 물이 가득하지만, 물을 길어내지 않으면 우물은 말라 버린다. 이와 같은 이치로 화려한 비단옷을 입지 않으므로 나라에는 비단을 짜는 사람이 없고, 그로 인해 여인이 베를 짜는 모습을 볼 수 없게 되었다. 그릇이 찌그러져도 이를 개의치 않으며, 기교를 부려 물건을 만들려고 하지도 않아 나라에는 공장(工匠)과 목축과 도공이 없어져 기술이 전해지지 않는다. 더 나아가 농업도 황폐해져 농사짓는 방법이 형편없고, 상업을 박대하므로 상업 자체가 실종되었다. 사농공상 네 부류의 백성이 누구나 할 것 없이 다 가난하게 살기 때문에 서로를 구제할 길이 없다.
> 지금 종각이 있는 종로 네거리에는 시장 점포가 연이어 있다고 하지만 그것은 1리도 채 안 된다. 중국에서 내가 지나갔던 시골 마을은 거의 몇 리에 걸쳐 점포로 뒤덮여 있었다. 그곳으로 운반되는 물건의 양이 우리나라 곳곳에서 유통되는 것보다 많았는데, 이는 그곳 가게가 우리나라보다 더 부유해서 그러한 것이 아니고 재물이 유통되느냐 유통되지 못하느냐에 따른 결과인 것이다.
>
> – 박제가, 『시장과 우물』

① 재물이 적절하게 유통되지 않는 현실을 비판하고 있다.
② 재물을 유통하기 위한 성현들의 노력을 근거로 제시하고 있다.
③ 경제의 규모를 늘리기 위한 소비의 중요성을 강조하고 있다.
④ 조선의 경제가 윤택하지 못한 이유를 부족한 생산량으로 보고 있다.
⑤ 산업의 발전을 위해 적당한 사치가 있어야 함을 제시하고 있다.

| 코레일 한국철도공사 / 의사소통능력

03 다음 중 한자성어와 그 뜻이 바르게 연결되지 않은 것은?

① 水魚之交 : 아주 친밀하여 떨어질 수 없는 사이
② 結草報恩 : 죽은 뒤에라도 은혜를 잊지 않고 갚음
③ 靑出於藍 : 제자나 후배가 스승이나 선배보다 나음
④ 指鹿爲馬 : 윗사람을 농락하여 권세를 마음대로 함
⑤ 刻舟求劍 : 말로는 친한 듯 하나 속으로는 해칠 생각이 있음

| 코레일 한국철도공사 / 의사소통능력

04 다음 중 밑줄 친 부분의 띄어쓰기가 옳지 않은 것은?

① 운전을 어떻게 해야 하는지 알려 주었다.
② 오랫동안 애쓴 만큼 좋은 결과가 나왔다.
③ 모두가 떠나가고 남은 사람은 고작 셋 뿐이다.
④ 참가한 사람들은 누구의 키가 큰지 작은지 비교해 보았다.
⑤ 민족의 큰 명절에는 온 나라 방방곡곡에서 씨름판이 열렸다.

| 코레일 한국철도공사 / 의사소통능력

05 다음 중 밑줄 친 부분의 표기가 옳지 않은 것은?

① 늦게 온다던 친구가 금세 도착했다.
② 변명할 틈도 없이 그에게 일방적으로 채였다.
③ 못 본 사이에 그의 얼굴은 핼쑥하게 변했다.
④ 빠르게 변해버린 고향이 낯설게 느껴졌다.
⑤ 문제의 정답을 찾기 위해 곰곰이 생각해 보았다.

| 코레일 한국철도공사 / 의사소통능력

06 다음 중 단어와 그 발음법이 바르게 연결되지 않은 것은?

① 결단력 – [결딴녁]
② 옷맵시 – [온맵씨]
③ 몰상식 – [몰상씩]
④ 물난리 – [물랄리]
⑤ 땀받이 – [땀바지]

| 코레일 한국철도공사 / 수리능력

07 다음 식을 계산하여 나온 수의 백의 자리, 십의 자리, 일의 자리를 순서대로 바르게 나열한 것은?

$$865\times865+865\times270+135\times138-405$$

① 0, 0, 0
② 0, 2, 0
③ 2, 5, 0
④ 5, 5, 0
⑤ 8, 8, 0

| 코레일 한국철도공사 / 수리능력

08 길이가 200m인 A열차가 어떤 터널을 60km/h의 속력으로 통과하였다. 잠시 후 길이가 300m인 B열차가 같은 터널을 90km/h의 속력으로 통과하였다. A열차와 B열차가 이 터널을 완전히 통과할 때 걸린 시간의 비가 10 : 7일 때, 이 터널의 길이는?

① 1,200m
② 1,500m
③ 1,800m
④ 2,100m
⑤ 2,400m

※ 다음과 같이 일정한 규칙으로 수를 나열할 때, 빈칸에 들어갈 수를 고르시오. [9~10]

| 코레일 한국철도공사 / 수리능력

09

• 7	13	4	63
• 9	16	9	(　)

① 45
② 51
③ 57
④ 63
⑤ 69

| 코레일 한국철도공사 / 수리능력

10

−2　1　6　13　22　33　46　61　78　97　(　)

① 102
② 106
③ 110
④ 114
⑤ 118

| 코레일 한국철도공사 / 수리능력

11 K중학교 2학년 A ~ F 6개의 학급이 체육대회에서 줄다리기 경기를 다음과 같은 토너먼트로 진행하려고 한다. 이때, A반과 B반이 모두 두 번의 경기를 거쳐 결승에서 만나게 되는 경우의 수는?

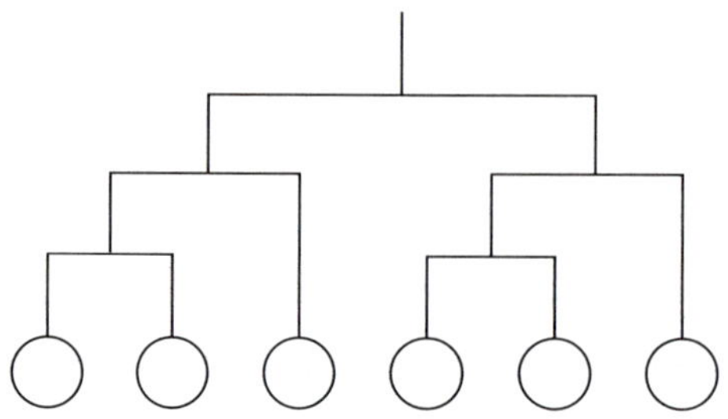

① 6가지
② 24가지
③ 120가지
④ 180가지
⑤ 720가지

12 **다음은 연령대별로 도시와 농촌에서의 여가생활 만족도 평가 점수를 조사한 자료이다. 〈조건〉에 따라 빈칸 ㄱ ~ ㄹ에 들어갈 수를 순서대로 바르게 나열한 것은?**

〈연령대별 도시 · 농촌 여가생활 만족도 평가〉

(단위 : 점)

구분	10대 미만	10대	20대	30대	40대	50대	60대	70대 이상
도시	1.6	ㄱ	3.5	ㄴ	3.9	3.8	3.3	1.7
농촌	1.3	1.8	2.2	2.1	2.1	ㄷ	2.1	ㄹ

※ 매우 만족 : 5점, 만족 : 4점, 보통 : 3점, 불만 : 2점, 매우 불만 : 1점

조건

- 도시에서 여가생활 만족도는 모든 연령대에서 같은 연령대의 농촌보다 높았다.
- 도시에서 10대의 여가생활 만족도는 농촌에서 10대의 2배보다 높았다.
- 도시에서 여가생활 만족도가 가장 높은 연령대는 40대였다.
- 농촌에서 여가생활 만족도가 가장 높은 연령대는 50대지만, 3점을 넘기지 못했다.

	ㄱ	ㄴ	ㄷ	ㄹ
①	3.8	3.3	2.8	3.5
②	3.5	3.3	3.2	3.5
③	3.8	3.3	2.8	1.5
④	3.5	4.0	3.2	1.5
⑤	3.8	4.0	2.8	1.5

13 **가격이 500,000원일 때 10,000개가 판매되는 K제품이 있다. 이 제품의 가격을 10,000원 인상할 때마다 판매량은 160개 감소하고, 10,000원 인하할 때마다 판매량은 160개 증가한다. 이때, 총 판매금액이 최대가 되는 제품의 가격은?(단, 가격은 10,000원 단위로만 인상 또는 인하할 수 있다)**

① 520,000원
② 540,000원
③ 560,000원
④ 580,000원
⑤ 600,000원

14 다음은 전자제품 판매업체 3사를 다섯 가지 항목으로 나누어 평가한 자료이다. 이를 토대로 3사의 항목별 비교 및 균형을 쉽게 파악할 수 있도록 나타낸 그래프로 옳은 것은?

〈전자제품 판매업체 3사 평가표〉

(단위 : 점)

구분	디자인	가격	광고 노출도	브랜드 선호도	성능
A사	4.1	4.0	2.5	2.1	4.6
B사	4.5	1.5	4.9	4.0	2.0
C사	2.5	4.5	0.6	1.5	4.0

①

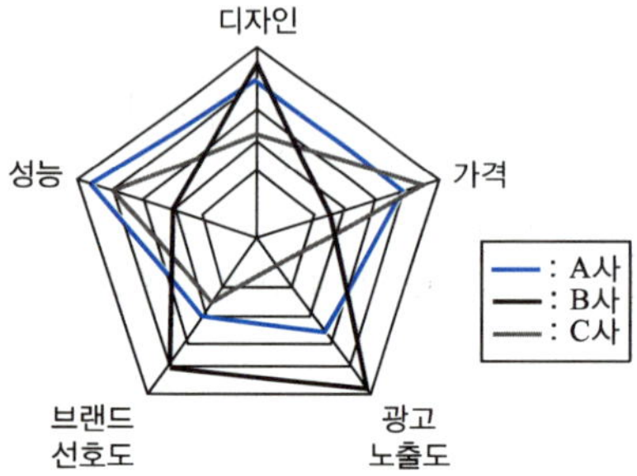

②

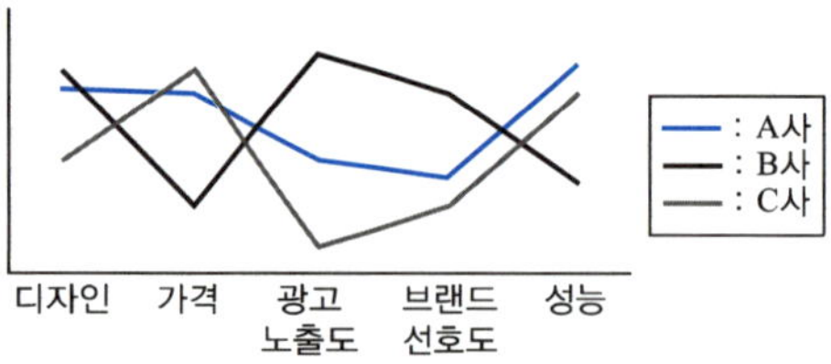

③

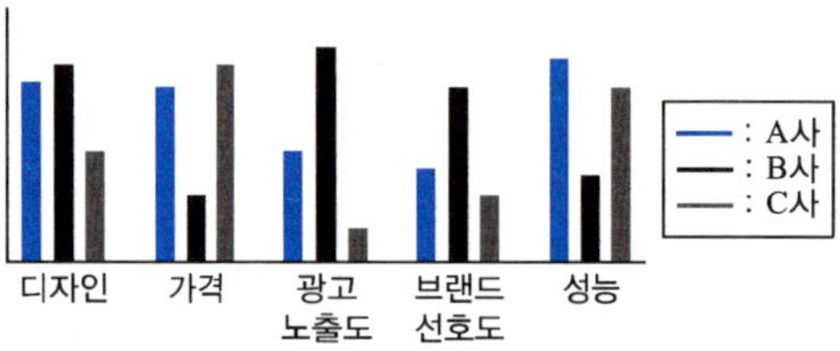

④

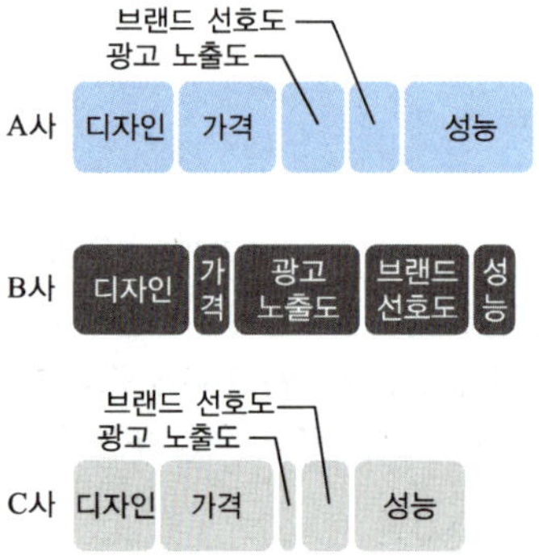

⑤

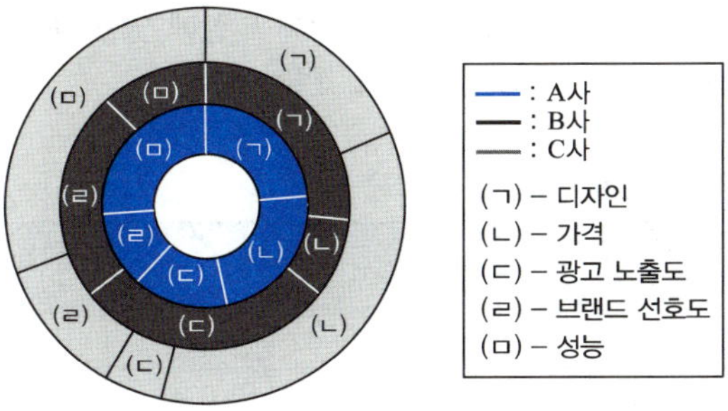

| 코레일 한국철도공사 / 수리능력

15 다음은 2023년 K톨게이트를 통과한 차량에 대한 자료이다. 이에 대한 설명으로 옳지 않은 것은?

〈2023년 K톨게이트 통과 차량〉

(단위 : 천 대)

구분	승용차			승합차			대형차		
	영업용	비영업용	합계	영업용	비영업용	합계	영업용	비영업용	합계
1월	152	3,655	3,807	244	2,881	3,125	95	574	669
2월	174	3,381	3,555	222	2,486	2,708	101	657	758
3월	154	3,909	4,063	229	2,744	2,973	139	837	976
4월	165	3,852	4,017	265	3,043	3,308	113	705	818
5월	135	4,093	4,228	211	2,459	2,670	113	709	822
6월	142	3,911	4,053	231	2,662	2,893	107	731	838
7월	164	3,744	3,908	237	2,721	2,958	117	745	862
8월	218	3,975	4,193	256	2,867	3,123	115	741	856
9월	140	4,105	4,245	257	2,913	3,170	106	703	809
10월	135	3,842	3,977	261	2,812	3,073	107	695	802
11월	170	3,783	3,953	227	2,766	2,993	117	761	878
12월	147	3,730	3,877	243	2,797	3,040	114	697	811

① 전체 승용차 수와 전체 승합차 수의 합이 가장 많은 달은 9월이고, 가장 적은 달은 2월이다.
② 4월을 제외하고 K톨게이트를 통과한 비영업용 승합차 수는 월별 300만 대 미만이었다.
③ 전체 대형차 수 중 영업용 대형차 수의 비율은 모든 달에서 10% 이상이다.
④ 영업용 승합차 수는 모든 달에서 영업용 대형차 수의 2배 이상이다.
⑤ 승용차가 가장 많이 통과한 달의 전체 승용차 수에 대한 영업용 승용차 수의 비율은 3% 이상이다.

※ 서울역 근처 K공사에 근무하는 A과장은 1월 10일에 팀원 4명과 함께 부산에 있는 출장지에 열차를 타고 가려고 한다. 다음 자료를 보고 이어지는 질문에 답하시오. [16~17]

〈서울역 → 부산역 열차 시간표〉

구분	출발시각	정차역	다음 정차역까지 소요시간	총주행시간	성인 1인당 요금
KTX	8:00	-	-	2시간 30분	59,800원
ITX-청춘	7:20	대전	40분	3시간 30분	48,800원
ITX-마음	6:40	대전, 울산	40분	3시간 50분	42,600원
새마을호	6:30	대전, 울산, 동대구	60분	4시간 30분	40,600원
무궁화호	5:30	대전, 울산, 동대구	80분	5시간 40분	28,600원

※ 위의 열차 시간표는 1월 10일 운행하는 열차 종류별로 승차권 구입이 가능한 가장 빠른 시간표이다.
※ 총주행시간은 정차・대기시간을 제외한 열차가 실제로 달리는 시간이다.

〈운행 조건〉

- 정차역에 도착할 때마다 대기시간 15분을 소요한다.
- 정차역에 먼저 도착한 열차가 출발하기 전까지 뒤에 도착한 열차는 정차역에 들어오지 않고 대기한다.
- 정차역에 먼저 도착한 열차가 정차역을 출발한 후, 5분 뒤에 대기 중인 열차가 정차역에 들어온다.
- 정차역에 2종류 이상의 열차가 동시에 도착하였다면, ITX-청춘 → ITX-마음 → 새마을호 → 무궁화호 순으로 정차역에 들어온다.
- 목적지인 부산역은 먼저 도착한 열차로 인한 대기 없이 바로 역에 들어온다.

| 코레일 한국철도공사 / 문제해결능력

16 다음 중 자료에 대한 설명으로 옳지 않은 것은?

① ITX-청춘보다 ITX-마음이 목적지에 더 빨리 도착한다.
② 부산역에 가장 늦게 도착하는 열차는 12시에 도착한다.
③ ITX-마음은 먼저 도착한 열차로 인한 대기시간이 없다.
④ 부산역에 가장 빨리 도착하는 열차는 10시 30분에 도착한다.
⑤ 무궁화호는 울산역, 동대구역에서 다른 열차로 인해 대기한다.

코레일 한국철도공사 / 문제해결능력

17 다음 〈조건〉에 따라 승차권을 구입할 때, A과장과 팀원 4명의 총요금은?

조건

- A과장과 팀원 1명은 7시 30분까지 K공사에서 사전 회의를 가진 후 출발한다.
- 목적지인 부산역에는 11시 30분까지 도착해야 한다.
- 열차 요금은 가능한 한 저렴하게 한다.

① 247,400원
② 281,800원
③ 312,800원
④ 326,400원
⑤ 347,200원

코레일 한국철도공사 / 문제해결능력

18 다음 글에서 알 수 있는 논리적 사고의 구성요소로 가장 적절한 것은?

A는 동업자 B와 함께 신규 사업을 시작하기 위해 기획안을 작성하여 논의하였다. 그러나 B는 신규 기획안을 읽고 시기나 적절성에 대해 부정적인 입장을 보였다. A가 B를 설득하기 위해 B의 의견들을 정리하여 생각해 보니 B는 신규 사업을 시작하는 데 있어 다른 경쟁사보다 늦게 출발하여 경쟁력이 부족하다는 점 때문에 신규 사업에 부정적이라는 것을 알게 되었다. 이에 A는 경쟁력을 높이기 위한 다양한 아이디어를 추가로 제시하여 B를 다시 설득하였다.

① 설득
② 구체적인 생각
③ 생각하는 습관
④ 타인에 대한 이해
⑤ 상대 논리의 구조화

| 코레일 한국철도공사 / 문제해결능력

19 면접 참가자 A～E 5명은 〈조건〉과 같이 면접장에 도착했다. 동시에 도착한 사람은 없다고 할 때, 다음 중 항상 참인 것은?

> 조건
> • B는 A 바로 다음에 도착했다.
> • D는 E보다 늦게 도착했다.
> • C보다 먼저 도착한 사람이 1명 있다.

① E는 가장 먼저 도착했다.
② B는 가장 늦게 도착했다.
③ A는 네 번째로 도착했다.
④ D는 가장 먼저 도착했다.
⑤ D는 A보다 먼저 도착했다.

| 코레일 한국철도공사 / 문제해결능력

20 다음 논리에서 나타난 형식적 오류로 옳은 것은?

> • 전제 1 : TV를 오래 보면 눈이 나빠진다.
> • 전제 2 : 철수는 TV를 오래 보지 않는다.
> • 결론 : 그러므로 철수는 눈이 나빠지지 않는다.

① 사개명사의 오류
② 전건 부정의 오류
③ 후건 긍정의 오류
④ 선언지 긍정의 오류
⑤ 매개념 부주연의 오류

21 다음 글의 내용으로 적절하지 않은 것은?

K공단은 의사와 약사가 협력하여 지역주민의 안전한 약물 사용을 돕는 의・약사 협업 다제약물 관리사업을 6월 26일부터 서울 도봉구에서 시작했다고 밝혔다.

지난 2018년부터 K공단이 진행 중인 다제약물 관리사업은 10종 이상의 약을 복용하는 만성질환자를 대상으로 약물의 중복 복용과 부작용 등을 예방하기 위해 의약전문가가 약물관리 서비스를 제공하는 사업이다. 지역사회에서는 K공단에서 위촉한 자문 약사가 가정을 방문하여 대상자가 먹고 있는 일반 약을 포함한 전체 약을 대상으로 약물의 복용상태, 부작용, 중복 등을 종합적으로 검토하고 그 결과를 바탕으로 상담, 교육 및 처방조정 안내를 실시함으로써 약물관리가 이루어지고, 병원에서는 입원 및 외래환자를 대상으로 의사, 약사 등으로 구성된 다학제팀(전인적인 돌봄을 위해 의사, 간호사, 약사, 사회복지사 등 다양한 전문가들로 이루어진 팀)이 약물관리 서비스를 제공한다.

다제약물 관리사업 효과를 평가한 결과, 지역사회에서는 약물관리를 받은 사람의 복약순응도가 56.3% 개선되었고, 효능이 유사한 약물을 중복해서 복용하는 환자가 40.2% 감소되었다. 또한, 병원에서 제공된 다제약물 관리사업으로 응급실 방문 위험이 47%, 재입원 위험이 18% 감소되는 등의 효과를 확인하였다.

다만, 지역사회에서는 약사의 약물 상담결과가 의사의 처방조정에까지 반영되는 다학제 협업 시스템이 미흡하다는 의견이 제기되었다. 이러한 문제점의 개선을 위해 K공단은 도봉구 의사회와 약사회, 전문가로 구성된 지역협의체를 구성하고, 지난 4월부터 3회에 걸친 논의를 통해 의・약사 협업 모형을 개발하고, 사업 참여 의・약사 선정, 서비스 제공 대상자 모집 및 정보공유 방법 등의 현장 적용방안을 마련했다. 의사나 K공단이 선정한 약물관리 대상자는 자문 약사의 약물점검(필요시 의사 동행)을 받게 되며, 그 결과가 K공단의 정보 시스템을 통해 대상자의 단골 병원 의사에게 전달되어 처방 시 반영될 수 있도록 하는 것이 주요 골자이다. 지역 의・약사 협업 모형은 2023년 12월까지 도봉구 지역의 일차의료 만성질환관리 시범사업에 참여하는 의원과 자문 약사를 중심으로 우선 실시한다. 이후 사업의 효과성을 평가하고 부족한 점은 보완하여 다른 지역에도 확대 적용할 예정이다.

① K공단에서 위촉한 자문 약사는 환자가 먹는 약물을 조사하여 직접 처방할 수 있다.
② 다제약물 관리사업으로 인해 환자는 복용하는 약물의 수를 줄일 수 있다.
③ 다제약물 관리사업의 주요 대상자는 10종 이상의 약을 복용하는 만성질환자이다.
④ 다제약물 관리사업은 지역사회보다 병원에서 더 활발히 이루어지고 있다.

22 다음 문단 뒤에 이어질 내용을 논리적 순서대로 바르게 나열한 것은?

> 아토피 피부염은 만성적으로 재발하는 양상을 보이며 심한 가려움증을 동반하는 염증성 피부 질환으로, 연령에 따라 특징적인 병변의 분포와 양상을 보인다.
>
> (가) 이와 같이 아토피 피부염은 원인을 정확히 파악할 수 없기 때문에 아토피 피부염의 진단을 위한 특이한 검사소견은 없으며, 임상 증상을 종합하여 진단한다. 기존에 몇 가지 국외의 진단기준이 있었으며, 2005년 대한아토피피부염학회에서는 한국인 아토피 피부염에서 특징적으로 관찰되는 세 가지 주진단 기준과 14가지 보조진단 기준으로 구성된 한국인 아토피 피부염 진단 기준을 정하였다.
>
> (나) 아토피 피부염 환자는 정상 피부에 비해 민감한 피부를 가지고 있으며 다양한 자극원에 의해 악화될 수 있으므로 앞의 약물치료와 더불어 일상생활에서도 이를 피할 수 있도록 노력해야 한다. 비누와 세제, 화학약품, 모직과 나일론 의류, 비정상적인 기온이나 습도에 대한 노출 등이 대표적인 피부 자극 요인들이다. 면제품 속옷을 입도록 하고, 세탁 후 세제가 남지 않도록 물로 여러 번 헹구도록 한다. 또한 평소 실내 온도, 습도를 쾌적하게 유지하는 것도 중요하다. 땀이나 자극성 물질을 제거하는 목적으로 미지근한 물에 샤워를 하는 것이 좋으며, 샤워 후에는 3분 이내에 보습제를 바르는 것이 좋다.
>
> (다) 아토피 피부염을 진단받아 치료하기 위해서는 보습이 가장 중요하고, 피부 증상을 악화시킬 수 있는 자극원, 알레르겐 등을 피하는 것이 필요하다. 국소 치료제로는 국소 스테로이드제가 가장 기본적인 치료제이다. 국소 칼시뉴린 억제제도 효과적으로 사용되는 약제이며, 국소 스테로이드제 사용으로 발생 가능한 피부 위축 등의 부작용이 없다. 아직 국내에 들어오지는 않았으나 국소 포스포디에스테라제 억제제도 있다. 이 외에는 전신치료로 가려움증 완화를 위해 사용할 수 있는 항히스타민제가 있고, 필요시 경구 스테로이드제를 사용할 수 있다. 심한 아토피 피부염 환자에서는 면역 억제제가 사용된다. 광선치료(자외선치료)도 아토피 피부염 치료로 이용된다. 최근에는 아토피 피부염을 유발하는 특정한 사이토카인 신호 전달을 차단할 수 있는 생물학적제제인 두필루맙(Dupilumab)이 만성 중증 아토피 피부염 환자를 대상으로 사용되고 있으며, 치료 효과가 뛰어나다고 알려져 있다.
>
> (라) 많은 연구에도 불구하고 아토피 피부염의 정확한 원인은 아직 밝혀지지 않았다. 현재까지는 피부 보호막 역할을 하는 피부장벽 기능의 이상, 면역체계의 이상, 유전적 및 환경적 요인 등이 복합적으로 상호작용한 결과 발생하는 것으로 보고 있다.

① (다) – (가) – (라) – (나)

② (다) – (나) – (라) – (가)

③ (라) – (가) – (나) – (다)

④ (라) – (가) – (다) – (나)

23 **다음 글의 주제로 가장 적절한 것은?**

한국인의 주요 사망 원인 중 하나인 뇌경색은 뇌혈관이 갑자기 폐쇄됨으로써 뇌가 손상되어 신경학적 이상이 발생하는 질병이다.
뇌경색의 발생 원인은 크게 분류하면 2가지가 있는데, 그중 첫 번째는 동맥경화증이다. 동맥경화증은 혈관의 중간층에 퇴행성 변화가 일어나서 섬유화가 진행되고 혈관의 탄성이 줄어드는 노화현상의 일종으로, 뇌로 혈류를 공급하는 큰 혈관이 폐쇄되거나 뇌 안의 작은 혈관이 폐쇄되어 발생하는 것이다. 두 번째는 심인성 색전으로, 심장에서 형성된 혈전이 혈관을 타고 흐르다 갑자기 뇌혈관을 폐쇄시켜 발생하는 것이다.
뇌경색이 발생하여 환자가 응급실에 내원한 경우, 폐쇄된 뇌혈관을 확인하기 위한 뇌혈관 조영 CT를 촬영하거나 손상된 뇌경색 부위를 좀 더 정확하게 확인해야 하는 경우에는 뇌 자기공명 영상(Brain MRI) 검사를 한다. 이렇게 시행한 검사에서 큰 혈관의 폐쇄가 확인되면 정맥 내에 혈전용해제를 투여하거나 동맥 내부의 혈전제거술을 시행하게 된다. 시술이 필요하지 않은 경우라면, 뇌경색의 악화를 방지하기 위하여 뇌경색 기전에 따라 항혈소판제나 항응고제 약물 치료를 하게 된다.
뇌경색의 원인 중 동맥경화증의 경우 여러 가지 위험 요인에 의하여 장시간 동안 서서히 진행된다. 고혈압, 당뇨, 이상지질혈증, 흡연, 과도한 음주, 비만 등이 위험 요인이며, 평소 이러한 원인이 있는 사람은 약물 치료 및 생활 습관 개선으로 위험 요인을 줄여야 한다. 특히 뇌경색이 한번 발병했던 사람은 재발 방지를 위한 약물을 지속적으로 복용하는 것이 필요하다.

① 뇌경색의 주요 증상
② 뇌경색 환자의 약물치료 방법
③ 뇌경색의 발병 원인과 치료 방법
④ 뇌경색이 발생했을 때의 조치사항

24 **다음은 2019 ~ 2023년 건강보험료 부과 금액 및 1인당 건강보험 급여비에 대한 자료이다. 이에 대한 설명으로 옳지 않은 것은?**

〈건강보험료 부과 금액 및 1인당 건강보험 급여비〉

구분	2019년	2020년	2021년	2022년	2023년
건강보험료 부과 금액(십억 원)	59,130	63,120	69,480	76,775	82,840
1인당 건강보험 급여비(원)	1,300,000	1,400,000	1,550,000	1,700,000	1,900,000

① 건강보험료 부과 금액과 1인당 건강보험 급여비는 모두 매년 증가하였다.
② 2020 ~ 2023년 동안 전년 대비 1인당 건강보험 급여비가 가장 크게 증가한 해는 2023년이다.
③ 2020 ~ 2023년 동안 전년 대비 건강보험료 부과 금액의 증가율은 항상 10% 미만이었다.
④ 2019년 대비 2023년의 1인당 건강보험 급여비는 40% 이상 증가하였다.

※ 다음 명제가 모두 참일 때, 빈칸에 들어갈 명제로 가장 적절한 것을 고르시오. [25~27]

| 국민건강보험공단 / 문제해결능력

25

- 잎이 넓은 나무는 키가 크다.
- 잎이 넓지 않은 나무는 덥지 않은 지방에서 자란다.
- ______________________________
- 따라서 더운 지방에서 자라는 나무는 열매가 많이 맺힌다.

① 잎이 넓지 않은 나무는 열매가 많이 맺힌다.

② 열매가 많이 맺히지 않는 나무는 키가 작다.

③ 벌레가 많은 지역은 열매가 많이 맺히지 않는다.

④ 키가 작은 나무는 덥지 않은 지방에서 자란다.

| 국민건강보험공단 / 문제해결능력

26

- 풀을 먹는 동물은 몸집이 크다.
- 사막에서 사는 동물은 물속에서 살지 않는다.
- ______________________________
- 따라서 물속에서 사는 동물은 몸집이 크다.

① 몸집이 큰 동물은 물속에서 산다.

② 물이 있으면 사막이 아니다.

③ 사막에 사는 동물은 몸집이 크다.

④ 풀을 먹지 않는 동물은 사막에 산다.

| 국민건강보험공단 / 문제해결능력

27

- 모든 1과 사원은 가장 실적이 많은 2과 사원보다 실적이 많다.
- 가장 실적이 많은 4과 사원은 모든 3과 사원보다 실적이 적다.
- 3과 사원 중 일부는 가장 실적이 많은 2과 사원보다 실적이 적다.
- 따라서 ______________________________

① 모든 2과 사원은 4과 사원 중 일부보다 실적이 적다.

② 어떤 1과 사원은 가장 실적이 많은 3과 사원보다 실적이 적다.

③ 어떤 3과 사원은 가장 실적이 적은 1과 사원보다 실적이 적다.

④ 1과 사원 중 가장 적은 실적을 올린 사원과 같은 실적을 올린 사원이 4과에 있다.

28 다음은 대한민국 입국 목적별 비자 종류의 일부이다. 외국인 A ~ D씨가 피초청자로서 입국할 때, 초청 목적에 따라 발급받아야 하는 비자의 종류를 바르게 짝지은 것은?(단, 비자면제 협정은 없는 것으로 가정한다)

〈대한민국 입국 목적별 비자 종류〉

- 외교・공무
  - 외교(A-1) : 대한민국 정부가 접수한 외국 정부의 외교사절단이나 영사기관의 구성원, 조약 또는 국제관행에 따라 외교사절과 동등한 특권과 면제를 받는 사람과 그 가족
  - 공무(A-2) : 대한민국 정부가 승인한 외국 정부 또는 국제기구의 공무를 수행하는 사람과 그 가족
- 유학・어학연수
  - 학사유학(D-2-2) : (전문)대학, 대학원 또는 특별법의 규정에 의하여 설립된 전문대학 이상의 학술기관에서 정규과정(학사)의 교육을 받고자 하는 자
  - 교환학생(D-2-6) : 대학 간 학사교류 협정에 의해 정규과정 중 일정 기간 동안 교육을 받고자 하는 교환학생
- 비전문직 취업
  - 제조업(E-9-1) : 외국인근로자의 고용에 관한 법률의 규정에 의한 국내 취업요건을 갖추어 제조업체에 취업하고자 하는 자
  - 농업(E-9-3) : 외국인근로자의 고용에 관한 법률의 규정에 의한 국내 취업요건을 갖추어 농업, 축산업 등에 취업하고자 하는 자
- 결혼이민
  - 결혼이민(F-6-1) : 한국에서 혼인이 유효하게 성립되어 있고, 우리 국민과 결혼생활을 지속하기 위해 국내 체류를 하고자 하는 외국인
  - 자녀양육(F-6-2) : 국민의 배우자(F-6-1) 자격에 해당하지 않으나 출생한 미성년 자녀(사실혼 관계 포함)를 국내에서 양육하거나 양육하려는 부 또는 모
- 치료요양
  - 의료관광(C-3-3) : 국내 의료기관에서 진료 또는 요양할 목적으로 입국하는 외국인 환자와 간병 등을 위해 동반입국이 필요한 동반가족 및 간병인(90일 이내)
  - 치료요양(G-1-10) : 국내 의료기관에서 진료 또는 요양할 목적으로 입국하는 외국인 환자와 간병 등을 위해 동반입국이 필요한 동반가족 및 간병인(1년 이내)

〈피초청자 초청 목적〉

피초청자	국적	초청 목적
A	말레이시아	부산에서 6개월가량 입원 치료가 필요한 아들의 간병(아들의 국적 또한 같음)
B	베트남	경기도 소재 O제조공장 취업(국내 취업요건을 모두 갖춤)
C	사우디아라비아	서울 소재 K대학교 교환학생
D	인도네시아	대한민국 개최 APEC 국제기구 정상회의 참석

	A	B	C	D
①	C-3-3	D-2-2	F-6-1	A-2
②	G-1-10	E-9-1	D-2-6	A-2
③	G-1-10	D-2-2	F-6-1	A-1
④	C-3-3	E-9-1	D-2-6	A-1

| 건강보험심사평가원 / 수리능력

29 다음과 같이 일정한 규칙으로 수를 나열할 때 빈칸에 들어갈 수로 옳은 것은?

• 6	13	8	8	144
• 7	11	7	4	122
• 8	9	6	2	100
• 9	7	5	1	( )

① 75
② 79
③ 83
④ 87

| 건강보험심사평가원 / 수리능력

30 두 주사위 A, B를 던져 나온 수를 각각 a, b라고 할 때, $a \neq b$일 확률은?

① $\frac{2}{3}$
② $\frac{13}{18}$
③ $\frac{7}{9}$
④ $\frac{5}{6}$

| 건강보험심사평가원 / 수리능력

31 어떤 상자 안에 빨간색 공 2개와 노란색 공 3개가 들어 있다. 이 상자에서 공 3개를 꺼낼 때, 빨간색 공 1개와 노란색 공 2개를 꺼낼 확률은?(단, 꺼낸 공은 다시 넣지 않는다)

① $\frac{1}{2}$
② $\frac{3}{5}$
③ $\frac{2}{3}$
④ $\frac{3}{4}$

32 다음과 같이 둘레의 길이가 2,000m인 원형 산책로에서 오후 5시 정각에 A씨가 3km/h의 속력으로 산책로를 따라 걷기 시작했다. 30분 후 B씨는 A씨가 걸어간 반대 방향으로 7km/h의 속력으로 같은 산책로를 따라 달리기 시작했을 때, A씨와 B씨가 두 번째로 만날 때의 시각은?

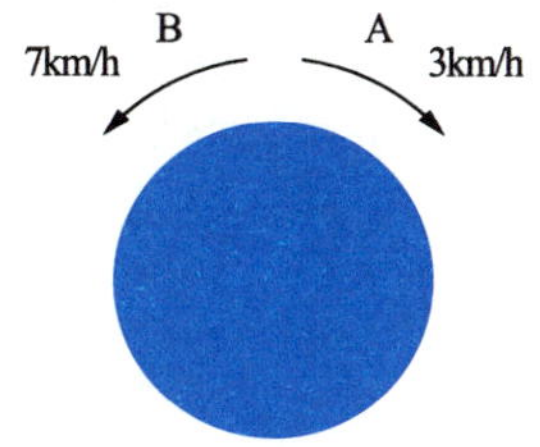

① 오후 6시 30분
② 오후 6시 15분
③ 오후 6시
④ 오후 5시 45분

33 폴더 여러 개가 열려 있는 상태에서 다음과 같이 폴더를 나란히 보기 위해 화면을 분할하고자 할 때, 입력해야 할 단축키로 옳은 것은?

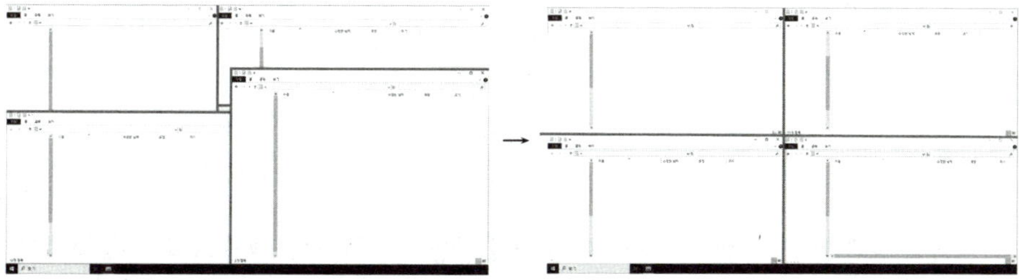

① 〈Shift〉+〈화살표 키〉
② 〈Ctrl〉+〈화살표 키〉
③ 〈Window 로고 키〉+〈화살표 키〉
④ 〈Alt〉+〈화살표 키〉

34 **다음 중 파일 여러 개가 열려 있는 상태에서 즉시 바탕화면으로 돌아가고자 할 때, 입력해야 할 단축키로 옳은 것은?**

① 〈Window 로고 키〉+〈R〉

② 〈Window 로고 키〉+〈I〉

③ 〈Window 로고 키〉+〈L〉

④ 〈Window 로고 키〉+〈D〉

35 **엑셀 프로그램에서 "서울특별시 영등포구 홍제동"으로 입력된 텍스트를 "서울특별시 서대문구 홍제동"으로 수정하여 입력하고자 할 때, 입력해야 할 함수식으로 옳은 것은?**

① =SUBSTITUTE("서울특별시 영등포구 홍제동","영등포","서대문")

② =IF("서울특별시 영등포구 홍제동"="영등포","서대문"," ")

③ =MOD("서울특별시 영등포구 홍제동","영등포","서대문")

④ =NOT("서울특별시 영등포구 홍제동","영등포","서대문")

※ 다음은 중학생 15명을 대상으로 한 달 용돈 금액을 조사한 자료이다. 이어지는 질문에 답하시오. [36~37]

	A	B
1	이름	금액(원)
2	강○○	30,000
3	권○○	50,000
4	고○○	100,000
5	김○○	30,000
6	김△△	25,000
7	류○○	75,000
8	오○○	40,000
9	윤○○	100,000
10	이○○	150,000
11	임○○	75,000
12	장○○	50,000
13	전○○	60,000
14	정○○	45,000
15	황○○	50,000
16	황△△	100,000

| 건강보험심사평가원 / 정보능력

36 다음 중 한 달 용돈이 50,000원 이상인 학생 수를 구하고자 할 때, 입력해야 할 함수식으로 옳은 것은?

① =MODE(B2:B16)

② =COUNTIF(B2:B16,">=50000")

③ =MATCH(50000,B2:B16,0)

④ =VLOOKUP(50000,$B$1:$B$16,1,0)

| 건강보험심사평가원 / 정보능력

37 다음 중 학생들이 받는 한 달 평균 용돈을 백 원 미만은 버림하여 구하고자 할 때, 입력해야 할 함수식으로 옳은 것은?

① =LEFT((AVERAGE(B2:B16)),2)

② =RIGHT((AVERAGE(B2:B16)),2)

③ =ROUNDUP((AVERAGE(B2:B16)),−2)

④ =ROUNDDOWN((AVERAGE(B2:B16)),−2)

38 S편의점을 운영하는 P씨는 개인사정으로 이번 주 토요일 하루만 오전 10시부터 오후 8시까지 직원들을 대타로 고용할 예정이다. 직원 A ~ D의 시급과 근무 가능 시간이 다음과 같을 때, 가장 적은 인건비는 얼마인가?

〈S편의점 직원 시급 및 근무 가능 시간〉

직원	시급	근무 가능 시간
A	10,000원	오후 12:00 ~ 오후 5:00
B	10,500원	오전 10:00 ~ 오후 3:00
C	10,500원	오후 12:00 ~ 오후 6:00
D	11,000원	오후 12:00 ~ 오후 8:00

※ 추가 수당으로 시급의 1.5배를 지급한다.
※ 직원 1명당 근무시간은 최소 2시간 이상이어야 한다.

① 153,750원
② 155,250원
③ 156,000원
④ 157,500원
⑤ 159,000원

39 다음은 S마트에 진열된 과일 7종의 판매량에 대한 자료이다. 30개 이상 팔린 과일의 개수를 구하기 위해 [C9] 셀에 입력해야 할 함수식으로 옳은 것은?

〈S마트 진열 과일 판매량〉

	A	B	C
1	번호	과일	판매량(개)
2	1	바나나	50
3	2	사과	25
4	3	참외	15
5	4	배	23
6	5	수박	14
7	6	포도	27
8	7	키위	32
9			

① =MID(C2:C8)
② =COUNTIF(C2:C8,">=30")
③ =MEDIAN(C2:C8)
④ =AVERAGEIF(C2:C8,">=30")
⑤ =MIN(C2:C8)

40 다음 〈보기〉 중 실무형 팔로워십을 가진 사람의 자아상으로 옳은 것을 모두 고르면?

보기

ㄱ. 기쁜 마음으로 과업을 수행
ㄴ. 판단과 사고를 리더에 의존
ㄷ. 조직의 운영 방침에 민감
ㄹ. 일부러 반대의견을 제시
ㅁ. 규정과 규칙에 따라 행동
ㅂ. 지시가 있어야 행동

① ㄱ, ㄴ
② ㄴ, ㄷ
③ ㄷ, ㅁ
④ ㄹ, ㅁ
⑤ ㅁ, ㅂ

41 다음 중 갈등의 과정 단계를 순서대로 바르게 나열한 것은?

ㄱ. 이성과 이해의 상태로 돌아가며 협상과정을 통해 쟁점이 되는 주제를 논의하고, 새로운 제안을 하고, 대안을 모색한다.
ㄴ. 설득보다는 강압적・위협적인 방법 등 극단적인 모습을 보이며 상대방의 생각이나 의견, 제안을 부정하고, 상대방은 그에 대한 반격으로 대응함으로써 자신들의 반격을 정당하게 생각한다.
ㄷ. 의견 불일치가 해소되지 않아 감정이 개입되어 상대방의 주장에 대한 문제점을 찾기 시작하고, 상대방의 입장은 부정하면서 자기주장만 하려고 한다.
ㄹ. 서로 간의 생각이나 신념, 가치관 차이로 인해 의견 불일치가 생겨난다.
ㅁ. 회피, 경쟁, 수용, 타협, 통합의 방법으로 서로 간의 견해를 일치하려 한다.

① ㄹ－ㄱ－ㄴ－ㄷ－ㅁ
② ㄹ－ㄴ－ㄷ－ㄱ－ㅁ
③ ㄹ－ㄷ－ㄴ－ㄱ－ㅁ
④ ㅁ－ㄱ－ㄴ－ㄷ－ㄹ
⑤ ㅁ－ㄹ－ㄴ－ㄷ－ㄱ

42 다음 〈보기〉 중 근로윤리의 덕목과 공동체윤리의 덕목을 바르게 구분한 것은?

보기

㉠ 근면	㉡ 봉사와 책임의식
㉢ 준법	㉣ 예절과 존중
㉤ 정직	㉥ 성실

	근로윤리	공동체윤리
①	㉠, ㉡, ㉥	㉢, ㉣, ㉤
②	㉠, ㉢, ㉤	㉡, ㉣, ㉥
③	㉠, ㉤, ㉥	㉡, ㉢, ㉣
④	㉡, ㉣, ㉤	㉠, ㉢, ㉥
⑤	㉡, ㉤, ㉥	㉠, ㉢, ㉣

43 다음 중 B에 대한 A의 행동이 직장 내 괴롭힘에 해당하지 않는 것은?

① A대표는 B사원에게 본래 업무에 더해 개인적인 용무를 자주 지시하였고, B사원은 과중한 업무로 인해 근무환경이 악화되었다.

② A팀장은 업무처리 속도가 늦은 B사원만 업무에서 배제시키고 청소나 잡일만을 지시하였다. 이에 B사원은 고의적인 업무배제에 정신적 고통을 호소하였다.

③ A팀장은 기획의도와 맞지 않는다는 이유로 B사원에게 수차례 보완을 요구하였다. 계속해서 보완을 명령받은 B사원은 늘어난 업무량으로 인해 스트레스를 받아 휴직을 신청하였다.

④ A대리는 육아휴직 후 복직한 동기인 B대리를 다른 직원과 함께 조롱하고 무시하며 따돌렸다. 이에 B대리는 우울증을 앓았고 결국 퇴사하였다.

⑤ A대표는 실적이 부진하다는 이유로 B과장을 다른 직원이 보는 앞에서 욕설 등의 모욕감을 주었고 이에 B과장은 정신적 고통을 호소하였다.

| 서울교통공사 9호선 / 직업윤리

44 다음 중 S의 사례에서 볼 수 있는 직업윤리 의식으로 옳은 것은?

어릴 적부터 각종 기계를 분해하고 다시 조립하는 취미가 있던 S는 공대를 졸업한 뒤 로봇 엔지니어로 활동하고 있다. S는 자신의 직업이 적성에 꼭 맞는다고 생각하여 더 높은 성취를 위해 성실히 노력하고 있다.

① 소명의식
② 봉사의식
③ 책임의식
④ 직분의식
⑤ 천직의식

| 서울교통공사 9호선 / 자기개발능력

45 다음 중 경력개발의 단계별 내용으로 적절하지 않은 것은?

① 직업선택 : 외부 교육 등 필요한 교육을 이수함
② 조직입사 : 조직의 규칙과 규범에 대해 배움
③ 경력 초기 : 역량을 증대시키고 꿈을 추구해 나감
④ 경력 중기 : 이전 단계를 재평가하고 더 업그레이드된 꿈으로 수정함
⑤ 경력 말기 : 지속적으로 열심히 일함

| 한국남동발전 / 수리능력

46 다음 10개의 수의 중앙값이 8일 때, 빈칸에 들어갈 수로 옳은 것은?

10	(　)	6	9	9	7	8	7	10	7

① 6
② 7
③ 8
④ 9

| 한국남동발전 / 수리능력

47 1 ~ 200의 자연수 중에서 2, 3, 5 중 어느 것으로도 나누어떨어지지 않는 수는 모두 몇 개인가?

① 50개 ② 54개
③ 58개 ④ 62개

| 한국동서발전 / 수리능력

48 다음 그림과 같은 길의 A지점에서 출발하여 최단거리로 이동하여 B지점에 도착하는 경우의 수는?

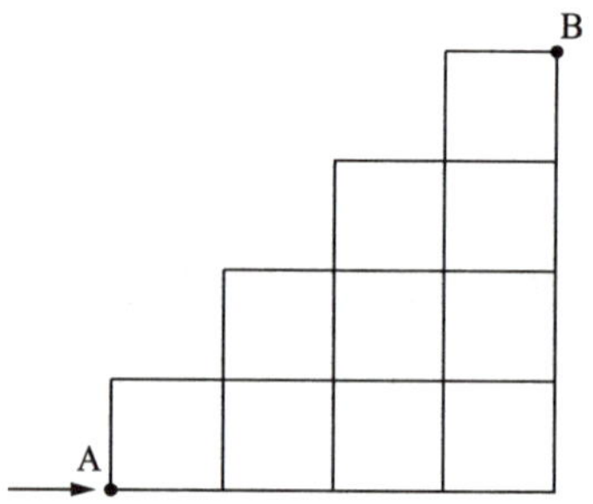

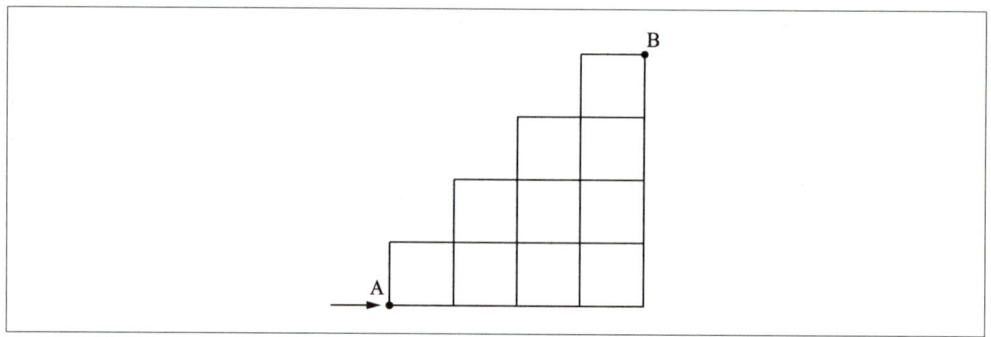

① 36가지 ② 42가지
③ 48가지 ④ 54가지

| 한국동서발전 / 수리능력

49 어떤 원형 시계가 4시 30분을 가리키고 있다. 이 시계의 시침과 분침이 만드는 작은 부채꼴의 넓이와 전체 원의 넓이의 비는 얼마인가?

① $\frac{1}{8}$ ② $\frac{1}{6}$
③ $\frac{1}{4}$ ④ $\frac{1}{2}$

50 다음은 2019 ~ 2023년 발전설비별 발전량에 대한 자료이다. 이에 대한 설명으로 옳은 것은?

〈발전설비별 발전량〉

(단위 : GWh)

구분	수력	기력	원자력	신재생	기타	합계
2019년	7,270	248,584	133,505	28,070	153,218	570,647
2020년	6,247	232,128	145,910	33,500	145,255	563,040
2021년	7,148	200,895	160,184	38,224	145,711	552,162
2022년	6,737	202,657	158,015	41,886	167,515	576,810
2023년	7,256	199,031	176,054	49,285	162,774	594,400

① 2020 ~ 2023년 동안 기력 설비 발전량과 전체 설비 발전량의 전년 대비 증감 추이는 같다.
② 2019 ~ 2023년 동안 수력 설비 발전량은 항상 전체 설비 발전량의 1% 미만이다.
③ 2019 ~ 2023년 동안 신재생 설비 발전량은 항상 전체 설비 발전량의 5% 이상이다.
④ 2019 ~ 2023년 동안 원자력 설비 발전량과 신재생 설비의 발전량은 전년 대비 꾸준히 증가하였다.
⑤ 2020 ~ 2023년 동안 전년 대비 전체 설비 발전량의 증가량이 가장 많은 해와 신재생 설비 발전량의 증가량이 가장 적은 해는 같다.

합격의 공식 시대에듀

인생이란 결코 공평하지 않다.
이 사실에 익숙해져라.

– 빌 게이츠 –

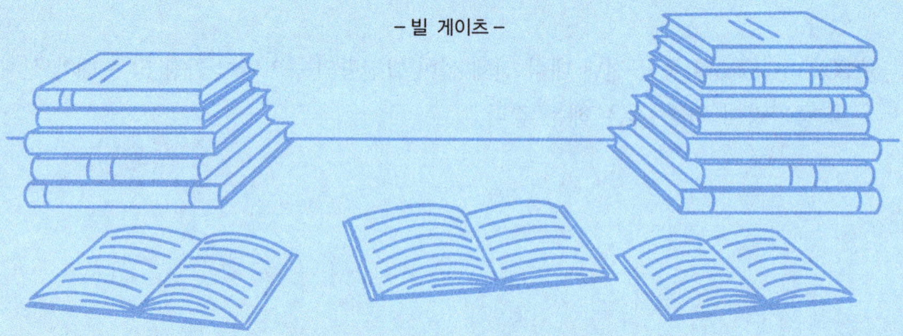

PART 1

직업기초능력평가

CHAPTER 01

의사소통능력

합격 Cheat Key

의사소통능력은 평가하지 않는 공사·공단이 없을 만큼 필기시험에서 중요도가 높은 영역으로, 세부 유형은 문서 이해, 문서 작성, 의사 표현, 경청, 기초 외국어로 나눌 수 있다. 문서 이해·문서 작성과 같은 지문에 대한 주제 찾기, 내용 일치 문제의 출제 비중이 높으며, 문서의 특성을 파악하는 문제도 출제되고 있다.

1 문제에서 요구하는 바를 먼저 파악하라!

의사소통능력에서 가장 중요한 것은 제한된 시간 안에 빠르고 정확하게 답을 찾아내는 것이다. 의사소통능력에서는 지문이 아니라 문제가 주인공이므로 지문을 보기 전에 문제를 먼저 파악해야 하며, 문제에 따라 전략적으로 빠르게 풀어내는 연습을 해야 한다.

2 잠재되어 있는 언어 능력을 발휘하라!

세상에 글은 많고 우리가 학습할 수 있는 시간은 한정적이다. 이를 극복할 수 있는 방법은 다양한 글을 접하는 것이다. 실제 시험장에서 어떤 내용의 지문이 나올지 아무도 예측할 수 없으므로 평소에 신문, 소설, 보고서 등 여러 글을 접하는 것이 필요하다.

3 상황을 가정하라!

업무 수행에 있어 상황에 따른 언어 표현은 중요하다. 같은 말이라도 상황에 따라 다르게 해석될 수 있기 때문이다. 그런 의미에서 자신의 의견을 효과적으로 전달할 수 있는 능력을 평가하는 것이다. 업무를 수행하면서 발생할 수 있는 여러 상황을 가정하고 그에 따른 올바른 언어표현을 정리하는 것이 필요하다.

4 말하는 이의 입장에서 생각하라!

잘 듣는 것 또한 하나의 능력이다. 상대방의 이야기에 귀 기울이고 공감하는 태도는 업무를 수행하는 관계 속에서 필요한 요소이다. 그런 의미에서 다양한 상황에서 듣는 능력을 평가하는 것이다. 말하는 이가 요구하는 듣는 이의 태도를 파악하고, 이에 따른 판단을 할 수 있도록 언제나 말하는 사람의 입장이 되는 연습이 필요하다.

01 문서 내용 이해

| 유형분석 |

- 주어진 지문을 읽고 선택지를 고르는 전형적인 독해 문제이다.
- 지문은 주로 신문기사(보도자료 등)나 업무 보고서, 시사 등이 제시된다.
- 공사공단에 따라 자사와 관련된 내용의 기사나 법조문, 보고서 등이 출제되기도 한다.

다음 글의 내용으로 적절하지 않은 것은?

언어도 인간처럼 생로병사의 과정을 겪는다. 새로 생기기도 하고 사멸 위기에 처하기도 하는 것이다. 하와이어도 사멸 위기를 겪었다. 하와이어의 포식 언어는 영어였다. 1778년 당시 80만 명에 달했던 하와이 원주민은 외부로부터 유입된 감기, 홍역 등의 질병과 정치·문화적 박해로 1900년에는 4만 명까지 감소했다. 당연히 하와이어의 사용자도 급감했다. 1898년에 하와이가 미국에 합병되면서부터 인구가 증가하였으나, 하와이어의 위상은 영어 공용어 교육 정책 시행으로 인하여 크게 위축되었다. 1978년부터 몰입식 공교육을 통한 하와이어 복원이 시도되고 있으나, 하와이어 모국어를 구사할 수 있는 원주민 수는 현재 1,000명 정도에 불과하다.
언어의 사멸은 급속도로 진행된다. 어떤 조사에 따르면 평균 2주에 1개 정도의 언어가 사멸하고 있다. 우비크, 쿠페뇨, 맹크스, 쿤월, 음바바람, 메로에, 컴브리아어 등이 사라진 언어이다. 이러한 상태라면 금세기 말까지 지구에 존재하는 언어 가운데 90%가 사라지게 될 것이라는 추산도 가능하다.

① 하와이 원주민의 수는 1,900년 이후 100여 년 사이에 약 $\frac{1}{40}$로 감소하였다.

② 하와이 원주민은 120여 년 사이에 숫자가 약 $\frac{1}{20}$로 감소하였다.

③ 최근 미국의 교육 정책은 하와이어를 보존하기 위한 방향으로 변화되었다.

④ 언어는 끊임없이 새로 생겨나고, 또 사라진다.

⑤ 하와이는 미국에 합병된 후 인구가 증가하였다.

정답 ①

제시문에 따르면 1900년 하와이 원주민의 수는 4만 명이었으며, 현재 하와이어 모국어를 구사할 수 있는 원주민의 수는 1,000명 정도이다. 그러나 하와이 원주민의 수가 1,000명인 것은 아니므로 ①은 적절하지 않다.

풀이 전략!

주어진 선택지에서 키워드를 체크한 후, 지문의 내용과 비교해 가면서 내용의 일치 유무를 빠르게 판단한다.

대표기출유형 01 기출응용문제

01 다음 글의 내용으로 적절하지 않은 것은?

> 대기업의 고객만족 콜센터에서 상담원으로 8년째 일하고 있는 김씨(30・남)는 매일 아침 극심한 두통에 시달리며 잠에서 깬다. 김씨는 "욕설을 듣지 않은 날이 손에 꼽을 정도다."라며 "물론 보람을 느낄 때도 있지만, 대부분 자괴감이 드는 날이 많다."라고 '감정노동자'들의 고충을 호소했다.
> 이처럼 콜센터 안내원, 호텔관리자, 스튜어디스 등 직접 사람을 마주해야 하는 서비스업 종사자의 감정노동 스트레스는 심각한 수준으로 나타났다. 특히 텔레마케터의 경우 730가지 직업 가운데 감정노동 강도가 가장 높았다. 최근 지방자치단체와 시민단체, 기업 등을 중심으로 감정노동자 보호를 위한 대안들이 나오고 있지만, 서비스업 종사자들이 느끼는 감정노동의 현실이 개선되기까지는 여전히 많은 시간이 걸릴 것으로 보인다.
> 문제는 감정노동자들의 스트레스가 병으로도 이어질 수 있다는 점이다. 한국산업안전보건공단에 따르면 감정노동자들 중 80%가 인격 모독과 욕설 등을 경험했고, 38%가 우울감을 앓고 있는 것으로 조사됐다. 이는 심한 경우 불안장애나 공황장애 등의 질환으로 발전할 수 있어, 전문가들은 감정노동자들에게 각별한 주의를 당부하고 있다.
> 하지만 이런 현실에 비해 아직 우리 사회의 노력은 많이 부족하다. 많은 감정노동자들이 스트레스로 인한 우울감과 정신질환을 앓고 있지만, 재계의 반대로 '산업재해보상보험법 시행령 및 시행규칙 개정안'은 여전히 공중에 맴돌고 있는 상태다. 서비스업의 특성상 질병의 인과관계를 밝혀내기 어렵기 때문에 기업들은 산재보험료 인상으로 기업의 비용이 부담된다며 반대의 목소리를 내고 있다.

① 감정노동자에 대해 우리 사회도 더욱 관심을 가져야 할 필요가 있다.
② 감정노동자 중 20%만이 욕설 등 모욕적인 발언을 경험하지 않았다.
③ 우울감은 심한 경우 정신장애를 일으킬 수 있다.
④ 지방자치단체와 시민단체, 기업 등의 무관심이 서비스업 종사자들의 업무 환경을 더욱 악화시키고 있다.
⑤ 감정노동으로 발생한 질병의 인과관계를 밝히기 어렵다는 이유로 기업들은 산재보험법 시행령을 반대하고 있다.

02 K공단 홍보실에서 근무하는 A사원은 자동차 안전 점검 캠페인 홍보를 위한 전단을 아래와 같이 구상하였다. 다음 중 이를 이해한 내용으로 가장 적절한 것은?

〈자동차 안전 퀴즈 캠페인〉

자동차 안전 퀴즈의 정답을 맞히시는 분께는 도래하는 자동차 검사 기간에 K공단 검사소에서 자동차검사(정기검사 및 종합검사)를 받으실 때, 검사 수수료의 2,000원을 할인해 드립니다.

※ 도래하는 검사기간 내 1회에 한정하며, 참여 후 1년간 유효합니다.

※ 기타할인제도(MOU, 사회적약자 등)와는 중복으로 적용할 수 없습니다.

▶ 5월 자동차 안전 퀴즈 : 주말 나들이를 위한 자동차 안전 점검

가정의 달 5월입니다!
따뜻하고 햇볕 좋은 주말엔 가족끼리 친구끼리 주말여행 많이 떠나시죠?
안전한 여행을 위해서는 여행 전 '자동차 점검'은 필수입니다.
다음 중 장거리 여행 시 필요한 자동차 점검 사항은 무엇일까요?
□ 타이어 공기압 체크
□ 엔진오일 점검 및 브레이크 점검
□ 냉각수 점검 및 워셔액 보충
□ 위 사항 모두!

▶ 문제풀이 TIP!

1. 엔진오일 : 엔진오일은 실린더의 마찰을 감소시켜 엔진 마모를 줄여 주고, 엔진 내부 부식을 막아 주니, 엔진오일의 양을 수시로 확인하여 엔진에 무리가 가지 않게 합니다. 엔진오일도 오래 쓰다 보면 증발하고 오염되기 때문에 주행거리 5,000 ~ 10,000km마다 교환해 주어야 합니다.
2. 타이어 : 타이어의 표면이 많이 닳게 되면 쉽게 미끄러져 큰 사고가 날 수도 있습니다. 타이어의 상태와 공기압을 수시로 확인하여 점검하도록 합니다.
3. 냉각수 : 장기간 운전을 하게 되면 엔진이 과열되기 때문에, 과열된 엔진을 식혀 주는 냉각수의 양을 확인해 주어야 합니다.
4. 브레이크 : 브레이크와 같은 제동장치는 생명을 위협하는 대형사고로 이어질 가능성이 높으니 이상이 나타나기 전 미리미리 점검해야 합니다. 특히 브레이크 패드와 브레이크 오일 등은 소모품으로, 정기적인 점검을 통해 교체해 주어야 합니다.

매월 마지막 주 수요일 전국 K공단 검사소에서는 자동차를 무상점검해 드리고 있습니다. 미리미리 챙기셔서 안전한 나들이 되세요!

① 브레이크 패드와 브레이크 오일은 소모품이다.
② 퀴즈의 정답을 맞히면 도래하는 검사기간 내 1년간 무제한으로 할인 점검이 가능하다.
③ 매월 마지막 주 수요일 자동차 무상점검은 일부 K공단 검사소에서 진행한다.
④ 냉각수는 과열된 브레이크 장치를 식히는 역할을 한다.
⑤ 퀴즈의 정답은 '엔진오일 점검 및 브레이크 점검'이다.

03 다음은 공공 자전거 서비스 제도 시행에 대한 토론 내용이다. 이를 이해한 내용으로 적절하지 않은 것은?

> 사회자 : 최근 사람들의 교통 편의를 위해 공공 자전거 서비스를 제공하는 지방자치단체가 늘고 있습니다. 공공 자전거 서비스 제도는 지방자치단체에서 사람들에게 자전거를 무상으로 빌려주어 일상생활에서 이용하게 하는 제도입니다. 이에 대해 '공공 자전거 서비스 제도를 시행해야 한다.'라는 논제로 토론을 하고자 합니다. 먼저 찬성 측 입론해 주십시오.
>
> A사원 : 최근 회사나 학교 주변의 교통 체증이 심각한 상황입니다. 특히, 출퇴근 시간이나 등하교 시간에는 많은 자동차가 한꺼번에 쏟아져 나와 교통 혼잡이 더욱 가중되고 있습니다. 공공 자전거 서비스 제도를 도입하여 많은 사람이 자전거를 이용하여 출퇴근하게 되면 출퇴근이나 등하교 시의 교통 체증 문제를 완화할 수 있을 것입니다. 또한, 공공 자전거 서비스 제도를 시행하면 자동차의 배기가스로 인한 대기 오염을 줄일 수 있고, 경제적으로도 교통비가 절감되어 가계에 도움이 될 것입니다.
>
> 사회자 : 반대 측에서 반대 질의해 주십시오.
>
> B사원 : 공공 자전거 서비스 제도를 시행하면 교통 체증 문제를 완화할 수 있다고 하셨는데, 그럴 경우 도로에 자전거와 자동차가 섞이게 되어 오히려 교통 혼잡 문제가 발생하지 않을까요?
>
> C사원 : 자전거 전용 도로를 만들면 자전거와 자동차가 뒤섞여 빚는 교통 혼잡을 막을 수 있어서 말씀하신 문제점을 해결할 수 있습니다.
>
> 사회자 : 이번에는 반대 측에서 입론해 주십시오.
>
> D사원 : 공공 자전거 서비스 제도가 도입되면 자전거를 구입하거나 유지하는 데 드는 비용, 자전거 대여소를 설치하고 운영하는 데 드는 경비 등을 모두 지방자치단체에서 충당해야 합니다. 그런데 이 비용들은 모두 국민들의 세금으로 마련되는 것입니다. 따라서 자전거를 이용하지 않는 사람들도 공공 자전거 서비스에 필요한 비용을 지불해야 하기 때문에 형평성의 문제가 발생할 수 있습니다. 자신의 세금 사용에 대해 문제를 제기할 수 있는 사람들의 요구를 고려하여 신중한 접근이 필요하다고 봅니다.
>
> 사회자 : 그러면 이번에는 찬성 측에서 반대 질의해 주십시오.
>
> A사원 : 공공 자전거 서비스 제도의 운용 경비를 모두 지방자치단체에서 충당해야 한다고 하셨는데, 통계 자료에 따르면 공공 자전거 서비스 제도를 시행하고 있는 지방자치단체 열 곳 중 여덟 곳이 공공 자전거 대여소를 무인으로 운영하고 있으며, 운영 경비의 70%를 정부로부터 지원받고 있다고 합니다. 이런 점에서 지방자치단체가 운영 경비를 모두 부담한다고 보기 어렵지 않나요? 그리고 공공 자전거 서비스는 사람들 모두가 이용할 수 있는 혜택이므로 세금 사용의 형평성 문제가 발생한다고 보기 어렵지 않을까요?
>
> B사원 : 물론 그렇게 볼 수도 있습니다만, 정부의 예산도 국민의 세금에서 지출되는 것입니다. 공공 자전거 무인 대여소 설치에 들어가는 비용은 얼마나 되는지, 우리 구에 정부 예산이 얼마나 지원될 수 있는지 등을 더 자세하게 살펴봐야 합니다.

① 반대 측은 형평성을 근거로 공공 자전거 서비스 제도에 대해 문제를 제기하고 있다.
② 찬성 측은 공공 자전거 서비스 제도의 효과에 대해 구체적인 근거를 제시하고 있다.
③ 반대 측은 찬성 측의 주장을 일부 인정하고 있다.
④ 반대 측은 예상되는 상황을 제시해서 찬성 측의 주장에 대해 의문을 제기하고 있다.
⑤ 찬성 측과 반대 측은 공공 자전거 서비스 시행 시 발생할 수 있는 교통 체증 문제에 대립하는 논점을 가지고 있다.

02 글의 주제 · 제목

| 유형분석 |

- 주어진 지문을 파악하여 전달하고자 하는 핵심 주제나 제목을 고르는 문제이다.
- 정보를 종합하고 중요한 내용을 구별하는 능력이 필요하다.
- 설명문부터 주장, 반박문까지 다양한 성격의 지문이 제시되므로 글의 성격별 특징을 알아 두는 것이 좋다.

다음 글의 주제로 가장 적절한 것은?

우리는 주변에서 신호등 음성 안내기, 휠체어 리프트, 점자 블록 등의 장애인 편의 시설을 많이 볼 수 있다. 우리는 이런 편의 시설을 장애인들이 지니고 있는 국민으로서의 기본 권리를 인정한 것이라는 시각에서 바라보고 있다. 물론, 장애인의 일상생활 보장이라는 측면에서 이 시각은 당연한 것이다. 하지만 이를 바라보는 또 다른 시각이 필요하다. 그것은 바로 장애인만을 위한 것이 아니라 일상생활에서 활동에 불편을 겪는 모두를 위한 것이라는 시각이다. 편리하고 안전한 시설은 장애인뿐만 아니라 우리 모두에게 유용하기 때문이다. 예를 들어, 건물의 출입구에 설치되어 있는 경사로는 장애인들의 휠체어만 다닐 수 있도록 설치해 놓은 것이 아니라, 몸이 불편해서 계단을 오르내릴 수 없는 노인이나 유모차를 끌고 다니는 사람들도 편하게 다닐 수 있도록 만들어 놓은 시설이다. 결국 이 경사로는 우리 모두에게 유용한 시설인 것이다.

그런 의미에서, 근래에 대두되고 있는 '보편적 디자인', 즉 '유니버셜 디자인(Universal Design)'이라는 개념은 우리에게 좋은 시사점을 제공해 준다. 보편적 디자인이란 가능한 모든 사람이 이용할 수 있도록 제품, 건물, 공간을 디자인한다는 의미를 가지고 있기 때문이다. 이러한 시각으로 바라본다면 장애인 편의 시설이 우리 모두에게 편리하고 안전한 시설로 인식될 것이다.

① 우리 주변에서는 장애인 편의 시설을 많이 볼 수 있다.
② 보편적 디자인은 근래에 대두되고 있는 중요한 개념이다.
③ 어떤 집단의 사람들이라도 이용할 수 있는 제품을 만들어야 한다.
④ 보편적 디자인이라는 관점에서 장애인 편의 시설을 바라볼 필요가 있다.
⑤ 장애인들의 기본 권리를 보장하기 위해 장애인 편의 시설을 확충해야 한다.

정답 ④

제시문의 첫 문단에서 '장애인 편의 시설에 대한 새로운 시각'이 필요하다고 밝히고, 두 번째 문단에서 장애인 편의 시설이 '우리 모두에게 유용함'을 강조했으며, 마지막 부분에서 보편적 디자인의 시각으로 바라볼 때 '장애인 편의 시설은 우리 모두에게 편리하고 안전한 시설로 인식될 것'이라고 하였다.

풀이 전략!

'결국', '즉', '그런데', '그러나', '그러므로' 등의 접속어 뒤에 주제가 드러나는 경우가 많다는 것에 주의하면서 지문을 읽는다.

01 다음 기사문의 제목으로 가장 적절한 것은?

> 지난 달 17일 첫 홍역의심환자(41 · 남, 중국유입사례로 확인, 질병관리본부) 신고 이후 병원 내 접촉자로 추정되는 2명(23 · 여, 51 · 여)이 추가 확진되어 격리 치료 중이다.
> 이에 따라 감염병 관리 정보시스템을 활용해 관련 기관과 민간전문가 간 긴급 영상회의를 갖고 환자 · 의심환자 및 접촉자 관리 강화, 해당 의료기관 의료진 중 홍역 예방 접종력(2회)이 확인되지 않은 사람을 대상으로 임시 예방접종을 시행하기로 했다.
> 질병관리본부는 홍역 유행 차단을 위해 현재 의료기관 내 접촉자와 일반 접촉자 352명을 대상으로 모니터링을 실시하는 한편, 병원과 신속대응 체계를 구축했다. 추가 환자 · 접촉자가 있는지 추가 확인을 실시하고, 의심증상자 발생 시 출근 및 등교 중지 등의 조치를 시행하고 있다. 이 밖에도 모든 의료기관에 발열, 발진이 동반된 환자 진료 시 홍역 여부를 주의 깊게 관찰하고, 홍역이 의심되는 경우 격리치료 및 관할 보건소에 즉시 신고해 줄 것을 요청하였다.
> 관계자는 "최근 서울에서도 3명의 홍역환자가 발생했고, 유럽 · 일본 등에서도 홍역 유행이 지속되고 있어 국내유입 가능성이 커지고 있다."라면서 "홍역은 호흡기나 비말(침방울 등), 공기를 통해 전파되므로 감염예방을 위해 손씻기, 기침예절 지키기 등 개인위생을 철저히 준수하고, 발열 등 의심 증상이 있는 경우 출근 · 등교를 중지해야 한다."라고 당부했다.
> 홍역은 예방접종으로 예방이 가능하므로 표준 예방접종 일정에 따라 접종을 완료하고, 특히 유럽 등 해외여행을 계획하고 있는 경우에는 사전 예방접종을 반드시 확인해야 한다.
> 질병관리본부는 유럽 등 여행 후 홍역 의심 증상(발열, 발진, 기침, 콧물, 결막염 등)이 발생한 경우 다른 사람과의 접촉을 최소화하고 관할 보건소 또는 질병관리본부 콜센터에 문의하여 안내에 따라 병원에 방문해 줄 것을 거듭 당부하였다.

① 홍역환자 발생, 전파 차단 조치 나서
② 홍역환자 3명 발생, 초기 대응 미흡해
③ 감염병 관리 정보 시스템 가동
④ 홍역, 예방접종으로 예방 가능
⑤ 홍역과 인류의 과거와 미래

02 다음 글의 제목으로 가장 적절한 것은?

2020년 2월, 코로나19의 지역 감염이 확산됨에 따라 감염병 위기경보 수준이 '경계'에서 '심각'으로 격상되었다. 이처럼 감염병 위기 단계가 높아지면 무엇이 달라질까?
감염병 위기경보 수준은 '관심', '주의', '경계', '심각'의 4단계로 나뉘며, 각 단계에 따라 정부의 주요 대응 활동이 달라진다. 먼저, 해외에서 신종감염병이 발생하여 유행하거나 국내에서 원인불명 또는 재출현 감염병이 발생하면 '관심' 단계의 위기경보가 발령된다. '관심' 단계에서 질병관리본부는 대책반을 운영하여 위기 징후를 모니터링하고, 필요할 경우 현장 방역 조치와 방역 인프라를 가동한다. 해외에서의 신종감염병이 국내로 유입되거나 국내에서 원인불명 또는 재출현 감염병이 제한적으로 전파되면 '주의' 단계가 된다. '주의' 단계에서는 질병관리본부의 중앙방역대책본부가 설치되어 운영되며, 유관기관은 협조체계를 가동한다. 또한 '관심' 단계에서 가동된 현장 방역 조치와 방역 인프라, 모니터링 및 감시 시스템은 더욱 강화된다. 국내로 유입된 해외의 신종감염병이 제한적으로 전파되거나 국내에서 발생한 원인불명 또는 재출현 감염병이 지역 사회로 전파되면 '경계' 단계로 격상된다. '경계' 단계에서는 중앙방역대책본부의 운영과 함께 보건복지부 산하에 중앙사고수습본부가 설치된다. 필요할 경우 총리 주재하에 범정부 회의가 개최되고, 행정안전부는 범정부 지원본부의 운영을 검토한다. 마지막으로 해외의 신종감염병이 국내에서 지역사회 전파 및 전국 확산을 일으키거나 국내 원인불명 또는 재출현 감염병이 전국적으로 확산되면 위기경보의 가장 높은 단계인 '심각' 단계로 격상된다. 이 단계에서는 범정부적 총력 대응과 함께 필요할 경우 중앙재난안전대책본부를 운영하게 된다. 이때 '경계' 단계에서 총리 주재하에 범정부 회의가 이루어지던 방식은 중앙재난안전대책본부가 대규모 재난의 예방・대비・대응・복구 등에 관한 사항을 총괄하고 조정하는 방식으로 달라진다.

① 코로나19 감염 확산에 따른 대응 방안
② 감염병 위기경보 단계 상향에 따른 국민 행동수칙 변화
③ 시간에 따른 감염병 위기경보 단계의 변화
④ 위기경보 '심각' 단계 상향에 따른 정부의 특별 지원
⑤ 감염병 위기경보 단계에 따른 정부의 대응 변화

03 다음 글의 주제로 가장 적절한 것은?

현재 우리나라의 진료비 지불제도 중 가장 주도적으로 시행되는 지불제도는 행위별수가제이다. 행위별수가제는 의료기관에서 의료인이 제공한 의료서비스(행위, 약제, 치료 재료 등)에 대해 서비스별로 가격(수가)을 정하여 사용량과 가격에 의해 진료비를 지불하는 제도로, 의료보험 도입 당시부터 채택하고 있다. 그러나 최근 관련 전문가들로부터 이러한 지불제도를 개선해야 한다는 목소리가 많이 나오고 있다.

조사에 의하면 우리나라의 국민의료비를 증대시키는 주요 원인은 고령화로 인한 진료비 증가와 행위별수가제로 인한 비용의 무한 증식이다. 현재 우리나라의 국민의료비는 OECD 회원국 중 최상위를 기록하고 있으며 앞으로 더욱 심화될 것으로 예측된다. 특히 행위별수가제는 의료행위를 할수록 지불되는 진료비가 증가하므로 CT, MRI 등 영상검사를 중심으로 의료 남용이나 과다 이용 문제가 발생하고 있고, 병원의 이익 증대를 위하여 환자에게는 의료비 부담을, 의사에게는 업무 부담을, 건강보험에는 재정 부담을 증대시키고 있다.

이러한 행위별수가제의 문제점을 개선하기 위해 일부 질병군에서는 환자가 입원해서 퇴원할 때까지 발생하는 진료에 대하여 질병마다 미리 정해진 금액을 내는 제도인 포괄수가제를 시행 중이며, 요양병원, 보건기관에서는 입원 환자의 질병, 기능 상태에 따라 입원 1일당 정액수가를 적용하는 정액수가제를 병행하여 실시하고 있지만 비용 산정의 경직성, 의사 비용과 병원 비용의 비분리 등 여러 가지 문제점이 있어 현실적으로 효과를 내지 못하고 있다는 지적이 많다.

기획재정부와 보건복지부는 시간이 지날수록 건강보험 적자가 계속 증대되어 머지않아 고갈될 위기에 있다고 발표하였다. 당장 행위별수가제를 전면적으로 폐지할 수는 없으므로 기존의 다른 수가제의 문제점을 개선하여 확대하는 등 의료비 지불방식의 다변화가 구조적으로 진행되어야 할 것이다.

① 신포괄수가제의 정의
② 행위별수가제의 한계점
③ 의료비 지불제도의 역할
④ 건강보험의 재정 상황
⑤ 다양한 의료비 지불제도 소개

03 문단 나열

| 유형분석 |

- 각 문단의 내용을 파악하고 논리적 순서에 맞게 배열하는 복합적인 문제이다.
- 전체적인 글의 흐름을 이해하는 것이 중요하며, 각 문장의 지시어나 접속어에 주의한다.

다음 문단을 논리적 순서대로 바르게 나열한 것은?

(가) 환경부 국장은 “급식인원이 하루 50만 명에 이르는 K놀이공원이 음식문화 개선에 앞장서는 것은 큰 의미가 있다.”라면서, “이번 협약을 계기로 대기업 중심의 범국민적인 음식문화 개선 운동이 빠르게 확산될 것으로 기대한다.”라고 말했다.

(나) K놀이공원은 하루 평균 15,000여 톤에 이르는 과도한 음식물쓰레기 발생으로 연간 20조 원의 경제적인 낭비가 초래되고 있는 심각성을 인지하고, 환경부와 상호협력하여 음식물쓰레기 줄이기 방안을 적극 추진하기로 했다.

(다) 이날 체결한 협약에 따라 K놀이공원에서 운영하는 전국 500여 단체급식 사업장과 외식사업장에서는 구매, 조리, 배식 등 단계별로 음식물쓰레기 줄이기 활동을 전개하고, 사업장별 특성에 맞는 감량 활동 및 다양한 홍보 캠페인 실시, 인센티브 제공을 통해 이용 고객들의 적극적인 참여를 유도할 계획이다.

(라) 이에, 환경부 국장과 K놀이공원 사업부장은 지난 26일, 환경부, 환경연구소 및 K놀이공원 관계자 등이 참석한 가운데, 음식문화 개선대책에 관한 자발적 협약을 체결하였다.

① (가) – (라) – (나) – (다)
② (나) – (라) – (다) – (가)
③ (나) – (라) – (다) – (가)
④ (라) – (다) – (가) – (나)
⑤ (라) – (다) – (나) – (가)

정답 ②

제시문은 K놀이공원이 음식물쓰레기로 인한 낭비의 심각성을 인식하여 환경부와 음식문화 개선대책 협약을 맺었고, 이 협약으로 인해 대기업 중심의 국민적인 음식문화 개선 운동이 확산될 것이라는 내용의 글이다. 따라서 (나) 음식물쓰레기로 인한 낭비에 대한 심각성을 인식한 K놀이공원과 환경부 → (라) 음식문화 개선 대책 협약 체결 → (다) 협약에 따라 사업장별 특성에 맞는 음식물쓰레기 감량 활동 전개하는 K놀이공원 → (가) 협약을 계기로 대기업 중심의 범국민적 음식문화 개선 운동이 확산될 것을 기대하는 환경부 국장의 순서로 나열하는 것이 적절하다.

풀이 전략!

상대적으로 시간이 부족하다고 느낄 때는 선택지를 참고하여 문장의 순서를 생각해 본다.

대표기출유형 03 기출응용문제

※ 다음 문단을 논리적 순서대로 바르게 나열한 것을 고르시오. [1~2]

01

(가) 위기가 있는 만큼 기회도 주어진다. 다만, 그 기회를 잡기 위해 우리에게 가장 필요한 것은 지혜이다. 그리고 그 지혜를 행동으로 옮길 때, 우리는 성공이라는 결과를 얻을 수 있는 것이다.
(나) 세계적 금융위기는 끝나지 않았고, 동중국해를 둘러싼 중국과 일본의 영토분쟁은 세계 경제에 새로운 위협 요인이 되고 있다. 국가경제도 부동산 가격 하락으로 가계부채 문제가 경제에 부담이 될 것이라는 예측이 나온다. 휴일 영업을 둘러싼 대형마트와 재래시장 간의 갈등도 심화되고 있다. 기업의 입장에서나, 개인의 입장에서나 온통 풀기 어려운 문제에 둘러싸인 형국이다.
(다) 이 위기를 이겨낸 사람이 성공하고, 위기를 이겨낸 기업이 경쟁에서 승리한다. 어려움을 이겨낸 나라가 자신에게 주어진 무대에서 주역이 되었다는 것을 우리는 지난 역사 속에서 배울 수 있다.
(라) 한마디로 위기(危機)의 시대이다. 위기는 '위험'을 의미하는 위(危)자와 '기회'를 의미하는 기(機)자가 합쳐진 말이다. 위기라는 말에는 위험과 기회라는 이중의 의미가 함께 들어 있다. 위험을 이겨낸 사람이 기회를 잡을 수 있다는 말이다. 위기는 기회의 또 다른 얼굴이다.

① (가) – (라) – (나) – (다)
② (나) – (가) – (다) – (라)
③ (나) – (라) – (다) – (가)
④ (라) – (가) – (다) – (나)
⑤ (라) – (다) – (가) – (나)

02

(가) 이 방식을 활용하면 공정의 흐름에 따라 제품이 생산되므로 자재의 운반 거리를 최소화할 수 있어 전체 공정 관리가 쉽다.
(나) 그러나 기계 고장과 같은 문제가 발생하면 전체 공정이 지연될 수 있고, 규격화된 제품 생산에 최적화된 설비 및 배치 방식을 사용하기 때문에 제품의 규격이나 디자인이 변경되면 설비 배치 방식을 재조정해야 한다는 문제가 있다.
(다) 제품을 효율적으로 생산하기 위해서는 생산 설비의 효율적인 배치가 중요하다. 설비의 효율적인 배치란 자재의 불필요한 운반을 최소화하고, 공간을 최대한 활용하면서 적은 노력으로 빠른 시간에 목적하는 제품을 생산할 수 있도록 설비를 배치하는 것이다.
(라) 그중에서도 제품별 배치(Product Layout) 방식은 생산하려는 제품의 종류는 적지만 생산량이 많은 경우에 주로 사용된다. 제품별로 완성품이 될 때까지의 공정 순서에 따라 설비를 배열해 부품 및 자재의 흐름을 단순화하는 것이 핵심이다.

① (가) – (다) – (나) – (라)
② (나) – (가) – (라) – (다)
③ (다) – (나) – (라) – (가)
④ (다) – (라) – (가) – (나)
⑤ (다) – (라) – (나) – (가)

※ 다음 제시된 문단을 읽고, 이어질 문단을 논리적 순서대로 바르게 나열한 것을 고르시오. [3~4]

03

서양연극의 전통적이고 대표적인 형식인 비극은 인생을 진지하고 엄숙하게 바라보는 견해에서 생겼다. 근본 원리는 아리스토텔레스의 견해에 의존하지만, 개념과 형식은 시대 배경에 따라 다양하다. 특히 16세기 말 영국의 대표적인 극작가 중 한 명인 셰익스피어의 등장은 비극의 역사에 새로운 장을 열었다. 셰익스피어는 1600년 이후, 이전과는 다른 분위기의 비극을 발표하기 시작하는데, 이 중 대표적인 작품 4개를 '셰익스피어의 4대 비극'이라고 한다. 셰익스피어는 4대 비극을 통해 영국의 사회적·문화적 가치관과 인간의 보편적 정서를 유감없이 보여주는데, 특히 당시 영국 사회 질서의 개념과 관련되어 있다. 보통 사회 질서가 깨어지고 그 붕괴의 양상이 매우 급하고 강렬할수록 사회의 변혁 또한 크게 일어날 가능성이 큰데, 이와 같은 질서의 파괴로 일어나는 격변을 배경으로 하여 쓴 대표적인 작품이 바로 『맥베스』이다.

(가) 이로 인해 『맥베스』는 인물 내면의 갈등이 섬세하게 묘사된 작품이라는 평가는 물론, 다른 작품들에 비해 비교적 짧지만, 사건이 속도감 있고 집약적으로 전개된다는 평가도 받는다.

(나) 셰익스피어는 사건 및 정치적 욕망의 경위가 아닌 인간의 양심과 영혼의 붕괴에 집중해서 작품의 전개를 다룬다.

(다) 『맥베스』는 셰익스피어의 고전적 특성과 현대성이 가장 잘 드러나 있는 작품으로, 죄책감에 빠진 주인공 맥베스가 왕위 찬탈 과정에서 공포와 절망 속에 갇혀 파멸해가는 과정을 그린 작품이다.

(라) 이는 질서의 파괴 속에서 인간이 자신의 내면에 자리하고 있는 선과 악에 대한 근본적인 자세에 의문을 지니면서 그로 인한 번민, 새로운 깨달음, 비극적인 파멸 등에 이르는 과정을 깊이 있게 보여주고자 함이다.

① (가) – (나) – (다) – (라)
② (가) – (다) – (라) – (나)
③ (나) – (다) – (라) – (가)
④ (다) – (나) – (가) – (라)
⑤ (다) – (나) – (라) – (가)

04

> 마그네틱 카드는 자기 면에 있는 데이터를 입력장치에 통과시키는 것만으로 데이터를 전산기기에 입력할 수 있다. 마그네틱 카드는 미국 IBM에서 자기 테이프의 원리를 카드에 응용한 것으로 자기 테이프 표면에 있는 자성 물질의 특성을 변화시켜 데이터를 기록하는 방식으로 개발되었다. 개발 이후 신용카드, 신분증 등 여러 방면으로 응용되었고, 현재도 사용되고 있다. 하지만 마그네틱 카드는 자기 테이프를 이용하였기 때문에 자석과 접촉하면 기능이 상실되는 단점을 가지고 있는데, 최근 마그네틱 카드의 단점을 보완한 IC카드가 만들어져 사용되고 있다.

(가) IC카드는 데이터를 여러 번 쓰거나 지울 수 있는 EEPROM이나 플래시 메모리를 내장하고 있다. 개발 초기의 IC카드는 8KB 정도의 저장 공간을 가지고 있었으나, 2000년대 이후에는 1MB 이상의 데이터 저장이 가능하다.

(나) IC카드는 내부에 집적회로를 내장하였기 때문에 자석과 접촉해도 데이터가 손상되지 않으며, 마그네틱 카드에 비해 다양한 기능을 추가할 수 있고 보안성 및 내구성도 우수하다.

(다) 메모리 외에도 프로세서를 함께 내장한 것도 있다. 이러한 것들은 스마트 카드로 불리며 현재 16비트 및 32비트급의 성능을 가진 카드도 등장했다. 프로세서를 탑재한 카드는 데이터의 저장뿐 아니라 데이터의 암호화나 특정 컴퓨터만이 호환되도록 하는 등의 프로그래밍이 가능해서 보안성이 향상되었다.

① (가) – (나) – (다)
② (가) – (다) – (나)
③ (나) – (가) – (다)
④ (나) – (다) – (가)
⑤ (다) – (가) – (나)

04 빈칸 삽입

| 유형분석 |

- 주어진 지문을 바탕으로 빈칸에 들어갈 내용을 찾는 문제이다.
- 선택지의 내용을 정확하게 확인하고 빈칸 앞뒤 문맥을 파악하는 능력이 필요하다.

다음 글의 빈칸에 들어갈 내용으로 가장 적절한 것은?

미세먼지와 황사는 여러모로 비슷하면서도 뚜렷한 차이점을 지니고 있다. 삼국사기에도 기록되어 있는 황사는 중국 내륙 내몽골 사막에 강풍이 불면서 날아오는 모래와 흙먼지를 일컫는데, 장단점이 존재했던 과거와 달리 중국 공업지대를 지난 황사에 미세먼지와 중금속 물질이 더해지며 심각한 환경문제로 대두되었다. 이와 달리 미세먼지는 일반적으로는 대기오염물질이 공기 중에 반응하여 형성된 황산염이나 질산염 등 이온 성분, 석탄·석유 등에서 발생한 탄소화합물과 검댕, 흙먼지 등 금속화합물의 유해성분으로 구성된다.
미세먼지의 경우 통념적으로는 먼지를 미세먼지와 초미세먼지로 구분하고 있지만, 대기환경과 환경 보전을 목적으로 하는 환경정책기본법에서는 미세먼지를 PM(Particulate Matter)이라는 단위로 구분한다. 즉, 미세먼지(PM_{10})의 경우 입자의 크기가 $10\mu m$ 이하인 먼지이고, 미세먼지($PM_{2.5}$)는 입자의 크기가 $2.5\mu m$ 이하인 먼지로 정의하고 있다. 이에 비해 황사는 통념적으로는 입자 크기로 구분하지 않으나 주로 지름 $20\mu m$ 이하의 모래로 구분하고 있다. 때문에 ____________________

① 황사 문제를 해결하기 위해서는 근본적으로 황사의 발생 자체를 억제할 필요가 있다.
② 황사와 미세먼지의 차이를 입자의 크기만으로 구분 짓긴 어렵다.
③ 미세먼지의 역할 또한 분명히 존재함을 기억해야 할 것이다.
④ 황사와 미세먼지의 근본적인 구별법은 그 역할에서 찾아야 할 것이다.
⑤ 초미세먼지를 차단할 수 있는 마스크라 해도 황사와 초미세먼지를 동시에 차단하긴 어렵다.

정답 ②

미세먼지의 경우 최소 $10\mu m$ 이하의 먼지로 정의되고 있지만, 황사의 경우 주로 지름 $20\mu m$ 이하의 모래로 구분하되 통념적으로는 입자 크기로 구분하지 않는다. 따라서 $10\mu m$ 이하의 황사의 입자의 크기만으로 미세먼지와 구분 짓기는 어렵다.

오답분석

①·⑤ 제시문을 통해서 알 수 없는 내용이다.
③ 미세먼지의 역할에 대한 설명을 찾을 수 없다.
④ 제시문에서 설명하는 황사와 미세먼지의 근본적인 구별법은 구성성분의 차이다.

풀이 전략!

빈칸 앞뒤의 문맥을 파악한 후 선택지에서 가장 어울리는 내용을 찾는다. 빈칸 앞에 접속어가 있다면 이를 활용한다.

01 다음 글의 빈칸에 들어갈 접속어를 순서대로 바르게 나열한 것은?

> 각 시대에는 그 시대의 특징을 나타내는 문학이 있다고 한다. 우리나라도 무릇 사천 살이 넘는 생활의 역사를 가진 만큼 그 발전 시기마다 각각 특색을 가진 문학이 없을 수 없고, 문학이 있었다면 그 중추가 되는 것은 아무래도 시가문학이라고 볼 수밖에 없다. ________ 대개 어느 민족을 막론하고 인간 사회가 성립하는 동시에 벌써 각자의 감정과 의사를 표시하려는 욕망이 생겼을 것이며, 삼라만상의 대자연은 자연 그 자체가 율동적이고 음악적이라고 할 수 있기 때문이다. 다시 말하면 인간이 생활하는 곳에는 자연적으로 시가가 발생하였다고 할 수 있다. ________ 사람의 지혜가 트이고 비교적 언어의 사용이 능란해짐에 따라 종합 예술체의 한 부분으로 있었던 서정문학적 요소가 분화·독립되어 제요나 노동요 따위의 시가의 원형을 이루고 다시 이 집단적 가요는 개인적 서정시로 발전하여 갔으리라 추측된다. ________ 다른 나라도 마찬가지이겠지만, 우리 문학사상에서 시가의 지위는 상당히 중요한 몫을 지니고 있다.

① 왜냐하면 – 그리고 – 그러므로
② 그리고 – 왜냐하면 – 그러므로
③ 그러므로 – 그리고 – 왜냐하면
④ 왜냐하면 – 그러나 – 그럼에도 불구하고
⑤ 그러므로 – 그래서 – 그러나

02 다음 글의 빈칸에 들어갈 문장을 〈보기〉에서 찾아 순서대로 바르게 나열한 것은?

요즘에는 낯선 곳을 찾아갈 때 지도를 해석하며 어렵게 길을 찾지 않아도 된다. 이는 기술력의 발달에 따라 제공되는 공간 정보를 바탕으로 최적의 경로를 탐색할 수 있게 되었기 때문이다.
______________________ 이처럼 공간 정보가 시간에 따른 변화를 반영할 수 있게 된 것은 정보를 수집하고 분석하는 정보 통신 기술의 발전과 밀접한 관련이 있다.
공간 정보의 활용은 '위치정보시스템(GPS)'과 '지리정보시스템(GIS)' 등의 기술적 발전과 휴대전화나 태블릿 PC 등 정보 통신 기기의 보급을 기반으로 한다. 위치정보시스템은 공간에 대한 정보를 수집하고, 지리정보시스템은 정보를 저장, 분류, 분석한다. 이렇게 분석된 정보는 사용자의 요구에 따라 휴대전화나 태블릿 PC 등을 통해 최적화되어 전달된다.
길 찾기를 예로 들어 이 과정을 살펴보자. 휴대전화 애플리케이션을 이용해 사용자가 가려는 목적지를 입력하고 이동 수단으로 버스를 선택하였다면, 우선 사용자의 현재 위치가 위치정보시스템에 의해 실시간으로 수집된다. 그리고 목적지와 이동 수단 등 사용자의 요구와 실시간으로 수집된 정보에 따라 지리정보시스템은 탑승할 버스 정류장의 위치, 다양한 버스 노선, 최단 시간 등을 분석하여 제공한다. ______________________
______________________ 예를 들어 여행지와 관련한 공간 정보는 여행자의 요구와 선호에 따라 선별적으로 분석되어 활용된다. 나아가 유동 인구를 고려한 상권 분석과 교통의 흐름을 고려한 도시 계획 수립에도 공간 정보 활용이 가능하게 되었다. 획기적으로 발전되고 있는 첨단 기술이 적용된 공간 정보가 국가 차원의 자연재해 예측 시스템에도 활발히 활용된다면 한층 정밀한 재해 예방 및 대비가 가능해질 것이다. 이로 인해 우리의 삶도 더 편리하고 안전해질 것으로 기대된다.

보기

㉠ 어떤 곳의 위치 좌표나 지리적 형상에 대한 정보뿐만 아니라 시간에 따른 공간의 변화를 포함한 공간 정보를 이용할 수 있게 되면서 가능해진 것이다.
㉡ 더 나아가 교통 정체와 같은 돌발 상황과 목적지에 이르는 경로의 주변 정보까지 분석하여 제공한다.
㉢ 공간 정보의 활용 범위는 계속 확대되고 있다.

① ㉠, ㉡, ㉢
② ㉠, ㉢, ㉡
③ ㉡, ㉠, ㉢
④ ㉡, ㉢, ㉠
⑤ ㉢, ㉠, ㉡

03 다음 글의 빈칸에 들어갈 내용으로 가장 적절한 것은?

탁월함은 어떻게 습득되는가, 그것을 가르칠 수 있는가? 이 물음에 대하여 아리스토텔레스는 지성의 탁월함은 가르칠 수 있지만, 성품의 탁월함은 비이성적인 것이어서 가르칠 수 없고, 훈련을 통해서 얻을 수 있다고 대답한다.

그는 좋은 성품을 얻는 것을 기술을 습득하는 것에 비유한다. 그에 따르면, 리라(Lyra)를 켬으로써 리라를 켜는 법을 배우며 말을 탐으로써 말을 타는 법을 배운다. 어떤 기술을 얻고자 할 때 처음에는 교사의 지시대로 행동한다. 그리고 반복 연습을 통하여 그 행동이 점점 더 하기 쉽게 되고 마침내 제2의 천성이 된다. 이와 마찬가지로 어린아이는 어떤 상황에서 어떻게 행동해야 진실되고 관대하며 예의를 차리게 되는지 일일이 배워야 한다. 훈련과 반복을 통하여 그런 행위들을 연마하다 보면 그것들을 점점 더 쉽게 하게 되고, 결국에는 스스로 판단할 수 있게 된다.

그는 올바른 훈련이란 강제가 아니고 그 자체가 즐거움이 되어야 한다고 지적한다. 또한 그렇게 훈련받은 사람은 일을 바르게 처리하는 것을 즐기게 되고, 일을 바르게 처리하고 싶어하게 되며, 올바른 일을 하는 것을 어려워하지 않게 된다. 이처럼 성품의 탁월함이란 사람들이 '하는 것'만이 아니라 사람들이 '하고 싶어 하는 것'과도 관련된다. 그리고 한두 번 관대한 행동을 한 것으로 충분하지 않으며, 늘 관대한 행동을 하고 그런 행동에 감정적으로 끌리는 성향을 갖고 있어야 비로소 관대함에 관하여 성품의 탁월함을 갖고 있다고 할 수 있다.

다음과 같은 예를 통해 아리스토텔레스의 견해를 생각해 보자. 갑돌이는 성품이 곧고 자신감이 충만하다. 그가 한 모임에 참석하였는데, 거기서 다수의 사람들이 옳지 않은 행동을 한다고 생각했을 때, 그는 다수의 행동에 대하여 비판의 목소리를 낼 것이며 그렇게 하는 데 별 어려움을 느끼지 않을 것이다. 한편, 수줍음이 많고 우유부단한 병식이도 한 모임에 참석하였는데, 그 역시 다수의 행동이 잘못되었다는 판단을 했다고 하자. 이런 경우에 병식이는 일어나서 다수의 행동이 잘못되었다고 말할 수 있겠지만, 그렇게 하려면 엄청난 의지를 발휘해야 할 것이고 자신과 힘든 싸움도 해야 할 것이다. 그런데도 병식이가 그렇게 행동했다면 우리는 병식이가 용기 있게 행동하였다고 칭찬할 것이다. 그러나 아리스토텔레스의 입장에서 성품의 탁월함을 가진 사람은 갑돌이다. 왜냐하면 ____________________ 우리가 어떠한 사람을 존경할 것인가가 아니라, 우리 아이를 어떤 사람으로 키우고 싶은가라는 질문을 받는다면 우리는 아리스토텔레스의 견해에 가까워질 것이다. 왜냐하면 우리는 우리 아이들을 갑돌이와 같은 사람으로 키우고 싶어 할 것이기 때문이다.

① 그는 내적인 갈등 없이 옳은 일을 하기 때문이다.

② 그는 옳은 일을 하는 천성을 타고났기 때문이다.

③ 그는 주체적 판단에 따라 옳은 일을 하기 때문이다.

④ 그는 자신이 옳다는 확신을 가지고 옳은 일을 하기 때문이다.

⑤ 그는 다른 사람들의 칭찬을 의식하지 않고 옳은 일을 하기 때문이다.

05 | 경청 · 의사 표현

| 유형분석 |

- 주로 특정 상황을 제시한 뒤 올바른 의사소통 방법을 묻는 형태의 문제가 출제된다.
- 경청과 관련한 이론에 대해 묻거나 대화문 중에서 올바른 경청 자세를 고르는 문제가 출제되기도 한다.

다음 중 올바른 경청방법으로 적절하지 않은 것은?

① 상대를 정면으로 마주하는 자세는 상대방이 자칫 위축되거나 부담스러워할 수 있으므로 지양한다.
② 손이나 다리를 꼬지 않는 개방적인 자세는 상대에게 마음을 열어놓고 있음을 알려주는 신호이다.
③ 우호적인 눈의 접촉(Eye-Contact)은 자신이 상대방에게 관심을 가지고 있음을 알려준다.
④ 비교적 편안한 자세는 전문가다운 자신만만함과 아울러 편안한 마음을 상대방에게 전할 수 있다.
⑤ 상대방을 향하여 상체를 기울여 다가앉은 자세는 자신이 열심히 듣고 있다는 사실을 강조한다.

정답 ①

상대를 정면으로 마주하는 자세는 자신이 상대방과 함께 의논할 준비가 되어있다는 것을 알리는 자세이므로 경청을 하는 데 있어 지향해야 하는 자세이다.

풀이 전략!

별다른 암기 없이도 풀 수 있는 문제가 자주 출제되지만, 문제에 주어진 상황에 대한 확실한 이해가 필요하다.

대표기출유형 05 기출응용문제

01 직장 내에서의 의사소통은 반드시 필요하지만, 적절한 의사소통을 형성한다는 것은 쉽지 않다. 다음과 같은 갈등 상황을 유발하는 원인으로 가장 적절한 것은?

> 기획팀의 K대리는 팀원들과 함께 프로젝트를 수행하고 있다. K대리는 이번 프로젝트를 조금 여유 있게 진행할 것을 팀원들에게 요청하였다. 팀원들은 프로젝트 진행을 위해 회의를 진행하였는데, L사원과 P사원의 의견이 서로 대립하는 바람에 결론을 내리지 못한 채 회의를 마치게 되었다. K대리가 회의 내용을 살펴본 결과 L사원은 프로젝트 기획 단계에서 좀 더 꼼꼼하고 상세한 자료를 모으자는 의견이었고, 반대로 P사원은 여유 있는 시간을 프로젝트 수정·보완 단계에서 사용하자는 의견이었다.

① L사원과 P사원이 K대리의 의견을 서로 다르게 받아들였기 때문이다.
② L사원은 K대리의 고정적 메시지를 잘못 이해하고 있기 때문이다.
③ L사원과 P사원이 자신의 정보를 상대방이 이해하기 어렵게 표현하고 있기 때문이다.
④ L사원과 P사원이 서로 잘못된 정보를 전달하고 있기 때문이다.
⑤ L사원과 P사원이 서로에 대한 선입견을 갖고 있기 때문이다.

02 다음 〈보기〉는 K사원의 고민에 대한 A～E사원의 반응이다. A～E사원의 경청을 방해하는 요인이 잘못 연결된 것은?

> K사원 : P부장님이 새로 오시고부터 일하기가 너무 힘들어. 내가 하는 일 하나하나 지적하시고, 매일매일 체크하셔. 마치 내가 초등학생 때 담임선생님께 숙제를 검사받는 것 같은 기분이야. 일을 맡기셨으면 믿고 기다려주셨으면 좋겠어.

보기

> A사원 : 매일매일 체크하신다는 건 네가 일을 못한 부분이 많아서 아닐까 생각이 들어. 너의 행동도 뒤돌아보는 것이 좋을 것 같아.
> B사원 : 내가 생각하기엔 네가 평소에도 예민한 편이라 P부장님의 행동을 너무 예민하게 받아들이는 것 같아. 부정적이게만 보지 말고 좋게 생각해 봐.
> C사원 : 너의 말을 들으니 P부장님이 너를 너무 못 믿는 것 같네. 직접 대면해서 이 문제에 대해 따져보는 게 좋을 것 같아. 계속 듣고만 있을 수는 없잖아, 안 그래?
> D사원 : 기분 풀고 우리 맛있는 거나 먹으러 가자. 회사 근처에 새로 생긴 파스타집 가봤어? 정말 맛있더라. 먹으면 기분이 풀릴 거야.
> E사원 : P부장님 왜 그러신다니? 마음 넓은 네가 참아.

① A사원 – 짐작하기
② B사원 – 판단하기
③ C사원 – 언쟁하기
④ D사원 – 슬쩍 넘어가기
⑤ E사원 – 비위 맞추기

03 다음은 새로 부임한 김과장에 대한 직원들의 대화 내용이다. 키슬러의 대인관계 의사소통에 따를 때, 김과장에게 해줄 조언으로 가장 적절한 것은?

> 직원 A : 최과장님이 본사로 발령 나시면서, 홍보팀에 과장님이 새로 부임하셨다며, 어떠셔? 계속 지방에 출장 중이어서 이번에 처음 뵙는데 궁금하네.
>
> 직원 B : 김과장님? 음, 되게 능력이 있으시다고 들었어. 회사에서 상당한 연봉을 제시해 직접 스카우트 하셨다고 들었거든. 근데 좀 직원들에게 관심이 너무 많으셔.
>
> 직원 C : 맞아. 최과장님은 업무를 지시하시고 나서는 우리가 보고할 때까지 아무 간섭 안 하시고 보고 후에 피드백을 주셔서 일하는 중에는 부담이 덜했잖아. 근데 새로 온 김과장님은 업무 중간 중간에 어디까지 했냐? 어떻게 처리되었냐? 이렇게 해야 한다. 저렇게 해야 한다. 계속 말씀하셔서 너무 눈치 보여. 물론 바로바로 피드백을 받을 수 있어 수정이 수월하긴 하지만 말이야.
>
> 직원 B : 맞아. 그것도 그거지만 나는 회식 때마다 이전 회사에서 했던 프로젝트에 대해 계속 자랑하셔서 이젠 그 대사도 외울 지경이야. 물론 김과장님의 능력이 출중하다는 건 우리도 알기는 하지만 ….

① 독단적으로 결정하시면 대인 갈등을 겪으실 수도 있으니 직원들과의 상의가 필요합니다.
② 자신만 생각하지 마시고, 타인에게 관심을 갖고 배려해 주세요.
③ 직원들과 어울리지 않으시고 혼자 있는 것만 선호하시면 대인관계를 유지하기 어려워요.
④ 인정이 많으신 것은 좋으나 직원들의 요구를 적절하게 거절할 필요성이 있어요.
⑤ 타인에 대한 높은 관심과 인정받고자 하는 욕구는 낮출 필요성이 있어요.

04 다음 글에 나타난 의사소통의 저해 요인으로 가장 적절한 것은?

> ‘말하지 않아도 알아요.’ TV 광고 음악에 많은 사람이 공감했던 것과 같이 과거 우리 사회에서는 자신의 의견을 직접적으로 드러내지 않는 것을 미덕이라고 생각했다. 하지만 직접 말하지 않아도 상대가 눈치껏 판단하고 행동해주길 바라는 ‘눈치’ 문화가 오히려 의사소통 과정에서의 불신과 오해를 낳는다.

① 의사소통 기법의 미숙
② 부족한 표현 능력
③ 평가적이며 판단적인 태도
④ 선입견과 고정관념
⑤ 폐쇄적인 의사소통 분위기

05 다음 중 효과적인 경청 방법에 대한 설명으로 적절하지 않은 것은?

① 대화를 하는 동안 시간 간격이 있으면, 다음에 무엇을 말할 것인가를 추측하려고 노력해야 한다.
② 상대방이 전달하려는 메시지가 무엇인가를 생각해 보고 자신의 삶, 목적, 경험과 관련지어 본다.
③ 대화 도중에 주기적으로 대화의 내용을 요약하면 상대방이 전달하려는 메시지를 이해하고, 사상과 정보를 예측하는 데 도움이 된다.
④ 말하는 사람의 모든 것에 집중해서 적극적으로 들어야 하며, 말하는 사람의 속도와 말을 이해하는 속도 사이에 발생하는 간격을 메우는 방법을 학습해야 한다.
⑤ 상대방이 말하는 사이에 질문을 하면 질문에 대한 답이 즉각적으로 이루어질 수 없으므로 되도록 질문하지 않고 상대방의 이야기에 집중한다.

06 직장생활에서 필요한 의사소통능력을 문서적인 의사소통능력으로서의 문서이해능력과 문서작성능력, 언어적인 의사소통능력으로서의 경청능력, 의사표현력으로 구분할 수 있다. 다음 사례에 필요한 의사소통능력을 종류에 따라 바르게 구분한 것은?

> 출판사에 근무하는 K대리는 오늘 아침 출근하자마자 오늘의 주요 업무를 다음과 같이 정리하였다.
>
> 〈주요 업무〉
>
> ㉠ 입사 지원 이력서 메일 확인
> ㉡ 팀 회의 – 팀원 담당 업무 지시
> ㉢ 금일 출간 도서 발주서 작성
> ㉣ 유선 연락을 통한 채용 면접 일정 안내
> ㉤ 퇴근 전 업무 일지 작성

	문서적인 의사소통	언어적인 의사소통
①	㉠, ㉤	㉡, ㉢, ㉣
②	㉠, ㉢, ㉣	㉡, ㉤
③	㉠, ㉢, ㉤	㉡, ㉣
④	㉡, ㉢, ㉤	㉠, ㉣
⑤	㉡, ㉣, ㉤	㉠, ㉢

CHAPTER 02

문제해결능력

합격 Cheat Key

문제해결능력은 업무를 수행하면서 여러 가지 문제 상황이 발생하였을 때, 창의적이고 논리적인 사고를 통하여 이를 올바르게 인식하고 적절히 해결하는 능력으로, 하위 능력에는 사고력과 문제처리능력이 있다.

문제해결능력은 NCS 기반 채용을 진행하는 대다수의 공사·공단에서 채택하고 있으며, 다양한 자료와 함께 출제되는 경우가 많아 어렵게 느껴질 수 있다. 특히, 난이도가 높은 문제로 자주 출제되기 때문에 다른 영역보다 더 많은 노력이 필요할 수는 있지만 그렇기에 차별화를 할 수 있는 득점 영역이므로 포기하지 말고 꾸준하게 노력해야 한다.

1 질문의 의도를 정확하게 파악하라!

문제해결능력은 문제에서 무엇을 묻고 있는지 정확하게 파악하여 먼저 풀이 방향을 설정하는 것이 가장 효율적인 방법이다. 특히, 조건이 주어지고 답을 찾는 창의적·분석적인 문제가 주로 출제되고 있기 때문에 처음에 정확한 풀이 방향이 설정되지 않는다면 문제를 제대로 풀지 못하게 되므로 첫 번째로 출제 의도 파악에 집중해야 한다.

2 중요한 정보는 반드시 표시하라!

출제 의도를 정확히 파악하기 위해서는 문제의 중요한 정보를 반드시 표시하거나 메모하여 하나의 조건, 단서도 잊고 넘어가는 일이 없도록 해야 한다. 실제 시험에서는 시간의 압박과 긴장감으로 정보를 잘못 적용하거나 잊어버리는 실수가 많이 발생하므로 사전에 충분한 연습이 필요하다.

3 반복 풀이를 통해 취약 유형을 파악하라!

문제해결능력은 특히 시간관리가 중요한 영역이다. 따라서 정해진 시간 안에 고득점을 할 수 있는 효율적인 문제 풀이 방법을 찾아야 한다. 이때, 반복적인 문제 풀이를 통해 자신이 취약한 유형을 파악하는 것이 중요하다. 정확하게 풀 수 있는 문제부터 빠르게 풀고 취약한 유형은 나중에 푸는 효율적인 문제 풀이를 통해 최대한 고득점을 맞는 것이 중요하다.

01 명제 추론

| 유형분석 |

- 주어진 문장을 토대로 논리적으로 추론하여 참 또는 거짓을 구분하는 문제이다.
- 대체로 연역추론을 활용한 명제 문제가 출제된다.
- 자료를 제시하고 새로운 결과나 자료에 주어지지 않은 내용을 추론해 가는 형식의 문제가 출제된다.

이웃해 있는 10개의 건물에 초밥가게, 옷가게, 신발가게, 편의점, 약국, 카페가 있다. 카페가 3번째 건물에 있을 때, 다음 〈조건〉을 토대로 항상 옳은 것은?(단, 한 건물에 한 가지 업종만 들어갈 수 있다)

조건

- 초밥가게는 카페보다 앞에 있다.
- 초밥가게와 신발가게 사이에 건물이 6개 있다.
- 옷가게는 편의점과 인접해 있지 않고, 신발가게와 인접해 있다.
- 신발가게 뒤에는 아무것도 없는 건물이 2개 있다.
- 2번째와 4번째 건물은 아무것도 없는 건물이다.
- 편의점과 약국은 인접해 있다.

① 카페와 옷가게는 인접해 있다.
② 초밥가게와 약국 사이에 2개의 건물이 있다.
③ 편의점은 6번째 건물에 있다.
④ 신발가게는 8번째 건물에 있다.
⑤ 옷가게는 5번째 건물에 있다.

정답 ④

주어진 조건을 정리하면 다음과 같은 순서로 위치한다는 것을 알 수 있다.
초밥가게 – × – 카페 – × – 편의점 – 약국 – 옷가게 – 신발가게 – × – ×
따라서 신발가게는 8번째 건물에 있다.

오답분석

① 카페와 옷가게 사이에 3개의 건물이 있다.
② 초밥가게와 약국 사이에 4개의 건물이 있다.
③ 편의점은 5번째 건물에 있다.
⑤ 옷가게는 7번째 건물에 있다.

풀이 전략!

조건과 관련한 기본적인 논법에 대해서는 미리 학습해 두며, 이를 바탕으로 각 문장에 있는 핵심단어 또는 문구를 기호화하여 정리한 후, 선택지와 비교하여 참 또는 거짓을 판단한다.

대표기출유형 01 기출응용문제

01 다음 〈조건〉을 근거로 할 때, 반드시 참인 것은?

조건

- 물을 녹색으로 만드는 조류는 냄새 물질을 배출한다.
- 독소 물질을 배출하는 조류는 냄새 물질을 배출하지 않는다.
- 물을 황색으로 만드는 조류는 물을 녹색으로 만들지 않는다.

① 독소 물질을 배출하는 조류는 물을 녹색으로 만들지 않는다.
② 물을 녹색으로 만들지 않는 조류는 냄새 물질을 배출하지 않는다.
③ 독소 물질을 배출하지 않는 조류는 물을 녹색으로 만든다.
④ 냄새 물질을 배출하지 않는 조류는 물을 황색으로 만들지 않는다.
⑤ 냄새 물질을 배출하는 조류는 독소 물질을 배출한다.

02 K건설 개발 사업부에는 부장 1명, 과장 1명, 사원 2명, 대리 2명 총 6명이 근무하고 있다. 〈조건〉에 따라 5주 동안 개발 사업부 전원이 여름휴가를 다녀오려고 한다. 휴가는 1번씩 2주 동안 다녀온다고 할 때, 다음 중 항상 옳지 않은 것은?(단, 모든 휴가의 시작은 월요일, 끝은 일요일이다)

조건

- 회사에는 세 명 이상 남아 있어야 한다.
- 같은 직위의 직원은 동시에 휴가 중일 수 없다.
- 과장과 부장은 휴가가 겹칠 수 없다.
- 1주 차에는 과장과 사원만 휴가를 갈 수 있다.

① 1주 차에 아무도 휴가를 가지 않는다.
② 대리는 혼자 휴가 중일 수 있다.
③ 부장은 4주 차에 휴가를 출발한다.
④ 5주 차에는 1명만 휴가 중일 수 있다.
⑤ 대리 중 한 명은 3주 차에 휴가를 출발한다.

03 다음 〈조건〉에 따라 K기업의 부장, 과장, 대리, 주임, 사원이 농구, 축구, 야구, 테니스, 자전거, 영화 동호회에 참여할 때, 직위와 성별 및 동호회가 바르게 연결되지 않은 것은?(단, 모든 직원은 반드시 동호회 1곳에 참여한다)

조건

- 남직원은 3명, 여직원은 2명이다.
- 모든 동호회의 참여 가능 인원은 팀내 최대 2명이다.
- 모든 여직원은 자전거 동호회에 참여하지 않았다.
- 여직원 중 1명은 농구, 축구, 야구, 테니스 동호회 중 하나에 참여하였다.
- 대리, 주임, 사원은 자전거 동호회 또는 영화 동호회에 참여하지 않았다.
- 참여 직원이 없는 동호회는 2개이다.
- 야구, 자전거, 영화 동호회에 참여한 직원은 각각 1명이다.
- 주임은 야구 동호회에 참여하였고 부장은 영화 동호회에 참여하였다.
- 축구 동호회에 참석한 직원은 남성뿐이다.

	직위	성별	참여 동호회
①	부장	여자	영화
②	과장	남자	자전거
③	대리	남자	축구
④	주임	여자	야구
⑤	사원	남자	테니스

04 오늘 진선이는 종합병원에 방문하여 A ~ C과 진료를 모두 받아야 한다. 〈조건〉이 다음과 같을 때, 가장 빠르게 진료를 받을 수 있는 경로는?(단, 주어진 조건 외에는 고려하지 않는다)

조건

- 모든 과의 진료와 예약은 오전 9시 시작이다.
- 모든 과의 점심시간은 오후 12시 30분부터 오후 1시 30분이다.
- A과와 C과는 본관에 있고 B과는 별관동에 있다. 본관과 별관동 이동에는 셔틀로 약 30분이 소요되며, 점심시간에는 셔틀이 운행하지 않는다.
- A과는 오전 10시부터 오후 3시까지만 진료를 한다.
- B과는 점심시간 후에 사람이 몰려 약 1시간의 대기시간이 필요하다.
- A과 진료는 단순 진료로 30분 정도 소요될 예정이다.
- B과 진료는 치료가 필요하여 1시간 정도 소요될 예정이다.
- C과 진료는 정밀 검사가 필요하여 2시간 정도 소요될 예정이다.

① A – B – C
② A – C – B
③ B – C – A
④ C – A – B
⑤ C – B – A

05 K기업의 가대리, 나사원, 다사원, 라사원, 마대리 중 1명이 어제 출근하지 않았다. 이와 관련하여 5명의 직원이 다음과 같이 말했다. 이들 중 2명이 거짓말을 한다고 할 때, 출근하지 않은 직원은 누구인가?(단, 출근을 하였어도, 결근 사유를 듣지 못할 수도 있다)

> 가대리 : 나는 출근했고, 마대리도 출근했다. 누가 왜 출근하지 않았는지는 알지 못한다.
> 나사원 : 다사원은 출근하였다. 가대리님의 말은 모두 사실이다.
> 다사원 : 라사원은 출근하지 않았다.
> 라사원 : 나사원의 말은 모두 사실이다.
> 마대리 : 출근하지 않은 사람은 라사원이다. 라사원이 개인 사정으로 인해 출석하지 못한다고 가대리에게 전했다.

① 가대리 ② 나사원
③ 다사원 ④ 라사원
⑤ 마대리

06 K기업 갑 ~ 정은 각각 다른 팀에 근무하고 있으며, 각 팀은 2층, 3층, 4층, 5층에 위치하고 있다. 다음 〈조건〉을 참고할 때, 항상 참인 것은?

> **조건**
> • 갑, 을, 병, 정 중 2명은 부장, 1명은 과장, 1명은 대리이다.
> • 대리의 사무실은 을보다 높은 층에 있다.
> • 을은 과장이다.
> • 갑은 대리가 아니다.
> • 갑의 사무실이 가장 높다.

① 부장 중 한 명은 반드시 2층에 근무한다.
② 갑은 부장이다.
③ 대리는 4층에 근무한다.
④ 을은 2층에 근무한다.
⑤ 병은 대리이다.

대표기출유형

02 SWOT 분석

| 유형분석 |

- 상황에 대한 환경 분석 결과를 통해 주요 과제를 도출하는 문제이다.
- 주로 3C 분석 또는 SWOT 분석을 활용한 문제들이 출제되고 있으므로 해당 분석도구에 대한 사전 학습이 요구된다.

최근 라면시장이 3년 만에 마이너스 성장한 것으로 나타남에 따라 K라면회사에 근무하는 A대리는 신제품 개발 이전 라면 시장에 대한 환경 분석과 관련된 보고서를 제출하라는 과제를 받았다. A대리가 작성한 다음 SWOT 분석 결과 중 기회 요인에 작성될 수 있는 내용이 아닌 것은?

〈SWOT 분석 결과〉

강점(Strength)	약점(Weakness)
• 식품그룹으로서의 시너지 효과 • 그룹 내 위상, 역할 강화 • 기존 제품의 성공적인 개발 경험	• 유통업체의 영향력 확대 • 과도한 신제품 개발 • 신상품의 단명 • 유사상품의 영역침범 • 경쟁사의 공격적인 마케팅 대응 부족 • 원재료의 절대적 수입 비증
기회(Opportunity)	**위협(Threat)**
	• 저출산, 고령화로 취식인구 감소 • 소득증가 • 언론, 소비단체의 부정적인 이미지 이슈화 • 정보의 관리, 감독 강화

① 1인 가구의 증대(간편식, 편의식)
② 조미료에 대한 부정적인 인식 개선
③ 1인 미디어 라면 먹방의 유행
④ 난공불락의 C사
⑤ 세계화로 인한 식품 시장의 확대

정답 ④

기회는 외부환경요인 분석에 속하므로 회사 내부를 제외한 외부의 긍정적인 면으로 작용하는 것을 말한다. 하지만 ④는 외부의 부정적인 면으로 위협 요인에 해당된다. ①·②·③·⑤는 외부환경의 긍정적인 요인으로 볼 수 있어 기회 요인에 속한다.

풀이 전략!

문제에 제시된 분석도구를 확인한 후, 분석 결과를 종합적으로 판단하여 각 선택지의 전략 과제와 일치 여부를 판단한다.

01 K은행에 근무 중인 A사원은 국내 금융 시장에 대한 보고서를 작성하면서 K은행에 대한 SWOT 분석을 진행하였다. 다음 중 위협 요인에 들어갈 내용으로 옳지 않은 것은?

〈K은행에 대한 SWOT 분석 결과〉

강점(Strength)	약점(Weakness)
• 지속적 혁신에 대한 경영자의 긍정적 마인드 • 고객만족도 1위의 높은 고객 충성도 • 다양한 투자 상품 개발	• 해외 투자 경험 부족으로 취약한 글로벌 경쟁력 • 소매 금융에 비해 부족한 기업 금융
기회(Opportunity)	**위협(Threat)**
• 국내 유동자금의 증가 • 해외 금융시장 진출 확대 • 정부의 규제 완화 정책	

① 정부의 정책 노선 혼란 등으로 인한 시장의 불확실성 증가

② 경기 침체 장기화

③ 부족한 리스크 관리 능력

④ 금융업의 경계 파괴에 따른 경쟁 심화

⑤ 글로벌 금융사의 국내 시장 진출

02 다음은 국내의 한 화장품 제조 회사에 대한 SWOT 분석 자료이다. 〈보기〉 중 분석에 따른 대응 전략으로 옳은 것을 모두 고르면?

〈국내의 한 화장품 제조 회사에 대한 SWOT 분석 결과〉

강점(Strength)	약점(Weakness)
• 신속한 제품 개발 시스템 • 차별화된 제조 기술 보유	• 신규 생산 설비 투자 미흡 • 낮은 브랜드 인지도
기회(Opportunity)	**위협(Threat)**
• 해외시장에서의 한국 제품 선호 증가 • 새로운 해외시장의 출현	• 해외 저가 제품의 공격적 마케팅 • 저임금의 개발도상국과 경쟁 심화

보기

ㄱ. 새로운 해외시장의 소비자 기호를 반영한 제품을 개발하여 출시한다.
ㄴ. 국내에 화장품 생산 공장을 추가로 건설하여 제품 생산량을 획기적으로 증가시킨다.
ㄷ. 차별화된 제조 기술을 통해 품질 향상과 고급화 전략을 추구한다.
ㄹ. 브랜드 인지도가 낮으므로 해외 현지 기업과의 인수·합병을 통해 해당 회사의 브랜드로 제품을 출시한다.

① ㄱ, ㄴ
② ㄱ, ㄷ
③ ㄴ, ㄷ
④ ㄴ, ㄹ
⑤ ㄷ, ㄹ

03 K공사의 기획팀 B팀장은 C사원에게 K공사에 대한 마케팅 전략 보고서를 요청하였다. C사원이 B팀장에게 제출한 SWOT 분석 결과가 다음과 같을 때, 밑줄 친 ㉠~㉤ 중 SWOT 분석에 들어갈 내용으로 적절하지 않은 것은?

〈K공사 SWOT 분석 결과〉

강점(Strength)	• 새롭고 혁신적인 서비스 • ㉠ <u>직원들에게 가치를 더하는 공사의 다양한 측면</u> • 특화된 마케팅 전문 지식
약점(Weakness)	• 낮은 품질의 서비스 • ㉡ <u>경쟁자의 시장 철수로 인한 시장 진입 가능성</u>
기회(Opportunity)	• ㉢ <u>합작회사를 통한 전략적 협력 구축 가능성</u> • 글로벌 시장으로의 접근성 향상
위협(Threat)	• ㉣ <u>주력 시장에 나타난 신규 경쟁자</u> • ㉤ <u>경쟁 기업의 혁신적 서비스 개발</u> • 경쟁 기업과의 가격 전쟁

① ㉠
② ㉡
③ ㉢
④ ㉣
⑤ ㉤

04 다음은 중국에 진출한 프랜차이즈 커피전문점에 대해 SWOT 분석을 한 것이다. (가) ~ (라)에 들어갈 전략을 바르게 나열한 것은?

〈중국 진출 프랜차이즈 커피전문점에 대한 SWOT 분석 결과〉

S(강점)	W(약점)
• 풍부한 원두커피의 맛 • 독특한 인테리어 • 브랜드 파워 • 높은 고객 충성도	• 낮은 중국 내 인지도 • 높은 시설비 • 비싼 임대료
O(기회)	**T(위협)**
• 중국 경제 급성장 • 서구문화에 대한 관심 • 외국인 집중 • 경쟁업체 진출 미비	• 중국의 차 문화 • 유명 상표 위조 • 커피 구매 인구의 감소

(가)	(나)
• 브랜드가 가진 미국 고유문화 고수 • 독특하고 차별화된 인테리어 유지 • 공격적 점포 확장	• 외국인 많은 곳에 점포 개설 • 본사 직영으로 인테리어
(다)	**(라)**
• 고품질 커피로 상위 소수고객에 집중	• 녹차 향 커피 • 개발 상표 도용 감시

	(가)	(나)	(다)	(라)
①	SO전략	ST전략	WO전략	WT전략
②	WT전략	ST전략	WO전략	SO전략
③	SO전략	WO전략	ST전략	WT전략
④	ST전략	WO전략	SO전략	WT전략
⑤	WT전략	WO전략	ST전략	SO전략

03 자료 해석

| 유형분석 |

- 주어진 자료를 해석하고 활용하여 풀어가는 문제이다.
- 꼼꼼하고 분석적인 접근이 필요한 다양한 자료들이 출제된다.

K사 인사팀 직원인 A씨는 사내 설문조사를 통해 요즘 사람들이 연봉보다는 일과 삶의 균형을 더 중요시하고 직무의 전문성을 높이고 싶어 한다는 결과를 도출했다. 다음 중 설문조사 결과와 K사 임직원의 근무여건에 대한 자료를 참고하여 인사제도를 합리적으로 변경한 것은?

〈임직원 근무여건〉

구분	주당 근무 일수(평균)	주당 근무시간(평균)	직무교육 여부	퇴사율
정규직	6일	52시간 이상	○	17%
비정규직 1	5일	40시간 이상	○	12%
비정규직 2	5일	20시간 이상	×	25%

① 정규직의 연봉을 7% 인상한다.
② 정규직을 비정규직으로 전환한다.
③ 비정규직 1의 직무교육을 비정규직 2와 같이 조정한다.
④ 정규직의 주당 근무시간을 비정규직 1과 같이 조정하고 비정규직 2의 직무교육을 시행한다.
⑤ 비정규직 2의 근무 일수를 정규직과 같이 조정한다.

정답 ④

정규직의 주당 근무시간을 비정규직 1과 같이 줄여 근무여건을 개선하고, 퇴사율이 가장 높은 비정규직 2의 직무교육을 시행하여 퇴사율을 줄이는 것이 가장 적절하다.

오답분석

① 설문조사 결과에서 연봉보다는 일과 삶의 균형을 더 중요시한다고 하였으므로 연봉이 상승하는 것은 퇴사율에 영향을 미치지 않음을 알 수 있다.
② 정규직을 비정규직으로 전환하는 것은 고용의 안정성을 낮추어 퇴사율을 더욱 높일 수 있다.
③ 직무교육을 하지 않는 비정규직 2보다 직무교육을 하는 정규직과 비정규직 1의 퇴사율이 더 낮기 때문에 이는 적절하지 않다.
⑤ 비정규직 2의 주당 근무 일수를 정규직과 같이 조정하면, 주 6일 20시간을 근무하게 되어 비효율적인 업무를 수행한다.

풀이 전략!

문제 해결을 위해 필요한 정보가 무엇인지 먼저 파악한 후, 제시된 자료를 분석적으로 읽고 해석한다.

대표기출유형 03 기출응용문제

01 갑은 효율적인 월급 관리를 위해 펀드에 가입하고자 한다. A～D펀드 중에 하나를 골라 가입하려고 하는데, 안정적이고 우수한 펀드에 가입하기 위해 〈조건〉에 따라 비교하여 다음과 같은 결과를 얻었다. 이를 토대로 〈보기〉에서 옳은 것을 모두 고르면?

조건

- 둘을 비교하여 우열을 가릴 수 있으면 우수한 쪽에는 5점, 아닌 쪽에는 2점을 부여한다.
- 둘을 비교하여 어느 한 쪽이 우수하다고 말할 수 없는 경우에는 둘 다 0점을 부여한다.
- 각 펀드는 다른 펀드 중 두 개를 골라 총 4번의 비교를 했다.
- 총합의 점수로는 우열을 가릴 수 없으며 각 펀드와의 비교를 통해서만 우열을 가릴 수 있다.

〈결과〉

A펀드	B펀드	C펀드	D펀드
7점	7점	4점	10점

보기

ㄱ. D펀드는 C펀드보다 우수하다.
ㄴ. B펀드가 D펀드보다 우수하다고 말할 수 없다.
ㄷ. A펀드와 B펀드의 우열을 가릴 수 있으면 A～D까지의 우열순위를 매길 수 있다.

① ㄱ
② ㄱ, ㄴ
③ ㄱ, ㄷ
④ ㄴ, ㄷ
⑤ ㄱ, ㄴ, ㄷ

02 다음은 K공사의 불법하도급 신고 보상 기준에 대한 자료이다. S사원은 이를 토대로 불법하도급 신고 보상액의 사례를 제시하고자 한다. S사원이 계산한 불법하도급 공사 계약금액에 대한 보상 지급금액이 바르게 연결된 것은?

〈불법하도급 신고 보상 기준〉

• 송·변전공사 이외 모든 공사(배전공사, 통신공사 등)

불법하도급 공사 계약금액	보상 지급금액 기준
5천만 원 이하	5%
5천만 원 초과 3억 원 이하	250만 원+5천만 원 초과금액의 3%
3억 원 초과 10억 원 이하	1,000만 원+3억 원 초과금액의 0.5%
10억 원 초과 20억 원 이하	1,350만 원+10억 원 초과금액의 0.4%
20억 원 초과	1,750만 원+20억 원 초과금액의 0.2%

• 송·변전공사(관련 토건공사 포함)

불법하도급 공사 계약금액	보상 지급금액 기준
5천만 원 이하	5%
5천만 원 초과 3억 원 이하	250만 원+5천만 원 초과금액의 3%(한도 1,000만 원)
3억 원 초과 10억 원 이하	1,000만 원+3억 원 초과금액의 0.5%(한도 1,350만 원)
10억 원 초과 100억 원 이하	1,350만 원+10억 원 초과금액의 0.4%(한도 1,750만 원)

	불법하도급 공사 계약금액	보상 지급금액
①	배전공사 6천만 원	280만 원
②	송전공사 12억 원	1,750만 원
③	변전공사 5억 원	1,250만 원
④	통신공사 23억 원	2,220만 원
⑤	송전공사 64억 원	3,510만 원

03 K씨는 로봇청소기를 합리적으로 구매하기 위해 모델별로 성능을 비교·분석하였다. K씨의 의견을 토대로 알 수 있는 K씨가 선택할 로봇청소기 모델은?

〈로봇청소기 모델별 성능 분석표〉

모델	청소 성능		주행 성능			소음 방지	자동 복귀	안전성	내구성	경제성
	바닥	카펫	자율주행 성능	문턱 넘김	추락 방지					
A	★★★	★	★★	★★	★★	★★★	★★★	★★★	★★★	★★
B	★★	★★★	★★★	★★★	★	★★★	★★	★★★	★★★	★★
C	★★★	★★★	★★★	★	★★★	★★★	★★★	★★★	★★★	★
D	★★	★★	★★★	★★	★	★★	★★	★★★	★★	★★
E	★★★	★★★	★★	★★★	★★	★★★	★★	★★★	★★★	★★★

※ ★★★ : 적합, ★★ : 보통, ★ : 미흡

K씨 : 로봇청소기는 내구성과 안전성이 1순위이고 집에 카펫은 없으니 바닥에 대한 청소 성능이 2순위야. 글을 쓰는 아내를 위해서 소음도 중요하겠지, 문턱이나 추락할 만한 공간은 없으니 자율주행 성능만 좋은 것으로 살펴보면 되겠네. 나머지 기준은 크게 신경 안 써도 될 것 같아.

① A모델
② B모델
③ C모델
④ D모델
⑤ E모델

PART 1

04 창의적 사고

| 유형분석 |

- 창의적 사고에 대한 개념을 묻는 문제가 출제된다.
- 창의적 사고 개발 방법에 대한 암기가 필요한 문제가 출제되기도 한다.

다음 글에서 설명하고 있는 사고력은 무엇인가?

정보에는 주변에서 발견할 수 있는 지식인 내적 정보와 책이나 밖에서 본 현상인 외부 정보의 두 종류가 있다. 이러한 정보를 조합하고 그 조합을 최종적인 해답으로 통합해야 한다.

① 분석적 사고
② 논리적 사고
③ 비판적 사고
④ 창의적 사고
⑤ 개발적 사고

정답 ④

창의적 사고란 정보와 정보의 조합이다. 여기에서 말하는 정보에는 주변에서 발견할 수 있는 지식(내적 정보)과 책이나 밖에서 본 현상(외부 정보)의 두 종류가 있다. 이러한 정보를 조합하고 그 조합을 최종적인 해답으로 통합해야 하는 것이 창의적 사고의 첫걸음이다.

풀이 전략!

문제와 관련된 모듈이론에 대한 전반적인 학습을 미리 해두어야 하며, 이를 주어진 문제에 적용하여 빠르게 풀이한다.

대표기출유형 04 기출응용문제

01 다음 사례를 통해 유과장이 최대리에게 해줄 수 있는 조언으로 적절하지 않은 것은?

최대리는 오늘도 기분이 별로다. 팀장에게 오전부터 싫은 소리를 들었기 때문이다. 늘 하던 일을 하던 방식으로 처리한 것이 빌미였다. 관행에 매몰되지 말고 창의적이고 발전적인 모습을 보여 달라는 게 팀장의 주문이었다. '창의적인 일처리'라는 말을 들을 때마다 주눅이 드는 자신을 발견할 때면 더욱 의기소침해지고 자신감이 없어진다. 어떻게 해야 창의적인 인재가 될 수 있을까 고민도 해보지만 뾰족한 수가 보이지 않는다. 자기만 뒤처지는 것 같아 불안하기도 하고 남들은 어떤지 궁금하기도 하다.

① 창의적인 사람은 새로운 경험을 찾아 나서는 사람을 말하는 것 같아.
② 그래, 그들의 독특하고 기발한 재능은 선천적으로 타고나는 것이라 할 수 있어.
③ 창의적인 사고는 후천적 노력에 의해서도 개발이 가능하다고 생각해.
④ 창의력은 본인 스스로 자신의 틀에서 벗어나도록 노력해야 한다고 생각해.
⑤ 창의적 사고는 전문지식이 필요하지 않으니 자신의 경험을 바탕으로 생각해 봐.

02 다음 글은 창의적 사고를 개발하는 방법 중 무엇인가?

'신차 출시'라는 같은 주제에 대해서 판매방법, 판매대상 등의 힌트를 통해 사고 방향을 미리 정해서 발상한다. 이때, 판매방법이라는 힌트에 대해서는 '신규 해외 수출 지역을 물색한다.'라는 아이디어를 떠올릴 수 있을 것이다.

① 자유 연상법 ② 강제 연상법
③ 비교 발상법 ④ 비교 연상법
⑤ 자유 발상법

03 **다음과 같은 특징을 가지고 있는 창의적 사고 개발 방법은?**

일정한 주제에 관하여 회의를 하고, 참가하는 인원이 자유발언을 통해 아이디어를 제시하는 것으로 다른 사람의 발언에 비판하지 않는다.

① 스캠퍼 기법
② 여섯 가지 색깔 모자
③ 브레인스토밍
④ TRIZ
⑤ Logic Tree

04 **다음 중 최근에 많이 사용되고 있는 퍼실리테이션의 문제해결에 대한 설명으로 옳지 않은 것은?**

① 어떤 그룹이나 집단이 의사결정을 잘하도록 도와주는 일을 의미한다.
② 주제에 대한 공감을 이룰 수 있도록 능숙하게 도와주는 역할을 한다.
③ 구성원의 동기뿐만 아니라 팀워크도 한층 강화되는 특징을 보인다.
④ 제3자가 합의점이나 줄거리를 준비해놓고 예정대로 결론을 도출한다.
⑤ 깊이 있는 커뮤니케이션을 통해 서로의 문제점을 이해하고 공감함으로써 창조적인 문제해결을 도모한다.

05 **다음 중 문제를 해결할 때 필요한 분석적 사고에 대한 설명으로 옳은 것은?**

① 전체를 각각의 요소로 나누어 그 요소의 의미를 도출한 다음 우선순위를 부여하고 구체적인 문제해결 방법을 실행하는 것이 요구된다.

② 성과 지향의 문제는 일상업무에서 일어나는 상식, 편견을 타파하여 사고와 행동을 객관적 사실로부터 시작해야 한다.

③ 가설 지향의 문제는 기대하는 결과를 명시하고 효과적인 달성 방법을 사전에 구상하고 실행에 옮겨야 한다.

④ 사실 지향의 문제는 현상 및 원인분석 전에 지식과 경험을 바탕으로 일의 과정이나 결과, 결론을 가정한 다음 검증 후 사실일 경우 다음 단계의 일을 수행해야 한다.

⑤ 개별 요소가 나타나는 문제의 해결보다는 조직의 분위기에 부합하는 방향으로만 문제해결 방안을 수립해야 한다.

PART 1

06 **다음 중 문제해결절차에 따라 사용되는 문제해결 방법을 〈보기〉에서 순서대로 바르게 나열한 것은?**

〈문제해결절차〉

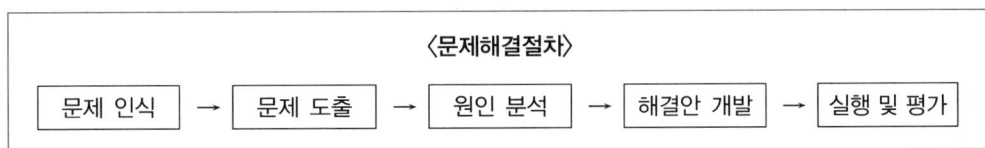

문제 인식 → 문제 도출 → 원인 분석 → 해결안 개발 → 실행 및 평가

보기

㉠ 주요 과제를 나무 모양으로 분해 · 정리한다.
㉡ 자사, 경쟁사, 고객사에 대해 체계적으로 분석한다.
㉢ 부분을 대상으로 먼저 실행한 후 전체로 확대하여 실행한다.
㉣ 전체적 관점에서 방향과 방법이 같은 해결안을 그룹화한다.

① ㉠－㉡－㉢－㉣
② ㉠－㉡－㉣－㉢
③ ㉡－㉠－㉢－㉣
④ ㉡－㉠－㉣－㉢
⑤ ㉣－㉠－㉡－㉢

CHAPTER 03

자원관리능력

합격 Cheat Key

자원관리능력은 현재 NCS 기반 채용을 진행하는 많은 공사·공단에서 핵심영역으로 자리 잡아, 일부를 제외한 대부분의 시험에서 출제되고 있다.

세부 유형은 비용 계산, 해외파견 지원금 계산, 주문 제작 단가 계산, 일정 조율, 일정 선정, 행사 대여 장소 선정, 최단거리 구하기, 시차 계산, 소요시간 구하기, 해외파견 근무 기준에 부합하는 또는 부합하지 않는 직원 고르기 등으로 나눌 수 있다.

1 시차를 먼저 계산하라!

시간 자원 관리의 대표유형 중 시차를 계산하여 일정에 맞는 항공권을 구입하거나 회의시간을 구하는 문제에서는 각각의 나라 시간을 한국 시간으로 전부 바꾸어 계산하는 것이 편리하다. 조건에 맞는 나라들의 시간을 전부 한국 시간으로 바꾸고 한국 시간과의 시차만 더하거나 빼면 시간을 단축하여 풀 수 있다.

2 선택지를 잘 활용하라!

계산을 해서 값을 요구하는 문제 유형에서는 선택지를 먼저 본 후 자리 수가 몇 단위로 끝나는지 확인해야 한다. 예를 들어 412,300원, 426,700원, 434,100원인 선택지가 있다고 할 때, 제시된 조건에서 100원 단위로 나올 수 있는 항목을 찾아 그 항목만 계산하는 방법이 있다. 또한, 일일이 계산하는 문제가 많다. 예를 들어 640,000원, 720,000원, 810,000원 등의 수를 이용해 푸는 문제가 있다고 할 때, 만 원 단위를 절사하고 계산하여 64, 72, 81처럼 요약하는 방법이 있다.

3 최적의 값을 구하는 문제인지 파악하라!

물적 자원 관리의 대표유형에서는 제한된 자원 내에서 최대의 만족 또는 이익을 얻을 수 있는 방법을 강구하는 문제가 출제된다. 이때, 구하고자 하는 값을 x, y로 정하고 연립방정식을 이용해 x, y 값을 구한다. 최소 비용으로 목표생산량을 달성하기 위한 업무 및 인력 할당, 정해진 시간 내에 최대 이윤을 낼 수 있는 업체 선정, 정해진 인력으로 효율적 업무 배치 등을 구하는 문제에서 사용되는 방법이다.

4 각 평가항목을 비교하라!

인적 자원 관리의 대표유형에서는 각 평가항목을 비교하여 기준에 적합한 인물을 고르거나, 저렴한 업체를 선정하거나, 총점이 높은 업체를 선정하는 문제가 출제된다. 이런 유형은 평가항목에서 가격이나 점수 차이에 영향을 많이 미치는 항목을 찾아 $1 \sim 2$개의 선택지를 삭제하고, 남은 $3 \sim 4$개의 선택지만 계산하여 시간을 단축할 수 있다.

01 시간 계획

| 유형분석 |

- 시간 자원과 관련된 다양한 정보를 활용하여 풀어 가는 유형이다.
- 대체로 교통편 정보나 국가별 시차 정보가 제공되며, 이를 근거로 '현지 도착시간 또는 약속된 시간 내에 도착하기 위한 방안'을 고르는 문제가 출제된다.

해외영업부 A대리는 B부장과 함께 샌프란시스코에 출장을 가게 되었다. 샌프란시스코의 시각은 한국보다 16시간 느리고, 비행시간은 10시간 25분일 때 샌프란시스코 현지 시각으로 11월 17일 오전 10시 35분에 도착하는 비행기를 타려면 한국 시각으로 인천공항에 몇 시까지 도착해야 하는가?

구분	날짜	출발 시각	비행 시간	날짜	도착 시각
인천 → 샌프란시스코	11월 17일		10시간 25분	11월 17일	10:35
샌프란시스코 → 인천	11월 21일	17:30	12시간 55분	11월 22일	22:25

※ 단, 비행기 출발 한 시간 전에 공항에 도착해 티켓팅을 해야 한다.

① 12:10
② 13:10
③ 14:10
④ 15:10
⑤ 16:10

정답 ④

인천에서 샌프란시스코까지 비행 시간은 10시간 25분이므로, 샌프란시스코 도착 시각에서 거슬러 올라가면 샌프란시스코 시각으로 00시 10분에 출발한 것이 된다. 이때 한국은 샌프란시스코보다 16시간 빠르기 때문에 한국 시각으로는 16시 10분에 출발한 것이다. 하지만 비행기 티켓팅을 위해 출발 한 시간 전에 인천공항에 도착해야 하므로 15시 10분까지 공항에 가야 한다.

풀이 전략!

문제에서 묻는 것을 정확히 파악한다. 특히 제한사항에 대해서는 빠짐없이 확인해 두어야 한다. 이후 제시된 정보(시차 등)에서 필요한 것을 선별하여 문제를 풀어 간다.

대표기출유형 01 기출응용문제

01 다음은 K회사 신제품 개발1팀의 하루 업무 스케줄에 대한 자료이다. 신입사원 A씨는 스케줄을 바탕으로 금일 회의 시간을 정하려고 한다. 1시간 동안 진행될 팀 회의의 가장 적절한 시간대는 언제인가?

〈K회사 신제품 개발1팀 스케줄〉

시간	직급별 스케줄				
	부장	차장	과장	대리	사원
09:00 ~ 10:00	업무회의				
10:00 ~ 11:00					비품요청
11:00 ~ 12:00			시장조사	시장조사	시장조사
12:00 ~ 13:00	점심식사				
13:00 ~ 14:00	개발전략수립		시장조사	시장조사	시장조사
14:00 ~ 15:00		샘플검수	제품구상	제품구상	제품구상
15:00 ~ 16:00			제품개발	제품개발	제품개발
16:00 ~ 17:00					
17:00 ~ 18:00			결과보고	결과보고	

① 09:00 ~ 10:00
② 10:00 ~ 11:00
③ 14:00 ~ 15:00
④ 16:00 ~ 17:00
⑤ 17:00 ~ 18:00

02 모스크바 지사에서 일하고 있는 A대리는 밴쿠버 지사와의 업무협조를 위해 4월 22일 오전 10시 15분에 밴쿠버 지사로 업무협조 메일을 보냈다. 〈조건〉에 따라 밴쿠버 지사에서 가장 빨리 메일을 읽었을 때, 모스크바의 시각은?

조건

- 밴쿠버는 모스크바보다 10시간이 늦다.
- 밴쿠버 지사의 업무시간은 오전 10시부터 오후 6시까지다.
- 밴쿠버 지사에서는 4월 22일 오전 10시부터 15분간 전력 점검이 있었다.

① 4월 22일 오전 10시 15분
② 4월 23일 오전 10시 15분
③ 4월 22일 오후 8시 15분
④ 4월 23일 오후 8시 15분
⑤ 4월 23일 오후 10시 15분

03 다음 〈보기〉 중 시간 계획에 대한 설명으로 옳지 않은 것을 모두 고르면?

보기

㉠ 시간 계획을 너무 자세하게 세우거나, 너무 간략하게 세우는 것은 좋지 않다.
㉡ 실현가능한 시간 계획을 세우는 것이 중요하다.
㉢ 시간 계획을 따르는 것이 가장 중요하므로 무슨 일이 있어도 계획에 따라 실천해야 한다.
㉣ 시간 계획을 효과적으로 세운다면 실제 행동할 때와 차이가 거의 발생하지 않는다.
㉤ 자유로운 여유 시간은 시간 계획에 포함되지 않는다.

① ㉠, ㉢
② ㉡, ㉢
③ ㉢, ㉣
④ ㉢, ㉤
⑤ ㉢, ㉣, ㉤

04 시간관리의 중요성을 고려할 때, 다음 글의 빈칸에 들어갈 말로 가장 적절한 것은?

시간의 어원으로는 '크로노스(Chronos)'와 '카이로스(Kairos)'가 있다. 크로노스가 그냥 흘러가는 양으로 규정되는 계량적 시간이라면 카이로스는 내용으로 규정되는 질적 시간이다. 진정한 승리자는 ____________하는 자들이다.

① 크로노스의 시간과 카이로스의 시간을 통제
② 크로노스의 시간과 카이로스의 시간을 통합
③ 크로노스의 시간을 카이로스의 시간으로 관리
④ 카이로스의 시간을 크로노스의 시간으로 관리
⑤ 카이로스의 시간을 크로노스의 시간으로 배분

05 **다음은 시간 계획의 기본원리에 대한 글이다. 빈칸에 들어갈 행동이 바르게 연결된 것은?**

> 시간은 무형의 자원으로, 다른 자원과는 다른 관리방식을 요하는 자원이다. 또한, 가용한 모든 시간을 관리한다는 것은 불가능에 가까운 일이므로 시간을 계획하는 것은 시간관리에 있어서 매우 중요한 것이다. 이에 대해 로타 J. 자이베르트(Lother J. Seiwert)는 시간 계획의 기본원칙으로 '60 : 40의 원칙'을 제시하고 있다. 이 원칙은 총가용시간의 60%를 계획하고, 나머지 40%는 예측하지 못한 사태 및 일의 중단요인, 개인의 창의적 계발 시간으로 남겨 둔다는 것이다. 보다 구체적으로 시간을 계획할 때, 60%의 시간은 ___㉠___에 할애하고, 20%는 ___㉡___에 할애하고, 마지막 20%를 ___㉢___에 할애한다는 것이다.

	㉠	㉡	㉢
①	비자발적 행동	자발적 행동	계획 행동
②	계획 행동	계획 외 행동	자발적 행동
③	자발적 행동	계획 행동	계획 외 행동
④	계획 외 행동	계획 행동	자발적 행동
⑤	계획 행동	비자발적 행동	계획 외 행동

06 **다음은 효율적인 시간 관리를 위한 10가지 유의사항을 나타낸 것이다. 유의사항 중 틀린 내용은 모두 몇 가지인가?**

> **〈효율적인 시간 관리를 위한 10가지 유의사항〉**
>
> - 규모가 큰 업무나 등가의 업무는 따로 처리하라.
> - 의도적으로 외부의 방해를 받아들여라.
> - 회의 시간을 제한하고 안건마다 기한을 설정하라.
> - 모든 업무에 대해 우선순위를 설정하라.
> - 가능한 한 정말로 중요한 것만 하라.
> - 위임 가능성을 충분히 활용하라.
> - 큰 규모의 업무는 한 번에 해결하라.
> - A급 과제의 처리 기한은 자신에게 가장 적합하게 설정하라.
> - 중점 과제는 나중에 처리하라.
> - 능률을 고려하여 계획을 세워라.

① 1가지
② 2가지
③ 3가지
④ 4가지
⑤ 5가지

PART 1

대표기출유형

02 비용 계산

| 유형분석 |

- 예산 자원과 관련된 다양한 정보를 활용하여 문제를 풀어간다.
- 대체로 한정된 예산 내에서 수행할 수 있는 업무 및 예산 가격을 묻는 문제가 출제된다.

연봉 실수령액을 구하는 식이 〈보기〉와 같을 때, 연봉이 3,480만 원인 A씨의 연간 실수령액은?(단, 원 단위는 절사한다)

보기

- (연봉 실수령액)=(월 실수령액)×12
- (월 실수령액)=(월 급여)−[(국민연금)+(건강보험료)+(고용보험료)+(장기요양보험료)+(소득세)+(지방세)]
- (국민연금)=(월 급여)×4.5%
- (건강보험료)=(월 급여)×3.12%
- (고용보험료)=(월 급여)×0.65%
- (장기요양보험료)=(건강보험료)×7.38%
- (소득세)=68,000원
- (지방세)=(소득세)×10%

① 30,944,400원
② 31,078,000원
③ 31,203,200원
④ 32,150,800원
⑤ 32,497,600원

정답 ①

A씨의 월 급여는 3,480÷12=290만 원이다.
국민연금, 건강보험료, 고용보험료를 제외한 금액을 계산하면
290만 원−[290만 원×(0.045+0.0312+0.0065)]
→ 290만 원−(290만 원×0.0827) → 290만 원−239,830=2,660,170원
- 장기요양보험료 : (290만 원×0.0312)×0.0738≒6,670원(∵ 원 단위 이하 절사)
- 지방세 : 68,000×0.1=6,800원

따라서 A씨의 월 실수령액은 2,660,170−(6,670+68,000+6,800)=2,578,700원이고,
연 실수령액은 2,578,700×12=30,944,400원이다.

풀이 전략!

제한사항인 예산을 고려하여 문제에서 묻는 것을 정확히 파악한 후, 제시된 정보에서 필요한 것을 선별해 문제를 풀어 간다.

대표기출유형 02 기출응용문제

01 A팀장은 6월부터 10월까지 매월 부산에서 열리는 세미나에 참석하기 위해 숙소를 예약해야 한다. 다음 〈조건〉에 따라 예약 사이트 M투어, H트립, S닷컴, T호텔스 중 한 곳을 통해 숙소를 예약하고자 할 때, A팀장이 이용할 예약 사이트와 6월부터 10월까지의 총숙박비용이 바르게 연결된 것은?

〈예약 사이트별 예약 정보〉

예약 사이트	가격(원/1박)	할인행사
M투어	120,500	3박 이용 시(연박 아니어도 3박 기록 있으면 유효) 다음 달에 30% 할인 쿠폰 1매 제공
H트립	111,000	6월부터 8월 사이 1박 이상 숙박 이용내역이 있을 시 10% 할인
S닷컴	105,500	2박 이상 연박 시 10,000원 할인
T호텔스	105,000	멤버십 가입 시 1박당 10% 할인(멤버십 가입비 20,000원)

조건

- 세미나를 위해 6월부터 10월까지 매월 1박 2일로 숙소를 예약한다.
- 숙소는 항상 K호텔을 이용한다.
- A팀장은 6월부터 10월까지 총 5번의 숙박비용의 합을 최소화하고자 한다.

	예약 사이트	총숙박비용
①	M투어	566,350원
②	H트립	492,500원
③	H트립	532,800원
④	S닷컴	527,500원
⑤	T호텔스	492,500원

02 다음 중 예산관리에 대한 설명으로 옳지 않은 것은?

① 무조건 비용을 적게 들이는 것이 좋다.
② 개발 책정 비용이 개발 실제 비용보다 더 크면 경쟁력 손실을 입는다.
③ 정해진 예산을 효율적으로 사용하여 최대한의 성과를 내기 위해 필요하다.
④ 예산관리는 예산통제, 비용산정, 예산편성 등을 포함한다.
⑤ 예산을 통제하는 것도 예산관리에 포함된다.

03 다음은 과제나 프로젝트 수행 시 예산을 관리하기 위한 예산 집행 실적 워크시트이다. ㉠~㉤에 대한 설명으로 옳지 않은 것은?

〈예산 집행 실적〉

항목	배정액	당월 집행 실적	누적 집행 실적	㉢ 잔액	㉣ 사용률(%)	㉤ 비고
㉠			㉡			
합계						

① ㉠ : 기관에 따라 예산 항목의 이동이 자유로운 곳도 있지만, 다양한 기준으로 제한된 경우도 있다.

② ㉡ : 빈칸에는 해당 사업의 누적 집행 금액이 들어가는 것이 적절하다.

③ ㉢ : 당월 실적에서 ㉡을 뺀 값을 작성한다.

④ ㉣ : ㉡을 배정액으로 나눈 값에 100을 곱한 값을 작성한다.

⑤ ㉤ : 어떠한 목적으로 예산이 사용되었는지에 대한 정보를 기입한다.

04 다음은 예산관리의 필요성에 대한 자료이다. 다음 중 (가)~(다)에 따른 결과가 바르게 연결된 것은?

예산은 사전적 의미로 보았을 때, 필요한 비용을 미리 헤아려 계산하는 것이나 그 비용을 의미한다. 넓은 범위에서 민간기업·공공단체 및 기타 조직체는 물론이고 개인의 수입·지출에 관한 것도 포함한다.

하지만 우리가 예산관리를 해야 하는 이유는 예산의 유한성에서 비롯된다. 하나의 사업이나 활동을 하기 위해 필요한 비용을 미리 계산하는 것을 예산이라 할 수 있지만, 대부분의 경우 정해진 예산 범위 내에서 그 계획을 세우게 된다.

이렇듯 어떤 활동을 하던 간에 활동에 지불할 수 있는 비용은 제한되기 마련이며, 이로 인해 같은 비용을 얼마나 효율적으로 사용하고 관리하느냐가 중요하다. 즉, 적은 돈으로 최대의 효과를 보는 것이 중요하다고 할 수 있다. 하지만 여기서 중요한 것은 무조건 비용을 적게 들이는 것이 좋은 것은 아니라는 것이다. 예산과 실제 비용의 차이에 따라 다음과 같은 결과가 나타날 수 있다.

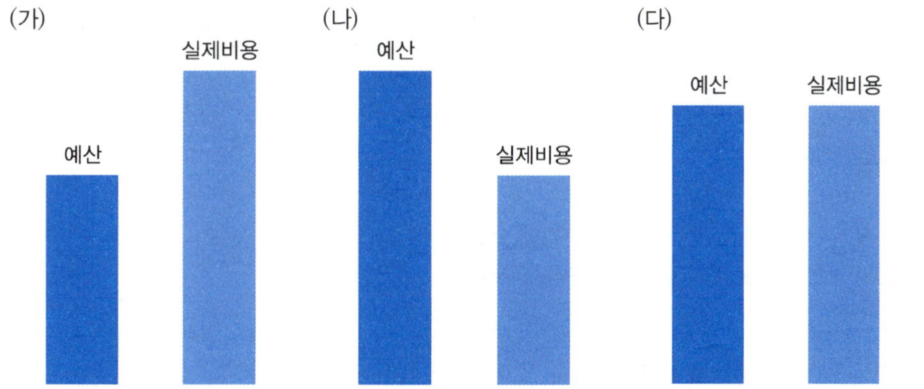

	(가)	(나)	(다)
①	적자 발생	경쟁력 손실	이상적 상태
②	적자 발생	이상적 상태	경쟁력 손실
③	경쟁력 손실	적자 발생	이상적 상태
④	경쟁력 손실	이상적 상태	적자 발생
⑤	이상적 상태	적자 발생	경쟁력 손실

03 풀목 확정

| 유형분석 |

- 물적 자원과 관련된 다양한 정보를 활용하여 풀어 가는 문제이다.
- 주로 공정도 · 제품 · 시설 등에 대한 가격 · 특징 · 시간 정보가 제시되며, 이를 종합적으로 고려하는 문제가 출제된다.

K공사에 근무하는 김대리는 사내시험에서 2점짜리 문제를 8개, 3점짜리 문제를 10개, 5점짜리 문제를 6개를 맞혀 총 76점을 맞았다. 다음을 통해 최대리가 맞힌 문제의 총개수는 몇 개인가?

〈사내시험 규정〉

문제 수 : 43문제
만점 : 141점
- 2점짜리 문제 수는 3점짜리 문제 수보다 12문제 적다.
- 5점짜리 문제 수는 3점짜리 문제 수의 절반이다.

- 최대리가 맞힌 2점짜리 문제의 개수는 김대리와 동일하다.
- 최대리의 점수는 총 38점이다.

① 14개
② 15개
③ 16개
④ 17개
⑤ 18개

정답 ①

최대리는 2점짜리 문제를 김대리가 맞힌 개수만큼 맞혔으므로 8개, 즉 16점을 획득했다. 최대리가 맞힌 3점짜리와 5점짜리 문제를 합하면 38－16＝22점이 나와야 한다. 3점과 5점의 합으로 22가 나오기 위해서는 3점짜리는 4문제, 5점짜리는 2문제를 맞혀야 한다.

따라서 최대리가 맞힌 문제의 총개수는 8개(2점짜리)＋4개(3점짜리)＋2개(5점짜리)＝14개이다.

풀이 전략!

문제에서 묻고자 하는 바를 정확히 파악하는 것이 중요하다. 문제에서 제시한 물적 자원의 정보를 문제의 의도에 맞게 선별하면서 풀어 간다.

01 물적 자원관리 과정 중 같은 단계의 특성끼리 연결된 것은?

① 반복 작업 방지, 물품 활용의 편리성
② 통일성의 원칙, 물품의 형상
③ 물품의 소재, 물품 활용의 편리성
④ 물품의 소재, 유사성의 원칙
⑤ 물품의 형상, 유사성의 원칙

02 RFID 기술이 확산됨에 따라 K유통업체는 RFID를 물품관리시스템에 도입하여 긍정적인 효과를 얻고 있다. 다음 중 RFID에 대한 설명으로 옳지 않은 것은?

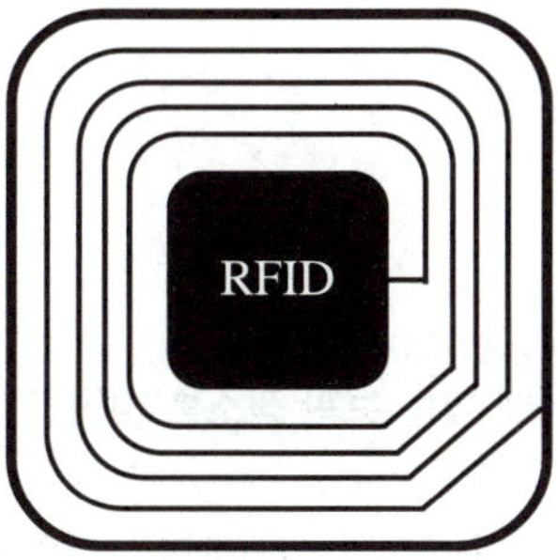

① 바코드와 달리 물체에 직접 접촉하지 않고도 데이터를 인식할 수 있다.
② 여러 개의 정보를 동시에 인식하거나 수정할 수 있다.
③ 바코드에 비해 많은 양의 데이터를 허용한다.
④ 데이터를 읽는 속도가 매우 빠르며, 데이터의 신뢰도 또한 높다.
⑤ 종류에 따라 반복적으로 데이터를 기록할 수 있으나, 반영구적으로 이용할 수는 없다.

03 **다음 중 물적 자원에 대한 설명으로 옳지 않은 것은?**

① 세상에 존재하는 모든 물체가 물적 자원에 포함되는 것은 아니다.
② 물적 자원은 자연자원과 인공자원으로 나눌 수 있다.
③ 자연자원은 석유, 석탄, 나무 등을 가리킨다.
④ 인공자원은 사람들이 인위적으로 가공하여 만든 것이다.
⑤ 물적 자원을 얼마나 확보하고 활용할 수 있느냐가 큰 경쟁력이 된다.

04 **다음 글을 읽고 물품의 특성에 맞는 보관 장소를 선정할 때 고려해야 할 요소로 적절하지 않은 것은?**

> 물품은 개별 물품의 특성을 고려하여 적절하게 보관할 수 있는 장소를 선정해야 한다. 예를 들어 종이류와 유리, 플라스틱 등은 그 재질의 차이로 인해서 보관 장소를 다르게 하는 것이 적당하다. 특히 유리의 경우 쉽게 파손될 우려가 있기 때문에 따로 보관하는 것이 중요하다.

① 재질
② 무게
③ 부피
④ 모양
⑤ 사용빈도

05 K회사 마케팅 팀장은 팀원 50명에게 연말 선물을 하기 위해 물품을 구매하려고 한다. 다음은 업체별 품목 가격과 팀원들의 품목 선호도를 나타낸 자료이다. 〈조건〉에 따라 팀장이 구매하는 물품과 업체를 순서대로 바르게 나열한 것은?

〈업체별 품목 금액〉

구분		한 벌당 가격(원)
A업체	티셔츠	6,000
	카라 티셔츠	8,000
B업체	티셔츠	7,000
	후드 집업	10,000
	맨투맨	9,000

〈구성원 품목 선호도〉

순위	품목
1	카라 티셔츠
2	티셔츠
3	후드 집업
4	맨투맨

조건

- 구성원의 선호도를 우선으로 품목을 선택한다.
- 총구매금액이 30만 원 이상이면 총금액에서 5% 할인을 해준다.
- 차순위 품목이 1순위 품목보다 총금액이 20% 이상 저렴하면 차순위를 선택한다.

① 티셔츠, A업체
② 카라 티셔츠, A업체
③ 티셔츠, B업체
④ 후드 집업, B업체
⑤ 맨투맨, B업체

04 | 인원 선발

| 유형분석 |

- 인적 자원과 관련된 다양한 정보를 활용하여 풀어 가는 문제이다.
- 주로 근무명단, 휴무일, 업무할당 등의 주제로 다양한 정보를 활용하여 종합적으로 풀어 가는 문제가 출제된다.

어느 버스회사에서 A시에서 B시를 연결하는 버스 노선을 개통하기 위해 새로운 버스를 구매하려고 한다. 다음 〈조건〉과 같이 노선을 운행하려고 할 때, 최소 몇 대의 버스를 구매해야 하며 이때 필요한 운전사는 최소 몇 명인가?

조건

1) 새 노선의 왕복 시간 평균은 2시간이다(승하차 시간을 포함).
2) 배차시간은 15분 간격이다.
3) 운전사의 휴식시간은 매 왕복 후 30분씩이다.
4) 첫차는 05시 정각에, 막차는 23시에 A시를 출발한다.
5) 모든 차는 A시에 도착하자마자 B시로 곧바로 출발하는 것을 원칙으로 한다.
   즉, A시에 도착하는 시간이 바로 B시로 출발하는 시간이다.
6) 모든 차는 A시에서 출발해서 A시로 복귀한다.

	버스	운전사
①	6대	8명
②	8대	10명
③	10대	12명
④	12대	14명
⑤	14대	16명

정답 ②

왕복 시간이 2시간, 배차 간격이 15분이라면 첫차가 재투입되는 데 필요한 앞차의 수는 첫차를 포함해서 8대이다(∵ 15분×8대=2시간이므로 8대 버스가 운행된 이후 9번째에 첫차 재투입 가능).

운전사는 왕복 후 30분의 휴식을 취해야 하므로 첫차를 운전했던 운전사는 2시간 30분 뒤에 운전을 시작할 수 있다. 따라서 8대의 버스로 운행하더라도 운전자는 150분 동안 운행되는 버스 150÷15=10대를 운전하기 위해서는 10명의 운전사가 필요하다.

풀이 전략!

문제에서 신입사원 채용이나 인력배치 등의 주제가 출제될 경우에는 주어진 규정 혹은 규칙을 꼼꼼히 확인하여야 한다. 이를 근거로 각 선택지가 어긋나지 않는지 검토하며 문제를 풀어 간다.

대표기출유형 04 기출응용문제

01 K구청은 주민들의 정보화 교육을 위해 정보화 교실을 동별로 시행하고 있고, 주민들은 각자 일정에 맞춰 정보화 교육을 수강하려고 한다. 다음 중 개인 일정상 신청과목을 수강할 수 없는 사람은?(단, 하루라도 수강을 빠진다면 수강이 불가능하다)

〈정보화 교육 일정표〉

교육 날짜	교육 시간	장소	과정명	장소	과정명
화, 목	09:30 ~ 12:00	A동	인터넷 활용하기	C동	스마트한 클라우드 활용
	13:00 ~ 15:30		그래픽 초급 픽슬러 에디터		스마트폰 SNS 활용
	15:40 ~ 18:10		ITQ한글2010(실전반)		-
수, 금	09:30 ~ 12:00		한글 문서 활용하기		Windows10 활용하기
	13:00 ~ 15:30		스마트폰 / 탭 / 패드(기본앱)		스마트한 클라우드 활용
	15:40 ~ 18:10		컴퓨터 기초(윈도우 및 인터넷)		-
월	09:30 ~ 15:30		포토샵 기초		사진 편집하기
화 ~ 금	09:30 ~ 12:00	B동	그래픽 편집 달인되기	D동	한글 시작하기
	13:00 ~ 15:30		한글 활용 작품 만들기		사진 편집하기
	15:40 ~ 18:10		-		엑셀 시작하기
월	09:30 ~ 15:30		Windows10 활용하기		스마트폰 사진 편집 & 앱 배우기

〈개인 일정 및 신청과목〉

구분	개인 일정	신청과목
D동의 홍길동	• 매주 월 ~ 금 08:00 ~ 15:00 편의점 아르바이트 • 매주 월요일 16:00 ~ 18:00 음악학원 수강	엑셀 시작하기
A동의 이몽룡	• 매주 화, 수, 목 09:00 ~ 18:00 학원 강의 • 매주 월 16:00 ~ 20:00 배드민턴 동호회 활동	포토샵 기초
C동의 성춘향	• 매주 수, 금 17:00 ~ 22:00 호프집 아르바이트 • 매주 월 10:00 ~ 12:00 과외	스마트한 클라우드 활용
B동의 변학도	• 매주 월, 화 08:00 ~ 15:00 카페 아르바이트 • 매주 수, 목 18:00 ~ 20:00 요리학원 수강	그래픽 편집 달인되기
A동의 김월매	• 매주 월, 수, 금 10:00 ~ 13:00 필라테스 수강 • 매주 화 14:00 ~ 17:00 제빵학원 수강	인터넷 활용하기

① 홍길동
② 이몽룡
③ 성춘향
④ 변학도
⑤ 김월매

02 다음 중 효과적으로 인맥을 관리하기 위한 방법으로 옳지 않은 것은?

① SNS상 많은 팔로워를 보유하고 있는 유명 인플루언서 A씨는 자신이 팔로우한 사람들의 SNS에 찾아가 댓글을 남기며 안부를 전한다.

② NQ를 높이는 데 관심이 많은 B씨는 사람들의 경조사에 참석하며 인맥을 관리하고 있다.

③ 인맥을 키워나가기 위해 C씨는 먼저 인맥 지도를 그려 현재 자신의 인맥 상태를 점검하기로 하였다.

④ D씨는 자신의 주변에 있는 인맥을 모두 하나의 인맥관리카드에 작성하여 관리하고 있다.

⑤ 명함관리를 통해 효과적으로 인맥을 관리할 수 있다는 이야기를 들은 E씨는 명함에 상대방의 특징들을 메모하기 시작했다.

03 다음 중 4차 산업혁명 시대의 인적자원관리 변화에 대한 설명으로 옳지 않은 것은?

① 인간을 모방한 감각기능과 지능이 탑재되어 진보한 로봇이 다양한 수작업을 하고, 이는 산업에 영향을 주어 근로의 유형을 변화시킨다.

② 신기술의 등장과 기존 산업 간의 융합으로 새로운 산업의 생태계를 만들고, 직업에도 많은 변화가 발생한다.

③ 일자리의 양극화가 더욱 심화되며 대기업을 중심으로 우수인재 영입 및 유지를 위한 데이터 기반 인적자원관리가 강화된다.

④ 영리기반 공유경제 플랫폼은 노동자의 고용안정성을 더욱 향상시킨다.

⑤ 기술진보에 따라 새로운 직무에 적응할 수 있도록 지속적인 능력개발이 뒷받침되어야 한다.

04 다음은 팀원들을 적절한 위치에 효과적으로 배치하기 위한 3가지 원칙에 대한 글이다. 다음 중 ㉠~㉣에 들어갈 말을 바르게 연결한 것은?

> ___㉠___는 개인에게 능력을 발휘할 수 있는 기회와 장소를 부여하고, 그 성과를 바르게 평가한 뒤 평가된 실적에 대해 그에 상응하는 보상을 주는 원칙을 말한다. 이때, 미래에 개발 가능한 능력까지도 함께 고려해야 한다. 반면, ___㉡___는 팀의 효율성을 높이기 위해 팀원을 그의 능력이나 성격 등과 가장 적합한 위치에 배치하여 팀원 개개인의 능력을 최대로 발휘해 줄 것을 기대하는 것이다. 즉, 작업이나 직무가 요구하는 요건과 개인이 보유하고 있는 조건이 서로 균형 있고 적합하게 대응되어야 한다. 결국 ___㉢___는 ___㉣___의 하위개념이라고 할 수 있다.

	㉠	㉡	㉢	㉣
①	능력주의	적재적소주의	적재적소주의	능력주의
②	능력주의	적재적소주의	능력주의	적재적소주의
③	적재적소주의	능력주의	능력주의	적재적소주의
④	적재적소주의	능력주의	적재적소주의	능력주의
⑤	능력주의	균형주의	균형주의	능력주의

PART 1

CHAPTER 04

조직이해능력

합격 Cheat Key

조직이해능력은 업무를 원활하게 수행하기 위해 조직의 체제와 경영을 이해하고 국제적인 추세를 이해하는 능력이다. 현재 많은 공사·공단에서 출제 비중을 높이고 있는 영역이기 때문에 미리 대비하는 것이 중요하다. 실제 업무 능력에서 조직이해능력을 요구하기 때문에 중요도는 점점 높아질 것이다.

세부 유형은 조직 체제 이해, 경영 이해, 업무 이해, 국제 감각으로 나눌 수 있다. 조직도를 제시하는 문제가 출제되거나 조직의 체계를 파악해 경영의 방향성을 예측하고, 업무의 우선순위를 파악하는 문제가 출제된다.

1 문제 속에 정답이 있다!

경력이 없는 경우 조직에 대한 이해가 낮을 수밖에 없다. 그러나 문제 자체가 실무적인 내용을 담고 있어도 문제 안에는 해결의 단서가 주어진다. 부담을 갖지 않고 접근하는 것이 중요하다.

2 경영·경제학원론 정도의 수준은 갖추도록 하라!

지원한 직군마다 차이는 있을 수 있으나, 경영·경제이론을 접목시킨 문제가 꾸준히 출제되고 있다. 따라서 기본적인 경영·경제이론은 익혀 둘 필요가 있다.

3 지원하는 공사·공단의 조직도를 파악하라!

출제되는 문제는 각 공사·공단의 세부내용일 경우가 많기 때문에 지원하는 공사·공단의 조직도를 파악해 두어야 한다. 조직이 운영되는 방법과 전략을 이해하고, 조직을 구성하는 체제를 파악하고 간다면 조직이해능력에서 조직도가 나올 때 단기간에 문제를 풀 수 있을 것이다.

4 실제 업무에서도 요구되므로 이론을 익혀라!

각 공사·공단의 직무 특성상 일부 영역에 중요도가 가중되는 경우가 있어서 많은 취업준비생들이 일부 영역에만 집중하지만, 실제 업무 능력에서 직업기초능력평가 10개 영역이 골고루 요구되는 경우가 많고, 현재는 필기시험에서도 조직이해능력을 출제하는 기관의 비중이 늘어나고 있기 때문에 미리 이론을 익혀 둔다면 모듈형 문제에서 고득점을 노릴 수 있다.

01 경영 전략

| 유형분석 |

- 경영 전략에서 대표적으로 출제되는 문제는 마이클 포터(Michael Porter)의 본원적 경쟁전략이다.
- 경쟁 전략의 기본적인 이해와 구조를 물어보는 문제가 자주 출제되므로 전략별 특징 및 개념에 대한 이론 학습이 요구된다.

다음 중 마이클 포터(Michael E. Porter)의 본원적 경쟁전략에 대한 설명으로 가장 적절한 것은?

① 해당 사업에서 경쟁우위를 확보하기 위한 전략이다.

② 집중화 전략에서는 대량생산을 통해 단위 원가를 낮추거나 새로운 생산기술을 개발할 필요가 있다고 본다.

③ 원가우위 전략에서는 연구개발이나 광고를 통하여 기술, 품질, 서비스 등을 개선할 필요가 있다고 본다.

④ 차별화 전략은 특정 산업을 대상으로 한다.

⑤ 1970년대 우리나라의 섬유업체나 신발업체, 가발업체 등은 미국시장에 진출할 때 집중화 전략을 취했다.

정답 ①

마이클 포터(Michael E. Porter)의 본원적 경쟁전략

- 원가우위 전략 : 원가절감을 통해 해당 산업에서 우위를 점하는 전략으로, 이를 위해서는 대량생산을 통해 단위 원가를 낮추거나 새로운 생산기술을 개발할 필요가 있다. 1970년대 우리나라의 섬유업체나 신발업체, 가발업체 등이 미국시장에 진출할 때 취한 전략이 여기에 해당한다.
- 차별화 전략 : 조직이 생산품이나 서비스를 차별화하여 고객에게 가치가 있고 독특하게 인식되도록 하는 전략이다. 이를 위해서는 연구개발이나 광고를 통하여 기술, 품질, 서비스, 브랜드 이미지를 개선할 필요가 있다.
- 집중화 전략 : 특정 시장이나 고객에게 한정된 전략으로, 원가우위나 차별화 전략이 산업 전체를 대상으로 하는 데 비해 집중화 전략은 특정 산업을 대상으로 한다. 즉, 경쟁조직들이 소홀히 하고 있는 한정된 시장을 원가우위나 차별화 전략을 써서 집중적으로 공략하는 방법이다.

풀이 전략!

대부분의 기업들은 마이클 포터의 본원적 경쟁전략을 사용하고 있다. 각 전략에 해당하는 대표적인 기업을 연결하고, 그들의 경영 전략을 상기하며 문제를 풀어보도록 한다.

01 다음은 경영 전략 추진과정을 나타낸 자료이다. (A)에 대한 사례 중 그 성격이 다른 것은?

〈경영 전략 추진과정〉

전략목표 설정 → (A) → 경영 전략 도출 → 경영 전략 실행 → 평가 및 피드백

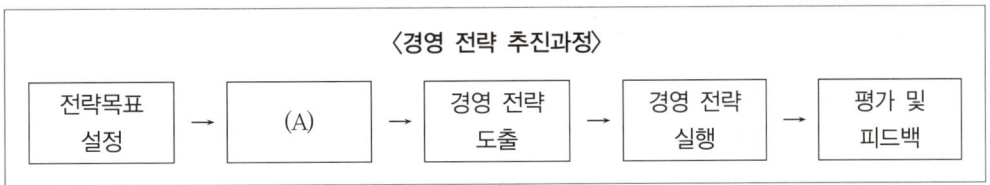

① 제품 개발을 위해 우리가 가진 예산의 현황을 파악해야 한다.
② 우리 제품의 시장 개척을 위해 법적으로 문제가 없는지 확인해 봐야 한다.
③ 우리가 공급받고 있는 원재료들의 원가를 확인해야 한다.
④ 신제품 출시를 위해 경쟁사들의 동향을 파악해 봐야 한다.
⑤ 이번에 발표된 정부의 정책으로 우리 제품이 어떠한 영향을 받을 수 있는지 확인해 볼 필요가 있다.

02 다음 밑줄 친 마케팅 기법에 대한 설명으로 적절한 것을 〈보기〉에서 모두 고르면?

기업들이 신제품을 출시하면서 한정된 수량만 제작 판매하는 한정판 제품을 잇따라 내놓고 있다. 이번 기회가 아니면 더 이상 구입할 수 없다는 메시지를 끊임없이 던지며 소비자의 호기심을 자극하는 마케팅 기법이다. K자동차 회사는 가죽 시트와 일부 외형을 기존 제품과 다르게 한 모델을 8,000대로 한정하여 판매하였는데, 단기간에 매진을 기록하였다.

보기

ㄱ. 소비자의 충동 구매를 유발하기 쉽다.
ㄴ. 이윤 증대를 위한 경영 혁신의 한 사례이다.
ㄷ. 의도적으로 공급의 가격탄력성을 크게 하는 방법이다.
ㄹ. 소장 가치가 높은 상품을 대상으로 하면 더 효과적이다.

① ㄱ, ㄴ
② ㄱ, ㄷ
③ ㄴ, ㄹ
④ ㄱ, ㄴ, ㄹ
⑤ ㄱ, ㄷ, ㄹ

03 다음 중 경영의 대표적인 구성요소인 4요소로 옳은 것은?

① 경영목적, 인적자원, 자금, 마케팅
② 자금, 전략, 마케팅, 회계
③ 인적자원, 마케팅, 회계, 자금
④ 경영목적, 인적자원, 자금, 전략
⑤ 마케팅, 인적자원, 자금, 전략

04 다음 〈보기〉 중 제시된 협상 대화에서 바르게 대답한 사람은?

K사 : 안녕하세요. 다름이 아니라 현재 단가로는 더 이상 귀사에 납품하는 것이 어려울 것 같아 자재의 단가를 조금 올리고 싶어서요. 이에 대해 어떻게 생각하시나요?
대답 : ______________________

보기

A : 지난 달 자재의 불량률이 너무 높은데 단가를 더 낮춰야 할 것 같습니다.
B : 저희도 이정도 가격은 꼭 받아야 해서요. 단가를 지금 이상 드리는 것은 불가능합니다.
C : 불량률을 3% 아래로 낮춰서 납품해 주시면 단가를 조금 올리도록 하겠습니다.
D : 단가를 올리면 저희 쪽에서 주문하는 수량이 줄어들 텐데, 귀사에서 괜찮을까요?
E : 단가에 대한 협상은 귀사의 사장님과 해 봐야 할 것 같네요.

① A
② B
③ C
④ D
⑤ E

05 **마이클 포터의 산업구조분석기법(5 Force Model)에 따라 반도체 산업의 구조를 분석한다고 할 때, 다음 중 ㉠~㉤에 해당하는 사례로 적절하지 않은 것은?**

포터의 산업구조분석기법에 따르면 특정 산업의 수익성 및 매력도는 산업의 구조적 특성에 의해 영향을 받으며, 이는 5가지 힘에 의해 결정된다고 보았다.

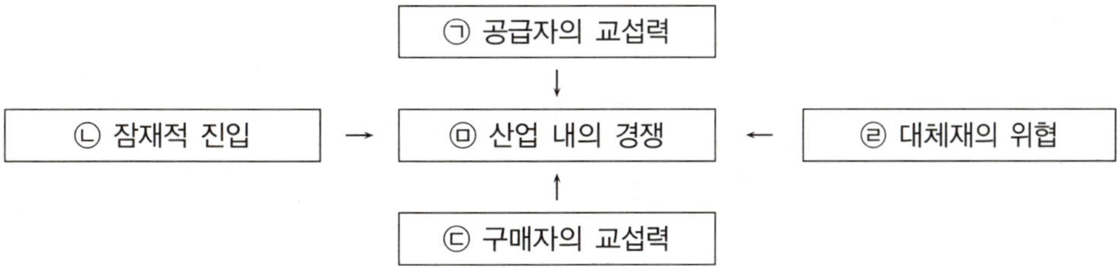

① ㉠ : IT 시장의 지속적인 성장에 따라 반도체의 수요가 증가하면서 반도체 산업의 수익률도 증가하고 있다.

② ㉡ : 생산설비 하나를 설치하는 데에도 막대한 비용이 발생하는 반도체 산업에 투자할 수 있는 기업은 많지 않다.

③ ㉢ : 반도체 산업에는 컴퓨터 제조업자와 같은 대형 구매자가 존재한다.

④ ㉣ : 메모리형 반도체는 일상재로 품질과 디자인 면에서 어느 회사의 제품이든 별 차이가 없기 때문에 가격경쟁이 치열하다.

⑤ ㉤ : 비슷한 규모를 가진 세계적인 기업들의 치열한 경쟁이 반도체 산업의 수익률을 저하시킨다.

대표기출유형

02 | 조직 구조

| 유형분석 |

- 조직 구조 유형에 대한 특징을 물어보는 문제가 자주 출제된다.
- 기계적 조직과 유기적 조직의 차이점과 사례 등을 숙지하고 있어야 한다.
- 조직 구조 형태에 따라 기능적 조직, 사업별 조직으로 구분하여 출제되기도 한다.

다음 중 기계적 조직의 특징으로 옳은 것을 〈보기〉에서 모두 고르면?

보기

㉠ 변화에 맞춰 쉽게 변할 수 있다.
㉡ 상하 간 의사소통이 공식적인 경로를 통해 이루어진다.
㉢ 대표적으로 사내 벤처팀, 프로젝트팀이 있다.
㉣ 구성원의 업무가 분명하게 규정되어 있다.
㉤ 다양한 규칙과 규제가 있다.

① ㉠, ㉡, ㉢
② ㉠, ㉣, ㉤
③ ㉡, ㉢, ㉣
④ ㉡, ㉣, ㉤
⑤ ㉢, ㉣, ㉤

정답 ④

오답분석

㉠·㉢ 유기적 조직에 대한 설명이다.

- 기계적 조직
  - 구성원의 업무가 분명하게 규정되어 있고, 많은 규칙과 규제가 있다.
  - 상하 간 의사소통이 공식적인 경로를 통해 이루어진다.
  - 대표적으로 군대, 정부, 공공기관 등이 있다.
- 유기적 조직
  - 업무가 고전되지 않아 업무 공유가 가능하다.
  - 규제나 통제의 정도가 낮아 변화에 맞춰 쉽게 변할 수 있다.
  - 대표적으로 권한위임을 받아 독자적으로 활동하는 사내 벤처팀, 특정한 과제 수행을 위해 조직된 프로젝트팀이 있다.

풀이 전략!

조직 구조는 유형에 따라 기계적 조직과 유기적 조직으로 나눌 수 있다. 기계적 조직과 유기적 조직은 서로 상반된 특징을 가지고 있으며, 기계적 조직이 관료제의 특징과 비슷함을 파악하고 있다면, 이와 상반된 유기적 조직의 특징도 수월하게 파악할 수 있다.

대표기출유형 02 기출응용문제

01 다음 중 ㉠, ㉡에 들어갈 조직 유형을 바르게 나열한 것은?

> 조직은 ___㉠___ 과 ___㉡___ 으로 구분할 수 있다. ___㉠___ 은 기업과 같이 이윤을 목적으로 하는 조직이며, ___㉡___ 은 정부 조직을 비롯하여 공익을 추구하는 병원, 대학, 시민단체, 종교단체 등을 가리킨다.

	㉠	㉡
①	공식조직	비공식조직
②	비공식조직	공식조직
③	비영리조직	영리조직
④	영리조직	비영리조직
⑤	생산조직	통합조직

02 직업인은 조직의 구성원으로서 조직체제의 구성요소를 이해하는 체제이해능력이 요구된다. 조직체제의 구성요소가 다음과 같을 때, 이에 대한 설명으로 적절하지 않은 것은?

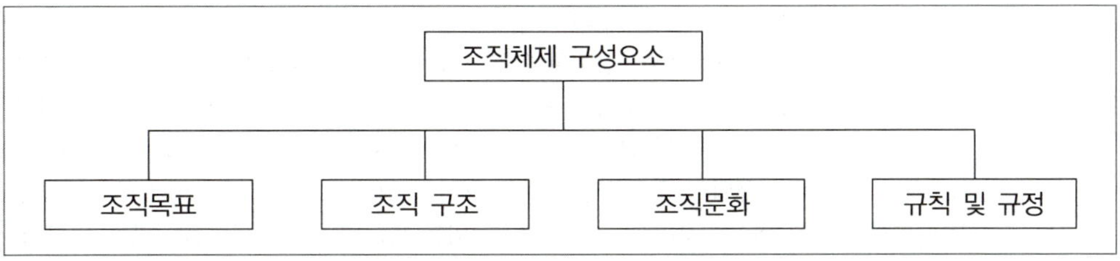

① 조직의 규칙과 규정은 조직구성원들의 자유로운 활동범위를 보장하는 기능을 한다.
② 조직 구조에서는 의사결정권이 하부구성원들에게 많이 위임되는 유기적 조직도 볼 수 있다.
③ 조직의 목표는 조직이 달성하려는 장래의 상태로, 조직이 존재하는 정당성과 합법성을 제공한다.
④ 조직문화는 조직구성원들의 사고와 행동에 영향을 미치며, 일체감과 정체성을 부여한다.
⑤ 조직 구조는 의사결정권의 집중정도, 명령계통, 최고경영자의 통제 등에 따라 달라진다.

03 **다음 중 기계적 조직과 유기적 조직에 대한 설명으로 적절하지 않은 것은?**

① 유기적 조직은 의사결정권한이 조직의 하부구성원들에게 많이 위임되어 있다.
② 기계적 조직은 소량생산 기술, 유기적 조직은 대량생산 기술에 적합하다.
③ 기계적 조직은 구성원들의 업무가 분명하게 규정되어 있다.
④ 유기적 조직은 비공식적인 상호 의사소통이 원활히 이루어진다.
⑤ 기계적 조직에는 군대, 정부 등이 있고, 유기적 조직에는 권한 위임을 받은 사내 벤처팀 등이 있다.

04 **다음 상황에서 K사가 해외 시장 개척을 앞두고 기존의 조직 구조를 개편할 경우, K사가 추가해야 할 조직으로 적절하지 않은 것은?**

> K사는 몇 년 전부터 자체 기술로 개발한 제품의 판매 호조로 인해 기대 이상의 수익을 창출하게 되었다. 경쟁 업체들이 모방할 수 없는 독보적인 기술력을 앞세워 국내 시장을 공략한 결과, 이미 더 이상의 국내 시장 경쟁자들은 없다고 할 만큼 탄탄한 시장 점유율을 확보하였다. 이러한 K사의 사장은 올 초부터 해외 시장 진출의 꿈을 갖고 필요한 자료를 수집하기 시작하였다. 충분한 자금력을 확보한 K사는 우선 해외 부품 공장을 인수한 후 현지에 생산 기지를 건설하여 국내에서 생산되는 물량의 절반 정도를 현지로 이전하여 생산하고, 이를 통한 물류비 절감으로 주변국들부터 시장을 넓혀가겠다는 야심찬 계획을 가지고 있다. 한국 본사에서는 내년까지 4 ~ 5곳의 해외 거래처를 더 확보하여 지속적인 해외 시장 개척에 매진한다는 중장기 목표를 대내외에 천명해 둔 상태이다.

① 해외관리팀
② 기업회계팀
③ 외환업무팀
④ 국제법무팀
⑤ 통관물류팀

05 다음 조직도를 바르게 이해한 사람을 〈보기〉에서 모두 고르면?

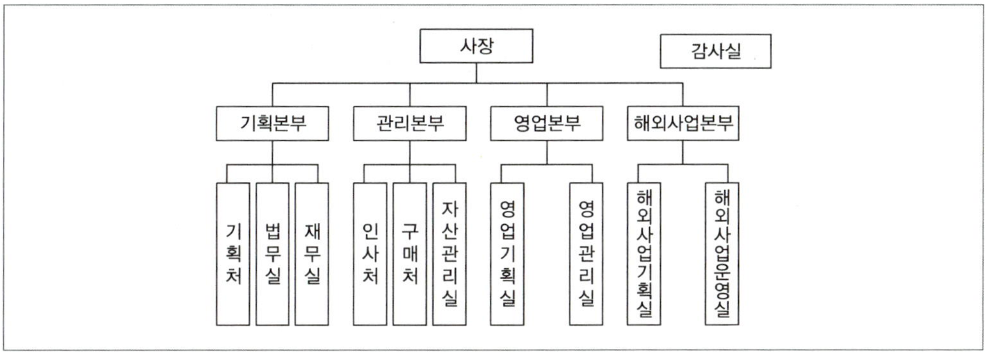

보기

A : 조직도를 보면 4개 본부, 3개의 처, 8개의 실로 구성돼 있어.
B : 사장 직속으로 4개의 본부가 있고, 그중 한 본부에서는 인사를 전담하고 있네.
C : 감사실은 사장 직속이지만 별도로 분리되어 있구나.
D : 해외사업기획실과 해외사업운영실은 둘 다 해외사업과 관련이 있으니까 해외사업본부에 소속되어 있는 것이 맞아.

① A, B
② A, C
③ A, D
④ B, C
⑤ B, D

06 인사팀 채부장은 신입사원들을 대상으로 '조직'의 의미를 다음과 같이 설명하였다. 채부장의 설명에 근거할 때, '조직'으로 적절하지 않은 것은?

조직은 특정한 목적을 추구하기 위하여 의도적으로 구성된 사람들의 집합체로서 외부 환경과 여러 가지 상호 작용을 하는 사회적 단위라고 말할 수 있지. 한데, 이러한 상호 작용이 유기적인 협력체제 하에서 행해지면서 조직이 추구하는 목적을 달성하기 위해서는 내부적인 구조가 있어야만 해. 업무와 기능의 분배, 권한과 위임을 통하여 어떤 특정한 조직 구성원들의 공통된 목표를 달성하기 위하여 여러 사람의 활동을 합리적으로 조정한 것이야말로 조직의 정의를 가장 잘 나타내주는 말이라고 할 수 있다네.

① 영화 촬영을 위해 모인 스태프와 배우들
② 주말을 이용해 춘천까지 다녀오기 위해 모인 자전거 동호회원들
③ 열띤 응원을 펼치고 있는 야구장의 관중들
④ 야간자율학습을 하고 있는 G고등학교 3학년 2반 학생들
⑤ 미국까지 가는 비행기 안에 탑승한 기장과 승무원들

03 | 업무 종류

| 유형분석 |

- 부서별 주요 업무에 대해 묻는 문제이다.
- 부서별 특징과 담당 업무에 대한 이해가 필요하다.

다음 상황에서 팀장의 지시를 적절히 수행하기 위하여 오대리가 거쳐야 할 부서명을 바르게 나열한 것은?

> 오대리, 내가 내일 출장 준비 때문에 무척 바빠서 그러는데 자네가 좀 도와줘야 할 것 같군. 우선 박비서한테 가서 오후 사장님 회의 자료를 좀 가져다 주게나. 오는 길에 지난주 기자단 간담회 자료 정리가 되었는지 확인해 보고 완료됐으면 한 부 챙겨 오고. 다음 주에 승진자 발표가 있을 것 같은데 우리 팀 승진 대상자 서류가 잘 전달되었는지 그것도 확인 좀 해 줘야겠어. 참, 오후에 바이어가 내방하기로 되어 있는데 공항 픽업 준비는 잘 해 두었지? 배차 예약 상황도 다시 한 번 점검해 봐야 할 거야. 그럼 수고 좀 해 주게.

① 기획팀 – 홍보팀 – 총무팀 – 경영관리팀
② 비서실 – 홍보팀 – 인사팀 – 총무팀
③ 인사팀 – 법무팀 – 총무팀 – 기획팀
④ 경영관리팀 – 법무팀 – 총무팀 – 인사팀
⑤ 회계팀 – 경영관리팀 – 인사팀 – 총무팀

정답 ②

우선 박비서에게 회의 자료를 받아 와야 하므로 비서실을 들러야 한다. 다음으로 기자단 간담회는 대회 홍보 및 기자단 상대 업무를 맡은 홍보팀에서 자료를 정리할 것이므로 홍보팀을 거쳐야 한다. 또한, 승진자 인사 발표 소관 업무는 인사팀이 담당한다고 볼 수 있으며, 회사의 차량 배차에 대한 업무는 총무팀과 같은 지원부서의 업무로 보는 것이 적절하다.

풀이 전략!

조직은 목적의 달성을 위해 업무를 효과적으로 분배하고 처리할 수 있는 구조를 확립해야 한다. 조직의 목적이나 규모에 따라 업무의 종류는 다양하지만, 대부분의 조직에서는 총무, 인사, 기획, 회계, 영업으로 부서를 나누어 업무를 담당하고 있다. 따라서 5가지 업무 종류에 대해서는 미리 숙지해야 한다.

01 A팀장은 급하게 해외 출장을 떠나면서 B대리에게 다음과 같은 메모를 남겨두었다. B대리가 가장 먼저 처리해야 할 일은 무엇인가?

> B대리, 지금 급하게 해외 출장을 가야 해서 오늘 처리해야 하는 것들 메모 남겨요.
> 오후 2시에 거래처와 미팅 있는 거 알고 있죠? 오전 내로 거래처에 전화해서 다음 주 중으로 다시 미팅 날짜 잡아 줘요. 그리고 오늘 신입사원들과 점심 식사하기로 한 거 난 참석하지 못하니까 다른 직원들이 참석해서 신입사원들 고충도 좀 들어 주고 해요. 식당은 지난번 갔었던 한정식집이 좋겠네요. 점심 시간에 많이 붐비니까 오전 10시까지 예약전화하는 것도 잊지 말아요. 식비는 법인카드로 처리하도록 하고. 오후 5시에 진행할 회의 PPT는 거의 다 준비되었다고 알고 있는데 바로 나한테 메일로 보내 줘요. 확인하고 피드백할게요. 아, 그 전에 내가 중요한 자료를 안 가지고 왔어요. 그것부터 메일로 보내 줘요. 고마워요.

① 거래처에 미팅일자 변경 전화를 한다.
② 점심 예약전화를 한다.
③ 회의 자료를 준비한다.
④ 메일로 회의 PPT를 보낸다.
⑤ 메일로 A팀장이 요청한 자료를 보낸다.

02 현재 시각은 오전 11시이다. 오늘 중으로 마쳐야 하는 다음 네 가지의 업무가 있을 때, 업무의 우선순위를 순서대로 바르게 나열한 것은?(단, 업무시간은 오전 9시부터 오후 6시까지이며, 점심시간은 오후 12시부터 1시간이다)

업무 내용	처리 시간
ㄱ. 기한이 오늘까지인 비품 신청	1시간
ㄴ. 오늘 내에 보고해야 하는 보고서 초안을 작성해 달라는 부서장의 지시	2시간
ㄷ. 가능한 빨리 보내 달라는 인접 부서의 협조 요청	1시간
ㄹ. 오전 중으로 고객에게 보내기로 한 자료 작성	1시간

① ㄱ－ㄴ－ㄷ－ㄹ
② ㄴ－ㄱ－ㄷ－ㄹ
③ ㄴ－ㄷ－ㄹ－ㄱ
④ ㄷ－ㄴ－ㄹ－ㄱ
⑤ ㄹ－ㄴ－ㄷ－ㄱ

03 김팀장은 이대리에게 다음과 같은 업무지시를 내렸고, 이대리는 김팀장의 업무 지시에 따라 자신의 업무 일정을 정리하였다. 다음 중 이대리의 업무에 대한 설명으로 옳지 않은 것은?

> 이대리, 오늘 월요일 정기회의 진행에 앞서 이번 주 업무에 대해서 미리 전달할게요. 먼저, 이번 주 금요일에 진행되는 회사 창립 기념일 행사 준비는 잘 되고 있나요? 행사 진행 전에 확인해야 할 사항들에 대해 체크리스트를 작성해서 수요일 오전까지 저에게 제출해 주세요. 그리고 행사가 끝난 후에는 총무팀 회식을 할 예정입니다. 이대리가 적당한 장소를 결정하고, 목요일 퇴근 전까지 예약이 완료될 수 있도록 해 주세요. 아! 그리고 내일 오후 3시에 진행되는 신입사원 면접과 관련해서 오늘 퇴근 전까지 면접 지원자에게 다시 한 번 유선으로 참여 여부를 확인하고, 정확한 시간과 준비사항 등의 안내를 부탁할게요. 참! 지난주 영업팀이 신청한 비품도 주문해야 합니다. 오늘 오후 2시 이전에 발주하여야 영업팀이 요청한 수요일 전에 배송 받을 수 있다는 점 기억하세요. 자, 그럼 바로 회의 진행하도록 합시다. 그리고 오늘 회의 내용은 이대리가 작성해서 회의가 끝난 후 바로 사내 인트라넷 게시판에 공유해 주세요.

〈5월 첫째 주 업무 일정〉

㉠ 회의록 작성 및 사내 게시판 게시
㉡ 신입사원 면접 참여 여부 확인 및 관련사항 안내
㉢ 영업팀 신청 비품 주문
㉣ 회사 창립 기념일 행사 준비 관련 체크리스트 작성
㉤ 총무팀 회식 장소 예약

① 이대리가 가장 먼저 처리해야 할 업무는 ㉠이다.
② 이대리는 ㉡보다 ㉢을 우선 처리하는 것이 좋다.
③ ㉠, ㉡, ㉢은 월요일 내에 모두 처리해야 한다.
④ ㉤은 회사 창립 기념일 행사가 끝나기 전까지 처리해야 한다.
⑤ ㉣을 완료한 이후에는 김팀장에게 제출해야 한다.

04 **K공사에서 근무하는 A씨는 팀장의 업무지시를 받고 업무스케줄을 작성하였다. 다음 중 옳지 않은 것은?**

> 팀장 : A씨, 제가 한 시간 뒤에 출장을 가야 하니까 금일 업무에 대해서 미리 전달할게요. 우선 제가 10시에 나가기 전에 거래처에게 보여줄 샘플 상품을 준비해 주세요. 그리고 제가 출장 간 후에 작성한 업무보고서는 점심시간 전까지 부서장님께 전달해 주세요. 오후에는 3시에 있을 프로젝트 회의를 준비해 주세요. 마이크, 노트북 등 프레젠테이션을 할 수 있도록 세팅을 부탁해요. 참! 점심 때 인사부 박부장님께서 오시기로 했어요. 만약 제가 늦는다면 약속장소에 대해 안내해 드리고 저에게 연락해 줘요. 바로 약속장소로 갈 테니까요. 그리고 오늘까지 지난 출장 때 사용했던 경비에 대해 지출결의서를 총무부에 제출해야 돼요. 업무처리를 위해서 퇴근하기 1시간 전까지는 직접 전달해 주세요. 그리고 관리부에 들러서 프로젝트 회의에 사용할 노트북도 대여해 주세요.

①	09:00 ~ 10:00	• 팀장님 업무지시 수령 • 거래처 샘플 상품 준비	업무 시간
②	10:00 ~ 11:00	• 부서장님께 업무보고서 전달	
	11:00 ~ 12:00	–	
③	12:00 ~ 13:00	• 인사부 박부장님 마중 (팀장님 부재 시 연락 및 약속장소 안내)	점심 시간
	13:00 ~ 14:00	–	업무 시간
④	14:00 ~ 15:00	• 노트북 대여(관리부) • 프로젝트 회의 준비(마이크, 노트북 등 세팅)	
	15:00 ~ 16:00	–	
	16:00 ~ 17:00	–	
⑤	17:00 ~ 18:00	• 지출결의서 제출(총무부)	
	–	–	퇴근

CHAPTER 05

대인관계능력

합격 Cheat Key

대인관계능력은 직장생활에서 접촉하는 사람들과 원만한 관계를 유지하고 조직구성원들에게 도움을 줄 수 있으며 조직 내부 및 외부의 갈등을 원만히 해결하고 고객의 요구를 충족할 수 있는 능력을 의미한다. 또한 직장생활을 포함한 일상에서 스스로를 관리하고 개발하는 능력을 말한다. 세부 유형은 팀워크, 갈등 관리, 협상, 고객 서비스로 나눌 수 있다.

1 일반적인 수준에서 판단하라!

일상생활에서의 대인관계를 생각하면서 문제에 접근하면 어렵지 않게 풀 수 있다. 그러나 수험생들 입장에서 직장 내에서의 상황, 특히 역할(직위)에 따른 대인관계를 묻는 문제는 까다롭게 느껴질 수 있고 일상과는 차이가 있을 수 있기 때문에 이런 유형에 대해서는 따로 알아둘 필요가 있다.

2 이론을 먼저 익히라!

대인관계능력 이론을 접목한 문제가 종종 출제된다. 물론 상식 수준에서도 풀 수 있지만 정확하고 신속하게 해결하기 위해서는 이론을 정독한 후 자주 출제되는 부분들은 암기를 필수로 해야 한다. 자주 출제되는 부분은 리더십과 멤버십의 차이, 단계별 협상 과정, 고객 불만 처리 프로세스 등이 있다.

3 실제 업무에 대한 이해를 높이라!

출제되는 문제의 수는 많지 않으나, 고객과의 접점에 있는 서비스직군 시험에 출제될 가능성이 높은 영역이다. 특히 상황 제시형 문제들이 많이 출제되므로 실제 업무에 대한 이해를 높여야 한다.

4 애매한 유형의 빈출 문제, 선택지를 파악하라!

대인관계능력의 출제 문제들을 보면 이것도 맞고, 저것도 맞는 것 같은 선택지가 많다. 하지만 정답은 하나이다. 출제자들은 대인관계능력이란 공부를 통해 얻는 것이 아닌 본인의 독립적인 성품으로부터 자연스럽게 나오는 것이라고 생각한다. 수험생들이 선택하는 보기로 그 수험생들을 파악한다. 그러므로 대인관계능력은 빈출 유형의 문제와 선택지를 파악하고 가는 것이 애매한 문제들의 정답률을 높이는 데 도움이 될 것이다. 내가 맞다고 생각하는 선택지가 답이 아닐 가능성이 있기 때문이다.

대표기출유형

01 팀워크

| 유형분석 |

- 하나의 조직 안에서 구성원 간의 관계, 즉 '팀워크'에 대한 이해를 묻는 문제이다.
- 직장 내 상황 중에서도 주로 갈등이나 부족한 부분이 제시되고, 그 속에서 구성원으로서 어떤 결정을 해야 하는지를 묻는다.
- 상식으로도 풀 수 있지만, 개인의 가치가 개입될 가능성이 높기 때문에 객관적인 판단이 중요시된다.

다음 상황에 대하여 K부장에게 조언할 수 있는 말로 가장 적절한 것은?

K부장은 얼마 전에 자신의 부서에 들어온 두 명의 신입사원 때문에 고민 중이다. 신입사원 A씨는 꼼꼼하고 차분하지만 대인관계가 서투르며, 신입사원 B씨는 사람들과 금방 친해지는 친화력을 가졌으나, 업무에 세심하지 못한 모습을 보여주고 있다. 이러한 성격으로 인해 A씨는 현재 영업 업무를 맡아 자신에게 어려운 대인관계로 인해 스트레스를 받고 있으며, B씨는 재고 관리 업무에 대해 재고 기록을 누락시키는 등의 실수를 반복하고 있다.

① 조직 구조를 이해시켜야 한다.
② 의견의 불일치를 해결해야 한다.
③ 개인의 강점을 활용해야 한다.
④ 주관적인 결정을 내려야 한다.
⑤ 팀의 풍토를 발전시켜야 한다.

정답 ③

팀 에너지를 최대로 활용하는 효과적인 팀을 위해서는 팀원들 개인의 강점을 인식하고 활용해야 한다. A씨의 강점인 꼼꼼하고 차분한 성격과 B씨의 강점인 친화력을 인식하여 A씨에게 재고 관리 업무를, B씨에게 영업 업무를 맡긴다면 팀 에너지를 향상시킬 수 있다.

오답분석

①·②·⑤ 효과적인 팀을 위해서 필요하지만, K부장의 상황에 적절한 조언은 아니다.
④ 효과적인 팀의 조건으로는 문제 해결을 위해 모두가 납득할 수 있는 객관적인 결정이 필요하다.

풀이 전략!

질문이나 내용상 실제 회사에서 한 번쯤 겪어볼 만한 상황이 제시된다. 자신이 문제 속의 입장이라고 생각하고 가장 모범적이며 이성적인 답이라고 생각되는 것을 찾아야 한다.

대표기출유형 01 기출응용문제

01 **I공사에 근무하는 K부장은 현재 자신의 부서에 부족한 팀워크를 해결하기 위해 회의 전에 부서 사원들에게 훌륭한 팀워크를 위해 조언을 하려고 한다. 조언 내용으로 가장 적절한 것은?**

① 자기중심적인 개인주의가 필요합니다.
② 솔직한 대화로 서로를 이해해야 합니다.
③ 강한 자신감보다는 신중함이 필요합니다.
④ 사원들 간의 사고방식 차이는 있을 수 없습니다.
⑤ 조직에 대한 이해보다는 나 자신을 이해해야 합니다.

02 **다음은 팀워크와 응집력의 정의를 나타난 글이다. 팀워크의 사례로 적절하지 않은 것은?**

> 팀워크는 '팀 구성원이 공동의 목적을 달성하기 위하여 상호 관계성을 가지고 협력하여 업무를 수행하는 것'으로 볼 수 있다. 반면 응집력은 '사람들로 하여금 집단에 머물도록 느끼게 만들고, 그 집단의 멤버로서 계속 남아 있기를 원하게 만드는 힘'으로 볼 수 있다.

① 연구원 A와 B는 효과적인 의약품을 개발하기 위해 함께 연구하기로 했다.
② I사의 D사원과 E사원은 내일 진행될 행사 준비를 위해 함께 야근을 할 예정이다.
③ G고등학교 학생인 H와 J는 내일 있을 시험 준비를 위해 도서관에서 공부하기로 했다.
④ 같은 배에서 활약 중인 K와 M은 곧 있을 조정경기 시합을 위해 열심히 연습하고 있다.
⑤ 다음주 조별 발표 준비를 위해 같은 조원인 N과 P는 각자 주제를 나누어 조사하기로 했다.

03 **A대리는 같은 부서의 B사원 때문에 스트레스를 받고 있다. 빠르게 처리해야 할 업무에 대해 B사원은 항상 꼼꼼하게 검토하고 A대리에게 늦게 보고하기 때문이다. A대리가 B사원의 업무방식에 불만을 표현하자 B사원은 자신의 소심한 성격 때문이라고 대답한다. 다음 상황에서 A대리에게 가장 필요한 역량은 무엇인가?**

① 통제적 리더십
② 감사한 마음
③ 상호 인정
④ 헌신의 자세
⑤ 책임감

대표기출유형

02 리더십

| 유형분석 |

- 하나의 조직 안에서 팀을 맡아 이끌어나가는 사람들, 즉 '리더십'에 대한 이해를 묻는 문제이다.
- 직장 내 주로 팀원들이 불평을 제기하거나 팀 자체의 불만이 속출하는 상황을 제시하고, 지도자로서 어떤 결정을 해야 하는지를 묻는다.
- 팀원으로서의 입장과 리더로서의 입장이 다르기 때문에 그 둘의 차이를 잘 구분하고 문제를 푸는 것이 중요하다.

다음 글에서 설명하고 있는 리더십으로 옳은 것은?

로버트 그린리프(R. K. Greenleaf)는 조직은 조직을 위해 존재하는 사람들을 위해 존재하는 것이란 생각을 하였고, '동방으로의 여행'이라는 책에 등장하는 '레오'라는 인물을 통해 새로운 리더십 모델을 제시하였다. 레오는 순례단에서 허드렛일을 도맡아 하던 하인 같은 인물로, 갑자기 레오가 사라지자 순례단은 혼란 속에서 여행을 중단하게 된다. 이후 하인 같던 레오가 그 순례단의 훌륭한 리더였음을 깨닫게 되는 부분에서 이 리더십 개념을 고안하였다.

① 슈퍼 리더십
② 지시적 리더십
③ 변혁적 리더십
④ 서번트 리더십
⑤ 파트너십 리더십

정답 ④

서번트 리더십은 다른 사람을 섬기는 사람이 리더가 될 수 있다는 이론으로, 로버트 그린리프가 처음 제시하였다. 인재를 가장 중요한 자원으로 보았으며, 봉사를 통해 구성원을 현명하면서도 자율적인 사람이 되게 하는 것을 리더의 역할로 보고 있다.

오답분석

① 슈퍼 리더십 : 구성원 개인의 능력을 중요시하여 인재를 영입하고 육성하는 것을 중요시하며, 리더가 구성원의 능력을 발현할 수 있게 하는 리더십이다.
② 지시적 리더십 : 조직 구성원에게 해야 할 일과 따라야 할 일을 지시하는 유형의 리더십이다.
③ 변혁적 리더십 : 리더가 조직 구성원의 사기를 고양시키기 위해 미래의 비전과 집단의 사명감을 강조하고, 이를 통해 조직의 장기적 목표를 달성하려 하는 리더십이다.
⑤ 파트너십 리더십 : 리더를 하나의 조직 구성원으로 보는 것으로, 집단의 모든 구성원이 결과에 대한 책임을 함께 가져야 한다고 보는 리더십이다.

풀이 전략!

팀을 효과적으로 이끌기 위한 리더십 이론에 대한 이해가 필요하다. 리더십의 이론뿐만 아니라 실제적인 적용 방법 또한 익혀 두는 것이 좋다.

대표기출유형 02 기출응용문제

01 **다음 사례에서 기러기가 발휘하고 있는 것을 모두 고르면?**

> 기러기는 장거리 비행을 할 때 '브이(V)' 형태로 바다를 건너 날아간다. 맨 앞에 가는 기러기가 공기 저항을 줄여 단독 비행을 할 때보다 약 70% 이상 더 많이 이동할 수 있다. 이때, 선두의 기러기는 한 마리가 아니다. 선두의 기러기가 지치면 후미의 기러기가 교대하여 무리를 이끌고 간다. 또한 기러기들은 선두의 기러기를 응원하기 위해 이동 중 끊임없이 소리를 내기도 한다.

① 리더십
② 헤드십
③ 팔로워십
④ 리더십, 팔로워십
⑤ 헤드십, 팔로워십

02 **다음은 리더십의 유형 중 한 유형의 특징을 나타낸 것이다. 다음 특징에 해당하는 리더십 유형으로 가장 적절한 것은?**

> • 리더는 조직 구성원들 중 한 명일 뿐이다. 그는 물론 다른 조직 구성원들보다 경험이 더 풍부하겠지만 다른 구성원들보다 더 비중 있게 대우받아서는 안 된다.
> • 집단의 모든 구성원들은 의사결정 및 팀의 방향을 설정하는 데 참여한다.
> • 집단의 모든 구성원들은 집단의 행동의 성과 및 결과에 대해 책임을 공유한다.

① 독재자 유형
② 민주주의에 근접한 유형
③ 파트너십 유형
④ 변혁적 유형
⑤ 자유방임적 유형

03 | 갈등 관리

| 유형분석 |

- 조직 내 갈등을 심화시키는 요인에 대한 이해를 묻는 문제이다.
- 여러 사람이 협력해야 하는 직장에서 구성원 간의 갈등은 불가피하고 실제로 흔히 찾아볼 수 있는 문제이기 때문에 기업에서도 중요시하고 출제 빈도도 높다.

다음은 갈등해결 시 명심해야 될 점이다. 제시된 9가지 행동 중 옳지 않은 것은 모두 몇 가지인가?

〈갈등해결 시 명심해야 될 점〉

- 다른 사람들의 입장을 이해한다.
- 어려운 문제는 피하도록 한다.
- 자신의 의견을 명확하게 밝히고 지속적으로 강화한다.
- 사람들과 눈을 자주 마주치지 않도록 한다.
- 마음을 열어놓고 적극적으로 경청한다.
- 타협하려 애쓴다.
- 어느 한쪽으로 치우치지 않는다.
- 논쟁하고 싶은 유혹을 떨쳐낸다.
- 존중하는 자세로 사람들을 대한다.

① 1가지
② 2가지
③ 3가지
④ 4가지
⑤ 5가지

정답 ②

갈등해결 시 명심해야 될 점 9가지 중 옳지 않은 행동은 '어려운 문제는 피하도록 한다.', '사람들과 눈을 자주 마주치지 않도록 한다.' 2가지이다. 어려운 문제를 피하는 것은 갈등 증폭의 원인이 될 수 있기 때문에 어려운 문제는 피하지 말고 맞서 바로 해결하는 것이 중요하다. 또한 사람들과 눈을 자주 마주치는 것은 갈등해결에 있어 상대방에게 신뢰감과 존중감을 줄 수 있는 적절한 행동으로 볼 수 있다.

풀이 전략!

갈등 발생 시 대처 방법에 대해서는 꼭 알아두도록 한다. 갈등의 개념·특징은 상식으로도 충분히 풀 수 있으나, 전반적인 이론에 대해 알아둘 필요가 있다.

01 **다음은 갈등을 최소화하기 위한 방안에 대한 팀원들 간의 대화 내용이다. 빈칸에 들어갈 내용으로 적절하지 않은 것은?**

A팀원 :	요즘 들어 팀 분위기가 심상치 않아. 어제 팀장님은 회의 중에 한숨까지 쉬시더라고.
B팀원 :	그러게 말야. 요즘 들어 서로 간의 갈등이 너무 많은 것 같은데, 어떻게 해야 할지 모르겠어.
C팀원 :	갈등을 최소화하기 위해 지켜야 할 기본 원칙들을 팀 게시판에 올려서 서로 간의 갈등 원인을 생각해보게 하는 것은 어떨까?
A팀원 :	좋은 생각이야. 기본 원칙으로는 ＿＿＿＿＿는 내용이 들어가야 해.

① 자신의 책임이 어디서부터 어디까지인지를 명확히 하라
② 의견의 차이를 인정하지 말고 하나의 의견으로 통일하라
③ 조금이라도 의심이 날 때에는 분명하게 말해 줄 것을 요구하라
④ 여러분이 받기를 원치 않는 형태로 남에게 작업을 넘겨주지 말라
⑤ 불일치하는 쟁점이나 사항이 있다면 다른 사람이 아닌 당사자에게 직접 말하라

02 **다음은 I공사 사보에 실린 '조직의 분쟁 해결을 위한 여섯 단계'이다. 오늘 회의 중에 회사 성과급 기준과 관련하여 팀원 간의 갈등이 있었는데, 이에 대한 갈등해결 방안으로 옳지 않은 것은?**

〈조직의 분쟁 해결을 위한 여섯 단계〉

1. 문제가 무엇이며, 분쟁의 원인이 무엇인지 명확히 정의하기
2. 공동의 목표 수립하기
3. 공동의 목표를 달성하는 방법에 대해 토론하기
4. 공동의 목표를 수립하는 과정에서 발생할 장애물 탐색하기
5. 분쟁을 해결하는 최선의 방법에 대해 협의하기
6. 합의된 해결 방안을 확인하고 책임 분할하기

① 합의된 성과급 기준에서 발생할 수 있는 문제점들도 생각해봐야겠다.
② 성과급 기준과 관련하여 팀원들과 갈등이 있었는데 원인을 찾아봐야겠다.
③ 팀원들 모두가 참여하는 가운데 조직 목표를 달성할 수 있는 방안에 대해 논의해야지.
④ 성과급 기준에 대해 내가 원하는 점과 다른 사람이 원하는 점을 모두 생각해봐야지.
⑤ 모두가 만족할 만한 해결 방안을 확인했으니, 팀장인 내가 책임감을 가지고 실행해야지.

04 | 협상 전략

| 유형분석 |

- 협상 전략 유형은 문제에서 특징을 제시하고 이에 해당하는 협상이 무엇인지 묻는 단순한 형태와 상황이 주어지는 경우가 출제된다.

다음 (가), (나)의 사례에 대한 협상 방법으로 적절하지 않은 것은?

(가) A사의 제품은 현재 매출 1위이며 소비자들의 긍정적인 평판을 받고 있다. A사는 이 점을 내세워 B사와 다음 신제품과 관련하여 계약을 맺고 싶어 하지만 B사는 A사의 주장을 믿지 않아 계약이 보류된 상황이다. A사는 최근 신제품에 필요한 기술을 확보하고 있는 B사가 꼭 필요한 협력업체이기 때문에 고심하고 있다.

(나) 플라스틱을 제조하는 C사는 최근 테니스 라켓, 욕조, 배의 선체 등 다양한 곳에 사용되는 탄소섬유강화플라스틱 사업의 전망이 밝다고 생각하여 탄소섬유를 다루는 D사와 함께 사업하길 원하고 있다. 하지만 D사는 C사의 사업 전망에 대해 믿지 못하고 있는 상황이어서 사업이 보류된 상태이다.

① (가)의 경우 매출 1위와 관련된 데이터를 시각화하여 B사가 직접 보고 느끼게 해주는 게 좋을 것 같아.
② (나)의 경우 호혜관계를 설명하면서 D사가 얻을 수 있는 혜택도 설명해 주는 게 좋겠어.
③ (가)의 경우 A사 제품을 사용한 소비자들의 긍정적인 후기를 B사에게 보여주는 것은 어때?
④ (가)의 경우 B사에게 대기업인 점을 앞세워서 공격적으로 설득하는 것이 좋겠어.
⑤ (나)의 경우 D사에게 탄소섬유강화플라스틱의 효과에 대해 공동 평가할 수 있는 기회를 주는 것은 어때?

정답 ④

④는 강압 전략에 대한 설명이다. A사에 필요한 기술을 확보한 B사에게 대기업인 점을 내세워 공격적으로 설득하는 것은 적절하지 않은 협상 방법이다.

오답분석

① See – Feel – Change 전략으로, A사의 주장을 믿지 않는 B사를 설득하기에 적절한 전략이다.
② 호혜관계 형성 전략으로, 서로에게 도움을 주고받을 수 있는 점을 설명하여 D사를 설득할 수 있는 전략이다.
③ 사회적 입증 전략으로, A사의 주장을 믿지 못하는 B사를 설득할 수 있는 전략이다.
⑤ 협력 전략의 전술 중 하나로, C사의 사업전망을 믿지 못하는 D사에게 공동 평가를 통해 신뢰를 형성하기에 적절한 전략이다.

풀이 전략!

이론적인 내용을 묻는 문제의 경우를 대비하여 대표적인 협상 전략 이론을 숙지하고 있어야 한다. 사례의 경우 제시된 키워드를 찾아 풀이한다. 협상 전략마다 특징이 있기 때문에 어떤 예시든 그 안에 특징이 제시되므로 이를 바탕으로 적절한 협상 전략을 찾으면 된다.

대표기출유형 04 기출응용문제

01 다음 대화를 읽고 이해한 내용으로 옳지 않은 것은?

A팀장 : 협상은 업무 중 언제든지 필요할 수 있는 의사결정 과정으로 볼 수 있습니다. 여러분이 옷가게 매장 직원이라고 가정해 봅시다. 한 손님이 환불이 불가능한 옷을 가져와서 다짜고짜 환불해 달라고 할 경우 여러분들은 어떻게 대처할 것인가요?
B사원 : 저는 고객에게 사과드린 후, 고객에게 연락처를 받아 잠시 갈등 상황을 피해야 한다고 생각합니다. 작전상 잠시 후퇴하는 것으로 볼 수 있겠죠.
C사원 : 저는 고객에게 이 옷이 환불이 불가능한 이유를 충분히 설명드린 후, 서로가 모두 만족할 수 있는 방법을 찾아볼 것 같아요.
D사원 : 환불해 줄 것을 계속 요구할 경우 경찰을 부를 수도 있음을 명시하고, 절대 환불해 주지 말아야 한다고 생각합니다.
E사원 : 우선 고객의 기분이 풀릴 수 있도록 신속하게 환불해드리는 것이 현명한 방법 아닐까요?

① B사원의 협상 전략은 자신이 얻게 되는 결과나 인간관계 모두에 관심이 없는 경우에 유리한 협상 전략으로 볼 수 있다.
② C사원의 협상 전략은 자신에게 돌아올 결과와 상대방에게 돌아갈 결과 모두 중요하게 여겨서 서로가 협력해야 한다.
③ C사원의 협상 전략은 협상 당사자 간에 신뢰가 쌓여 있는 경우 유리한 협상 전략으로 볼 수 있다.
④ D사원의 협상 전략은 일방적인 의사소통으로 일방적인 양보를 받아내는 것을 말한다.
⑤ E사원의 협상 전략은 상대방에 비해 자신의 힘이 강한 경우 유리한 협상 전략으로 볼 수 있다.

02 다음 사례에서 나타나는 A씨의 협상 방법에 대한 문제점은 무엇인가?

어느 날 A씨의 두 딸이 오렌지 하나를 가지고 서로 다투고 있었다. A씨는 두 딸에게 오렌지를 공평하게 반쪽으로 나눠주는 것이 가장 좋은 해결책인 듯해서 반으로 갈라 주었다. 하지만 A씨는 두 딸의 행동에 놀라고 말았다. 오렌지의 반쪽을 챙긴 큰 딸은 알맹이는 버리고 껍질만 챙겼으며, 작은 딸은 알맹이만 먹고 껍질은 버린 것이다. 두 딸에게 이유를 물어보니 제빵학원에 다니는 큰 딸은 오렌지 케이크를 만들기 위해 껍질이 필요했던 것이고, 작은 딸은 오렌지 과즙이 먹고 싶어서 알맹이를 원했던 것이다. 결과적으로 A씨의 해결책은 두 딸 모두에게 만족하지 못한 일이 되어 버렸다.

① 협상당사자들에게 친근하게 다가가지 않았다.
② 협상에 대한 갈등 원인을 확인하지 않았다.
③ 협상의 통제권을 확보하지 않았다.
④ 협상당사자의 특정 입장만 고집하였다.
⑤ 협상당사자에 대해 너무 많은 염려를 하였다.

CHAPTER 06

수리능력

합격 Cheat Key

수리능력은 사칙 연산 · 통계 · 확률의 의미를 정확하게 이해하고 이를 업무에 적용하는 능력으로, 기초 연산과 기초 통계, 도표 분석 및 작성의 문제 유형으로 출제된다. 수리능력 역시 채택하지 않는 대학병원 · 의료원이 거의 없을 만큼 필기시험에서 중요도가 높은 영역이다.

특히, 난이도가 높은 공사 · 공단의 시험에서는 도표 분석, 즉 자료 해석 유형의 문제가 많이 출제되고 있고, 응용 수리 역시 꾸준히 출제하는 공사 · 공단이 많기 때문에 기초 연산과 기초 통계에 대한 공식의 암기와 자료 해석 능력을 기를 수 있는 꾸준한 연습이 필요하다.

1 응용 수리의 공식은 반드시 암기하라!

응용 수리는 공사 · 공단마다 출제되는 문제는 다르지만, 사용되는 공식은 비슷한 경우가 많으므로 자주 출제되는 공식을 반드시 암기하여야 한다. 문제에서 묻는 것을 정확하게 파악하여 그에 맞는 공식을 적절하게 적용하는 꾸준한 노력과 공식을 암기하는 연습이 필요하다.

2 자료의 해석은 자료에서 즉시 확인할 수 있는 지문부터 확인하라!

수리능력 중 도표 분석, 즉 자료 해석 능력은 많은 시간을 필요로 하는 문제가 출제되므로, 증가・감소 추이와 같이 눈으로 확인이 가능한 지문을 먼저 확인한 후 복잡한 계산이 필요한 지문을 확인하는 방법으로 문제를 풀이한다면 시간을 조금이라도 아낄 수 있다. 또한, 여러 가지 보기가 주어진 문제 역시 지문을 잘 확인하고 문제를 풀이한다면 불필요한 계산을 생략할 수 있으므로 항상 지문부터 확인하는 습관을 들여야 한다.

3 도표 작성에서 지문에 작성된 도표의 제목을 반드시 확인하라!

도표 작성은 하나의 자료 혹은 보고서와 같은 수치가 표현된 자료를 도표로 작성하는 형식으로 출제되는데, 대체로 표보다는 그래프를 작성하는 형태로 많이 출제된다. 지문을 살펴보면 각 지문에서 주어진 도표에도 소제목이 있는 경우가 대부분이다. 이때, 자료의 수치와 도표의 제목이 일치하지 않는 경우 함정이 존재하는 문제일 가능성이 높으므로 도표의 제목을 반드시 확인하는 것이 중요하다.

01 응용 수리

| 유형분석 |

- 문제에서 제공하는 정보를 파악한 뒤, 사칙연산을 활용하여 계산하는 전형적인 수리문제이다.
- 문제를 풀기 위한 정보가 산재되어 있는 경우가 많으므로 주어진 조건 등을 꼼꼼히 확인해야 한다.

정주는 집에서 4km 떨어진 영화관까지 150m/min의 속도로 자전거를 타고 가다가 중간에 내려서 50m/min의 속도로 걸어갔다. 집에서 영화관까지 도착하는 데 30분이 걸렸을 때, 정주가 걸어간 시간은 몇 분인가?

① 5분
② 7분
③ 10분
④ 15분
⑤ 17분

정답 ①

정주가 걸어서 간 시간을 x분이라고 하면, 자전거를 타고 간 시간은 $(30-x)$분이다.

$150(30-x)+50x=4,000$

$\rightarrow 100x=500$

$\therefore x=5$

따라서 정주가 걸어간 시간은 5분이다.

풀이 전략!

문제에서 묻는 바를 정확하게 확인한 후, 필요한 조건 또는 정보를 구분하여 신속하게 풀어 나간다. 단, 계산에 착오가 생기지 않도록 유의한다.

01 K공사는 창립일을 맞이하여 초대장을 준비하려고 한다. 초대장을 혼자서 만들 경우 A대리는 6일, B사원은 12일이 걸린다면 A대리와 B사원이 함께 초대장을 만들 경우, 완료할 때까지 며칠이 걸리는가?

① 5일
② 4일
③ 3일
④ 2일
⑤ 1일

02 수학시험에서 동일이는 101점, 나경이는 105점, 윤진이는 108점을 받았다. 천희의 점수까지 합한 네 명의 수학시험 점수 평균이 105점일 때, 천희의 수학시험 점수는?

① 105점
② 106점
③ 107점
④ 108점
⑤ 109점

03 K공단은 상반기 공채에서 9명의 신입사원을 채용하였고, 신입사원 교육을 위해 A ~ C 세 개의 조로 나누기로 하였다. 신입사원들을 한 조에 3명씩 배정한다고 할 때, 3개의 조로 나누는 경우의 수는?

① 1,240가지
② 1,460가지
③ 1,680가지
④ 1,800가지
⑤ 1,930가지

04

K고등학교 운동장은 다음과 같이 양 끝이 반원 모양이다. 한 학생이 운동장 가장자리를 따라 한 바퀴를 달린다고 할 때, 학생이 달린 거리는 몇 m인가?(단, 원주율 $\pi \fallingdotseq 3$으로 계산한다)

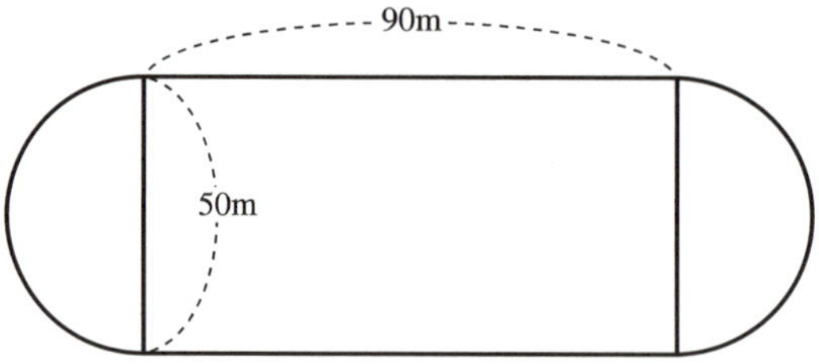

① 300m
② 310m
③ 320m
④ 330m
⑤ 340m

05

새로 얻은 직장의 가까운 곳에 자취를 시작하게 된 한별이는 도어 록의 비밀번호를 새로 설정하려고 한다. 한별이의 도어 록 번호판은 다음과 같이 0을 제외한 1 ~ 9 숫자로 되어 있다. 비밀번호를 서로 다른 4개의 숫자로 구성한다고 할 때, 5와 6을 제외하고, 1과 8이 포함된 4자리 숫자로 만들 확률은?

〈도어 록 비밀번호〉

① $\frac{5}{63}$
② $\frac{2}{21}$
③ $\frac{1}{7}$
④ $\frac{10}{63}$
⑤ $\frac{13}{63}$

06 동전을 던져 앞면이 나오면 +2만큼 이동하고, 뒷면이 나오면 −1만큼 이동하는 게임을 하려고 한다. 동전을 5번 던져서 다음 수직선 위의 A가 4지점으로 이동할 확률은?

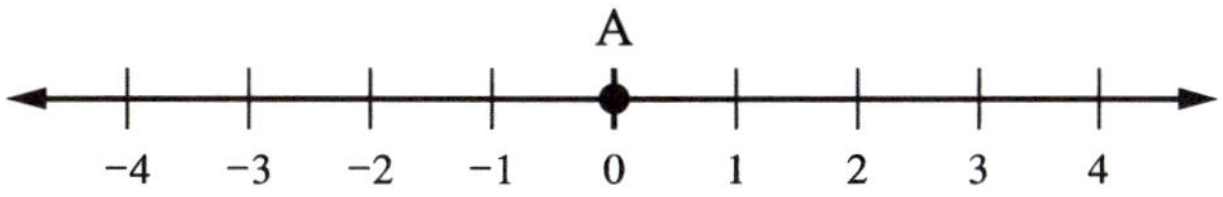

① $\frac{3}{32}$　　② $\frac{5}{32}$

③ $\frac{1}{4}$　　④ $\frac{5}{16}$

⑤ $\frac{7}{16}$

07 A대리는 이번 출장을 위해 KTX 표를 미리 구매하여 40% 할인된 가격에 구매하였다. 하지만 출장 일정이 바뀌어서 하루 전날 표를 취소하였다. 환불 규정에 따라 16,800원을 돌려받았을 때, 할인되지 않은 KTX 표의 가격은 얼마인가?

〈환불 규정〉

- 2일 전 : 구매 가격의 100%
- 1일 전부터 열차 출발 전 : 구매 가격의 70%
- 열차 출발 후 : 구매 가격의 50%

① 40,000원　　② 48,000원

③ 56,000원　　④ 67,200원

⑤ 70,000원

02 수열 규칙

| 유형분석 |

- 나열된 수의 규칙을 찾아 해결하는 문제이다.
- 등차·등비수열 등 다양한 수열 규칙에 대한 사전 학습이 요구된다.

다음과 같이 일정한 규칙으로 수를 나열할 때, 빈칸에 들어갈 수는?

0　3　5　10　17　29　48　(　)

① 55　② 60
③ 71　④ 79
⑤ 81

정답 ④

n을 자연수라 하면 $(n+1)$항에서 n항을 더하고 $+2$를 한 값인 $(n+2)$항이 되는 수열이다.
따라서 (　)$=48+29+2=79$이다.

풀이 전략!

- 수열을 풀이할 때는 다음과 같은 규칙이 적용되는지를 순차적으로 판단한다.
  1) 각 항에 일정한 수를 사칙연산(+, −, ×, ÷)하는 규칙
  2) 홀수 항, 짝수 항 규칙
  3) 피보나치 수열과 같은 계차를 이용한 규칙
  4) 군수열을 활용한 규칙
  5) 항끼리 사칙연산을 하는 규칙

주요 수열 규칙

구분	내용
등차수열	앞의 항에 일정한 수를 더해 이루어지는 수열
등비수열	앞의 항에 일정한 수를 곱해 이루어지는 수열
피보나치 수열	앞의 두 항의 합이 그 다음 항의 수가 되는 수열
건너뛰기 수열	두 개 이상의 수열 또는 규칙이 일정한 간격을 두고 번갈아가며 적용되는 수열
계차수열	앞의 항과 차가 일정하게 증가하는 수열
군수열	일정한 규칙성으로 몇 항씩 묶어 나눈 수열

대표기출유형 02 기출응용문제

※ 다음과 같이 일정한 규칙으로 수를 나열할 때, 빈칸에 들어갈 수를 고르시오. [1~9]

01

$$\frac{6}{15} \quad \frac{18}{15} \quad \frac{18}{45} \quad (\quad) \quad \frac{54}{135}$$

① $\frac{36}{135}$
② $\frac{54}{135}$
③ $\frac{54}{45}$
④ $\frac{36}{54}$
⑤ $\frac{45}{54}$

02

2 12 32 72 152 312 632 ( )

① 1,254
② 1,262
③ 1,264
④ 1,272
⑤ 1,284

03

$$5 \quad 6 \quad 1 \quad \frac{3}{2} \quad \frac{3}{2} \quad 3 \quad 12 \quad (\quad) \quad -1$$

① $\frac{10}{3}$
② $\frac{11}{3}$
③ $\frac{13}{3}$
④ 3
⑤ 7

04

−81　−30　−27　−21　−9　−12　(　)

① −3
② −1
③ 0
④ 1
⑤ 2

05

0.7　0.9　1.15　1.45　1.8　(　)

① 2.05
② 2.1
③ 2.15
④ 2.2
⑤ 2.25

06

0.5　1.4　1.2　4.1　2.8　12.2　6.2　(　)

① 36.5
② 36.6
③ 37.5
④ 37.6
⑤ 38.5

07

(　) 15 35 50 85 135

① 20
② 15
③ 10
④ 5
⑤ 1

08

4 10 17 25 34 (　)

① 42
② 43
③ 44
④ 45
⑤ 46

09

4 −1 2 −3 6 1 −2 −7 14 (　)

① 2
② 9
③ 19
④ −28
⑤ −36

03 | 자료 이해

| 유형분석 |

- 제시된 자료를 분석하여 선택지의 정답 유무를 판단하는 문제이다.
- 표의 수치 등을 통해 변화량이나 증감률, 비중 등을 비교하여 판단하는 문제가 자주 출제된다.
- 지원하고자 하는 기업이나 산업과 관련된 자료 등이 문제의 자료로 많이 다뤄진다.

다음은 도시폐기물량 상위 10개국의 도시폐기물량지수와 한국의 도시폐기물량을 나타낸 자료이다. 이에 대한 설명으로 옳은 것을 〈보기〉에서 모두 고르면?

〈도시폐기물량 상위 10개국의 도시폐기물량지수〉

순위	2020년		2021년		2022년		2023년	
	국가	지수	국가	지수	국가	지수	국가	지수
1	미국	12.05	미국	11.94	미국	12.72	미국	12.73
2	러시아	3.40	러시아	3.60	러시아	3.87	러시아	4.51
3	독일	2.54	브라질	2.85	브라질	2.97	브라질	3.24
4	일본	2.53	독일	2.61	독일	2.81	독일	2.78
5	멕시코	1.98	일본	2.49	일본	2.54	일본	2.53
6	프랑스	1.83	멕시코	2.06	멕시코	2.30	멕시코	2.35
7	영국	1.76	프랑스	1.86	프랑스	1.96	프랑스	1.91
8	이탈리아	1.71	영국	1.75	이탈리아	1.76	터키	1.72
9	터키	1.50	이탈리아	1.73	영국	1.74	영국	1.70
10	스페인	1.33	터키	1.63	터키	1.73	이탈리아	1.40

※ (도시폐기물량지수)$=\dfrac{\text{(해당 연도 해당 국가의 도시폐기물량)}}{\text{(해당 연도 한국의 도시폐기물량)}}$

〈한국의 도시폐기물량〉

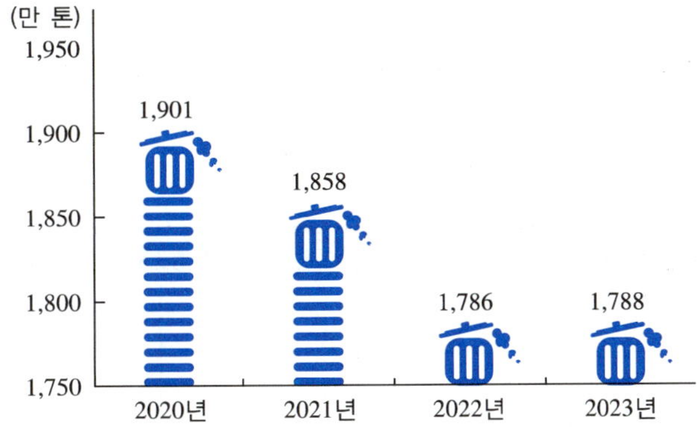

보기

㉠ 2023년 도시폐기물량은 미국이 일본의 4배 이상이다.
㉡ 2022년 러시아의 도시폐기물량은 8,000만 톤 이상이다.
㉢ 2023년 스페인의 도시폐기물량은 2020년에 비해 감소하였다.
㉣ 영국의 도시폐기물량은 터키의 도시폐기물량보다 매년 많다.

① ㉠, ㉢
② ㉠, ㉣
③ ㉡, ㉢
④ ㉡, ㉣
⑤ ㉢, ㉣

정답 ①

㉠ 제시된 자료의 각주에 의해 같은 해의 각국의 도시폐기물량지수는 그 해 한국의 도시폐기물량을 기준해 도출된다. 즉, 같은 해의 여러 국가의 도시폐기물량을 비교할 때 도시폐기물량지수로도 비교가 가능하다. 2023년 미국과 일본의 도시폐기물량지수는 각각 12.73, 2.53이다. 2.53×4=10.12<12.73이므로 옳은 설명이다.

㉢ 2020년 한국의 도시폐기물량은 1,901만 톤이므로 2020년 스페인의 도시폐기물량은 1,901×1.33=2,528.33만 톤이다. 도시폐기물량 상위 10개국의 도시폐기물량지수 자료를 보면 2023년 스페인의 도시폐기물량지수는 상위 10개국에 포함되지 않았음을 확인할 수 있다. 즉, 스페인의 도시폐기물량은 도시폐기물량지수 10위인 이탈리아의 도시폐기물량보다 적다. 2023년 한국의 도시폐기물량은 1,788만 톤이므로 이탈리아의 도시폐기물량은 1,788×1.40=2,503.2만 톤이다. 즉, 2023년 이탈리아의 도시폐기물량은 2020년 스페인의 도시폐기물량보다 적다. 따라서 2023년 스페인의 도시폐기물량은 2020년에 비해 감소했다.

오답분석

㉡ 2022년 한국의 도시폐기물량은 1,786만 톤이므로 2022년 러시아의 도시폐기물량은 1,786×3.87=6,911.82만 톤이다.

㉣ 2023년의 경우 터키의 도시폐기물량지수는 영국보다 높다. 따라서 2023년 영국의 도시폐기물량은 터키의 도시폐기물량보다 적다.

풀이 전략!

평소 변화량이나 증감률, 비중 등을 구하는 공식을 알아두고 있어야 하며, 지원하는 공사공단과 관련된 자료나 관련 산업에 대한 자료 등을 확인하여 비교하는 연습 등을 한다.

PART 1

※ 다음은 2023년 지역별 에너지원 소비량을 나타낸 자료이다. 이어지는 질문에 답하시오. [1~2]

〈지역별 에너지원 소비량〉

[단위 : 만 톤(ton), 만 토(toe)]

구분	석탄	석유	천연가스	수력·풍력	원자력
서울	885	2,849	583	2	574
인천	1,210	3,120	482	4	662
경기	2,332	2,225	559	3	328
대전	1,004	998	382	0.5	112
강원	3,120	1,552	101	28	53
부산	988	1,110	220	6	190
충청	589	1,289	88	4	62
전라	535	1,421	48	2	48
경상	857	1,385	58	2	55
대구	1,008	1,885	266	1	258
울산	552	888	53	1.6	65
광주	338	725	31	1	40
제주	102	1,420	442	41	221
합계	13,520	20,867	3,313	96	2,668

01 다음 〈보기〉 중 지역별 에너지원 소비량에 대한 설명으로 옳은 것을 모두 고르면?

보기

ㄱ. 석유와 천연가스, 원자력의 소비량 상위 3개 지역은 동일하다.
ㄴ. 강원의 소비량 1위인 에너지원은 총 2가지이다.
ㄷ. 석유의 소비량이 가장 많은 지역의 소비량은 가장 적은 지역의 소비량의 4배 이상이다.
ㄹ. 수력·풍력의 소비량 상위 5개 지역의 소비량의 합은 전체 소비량의 90% 이상을 차지한다.

① ㄱ, ㄴ
② ㄱ, ㄷ
③ ㄱ, ㄹ
④ ㄴ, ㄷ
⑤ ㄷ, ㄹ

02 에너지원별 소비량이 가장 적은 지역의 소비량이 전체 소비량에서 차지하는 비율을 구해 그 비율이 큰 순서대로 에너지원을 바르게 나열한 것은?(단, 소수점 셋째 자리에서 반올림한다)

① 원자력 – 석유 – 천연가스 – 석탄 – 수력・풍력
② 석유 – 천연가스 – 원자력 – 석탄 – 수력・풍력
③ 석유 – 원자력 – 석탄 – 천연가스 – 수력・풍력
④ 석유 – 원자력 – 천연가스 – 수력・풍력 – 석탄
⑤ 석유 – 원자력 – 천연가스 – 석탄 – 수력・풍력

PART 1

03 다음은 국가별 무역수지에 대한 자료이다. 이에 대한 설명으로 옳지 않은 것은?

〈국가별 무역수지 현황〉

(단위 : 백만 USD)

구분	한국	그리스	노르웨이	뉴질랜드	대만	독일	러시아	미국
7월	40,882	2,490	7,040	2,825	24,092	106,308	22,462	125,208
8월	40,125	2,145	7,109	2,445	24,629	107,910	23,196	116,218
9월	40,846	2,656	7,067	2,534	22,553	118,736	25,432	122,933
10월	41,983	2,596	8,005	2,809	26,736	111,981	24,904	125,142
11월	45,309	2,409	8,257	2,754	25,330	116,569	26,648	128,722
12월	45,069	2,426	8,472	3,088	25,696	102,742	31,128	123,557

① 한국의 무역수지의 전월 대비 증가량이 가장 많았던 달은 11월이다.
② 뉴질랜드의 무역수지는 8월 이후 지속해서 증가하였다.
③ 그리스의 12월 무역수지의 전월 대비 증가율은 약 0.7%이다.
④ 10월부터 12월 사이 한국의 무역수지 변화 추이와 같은 양상을 보이는 나라는 2개국이다.
⑤ 12월 무역수지가 7월 대비 감소한 나라는 그리스, 독일, 미국이다.

04 다음은 2023년 항목별 상위 7개 동의 자산규모를 나타낸 자료이다. 이에 대한 설명으로 옳은 것은?

〈2023년 항목별 상위 7개 동의 자산규모〉

구분 / 순위	총자산(조 원)		부동산자산(조 원)		예금자산(조 원)		가구당 총자산(억 원)	
	동명	규모	동명	규모	동명	규모	동명	규모
1	여의도동	24.9	대치동	17.7	여의도동	9.6	을지로동	51.2
2	대치동	23.0	서초동	16.8	태평로동	7.0	여의도동	26.7
3	서초동	22.6	압구정동	14.3	을지로동	4.5	압구정동	12.8
4	반포동	15.6	목동	13.7	서초동	4.3	도곡동	9.2
5	목동	15.5	신정동	13.6	역삼동	3.9	잠원동	8.7
6	도곡동	15.0	반포동	12.5	대치동	3.1	이촌동	7.4
7	압구정동	14.4	도곡동	12.3	반포동	2.5	서초동	6.4

※ (총자산)=(부동산자산)+(예금자산)+(증권자산)

※ $(\text{가구 수})=\dfrac{(\text{총자산})}{(\text{가구당 총자산})}$

① 압구정동의 가구 수는 여의도동의 가구 수보다 적다.

② 이촌동의 가구 수는 2만 가구 이상이다.

③ 대치동의 증권자산은 서초동의 증권자산보다 많다.

④ 여의도동의 증권자산은 최소 4조 원 이상이다.

⑤ 도곡동의 총자산 대비 부동산자산의 비율은 목동보다 높다.

PART 2

최종점검 모의고사

제1회
최종점검 모의고사

※ 한국산업안전보건공단 최종점검 모의고사는 채용공고와 후기를 기준으로 구성한 것으로 실제 시험과 다를 수 있습니다.

■ 취약영역 분석

번호	O/×	영역	번호	O/×	영역	번호	O/×	영역
1		의사소통능력	11		자원관리능력	21		대인관계능력
2			12			22		
3			13			23		
4			14			24		
5			15			25		
6		문제해결능력	16		조직이해능력	26		수리능력
7			17			27		
8			18			28		
9			19			29		
10			20			30		

평가문항	30문항	평가시간	30분
시작시간	:	종료시간	:
취약영역			

제 1 회

최종점검 모의고사

응시시간 : 30분 문항 수 : 30문항

모바일 OMR

정답 및 해설 p.042

※ 다음 글을 읽고 이어지는 질문에 답하시오. [1~2]

> K기업은 도자기를 판매하고 있다. K기업의 영업팀에 근무하는 김대리는 도자기 원재료의 납기와 가격을 논의하기 위하여 공급업체 담당자와 회의를 진행하려고 한다. 공급업체 담당자는 가격 인상과 납기 조정을 계속적으로 요청하고 있지만, 현재 매출 부분에서 위기를 겪고 있는 상황이라 제안을 받아들일 수 없는 김대리는 어떻게든 상황을 이해시키고자 한다.

01 다음 상황에서 김대리가 상대방을 이해시키고자 할 때 사용하는 의사 표현법으로 가장 적절한 것은?

① 구체적이고 공개적인 칭찬을 해서 상대방을 더욱 기쁘게 한다.
② 먼저 사과를 한 다음, 모호한 표현보다 단호하게 의사를 밝힌다.
③ 자신의 의견에 공감할 수 있도록 논리적으로 이야기한다.
④ 구체적인 기간과 순서를 명확하게 제시한다.
⑤ 먼저 칭찬을 하고, 잘못된 점을 질책한 후 격려를 한다.

02 다음 〈보기〉 중 김대리가 우선적으로 취해야 하는 의사 표현법으로 적절한 것을 모두 고르면?

> **보기**
> ㉠ 가장 먼저 사과를 한 다음, 타당한 이유를 밝힌다.
> ㉡ 모호한 태도보다는 단호한 방식의 의사 표현 테크닉이 필요하다.
> ㉢ 직설적인 화법보다 비유를 통해 상대방의 자존심을 지켜준다.
> ㉣ 하나를 얻기 위해 다른 하나를 양보하겠다는 자세가 필요하다.

① ㉠, ㉡ ② ㉠, ㉣
③ ㉡, ㉢ ④ ㉡, ㉣
⑤ ㉢, ㉣

03 다음 문단을 논리적 순서대로 바르게 나열한 것은?

먹을거리가 풍부한 현대인의 가장 큰 관심사 중 하나는 웰빙과 다이어트일 것이다. 현대인은 날씬한 몸매에 대한 열망이 지나쳐서 비만인 사람들이 나태하다고 생각하기도 하고, 심지어는 거식증으로 인해 사망한 패션모델까지 있었다. 이러한 사회적 경향 때문에 우리가 먹는 음식물에 포함된 지방이나 기름 성분은 몸에 좋지 않은 '나쁜 성분'으로 매도당하기도 한다. 물론 과도한 지방 섭취는 비만의 원인이 되고 당뇨병, 심장병, 고혈압과 같은 각종 성인병을 유발하지만, 사실 지방 자체는 우리 몸이 정상적으로 활동하는 데 필수적인 성분이다.

(가) 먹을 것이 풍족하지 않은 상황에서 생존에 필수적인 능력은 다름 아닌 에너지를 몸에 축적하는 능력이었다.

(나) 사실 비만과 다이어트의 문제는 찰스 다윈(Charles R. Darwin)의 진화론과 밀접한 관련이 있다. 찰스 다윈은 19세기 영국의 생물학자로 『종의 기원』이라는 책을 써서 자연선택을 통한 생물의 진화 과정을 설명하였다.

(다) 약 100년 전만 해도 우리나라를 비롯한 전 세계 대부분의 국가는 식량이 그리 풍족하지 않았다. 실제로 수십만 년 지속된 인류의 역사에서 인간이 매일 끼니 걱정을 하지 않고 살게 된 것은 최근 수십 년의 일이다.

(라) 생물체가 살아남고 번식을 해서 자손을 남길 수 있느냐 하는 것은 주위 환경과의 관계가 중요한 역할을 하는데, 자연선택이란 주위 환경에 따라 생존하기에 적합한 성질 또는 기능을 가진 종들이 그렇지 못한 종들보다 더 잘 살아남게 되어 자손을 남기게 된다는 개념이다.

그러므로 인류는 이러한 축적 능력이 유전적으로 뛰어난 사람들이 그렇지 않은 사람들보다 상대적으로 더 잘 살아남았을 것이다. 그렇게 살아남은 자들의 후손인 현대인들이 달거나 기름진 음식을 본능적으로 좋아하게 된 것은 진화의 당연한 결과였다. 그리하여 음식이 풍부한 현대 사회에서는 이러한 유전적 특성은 단점으로 작용하게 되었다. 지방이 풍부한 음식을 찾는 경향은 지나치게 지방을 축적하게 했고, 결국 부작용으로 이어졌다.

① (나) – (가) – (라) – (다)
② (나) – (다) – (가) – (라)
③ (나) – (라) – (다) – (가)
④ (다) – (가) – (나) – (라)
⑤ (다) – (라) – (가) – (나)

04 다음 글의 내용으로 가장 적절한 것은?

> 모듈러 주택이란 기본 골조와 전기 배선, 온돌, 현관문, 욕실 등 집의 70 ~ 80%를 공장에서 미리 만들고 주택이 들어설 부지에서는 '레고 블록'을 맞추듯 조립만 하는 방식으로 짓는 주택이다. 일반 철근콘크리트 주택에 비해 상대적으로 빨리 지을 수 있고, 철거가 쉽다는 게 모듈러 주택의 장점이다.
> 예컨대 5층짜리 소형 임대 주택을 철근콘크리트 제작 방식으로 지으면 공사 기간이 6개월가량 걸리지만 모듈러 공법을 적용할 경우 30 ~ 40일이면 조립과 마감이 가능하다. 주요 자재의 최대 80 ~ 90%가량을 재활용할 수 있다는 것도 장점이다. 도시형 생활 주택뿐 아니라 대형 숙박 시설, 소규모 비즈니스호텔, 오피스텔 등도 모듈러 공법으로 건축이 가능하다.
> 한국에 모듈러 주택이 처음 등장한 것은 2003년으로, 이는 모듈러 주택 시장이 활성화되어 있는 해외에 비하면 늦은 편이다. 도입은 늦었지만 모듈러 주택의 설계 방식이 표준화되고 대규모 양산 체제가 갖추어지면 비용이 적게 들기 때문에 모듈러 주택 시장이 급속하게 팽창할 것이라는 예측이 많다. 하지만 모듈러 주택 시장 전망이 불확실하다는 예측도 있다. 목재나 철골 등이 주로 사용되는 조립식 주택의 특성상 콘크리트 건물보다 소음이나 진동, 화재에 약해 소비자들이 심리적으로 거부감을 가질 수 있다는 게 이유이다. 아파트 생활에 길들여진 한국인들의 인식도 모듈러 주택이 넘어야 할 난관으로 거론된다. 소득 수준이 높아지고 '탈 아파트' 바람이 일면서 성냥갑 같은 아파트보다는 개성 있는 단독주택에서 살고 싶다는 욕구를 가진 사람들이 증가하고 있다지만, 아파트가 주는 편안한 생활을 포기할 사람이 많지 않을 것이라는 분석인 것이다.

① 일반 콘크리트 주택 건설비용은 모듈러 주택의 3배 이상이다.
② 모듈러 주택제작에 조립과 마감에 소요되는 기간은 6개월이다.
③ 일반 철근콘크리트 주택은 재활용이 불가하다.
④ 모듈러 주택 공법으로 개성 있는 단독주택 설계가 가능하다.
⑤ 모듈러 주택이 처음 한국에 등장한 시기는 해외에 비해 늦지만, 이에 소요되는 비용은 해외 대비 적다.

05 다음 글의 주제로 가장 적절한 것은?

> 우리 사회는 타의 추종을 불허할 정도로 빠르게 변화하고 있다. 이에 따라 가족정책도 4인 가족 중심에서 1 ~ 2인 가구 중심으로 변해야 하며, 청년실업율과 비정규직화, 독거노인의 증가를 더 이상 개인의 문제가 아닌 사회문제로 다뤄야 하는 시기이다. 여러 유형의 가구와 생애주기 변화, 다양해지는 수요에 맞춘 공동체 주택이야말로 최고의 주거복지사업이다. 공동체 주택은 공동의 목표와 가치를 가진 사람들이 커뮤니티를 이뤄 사회문제에 공동으로 대처해 나가도록 돕고, 나아가 지역사회와도 연결시키는 작업을 진행하고 있다.
> 임대료 부담으로 작품활동이나 생계에 어려움을 겪는 예술인을 위한 공동주택, 1인 창업과 취업을 위해 골몰하는 청년을 위한 주택, 지속적인 의료서비스가 필요한 환자나 고령자를 위한 의료안심주택은 모두 시민의 삶의 질을 높이고 선별적 복지가 아닌 복지사회를 이루기 위한 노력의 일환이다. 혼자가 아닌 함께 가는 길에 더 나은 삶이 있기 때문에 오늘도 수요자 맞춤형 공공주택은 수요자에 맞게 진화하고 있다.

① 주거난에 대비하는 주거복지 정책
② 4차 산업혁명과 주거복지
③ 선별적 복지 정책의 긍정적 결과
④ 수요자 중심의 대출규제 완화
⑤ 다양성을 수용하는 주거복지 정책

PART 2

06 퇴직을 앞둔 회사원 K씨는 1년 뒤 샐러드 도시락 프랜차이즈 가게를 운영하고자 한다. 다음은 K씨가 회사 근처 샐러드 도시락 프랜차이즈 가게에 대해 SWOT 분석을 실시한 결과이다. 〈보기〉 중 분석에 따른 대응 전략으로 적절한 것을 모두 고르면?

〈샐러드 도시락 프랜차이즈 가게 SWOT 분석 결과〉

강점(Strength)	약점(Weakness)
• 다양한 연령층을 고려한 메뉴 • 월별 새로운 메뉴 제공	• 부족한 할인 혜택 • 홍보 및 마케팅 전략의 부재
기회(Opportunity)	**위협(Threat)**
• 건강한 식단에 대한 관심 증가 • 회사원들의 간편식 점심 수요 증가	• 경기 침체로 인한 외식 소비 위축 • 주변 음식점과의 경쟁 심화

보기

ㄱ. 다양한 연령층이 이용할 수 있도록 새로운 한식 도시락을 출시한다.
ㄴ. 계절 채소를 이용한 샐러드 런치 메뉴를 출시한다.
ㄷ. 제품의 가격 상승을 유발하는 홍보 방안보다 먼저 품질 향상 방안을 마련해야 한다.
ㄹ. 주변 회사와 제휴하여 이용 고객에 대한 할인 서비스를 제공한다.

① ㄱ, ㄴ
② ㄱ, ㄷ
③ ㄴ, ㄷ
④ ㄴ, ㄹ
⑤ ㄷ, ㄹ

07 A～E 5명에게 지난 달 핸드폰 통화 요금이 가장 많이 나온 사람부터 1위에서 5위까지의 순위를 추측하라고 했더니 각자 예상하는 두 사람의 순위를 다음과 같이 대답하였다. 각자 예상한 순위 중 하나는 참이고 다른 하나는 거짓일 때, 실제 핸드폰 통화 요금이 가장 많이 나온 사람은?

A : D가 두 번째이고, 내가 세 번째이다.
B : 내가 가장 많이 나왔고, C가 두 번째로 많이 나왔다.
C : 내가 세 번째이고, B가 제일 적게 나왔다.
D : 내가 두 번째이고, E가 네 번째이다.
E : A가 가장 많이 나왔고, 내가 네 번째이다.

① A
② B
③ C
④ D
⑤ E

08 다음 〈조건〉을 참고하여 추론할 수 있는 것은?

조건

- 갑~정 네 나라는 시대순으로 연이어 존재했다.
- 네 나라의 수도는 각각 달랐는데 관주, 금주, 평주, 한주 중 어느 하나였다.
- 한주가 수도인 나라는 평주가 수도인 나라의 바로 전 시기에 있었다.
- 금주가 수도인 나라는 관주가 수도인 나라의 바로 다음 시기에 있었으나 정보다는 이전 시기에 있었다.
- 병은 가장 먼저 있었던 나라는 아니지만 갑보다는 이전 시기에 있었다.
- 병과 정은 시대순으로 볼 때 연이어 존재하지 않았다.

① 금주는 갑의 수도이다.
② 평주는 정의 수도이다.
③ 을은 갑의 다음 시기에 존재하였다.
④ 한주가 수도인 나라가 가장 오래되었다.
⑤ 관주는 병의 수도이다.

09 다음은 문제해결절차의 문제 인식 단계에 대한 설명이다. 빈칸에 들어갈 말이 바르게 연결된 것은?

문제 인식 단계에서는 일련의 절차를 통해 해결해야 할 문제를 파악한다. 문제가 발생하였을 때 가장 먼저 해야 하는 일은 ___㉠___으로, 주로 3C 분석이나 SWOT 분석이 사용된다. ___㉠___을 통해 현상을 파악한 후에는 ___㉡___의 단계를 거친다. ___㉡___을 위해서는 다양한 후보안을 찾는 것이 바람직하다. 마지막으로 ___㉢___에서는 여러 과제안들 중 각각의 효과 및 실행 가능성 등을 평가해 우선순위를 부여하여 가장 우선순위가 높은 안을 선정한다. 우선순위 평가 시에는 과제의 목적, 목표 등을 종합적으로 고려한다.

	㉠	㉡	㉢
①	과제 도출	과제 선정	과제 실행
②	과제 분석	주요 과제 도출	과제 선정
③	과제 분석	과제 선정	주요 과제 도출
④	환경 분석	과제 선정	주요 과제 도출
⑤	환경 분석	주요 과제 도출	과제 선정

10 **다음은 두 고생물학자 A와 B 사이에 벌어진 가상 대화이다. 두 사람의 보고와 주장이 모두 참이라고 가정할 경우, 〈보기〉 중 거짓으로만 짝지어진 것은?**

A : 지난해 일본 북해도에서는 다양한 암모나이트 화석이 많이 발견되었고, 그 때문에 북해도는 세계적으로 유명한 암모나이트 산지로 알려지게 되었습니다. 중생대 표준화석은 여러 가지가 있지만, 그중에서도 암모나이트는 세계적으로 대표적인 표준화석입니다. 표준화석은 지층의 지질 시대를 지시하는 화석으로, 특징 있는 형태와 넓은 분포, 다량의 산출 및 한정된 지질 시대에 생존했다는 조건을 갖춘 화석을 의미합니다.

B : 그렇습니다. 암모나이트는 중생대 바다를 지배한 동물이었고, 중생대 육지에서는 공룡이 군림하였습니다. 공룡 화석은 다양한 지역에서 산출되며, 중생대에만 한정되어 생존하였습니다. 그런데 우리나라에서는 경상도 지역을 중심으로 분포된 중생대 지층에서 암모나이트 화석은 발견되지 않았고, 공룡 화석만 발견된다고 들었습니다.

A : 말씀하신 것처럼, 경상도 지역에서 표준화석인 암모나이트가 산출되고 있지 않지만 공룡 화석들은 많이 산출되고 있습니다. 그리고 지금까지는 경상도 지역의 바다 환경에서 퇴적된 중생대 지층이 확인되었다는 보고가 없습니다.

B : 저는 가까운 일본에서 암모나이트가 발견되는 것을 보면 경상도 지역에서도 분명히 암모나이트가 나올 가능성이 있다고 생각합니다. 중생대에 우리나라 바다에서 퇴적된 해성층이 있었을 가능성이 있으므로 다시 조사해야 할 필요가 있습니다.

보기

ㄱ. 우리나라 경상도 지역은 옛날 중생대 때에는 모두 육지였다.
ㄴ. 공룡 화석은 암모나이트 화석과 같은 중생대 표준화석이 아니다.
ㄷ. 우리나라에서도 암모나이트 화석이 발견될 가능성이 있다.
ㄹ. 세계적으로 중생대에는 육지와 바다가 모두 존재하였다.
ㅁ. 일본 북해도 지역에는 바다에서 퇴적된 해성층이 분포되어 있다.
ㅂ. 경상도에서 암모나이트 화석이 산출되지 않는 것을 보면, 경상도 지역에는 중생대 지층이 없다.

① ㄱ, ㄴ, ㄷ
② ㄱ, ㄴ, ㄹ
③ ㄱ, ㄴ, ㅂ
④ ㄴ, ㅁ, ㅂ
⑤ ㄷ, ㄹ, ㅂ

11 다음은 K공사 사원들의 주말 당직 일정표이다. 오전 9시부터 오후 4시까지 반드시 한 명 이상이 사무실에 당직을 서야 하며, 한 사람이 토요일과 일요일 연속하여 당직을 설 수는 없다. 또 월 2회 이상 월 최대 10시간 미만으로 당직을 서야 한다. 다음 중 당직 일정을 수정해야 하는 사람은? (단, 점심시간 12 ~ 13시는 당직 시간에서 제외한다)

〈주말 당직 일정표〉

당직일	당직자	당직일	당직자
첫째 주 토요일	유지선 9 ~ 14시 이윤미 12 ~ 16시	첫째 주 일요일	임유리 9 ~ 16시 정지수 13 ~ 16시 이준혁 10 ~ 14시
둘째 주 토요일	정지수 9 ~ 13시 이윤미 12 ~ 16시 길민성 12 ~ 15시	둘째 주 일요일	이선옥 9 ~ 12시 최기태 10 ~ 16시 김재욱 13 ~ 16시
셋째 주 토요일	최기태 9 ~ 12시 김재욱 13 ~ 16시	셋째 주 일요일	유지선 9 ~ 12시 서유진 13 ~ 16시
넷째 주 토요일	이윤미 9 ~ 13시 임유리 10 ~ 16시 서유진 9 ~ 16시	넷째 주 일요일	이선옥 9 ~ 12시 길민성 9 ~ 14시 이준혁 14 ~ 16시

① 유지선
② 임유리
③ 이준혁
④ 길민성
⑤ 서유진

12 기획팀 A사원은 6월 21일 금요일에 열릴 세미나 장소를 섭외하라는 부장님의 지시를 받았다. 세미나에 참여할 인원은 총 17명이며, 모든 인원이 앉을 수 있는 테이블과 의자, 발표에 사용할 빔프로젝터 1개가 필요하다. A사원은 모든 회의실의 잔여상황을 살펴보고 가장 적합한 대회의실을 선택하였고, 필요한 비품은 회의실과 창고에서 확보한 후 부족한 물건을 주문하였다. 주문한 비품이 도착한 후 물건을 확인했지만 수량을 착각해 빠트린 것이 있었다. 다시 주문해야 한다고 할 때, A사원이 주문할 물품 목록은?

〈회의실별 비품현황〉

구분	대회의실	1회의실	2회의실	3회의실	4회의실
테이블(2인용)	4	1	2	–	–
의자	9	2	–	–	4
빔프로젝터	–	–	–	–	–
화이트보드	–	–	–	–	–
보드마카	2	3	1	–	2

〈창고 내 비품보유현황〉

구분	테이블(2인용)	의자	빔프로젝터	화이트보드	보드마카
창고	–	2	1	5	2

〈1차 주문서〉

2024년 6월 12일

1. 테이블 4개
2. 의자 1개
3. 화이트보드 1개
4. 보드마카 2개

① 빔프로젝터 : 1개, 의자 : 3개

② 빔프로젝터 : 1개, 테이블 : 1개

③ 테이블 : 1개, 의자 : 5개

④ 테이블 : 9개, 의자 : 6개

⑤ 테이블 : 9개, 의자 : 3개

13 A씨의 업무시간은 09:00부터 18:00까지이다. 점심시간 1시간을 제외한 하루 일과 중 8분의 1은 주간업무계획을 수립하였고, 5분의 2는 프로젝트 회의를 진행하였다. 그리고 3분의 1은 거래처에 방문하였다. 이 모든 업무를 마무리하고 남은 시간동안 시장 조사를 하려고 한다. A씨가 시장조사를 하는 데 쓸 수 있는 시간은?

① 1시간
② 1시간 8분
③ 1시간 15분
④ 1시간 26분
⑤ 1시간 30분

14 다음 빈칸에 들어갈 말로 가장 적절한 것은?

> K회사에 근무 중인 S씨는 물품을 효과적으로 관리하기 위해 ________의 원칙에 따라 안 쓰는 이면지를 서랍 하단에 별도로 모아두고 있다.

① 동일성
② 유사성
③ 구분성
④ 명료성
⑤ 변별성

15 예산을 직접비용과 간접비용으로 구분한다고 할 때, 다음 〈보기〉를 직접비용과 간접비용에 해당하는 내용으로 바르게 구분한 것은?

> 보기
>
> ㉠ 재료비
> ㉡ 원료와 장비 구입비
> ㉢ 광고비
> ㉣ 보험료
> ㉤ 인건비
> ㉥ 출장비

	직접비용	간접비용
①	㉠, ㉡, ㉤	㉢, ㉣, ㉥
②	㉠, ㉡, ㉥	㉢, ㉣, ㉤
③	㉠, ㉡, ㉢, ㉣	㉤, ㉥
④	㉠, ㉡, ㉣, ㉥	㉢, ㉤
⑤	㉠, ㉡, ㉤, ㉥	㉢, ㉣

16 **다음은 조직의 정의를 나타내는 글이다. 이를 보고 알 수 있는 조직의 사례로 적절하지 않은 것은?**

> 조직은 두 사람 이상이 공동의 목표를 달성하기 위해 의식적으로 구성된 상호작용과 조정을 행하는 행동의 집합체이다. 그러나 단순히 사람들이 모였다고 해서 조직이라고 하지는 않는다. 조직은 목적을 가지고 있고, 구조가 있으며, 목적을 달성하기 위해 구성원들은 서로 협동적인 노력을 하고, 외부 환경과도 긴밀한 관계를 가지고 있다. 조직은 일반적으로 재화나 서비스의 생산이라는 경제적 기능과 조직구성원들에게 만족감을 주고 협동을 지속시키는 사회적 기능을 갖는다.

① 병원에서 일하고 있는 의사와 간호사
② 유기견을 구조하고 보호하는 시민단체
③ 백화점에 모여 있는 직원과 고객
④ 편의점을 운영 중인 가족
⑤ 다문화 가정을 돕고 있는 종교단체

17 **K사 관리팀에 근무하는 B팀장은 최근 부하직원 A대리 때문에 고민 중이다. B팀장이 보기에 A대리의 업무 방법은 업무의 성과를 내기에 부적절해 보이지만, 자존감이 강하고 자기결정권을 중시하는 A대리는 자기 자신이 스스로 잘하고 있다고 생각하며 B팀장의 조언이나 충고에 대해 반발심을 표현하고 있기 때문이다. 이와 같은 상황에서 B팀장이 A대리에게 할 수 있는 가장 효과적인 코칭 방법은?**

① 징계를 통해 B팀장의 조언을 듣도록 유도한다.
② 대화를 통해 스스로 자신의 잘못을 인식하도록 유도한다.
③ A대리에 대한 칭찬을 통해 업무 성과를 극대화시킨다.
④ A대리를 더 강하게 질책하여 업무 방법을 개선시키도록 한다.
⑤ 스스로 업무방법을 고칠 때까지 믿어 주고 기다려 준다.

18 귀하는 K중소기획의 영업팀에 채용돼 일주일간의 신입사원 교육을 마친 뒤, 오늘부터 본격적인 업무를 시작하게 되었다. 영업팀 팀장은 첫 출근한 귀하를 자리로 불러 "다른 팀장들에게 인사하기 전에, 인사기록카드를 작성해서 관련 팀에 제출하도록 하세요. 그리고 우리 팀 비품 신청 건이 어떻게 처리되고 있는지도 좀 부탁해요."라고 지시했다. 팀장의 지시를 모두 처리하기 위한 귀하의 행동으로 적절한 것은?

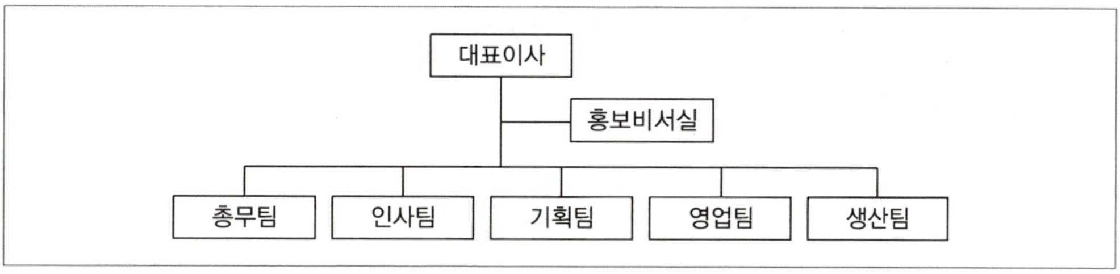

① 비서실에 가서 인사기록카드를 제출하고, 영업팀 비품 신청 상황을 묻는다.
② 인사팀에 가서 인사기록카드를 제출하고, 영업팀 비품 신청 상황을 묻는다.
③ 기획팀에 가서 인사기록카드를 제출하고, 영업팀 비품 신청 상황을 묻는다.
④ 인사팀에 가서 인사기록카드를 제출하고, 총무팀에 가서 영업팀 비품 신청 상황을 묻는다.
⑤ 생산팀에 가서 인사기록카드를 제출하고, 총무팀에 가서 영업팀 비품 신청 상황을 묻는다.

19 다음 중 조직 구조의 결정요인에 대한 설명으로 옳지 않은 것은?

① 급변하는 환경하에서는 유기적 조직보다 원칙이 확립된 기계적 조직이 더 적합하다.
② 대규모 조직은 소규모 조직에 비해 업무의 전문화 정도가 높다.
③ 조직 구조의 주요 결정요인은 전략, 규모, 기술, 환경으로 4가지이다.
④ 조직 활동의 결과에 대한 만족은 조직의 문화적 특성에 따라 상이하다.
⑤ 일반적으로 소량생산기술을 가진 조직은 유기적 조직 구조를, 대량생산기술을 가진 조직은 기계적 조직 구조를 가진다.

20 **다음 〈보기〉 중 경영참가제도에 대한 설명으로 옳은 것을 모두 고르면?**

보기

ㄱ. 근로자의 경영참여로 의사결정의 합리성이 저하되기도 한다.
ㄴ. 근로자 측 대표가 조합원의 권익을 지속적으로 보장할 수 있을지 불투명하다.
ㄷ. 노동조합의 단체교섭 기능이 약화될 가능성이 있다.
ㄹ. 경영참가제도는 경영자의 경영권을 강화한다.

① ㄱ, ㄷ
② ㄴ, ㄹ
③ ㄷ, ㄹ
④ ㄱ, ㄴ, ㄷ
⑤ ㄴ, ㄷ, ㄹ

21 **다음은 I공사 총무부에 근무하는 C부장과 I공사에 사무용품을 납품하는 협력업체 J사장의 대화이다. 거래처 관리를 위한 C부장의 업무처리 방식으로 가장 적절한 것은?**

J사장 : 부장님, 이번 달 사무용품 주문량이 급격히 감소하여 궁금해 찾아왔습니다. 우리 회사 물품에 무슨 문제라도 있습니까?
C부장 : 사장님께서 지난 7년 동안 계속 납품해 주고 계시는 것에 저희는 정말 만족하고 있습니다. 그런데 아시다시피 요즘 들어 경기가 침체되어 저희 내부에서도 비용절약 운동을 하고 있어요. 그래서 개인 책상과 서랍 정리를 통해 사용 가능한 종이와 펜들이 많이 수거되었습니다. 아마 이런 이유 때문이 아닐까요?
J사장 : 아, 그렇군요. 그런데 얼마 전 저희에게 주문하시던 종이 가방을 다른 업체에서도 견적서를 받으신 것을 우연히 알게 되었습니다. 저희 종이 가방에 어떤 하자가 있었나요?
C부장 : 아, 그러셨군요. 사실 회사의 임원께서 종이 가방의 비용이 많이 든다는 지적을 하셨습니다. 그래서 가격 비교 차원에서 다른 업체의 견적서를 받아 본 것입니다.

① 거래할 때마다 다른 거래처와 거래를 함으로써 여러 거래처를 아는 것이 좋다.
② 오래된 거래업체라고 해도 가끔 상호관계와 서비스에 대해 교차점검을 하는 것이 좋다.
③ 사내 임원이나 동료의 추천으로 거래처를 소개받았을 경우에는 기존의 거래처에서 변경하는 것이 좋다.
④ 일단 선정된 업체는 될 수 있는 대로 변경하지 않고 동일한 조건으로 계속 거래를 유지하는 것이 가장 바람직하다.
⑤ 유사 서비스를 제공하는 업체는 많으므로 늘 가격 비교 및 서비스 비교를 통해 업체를 자주 변경하는 것이 유리하다.

22 다음 글에 나타난 상황에서 C사원이 A사원에게 해줄 수 있는 조언으로 적절하지 않은 것은?

> I공사에 근무하는 A사원은 최근 자신의 상사인 B대리 때문에 스트레스를 받고 있다. A사원이 공들여 작성한 기획서를 제출하면 B대리가 중간에서 매번 퇴짜를 놓기 때문이다. 이와 동시에 A사원은 자신에 대한 B대리의 감정이 좋지 않은 것 같아 마음이 더 불편하다. A사원이 직장 동료인 C사원에게 이러한 어려움을 토로했다.

① 무엇보다 관계 갈등의 원인을 찾는 것이 중요해.
② B대리님의 입장을 충분히 고려해볼 필요가 있어.
③ B대리님과 마음을 열고 대화해보는 것은 어때?
④ 걱정되더라도 갈등 해결을 위해 피하지 말고 맞서야 해.
⑤ B대리님과 누가 옳고 그른지 확실히 논쟁해볼 필요가 있어.

PART 2

23 다음 중 '고객만족관리'의 필요성에 대한 설명으로 적절하지 않은 것은?

① 고객만족은 기업의 단골 증대로 이어지며 공생의 개념과 관계가 있다.
② 경제성장으로 인해 고객의 욕구는 더욱 진화하였으며, 기대수준 또한 높아졌다.
③ 기업의 제품이나 서비스에 대해 만족한 고객의 구전이 신규고객의 창출로 이어진다.
④ 기업의 제품이나 서비스의 불만족은 고객이탈로 이어지지 않으나 기업 이미지에 큰 영향을 미친다.
⑤ 불만족 고객의 대부분은 회사가 적극적인 자세로 신속하게 해결해 줄 경우 재거래율이 높아진다.

※ 다음 글을 읽고 이어지는 질문에 답하시오. [24~25]

나는 ○○산업에 입사한 지 석 달 정도 된 신입사원 A이다. 우리 팀에는 타 팀원들과 교류가 거의 없는 선임이 한 명 있다. 다른 상사나 주변 동료들이 그 선임에 대해 주로 좋지 않은 이야기들을 많이 한다. 나는 그냥 그런 사람인가보다 하고는 특별히 그 선임과 가까워지려는 노력을 하지 않았다.
그러던 어느 날 그 선임과 함께 일을 할 기회가 생겼다. 사실 주변에서 들어온 이야기들 때문에 같이 일을 하는 것이 싫었지만 입사 석 달차인 내가 그 일을 거절할 수는 없었다. 그런데 일을 하면서 대화를 나누게 된 선임은 내가 생각했던 사람과는 너무나 달랐다. 그 선임은 주어진 일도 정확하게 처리했고, 마감기한도 철저히 지켰다. 그리고 내가 어려워하는 듯한 모습을 보이면 무엇이 문제인지 지켜보다가 조용히 조언을 해주었다. 그 이후로 나는 그 선임에게 적극적으로 다가갔고 이전보다 훨씬 가까운 사이가 되었다.
오늘은 팀 전체 주간회의가 있었던 날이었다. 회의가 끝난 후 동료들 몇 명이 나를 불렀다. 그리고는 그 선임과 가깝게 지내지 않는 것이 좋을 것이라고 일러주며, 주변에서 나를 이상하게 보는 사람들이 생기기 시작했다는 말도 들려주었다. 내가 경험한 그 선임은 그렇게 나쁜 사람이 아니었는데, 주변 사람들은 내가 그 선임과 함께 어울리는 것을 바라지 않는 눈치였다. 나는 이런 상황이 한 개인의 문제로 끝나는 것이 아니라 우리 팀에도 그다지 좋지 않은 영향을 미칠 것이라는 생각이 들었다.

24 다음 중 신입사원 A가 선임과 가까워지게 된 핵심적인 계기는 무엇인가?

① 상대방에 대한 이해
② 사소한 일에 대한 관심
③ 진지한 사과
④ 언행일치
⑤ 칭찬하고 감사하는 마음

25 다음 중 신입사원 A가 지금의 상황이 팀의 효과성을 창출하는 데에 좋지 않은 영향을 미칠 수 있다고 판단하게 된 근거는 무엇인가?

① 팀원들이 일의 결과에는 초점을 맞추지 않고 과정에만 초점을 맞추는 모습을 보였기 때문에
② 팀 내 규약이나 방침이 명확하지 않으며, 일의 프로세스도 조직화되어 있지 않기 때문에
③ 개방적으로 의사소통하거나 의견 불일치를 건설적으로 해결하려는 모습을 보이지 않기 때문에
④ 팀이 더 효과적으로 기능할 수 있도록 팀의 운영 방식을 점검하려는 모습을 보이지 않기 때문에
⑤ 팀의 리더의 역할이 부족한 상황에서 리더가 역량을 공유하고 구성원 상호 간에 지원을 아끼지 않는 상황을 만들려고 하지 않기 때문에

26 화창한 어느 날 낮에 3%의 설탕물 400g이 들어있는 컵을 창가에 놓아두었다. 저녁에 살펴보니 물이 증발하여 농도가 5%가 되었다. 남아있는 물의 양은 몇 g인가?

① 220g
② 230g
③ 240g
④ 250g
⑤ 260g

27 고등학생들을 대상으로 가장 좋아하는 색깔을 조사하니 빨간색, 파란색, 검은색이 차지하는 비율이 2 : 3 : 5라면, 학생 2명을 임의로 선택할 때 좋아하는 색이 다를 확률은?(단, 조사 인원은 충분히 많다)

① $\frac{27}{50}$
② $\frac{29}{50}$
③ $\frac{31}{50}$
④ $\frac{33}{50}$
⑤ $\frac{32}{45}$

28 다음은 K공장에서 근무하는 근로자들의 임금수준 분포를 나타낸 자료이다. 근로자 전체에게 지급된 임금(월 급여)의 총액이 2억 원일 때, 〈보기〉 중 옳은 것을 모두 고르면?

〈공장 근로자의 임금수준 분포〉

임금수준(만 원)	근로자 수(명)
월 300 이상	4
월 270 이상 300 미만	8
월 240 이상 270 미만	12
월 210 이상 240 미만	26
월 180 이상 210 미만	30
월 150 이상 180 미만	6
월 150 미만	4
합계	90

보기

㉠ 근로자당 평균 월 급여액은 230만 원 이하이다.
㉡ 절반 이상의 근로자들이 월 210만 원 이상의 급여를 받고 있다.
㉢ 월 180만 원 미만의 급여를 받는 근로자의 비율은 약 14%이다.
㉣ 적어도 15명 이상의 근로자가 월 250만 원 이상의 급여를 받고 있다.

① ㉠
② ㉠, ㉡
③ ㉠, ㉡, ㉣
④ ㉡, ㉢, ㉣
⑤ ㉠, ㉡, ㉢, ㉣

※ 다음과 같이 일정한 규칙으로 수를 나열할 때, 빈칸에 들어갈 수를 고르시오. [29~30]

29

4 4 8 24 96 ( )

① 400
② 420
③ 440
④ 460
⑤ 480

30

2 5 2 ( ) 9 6 18

① 3
② 4
③ 5
④ 6
⑤ 7

제2회
최종점검 모의고사

※ 한국산업안전보건공단 최종점검 모의고사는 채용공고와 후기를 기준으로 구성한 것으로 실제 시험과 다를 수 있습니다.

■ 취약영역 분석

번호	O/×	영역	번호	O/×	영역	번호	O/×	영역
1		의사소통능력	11		자원관리능력	21		대인관계능력
2			12			22		
3			13			23		
4			14			24		
5			15			25		
6		문제해결능력	16		조직이해능력	26		수리능력
7			17			27		
8			18			28		
9			19			29		
10			20			30		

평가문항	30문항	평가시간	30분
시작시간	:	종료시간	:
취약영역			

제 2 회

최종점검 모의고사

응시시간 : 30분 문항 수 : 30문항

모바일 OMR

정답 및 해설 p.048

01 다음 중 빈칸에 들어갈 말을 바르게 연결한 것은?

> 경청이란 다른 사람의 말을 주의 깊게 들으며, ___㉠___하는 능력이다. 경청은 대화의 과정에서 당신에 대한 ___㉡___을/를 쌓을 수 있는 최고의 방법이다. 우리가 경청하면 상대는 본능적으로 안도감을 느낀다. 그리고 우리가 말을 할 경우, 자신도 모르게 더 ___㉢___하게 된다. 이런 심리적 효과로 인해 우리의 말과 메시지, 감정은 아주 효과적으로 상대에게 전달된다.

	㉠	㉡	㉢
①	설득	인정	의지
②	설득	신뢰	의지
③	공감	신뢰	집중
④	공감	친분	집중
⑤	공감	친분	의지

02 의사 표현의 종류는 상황에 따라 공식적 말하기, 의례적 말하기, 친교적 말하기로 구분할 수 있다. 다음 〈보기〉에서 공식적 말하기에 해당하는 것을 모두 고르면?

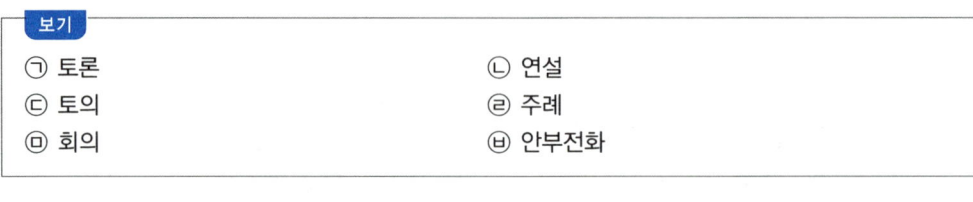

> 보기
>
> ㉠ 토론　　㉡ 연설
> ㉢ 토의　　㉣ 주례
> ㉤ 회의　　㉥ 안부전화

① ㉠, ㉡　　② ㉠, ㉢
③ ㉠, ㉡, ㉢　　④ ㉠, ㉣, ㉥
⑤ ㉡, ㉢, ㉤

03 다음 제시된 문단을 읽고, 이어질 문단을 논리적 순서대로 바르게 나열한 것은?

> 오늘날과 달리 과거에는 마을에서 일어난 일들을 '원님'이 조사하고 그에 따라서 자의적으로 판단하여 형벌을 내렸다. 현대에서 법에 의하지 않고 재판행위자의 입장에서 이루어진다고 생각되는 재판을 비판하는 '원님재판'이라는 용어의 원류이다.

> (가) 죄형법정주의는 앞서 말한 '원님재판'을 법적으로 일컫는 죄형전단주의와 대립되는데, 범죄와 형벌을 미리 규정하여야 한다는 것으로서, 서구에서 권력자의 가혹하고 자의적인 법 해석에 따른 반발로 등장한 것이다.
> (나) 앞서 살펴본 죄형법정주의가 정립되면서 파생원칙 또한 등장하였는데, 관습형법금지의 원칙, 명확성의 원칙, 유추해석금지의 원칙, 소급효금지의 원칙, 적정성의 원칙 등이 있다. 이러한 파생원칙들은 모두 죄와 형벌은 미리 설정된 법에 근거하여 정확하게 내려져야 한다는 죄형법정주의의 원칙과 연관하여 쉽게 이해될 수 있다.
> (다) 그러나 현대에서 '원님재판'은 이루어질 수 없다. 형사법의 영역에 논의를 한정하여 보자면, 형사법을 전반적으로 지배하고 있는 대원칙은 형법 제1조에 규정되어 있는 소위 '죄형법정주의'이다.
> (라) 그 반발은 프랑스 혁명의 결과물인 '인간 및 시민의 권리선언' 제8조에서 '누구든지 범죄 이전에 제정·공포되고 또한 적법하게 적용된 법률에 의하지 아니하고는 처벌되지 아니한다.'라고 하여 실질화되었다.

① (가) – (다) – (나) – (라)
② (가) – (다) – (라) – (나)
③ (다) – (가) – (나) – (라)
④ (다) – (가) – (라) – (나)
⑤ (다) – (라) – (가) – (나)

04 다음 글의 제목으로 적절한 것은?

> 구비문학에서는 기록문학과 같은 의미의 단일한 작품 또는 원본이라는 개념이 성립하기 어렵다. 윤선도의 「어부사시사」와 채만식의 『태평천하』는 엄밀하게 검증된 텍스트를 놓고 이것이 바로 그 작품이라 할 수 있지만, '오누이 장사 힘내기' 전설이라든가 '진주 낭군' 같은 민요는 서로 조금씩 다른 구연물이 다 그 나름의 개별적 작품이면서 동일 작품의 변이형으로 인정되기도 하는 것이다. 이야기꾼은 그의 개인적 취향이나 형편에 따라 설화의 어떤 내용을 좀 더 실감 나게 손질하여 구연할 수 있으며, 때로는 그 일부를 생략 혹은 변경할 수 있다. 모내기할 때 부르는 '모노래'는 전승적 가사를 많이 이용하지만, 선창자의 재간과 그때그때의 분위기에 따라 새로운 노래 토막을 끼워 넣거나 일부를 즉흥적으로 개작 또는 창작하는 일도 흔하다.

① 구비문학의 현장성
② 구비문학의 유동성
③ 구비문학의 전승성
④ 구비문학의 구연성
⑤ 구비문학의 사실성

05 **다음 글의 빈칸에 들어갈 문장을 〈보기〉에서 찾아 순서대로 바르게 나열한 것은?**

> 한 조사 기관에 따르면, 해마다 척추 질환으로 병원을 찾는 청소년들이 연평균 5만 명에 이르며 그 수가 지속적으로 증가하고 있다. 청소년의 척추 질환은 성장을 저해하고 학업의 효율성을 저하시킬 수 있다. ____(가)____ 따라서 청소년 척추 질환의 원인을 알고 예방하기 위한 노력이 필요하다. 전문가들은 앉은 자세에서 척추에 가해지는 하중이 서 있는 자세에 비해 1.4배 정도 크기 때문에 책상 앞에 오래 앉아 있는 청소년들의 경우, 척추 건강에 적신호가 켜질 가능성이 매우 높다고 말한다. 또한 전문가들은 청소년들의 운동 부족도 청소년 척추 질환의 원인이라고 강조한다. 척추 건강을 위해서는 기립근과 장요근 등을 강화하는 근력 운동이 필요하다. 그런데 실제로 질병관리본부의 조사에 따르면, 청소년들 가운데 주 3일 이상 근력 운동을 하고 있다고 응답한 비율은 남성이 약 33%, 여성이 약 9% 정도밖에 되지 않았다.
>
> 청소년들이 생활 속에서 비교적 쉽게 척추 질환을 예방할 수 있는 방법은 무엇일까? 첫째, 바른 자세로 책상 앞에 앉아 있는 습관을 들여야 한다. ____(나)____ 또한 책을 보기 위해 고개를 아래로 많이 숙이는 행동은 목뼈가 받는 부담을 크게 늘려 척추 질환을 유발하므로 책상 높이를 조절하여 목과 허리를 펴고 반듯하게 앉아 책을 보는 것이 좋다. 둘째, 틈틈이 척추 근육을 강화하는 운동을 해 준다. ____(다)____
>
> 그리고 발을 어깨보다 약간 넓게 벌리고 서서 양손을 허리에 대고 상체를 서서히 뒤로 젖혀 준다. 이러한 동작들은 척추를 지지하는 근육과 인대를 강화시켜 척추가 휘어지거나 구부러지는 것을 막아 준다. 따라서 이런 운동은 척추 건강을 위해 반드시 필요하다.

보기

㉠ 허리를 곧게 펴고 앉아 어깨를 뒤로 젖히고 고개를 들어 하늘을 본다.
㉡ 그렇기 때문에 적절한 대응 방안이 마련되지 않으면 문제가 더욱 심각해질 것이다.
㉢ 의자에 앉아 있을 때는 엉덩이를 의자 끝까지 밀어 넣고, 등받이에 반듯하게 상체를 기대 척추를 꼿꼿하게 유지해야 한다.

	(가)	(나)	(다)
①	㉡	㉠	㉢
②	㉡	㉢	㉠
③	㉢	㉠	㉡
④	㉢	㉡	㉠
⑤	㉠	㉡	㉢

06 K무역회사에 지원하여 최종 면접을 앞둔 S씨는 성공적인 PT 면접을 위해 회사에 대한 정보를 파악하고 그에 따른 효과적인 전략을 알아보고자 한다. S씨가 분석한 K무역회사에 대한 SWOT 결과가 다음과 같을 때, 분석 결과에 대응하는 전략과 그 내용의 연결이 적절하지 않은 것은?

〈K무역회사에 대한 SWOT 분석 결과〉

강점(Strength)	약점(Weakness)
• 우수한 역량의 인적자원 보유 • 글로벌 네트워크 보유 • 축적된 풍부한 거래 실적	• 고객 니즈 대응에 필요한 특정 분야별 전문성 미흡 • 신흥 시장 진출 증가에 따른 경영 리스크
기회(Opportunity)	**위협(Threat)**
• 융·복합화를 통한 정부의 일자리 창출 사업 • 해외 사업을 위한 협업 수요 확대 • 수요자 맞춤식 서비스 요구 증대	• 타사와의 경쟁 심화 • 정부의 예산 지원 감소 • 무역시장에 대한 일부 부정적 인식 존재

① SO전략 : 우수한 인적자원을 활용한 무역 융·복합 사업 추진
② WO전략 : 분야별 전문 인력 충원을 통한 고객 맞춤형 서비스 제공 확대
③ ST전략 : 글로벌 네트워크를 통한 해외 시장 진출
④ ST전략 : 풍부한 거래 실적을 바탕으로 시장에서의 경쟁력 확보
⑤ WT전략 : 리스크 관리를 통한 안정적 재무역량 확충

07 다음은 독감의 변인 3가지에 대한 실험을 한 후 작성된 보고서이다. 다음과 같은 변인 3가지 외에 다른 변인은 없다고 했을 때, 〈보기〉 중 옳은 것을 모두 고르면?

선택 1. 수분섭취를 잘하였고, 영양섭취와 예방접종은 하지 않았는데 독감에 걸리지 않았다.
선택 2. 수분섭취는 하지 않았고, 영양섭취와 예방접종은 하였는데 독감에 걸리지 않았다.
선택 3. 영양섭취와 예방접종, 수분섭취를 모두 하였는데 독감에 걸리지 않았다.
선택 4. 영양섭취는 하였고, 예방접종을 하지 않았으며, 수분섭취는 하였는데 독감에 걸렸다.

보기

ㄱ. 선택 1, 2를 비교해 보았을 때, 수분섭취를 하지 않아 독감에 걸렸을 것으로 추정된다.
ㄴ. 선택 1, 4를 비교해 보았을 때, 영양섭취를 하지 않아 독감에 걸리지 않았을 것으로 추정된다.
ㄷ. 선택 2, 4를 비교해 보았을 때, 예방접종을 하여 독감에 걸렸을 것으로 추정된다.
ㄹ. 선택 3, 4를 비교해 보았을 때, 예방접종을 하면 독감에 걸리지 않는 것으로 추정된다.

① ㄱ
② ㄴ, ㄷ
③ ㄴ, ㄹ
④ ㄷ, ㄹ
⑤ ㄱ, ㄴ, ㄹ

※ 다음은 보조배터리를 생산하는 K사의 시리얼 넘버에 대한 자료이다. 이어지는 질문에 답하시오. **[8~9]**

〈시리얼 넘버 부여 방식〉

시리얼 넘버는 [제품 분류]–[배터리 형태][배터리 용량][최대 출력]–[고속충전 규격]–[생산 날짜] 순서로 부여한다.

〈시리얼 넘버 세부사항〉

제품 분류	배터리 형태	배터리 용량	최대 출력
NBP : 일반형 보조배터리 CBP : 케이스 보조배터리 PBP : 설치형 보조배터리	LC : 유선 분리형 LO : 유선 일체형 DK : 도킹형 WL : 무선형 LW : 유선+무선	4 : 40,000mAH 이상 3 : 30,000mAH 이상 2 : 20,000mAH 이상 1 : 10,000mAH 이상	A : 100W 이상 B : 60W 이상 C : 30W 이상 D : 20W 이상 E : 10W 이상
고속충전 규격	**생산 날짜**		
P31 : USB–PD3.1 P30 : USB–PD3.0 P20 : USB–PD2.0	B3 : 2023년 B2 : 2022년 … A1 : 2011년	1 : 1월 2 : 2월 … 0 : 10월 A : 11월 B : 12월	01 : 1일 02 : 2일 … 30 : 30일 31 : 31일

08 다음 〈보기〉 중 시리얼 넘버가 잘못 부여된 제품은 모두 몇 개인가?

보기

- NBP–LC4A–P20–B2102
- CBP–WK4A–P31–B0803
- NBP–LC3B–P31–B3230
- CNP–LW4E–P20–A7A29
- PBP–WL3D–P31–B0515
- CBP–LO3E–P30–A9002
- PBP–DK1E–P21–A8B12
- PBP–DK2D–P30–B0331
- NBP–LO3B–P31–B2203
- CBP–LC4A–P31–B3104

① 2개
② 3개
③ 4개
④ 5개
⑤ 6개

09 K사 고객지원부서에 재직중인 S주임은 보조배터리를 구매한 고객으로부터 다음과 같이 전화를 받았다. 해당 제품을 회사 데이터베이스에서 검색하기 위해 시리얼 넘버를 입력할 때, 고객 제품의 시리얼 넘버로 옳은 것은?

S주임 : 안녕하세요. K사 고객지원팀 S입니다. 무엇을 도와드릴까요?
고객 : 안녕하세요. 지난번에 구매한 보조배터리가 작동을 하지 않아서요.
S주임 : 네, 고객님. 해당 제품 확인을 위해 시리얼 넘버를 알려 주시기 바랍니다.
고객 : 제품을 들고 다니면서 시리얼 넘버가 적혀 있는 부분이 지워졌네요. 어떻게 하면 되죠?
S주임 : 고객님 혹시 구매 하셨을때 동봉된 제품설명서 가지고 계실까요?
고객 : 네, 가지고 있어요.
S주임 : 제품설명서 맨 뒤에 제품정보가 적혀 있는데요. 순서대로 불러 주시기 바랍니다.
고객 : 설치형 보조배터리에 70W, 24,000mAH의 도킹형 배터리이고, 규격은 USB-PD3.0이고, 생산 날짜는 2022년 10월 12일이네요.
S주임 : 확인 감사합니다. 고객님 잠시만 기다려 주세요.

① PBP-DK2B-P30-B1012
② PBP-DK2B-P30-B2012
③ PBP-DK3B-P30-B1012
④ PBP-DK3B-P30-B2012
⑤ PBP-DK3B-P30-B3012

10 다음 〈조건〉에 따라 교육부, 행정안전부, 보건복지부, 농림축산식품부, 외교부 및 국방부에 대한 국정감사 순서를 정한다고 할 때, 항상 옳은 것은?

조건

- 행정안전부에 대한 감사는 농림축산식품부와 외교부에 대한 감사 사이에 한다.
- 국방부에 대한 감사는 보건복지부나 농림축산식품부에 대한 감사보다 늦게 시작되지만, 외교부에 대한 감사보다 먼저 시작한다.
- 교육부에 대한 감사는 아무리 늦어도 보건복지부 또는 농림축산식품부 중 적어도 어느 한 부서에 대한 감사보다는 먼저 시작되어야 한다.
- 보건복지부는 농림축산식품부보다 먼저 감사를 시작한다.

① 교육부는 첫 번째 또는 두 번째에 감사를 시작한다.
② 보건복지부는 두 번째로 감사를 시작한다.
③ 농림축산식품부보다 늦게 감사를 받는 부서의 수가 일찍 받는 부서의 수보다 적다.
④ 국방부는 행정안전부보다 감사를 일찍 시작한다.
⑤ 외교부보다 늦게 감사를 받는 부서가 있다.

11 K공사는 현재 신입사원을 채용하고 있다. 서류전형과 면접전형을 마치고 다음의 평가지표 결과를 얻었다. K공사는 평가지표별 가중치를 이용하여 각 지원자의 최종 점수를 계산하고, 점수가 가장 높은 두 지원자를 채용하려고 한다. 이때, K공사가 채용할 두 지원자는?

〈지원자별 평가지표 결과〉

(단위 : 점)

구분	면접 점수	영어 실력	팀내 친화력	직무 적합도	발전 가능성	비고
A지원자	3	3	5	4	4	군필자
B지원자	5	5	2	3	4	군필자
C지원자	5	3	3	3	5	–
D지원자	4	3	3	5	4	군필자
E지원자	4	4	2	5	5	군 면제자

※ 군필자(만기제대)에게는 5점의 가산점을 부여한다.

〈평가지표별 가중치〉

구분	면접 점수	영어 실력	팀내 친화력	직무 적합도	발전 가능성
가중치	3	3	5	4	5

※ 가중치는 해당 평가지표 결과 점수에 곱한다.

① A, D지원자
② B, C지원자
③ B, E지원자
④ C, D지원자
⑤ D, E지원자

12 물적 자원은 크게 자연자원과 인공자원으로 나누어 볼 수 있다. 다음 〈보기〉의 물적 자원을 자연자원과 인공자원으로 바르게 분류한 것은?

보기	
㉠ 석탄	㉡ 햇빛
㉢ 구리	㉣ 댐
㉤ 인공위성	㉥ 컴퓨터
㉦ 철광석	㉧ 나무

	자연자원	인공자원
①	㉠, ㉢, ㉧	㉡, ㉣, ㉤, ㉥, ㉦
②	㉠, ㉡, ㉢, ㉧	㉣, ㉤, ㉥, ㉦
③	㉠, ㉢, ㉦, ㉧	㉡, ㉣, ㉤, ㉥
④	㉠, ㉡, ㉢, ㉦, ㉧	㉣, ㉤, ㉥
⑤	㉠, ㉢, ㉣, ㉦, ㉧	㉡, ㉤, ㉥

13 다음 사례에 나타난 A씨의 자원 낭비요인은 무엇인가?

> A씨는 요즘 밤 늦게까지 게임을 하느라 잠이 부족하다. 어젯밤에도 다음날 오전에 친구와 약속이 있다는 것을 알면서도 새벽까지 게임을 하느라 아침이 다 되어 잠이 들었다. 알람이 울려 잠시 눈을 떴지만, 잠을 더 자야겠다는 생각에 알람을 끄고 다시 눈을 감았다. 결국 해가 중천에 뜨고 나서야 일어난 A씨는 잔뜩 화가 난 친구의 문자를 확인하고 친구에게 전화를 걸었지만, 친구는 전화를 받지 않았다.

① 비계획적 행동
② 편리성 추구
③ 자원에 대한 인식 부재
④ 노하우 부족
⑤ 잘못된 가치 판단

14 K기업은 영농철을 맞아 하루 동안 B마을의 농촌일손돕기 봉사활동을 펼친다. 1 ~ 3팀이 팀별로 점심시간을 제외하고 2시간씩 번갈아가면서 모내기 작업을 도울 예정이다. 봉사활동을 펼칠 하루 스케줄이 다음과 같을 때, 2팀이 일손을 도울 가장 적절한 시간대는?(단, 팀별로 시간은 겹칠 수 없으며 2시간 연속으로 일한다)

〈팀별 스케줄〉

시간	팀별 스케줄		
	1팀	2팀	3팀
09:00 ~ 10:00	상품기획 회의		시장조사
10:00 ~ 11:00			
11:00 ~ 12:00			비품 요청
12:00 ~ 13:00	점심시간	점심시간	점심시간
13:00 ~ 14:00			사무실 청소
14:00 ~ 15:00	업무지원	상품기획 회의	
15:00 ~ 16:00			
16:00 ~ 17:00	경력직 면접		마케팅 전략 회의
17:00 ~ 18:00			

① 10:00 ~ 12:00
② 11:00 ~ 13:00
③ 13:00 ~ 15:00
④ 15:00 ~ 17:00
⑤ 16:00 ~ 18:00

15 K건설이 다음 〈조건〉에 따라 자재를 구매하려고 할 때, (가)안과 (나)안의 비용 차이는?

〈방안별 소요량·구매량 및 단가〉

(단위 : 개)

구분	(가)안		(나)안	
	3분기	4분기	3분기	4분기
분기별 소요량	30	50	30	50
분기별 구매량	40	40	60	20
자재구매단가	7,000원	10,000원	7,000원	10,000원

조건

- 2분기 동안 80개의 자재를 구매한다.
- 자재의 분기당 재고 관리비는 개당 1,000원이다.
- 자재는 묶음 단위로만 구매할 수 있고, 한 묶음은 20개이다.

① 1만 원
② 2만 원
③ 3만 원
④ 4만 원
⑤ 5만 원

16 다음 밑줄 친 ㉠, ㉡에 대한 설명으로 옳은 것은?

조직 구조는 조직마다 다양하게 이루어지며, 조직목표의 효과적 달성에 영향을 미친다. 조직 구조에 대한 많은 연구를 통해 조직 구조에 영향을 미치는 요인으로는 조직의 전략, 규모, 기술, 환경 등이 있음이 확인되었다. 이에 따라 ㉠ 기계적 조직 혹은 ㉡ 유기적 조직으로 설계된다.

① ㉠은 의사결정 권한이 조직의 하부 구성원들에게 많이 위임되어 있다.
② ㉡은 상하 간의 의사소통이 공식적인 경로를 통해 이루어진다.
③ ㉠은 규제나 통제의 정도가 낮아, 의사소통 결정이 쉽게 변할 수 있다.
④ ㉡은 구성원들의 업무가 분명하게 정의된다.
⑤ 안정적이고 확실한 환경에서는 ㉠이, 급변하는 환경에서는 ㉡이 적합하다.

※ 다음 글을 읽고 이어지는 질문에 답하시오. **[17~18]**

오토바이용 헬멧 제조업체인 K사는 국내 시장의 한계를 느끼고 미국 시장에 진출해 안전과 가격, 디자인 면에서 호평을 받으며 시장의 최강자가 되었다. 외환위기와 키코사태*로 위기 상황에 놓인 적도 있었지만 비상장 및 내실 있는 경영으로 은행에 출자 전환하도록 설득하여 오히려 기사회생하였다.
미국시장 진출 시 OEM 방식을 활용할 수 있었지만 자기 브랜드를 고집한 대표이사의 선택으로 해외에서 개별 도매상들을 상대로 직접 물건을 판매했다. 또한 평판이 좋은 중소 규모 도매상을 선정해 유대관계를 강화했다. 한번 계약을 맺은 도매상과는 의리를 지켰고, 그 결과 단단한 유통망을 갖출 수 있었다.
유럽 진출 시에는 미국과는 다른 소비자의 특성에 맞춰 고급스런 디자인의 고가 제품을 포지셔닝하여 모토그랑프리를 후원하고 우승자와 광고 전속 계약을 맺었다. 여기에 신제품인 스피드와 레저를 동시에 즐길 수 있는 실용적인 변신 헬멧으로 유럽 소비자들을 공략해 시장점유율을 높였다.

* 키코사태(KIKO; Knock In Knock Out) : 환율 변동으로 인한 위험을 줄이기 위해 만들어진 파생상품에 가입한 수출 중소기업들이 2008년 미국발 글로벌 금융위기 여파로 환율이 급등하자 막대한 손실을 보게 된 사건이다.

17 다음 중 K사가 미국시장에 성공적으로 진출할 수 있었던 요인으로 옳지 않은 것은?

① 한번 계약을 맺은 도매상과는 의리를 지켰다.
② 자사 브랜드를 알리는 데 주력했다.
③ 평판이 좋은 유통망을 찾아 계약을 맺었다.
④ 안전과 가격, 디자인 모두에 심혈을 기울였다.
⑤ OEM 방식을 효율적으로 활용했다.

18 다음 〈보기〉 중 K사가 해외 진출 시 분석을 위해 활용한 요소를 모두 고르면?

보기

㉠ 현지 시장의 경쟁상황
㉡ 경쟁업체
㉢ 시장점유율
㉣ 제품 가격 및 품질
㉤ 공급 능력

① ㉠, ㉡, ㉢
② ㉡, ㉢, ㉣
③ ㉠, ㉡, ㉢, ㉣
④ ㉠, ㉡, ㉢, ㉤
⑤ ㉠, ㉡, ㉢, ㉣, ㉤

19 다음 지시사항의 내용으로 적절하지 않은 것은?

> 은경씨, 금요일 오후 2시부터 10명의 인・적성검사 합격자의 1차 면접이 진행될 예정입니다. 5층 회의실 사용 예약을 지금 미팅이 끝난 직후 해 주시고, 2명씩 5개 조로 구성하여 10분씩 면접을 진행하니 지금 드리는 지원 서류를 참고하시어 수요일 오전까지 다섯 조를 구성한 보고서를 저에게 주십시오. 그리고 2명의 면접 위원님께 목요일 오전에 면접 진행에 대해 말씀드려 미리 일정 조정을 완료해 주시기 바랍니다.

① 면접은 10분씩 진행된다.
② 은경씨는 수요일 오전까지 보고서를 제출해야 한다.
③ 면접은 금요일 오후에 10명을 대상으로 실시된다.
④ 인・적성검사 합격자는 본인이 몇 조인지 알 수 있다.
⑤ 은경씨는 면접 위원님에게 면접 진행에 대해 알려야 한다.

20 조직을 이루는 구성원 사이에서 공유된 생활양식이나 가치를 '조직문화'라고 한다. 다음 중 조직문화가 갖는 특징으로 적절하지 않은 것은?

① 구성 요소에는 리더십 스타일, 제도 및 절차, 구성원, 구조 등이 있다.
② 조직 구성원들에게 일체감과 정체성을 준다.
③ 조직의 안정성을 유지하는 데 기여한다.
④ 조직 몰입도를 향상시킨다.
⑤ 구성원들 개개인의 다양성을 강화해 준다.

21 **다음 중 임파워먼트를 통해 나타나는 특징으로 적절하지 않은 것은?**

① 구성원들 스스로 일에 대한 흥미를 느끼도록 해준다.
② 구성원들이 자신의 업무가 존중받고 있음을 느끼게 해준다.
③ 구성원들로 하여금 업무에 대해 계속해서 도전하고 성장할 수 있도록 유도할 수 있다.
④ 구성원들 간의 긍정적인 인간관계 형성에 도움을 줄 수 있다.
⑤ 구성원들이 현상을 유지하고 조직에 순응하는 모습을 기대할 수 있다.

22 **다음 중 갈등해결 방법으로 옳은 것을 〈보기〉에서 모두 고르면?**

보기

ㄱ. 사람들이 당황하는 모습을 보는 것은 되도록 피한다.
ㄴ. 사람들과 눈을 자주 마주친다.
ㄷ. 어려운 문제는 피하지 말고 맞선다.
ㄹ. 논쟁을 통해 해결한다.
ㅁ. 어느 한쪽으로 치우치지 않는다.

① ㄱ, ㄴ, ㄹ
② ㄱ, ㄷ, ㅁ
③ ㄴ, ㄷ, ㄹ
④ ㄴ, ㄷ, ㅁ
⑤ ㄷ, ㄹ, ㅁ

※ 귀하는 I기관의 상담사이며, 현재 불만고객 응대 프로세스에 따라 불만고객 응대를 하고 있는 중이다. 다음 대화문을 읽고 이어지는 질문에 답하시오. [23~24]

상담사	안녕하십니까. I기관 상담사 ㅁㅁㅁ입니다.
고객	학자금 대출 이자 납입건으로 문의할 게 있어서요.
상담사	네, 고객님. 어떤 내용이신지 말씀해 주시면 제가 도움을 드리도록 하겠습니다.
고객	제가 I기관으로부터 대출을 받고 있는데 아무래도 대출 이자가 잘못 나간 것 같아서요. 안 그래도 바쁘고 시간도 없는데 이것 때문에 비 오는 날 우산도 없이 은행에 왔다갔다 했네요. 도대체 일을 어떻게 처리하는 건지…
상담사	아 그러셨군요, 고객님. 성함과 전화번호 확인 부탁드리겠습니다.
고객	네, △△△이구요, 전화번호는 000-0000-0000입니다.
상담사	확인해 주셔서 감사합니다. ______________ ㉠ ______________

PART 2

23 다음 중 윗글에 언급된 불만고객은 어떤 유형의 불만고객에 해당하는가?

① 거만형
② 의심형
③ 트집형
④ 빨리빨리형
⑤ 우유부단형

24 다음 중 윗글에서 상담사의 마지막 발언 직후인 ㉠에 이어질 내용으로 적절한 것끼리 바르게 짝지어진 것은?

Ⓐ 어떤 해결 방안을 제시해 주는 것이 좋은지 고객에게 의견을 묻는다.
Ⓑ 고객 불만 사례를 동료에게 전달하겠다고 한다.
Ⓒ 고객이 불만을 느낀 상황에 대한 빠른 해결을 약속한다.
Ⓓ 대출내역을 검토한 후 어떤 부분에 문제가 있었는지 확인하고 답변해 준다.

① Ⓐ – Ⓑ
② Ⓐ – Ⓓ
③ Ⓒ – Ⓓ
④ Ⓑ – Ⓒ
⑤ Ⓑ – Ⓓ

25 I공사 총무부에 근무하는 K팀장은 최근 몇 년 동안 반복되는 업무로 지루함을 느끼는 팀원들 때문에 고민에 빠져 있다. 팀원들은 반복되는 업무로 인해 업무에 대한 의미를 잃어가고 있으며, 이는 업무의 효율성에 막대한 손해를 가져올 것으로 예상된다. 이러한 상황에서 귀하가 K팀장에게 할 수 있는 조언으로 가장 적절한 것은?

① 팀원들을 책임감으로 철저히 무장시킨다.

② 팀원들의 업무에 대해 코칭한다.

③ 팀원들을 지속적으로 교육한다.

④ 팀원들에게 새로운 업무의 기회를 부여한다.

⑤ 팀원들을 칭찬하고 격려한다.

26 농부 A씨는 자신의 논을 모두 경작하는 데 8일이 걸린다. 경작을 시작한 첫날부터 마지막 날까지 항상 전날의 2배 넓이를 경작한다고 할 때, 논 전체의 $\frac{1}{4}$을 완료한 날은 경작을 시작한 지 며칠째 되는 날인가?

① 3일　　② 4일

③ 5일　　④ 6일

⑤ 7일

27 다음은 1호선 지하역사 공기질 측정결과에 대한 자료이다. 〈보기〉 중 옳지 않은 것을 모두 고르면?

〈1호선 지하역사 공기질 측정결과〉

역사명	측정항목 및 기준								
	PM-10	CO_2	HCHO	CO	NO_2	Rn	석면	O_3	TVOC
	$\mu g/m^3$	ppm	$\mu g/m^3$	ppm	ppm	Bq/m^3	이하/cc	ppm	$\mu g/m^3$
기준치	140	1,000	100	9	0.05	148	0.01	0.06	500
1호선 평균	91.4	562	8.4	0.5	0.026	30.6	0.01 미만	0.017	117.7
서울역	86.9	676	8.5	0.6	0.031	25.7	0.01 미만	0.009	56.9
시청	102.0	535	7.9	0.5	0.019	33.7	0.01 미만	0.022	44.4
종각	79.4	562	9.5	0.6	0.032	35.0	0.01 미만	0.016	154.4
종각3가	87.7	495	6.4	0.6	0.036	32.0	0.01 미만	0.008	65.8
종로5가	90.1	591	10.4	0.4	0.020	29.7	0.01 미만	0.031	158.6
동대문	89.4	566	9.2	0.7	0.033	28.5	0.01 미만	0.016	97.7
동묘앞	93.6	606	8.3	0.5	0.018	32.0	0.01 미만	0.023	180.4
신설동	97.1	564	4.8	0.4	0.015	44.5	0.01 미만	0.010	232.1
제기동	98.7	518	8.0	0.5	0.024	12.0	0.01 미만	0.016	98.7
청량리	89.5	503	11.4	0.6	0.032	32.5	0.01 미만	0.014	87.5

보기

㉠ CO가 1호선 평균보다 낮게 측정된 역사는 종로5가역과 신설동역이다.
㉡ HCHO가 가장 높게 측정된 역과 가장 낮게 측정된 역의 평균은 1호선 평균 HCHO 수치보다 높다.
㉢ 시청역은 PM-10이 가장 높게 측정됐지만, TVOC는 가장 낮게 측정되었다.
㉣ 청량리역은 3가지 항목에서 1호선 평균이 넘는 수치가 측정됐다.

① ㉠, ㉡
② ㉠, ㉢
③ ㉡, ㉢
④ ㉡, ㉣
⑤ ㉢, ㉣

28 다음은 지식경제부에서 2024년 11월에 발표한 산업경제지표 추이이다. 이에 대한 설명으로 옳지 않은 것은?

〈산업경제지표 추이〉

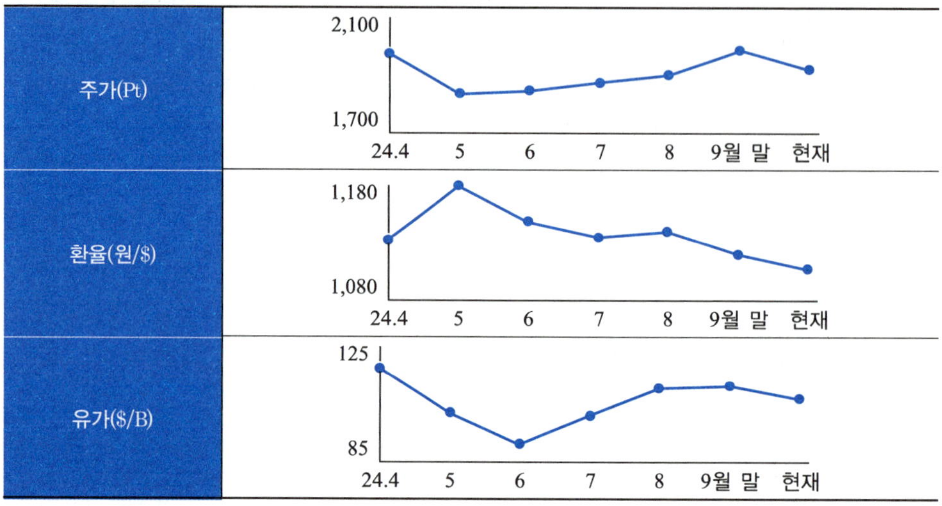

① 주가는 5월에 급락했다가 9월 말까지 서서히 회복세를 보였으나, 현재는 다시 하락해서 2024년 4월선을 회복하지 못하고 있다.

② 환율은 5월 이후 하락세에 있으므로 원화가치는 높아질 것이다.

③ 유가는 6월까지는 큰 폭으로 하락했으나, 그 이후 9월까지 서서히 상승세를 보이고 있다.

④ 숫자상의 변동 폭이 가장 작은 지표는 유가이다.

⑤ 2024년 8월을 기점으로 위 세 가지 지표는 모두 하락세를 보이고 있다.

※ 다음과 같이 일정한 규칙으로 수를 나열할 때, 빈칸에 들어갈 수를 고르시오. [29~30]

29

345　307　269　231　193　(　)

① 151　② 153
③ 155　④ 157
⑤ 159

30

4　5　10　16　27　44　(　)

① 70　② 71
③ 72　④ 73
⑤ 74

제3회
최종점검 모의고사

※ 한국산업안전보건공단 최종점검 모의고사는 채용공고와 후기를 기준으로 구성한 것으로 실제 시험과 다를 수 있습니다.

■ 취약영역 분석

번호	O/×	영역	번호	O/×	영역	번호	O/×	영역
1		의사소통능력	11		자원관리능력	21		대인관계능력
2			12			22		
3			13			23		
4			14			24		
5			15			25		
6		문제해결능력	16		조직이해능력	26		수리능력
7			17			27		
8			18			28		
9			19			29		
10			20			30		

평가문항	30문항	평가시간	30분
시작시간	:	종료시간	:
취약영역			

제 3 회

최종점검 모의고사

모바일 OMR

응시시간 : 30분　문항 수 : 30문항

정답 및 해설 p.054

01 다음 문단을 논리적 순서대로 바르게 나열한 것은?

(가) 나무를 가꾸기 위해서는 처음부터 여러 가지를 고려해 보아야 한다. 나무의 생육조건, 나무의 형태, 성목이 되었을 때의 크기, 꽃과 단풍의 색, 식재지역의 기후와 토양 등을 종합적으로 생각하고 심어야 한다. 나무의 생육조건은 저마다 다르기 때문에 지역의 환경조건에 적합한 나무를 선별하여 환경에 적응하도록 해야 한다. 동백나무와 석류, 홍가시나무는 남부지방에 키우기 적합한 나무로 알려져 있지만 지구온난화로 남부수종의 생육한계선이 많이 북상하여 중부지방에서도 재배가 가능한 나무도 있다. 부산의 도로 중앙분리대에서 보았던 잎이 붉은 홍가시나무는 여주의 시골집 마당 양지바른 곳에서 3년째 잘 적응하고 있다.

(나) 더불어 나무의 특성을 외면하고 주관적인 해석에 따라 심었다가는 훗날 낭패를 보기 쉽다. 물을 좋아하는 수국 곁에 물을 싫어하는 소나무를 심었다면 둘 중 하나는 살기 어려운 환경이 조성된다. 나무를 심고 가꾸기 위해서는 전체적인 밑그림을 그려보고 생태적 특징을 살펴본 후에 심는 것이 바람직하다.

(다) 나무들이 밀집해 있으면 나무끼리의 경쟁은 물론 바람과 햇빛의 방해로 성장은 고사하고 병충해에 시달리기 쉽다. 또한 나무들은 성장속도가 다르기 때문에 항상 다 자란 나무의 모습을 상상하며 나무들 사이의 공간 확보를 염두에 두어야 한다. 그러나 묘목을 심고 보니 듬성듬성한 공간을 메꾸기 위하여 자꾸 나무를 심게 되는 실수를 저지른다.

(라) 식재계획의 시작은 장기적인 안목으로 적재적소의 원칙을 염두에 두고 나무를 선정해야 한다. 식물은 햇빛, 물, 바람의 조화를 이루면 잘 산다고 하지 않는가. 그래서 나무의 특성 중에서 햇볕을 좋아하는지 그늘을 좋아하는지, 물을 좋아하는지 여부를 살펴보는 것이 중요하다. 어린 묘목을 심을 경우 실수하는 것은 나무가 자랐을 때의 생육공간을 생각하지 않고 촘촘하게 심는 것이다.

① (가) – (나) – (다) – (라)
② (가) – (라) – (다) – (나)
③ (다) – (나) – (가) – (다)
④ (다) – (나) – (다) – (가)
⑤ (라) – (가) – (나) – (다)

02 다음 글의 핵심 내용으로 가장 적절한 것은?

BMO 금속 및 광업 관련 리서치 보고서에 따르면 최근 가격 강세를 지속해 온 알루미늄, 구리, 니켈 등 산업금속들의 4분기 중 공급부족 심화와 가격 상승세가 전망된다. 산업금속이란 산업에 필수적으로 사용되는 금속들을 말하는데, 앞서 제시한 알루미늄, 구리, 니켈뿐만 아니라 비교적 단단한 금속에 속하는 은이나 금 등도 모두 산업에 많이 사용될 수 있는 금속이므로 산업금속의 카테고리에 속한다고 할 수 있다. 이러한 산업금속은 물품을 생산하는 기계의 부품으로서 필요하기도 하고, 전자제품 등의 소재로 쓰이기도 하기 때문에 특정 분야의 산업이 활성화되면 특정 금속의 가격이 뛰거나 심각한 공급난을 겪기도 한다.
지난 4일 금융투자업계에 따르면 최근 전세계적인 경제 회복 조짐과 함께 탈 탄소 트렌드, 즉 '그린 열풍'에 따른 수요 증가로 산업금속 가격이 초강세이다. 런던금속거래소에서 발표한 자료에 따르면 올해 들어 지난달까지 알루미늄은 20.7%, 구리는 47.8%, 니켈은 15.9% 가격이 상승했다. 자료에서도 알 수 있듯이 구리 수요를 필두로 알루미늄, 니켈 등 전반적인 산업금속 섹터의 수요량이 증가하였다. 이는 전기자동차 산업의 확충과 관련이 있다. 전기자동차의 핵심적인 부품인 배터리를 만드는 데 구리와 니켈이 사용되기 때문이다. 이때, 배터리 소재 중 니켈의 비중을 높이면 배터리의 용량을 키울 수 있으나 배터리의 안정성이 저하된다. 기존의 전기자동차 배터리는 니켈의 사용량이 높았기 때문에 더욱 안정성 문제가 제기되어 왔다. 그래서 연구 끝에 적정량의 구리를 배합하는 것이 배터리 성능과 안정성을 모두 향상시키기 위해서 중요하다는 것을 밝혀내었다. 구리가 전기자동차 산업의 핵심 금속인 셈이다.
이처럼 전기자동차와 배터리 등 친환경 산업에 필수적인 금속들의 수요는 증가하는 반면, 세계 각국의 환경 규제 강화로 인해 금속의 생산은 오히려 감소하고 있기 때문에 산업금속에 대한 공급난과 가격 인상이 우려되고 있다.

① 전기자동차의 배터리 성능을 향상하는 기술
② 세계적인 '그린 열풍' 현상 발생의 원인
③ 필수적인 산업금속 공급난으로 인한 문제
④ 전기자동차 산업 확충에 따른 산업금속 수요의 증가
⑤ 탈 탄소 산업의 대표 주자인 전기자동차 산업

03 **다음 중 효과적인 경청 방법이 아닌 것은?**

① 말하는 사람의 모든 것에 집중해서 적극적으로 들어야 한다.
② 상대방의 의견에 동조할 수 없더라도, 일단 수용한다.
③ 질문에 대한 답이 즉각적으로 이루어질 때만 질문을 한다.
④ 대화의 내용을 주기적으로 요약한다.
⑤ 상대방이 전달하려는 메시지를 자신의 삶, 목적, 경험과 관련시켜 본다.

04 **A씨 부부는 대화를 하다 보면 사소한 다툼으로 이어지곤 한다. A씨의 아내는 A씨가 자신의 이야기를 제대로 들어주지 않기 때문이라고 생각한다. 다음 사례에 나타난 A씨의 경청을 방해하는 습관은 무엇인가?**

A씨의 아내가 남편에게 직장에서 업무 실수로 상사에게 혼난 일을 이야기하자 A씨는 "항상 일을 진행하면서 꼼꼼하게 확인하라고 했잖아요. 당신이 일을 처리하는 방법이 잘못됐어요. 다음부터는 일을 하기 전에 미리 계획을 세우고 체크리스트를 작성해 보세요."라고 이야기했다. A씨의 아내는 이런 대답을 듣자고 이야기한 것이 아니라며 더 이상 말하고 싶지 않다고 말하며 밖으로 나가 버렸다.

① 짐작하기 ② 걸러내기
③ 판단하기 ④ 조언하기
⑤ 옳아야만 하기

05 **의사소통이란 둘 이상의 사람이 자신의 생각과 느낌을 주고받는 과정이다. 생각한 대로 다 표현해도 그대로 상대에게 전달되지 않고, 반대로 상대가 말한 것을 100% 정확히 이해하기란 매우 어렵다. 다음 중 의사소통을 저해하는 요인이 아닌 것은?**

① 정보의 양이 너무 많다.
② 분위기가 매우 진지하다.
③ 의미가 단순한 언어를 사용한다.
④ 대화 구성원의 사이가 친밀하지 않다.
⑤ 물리적인 제약이 있다.

※ D사원은 해외에서 열리는 세미나 참석을 위해 호텔을 예약하였다. 다음 자료를 보고 이어지는 질문에 답하시오. [6~7]

• 출장일 : 2024년 8월 14일(수) ~ 18일(일)

〈호텔 숙박가격〉

구분	평일(일 ~ 목)	주말(금 ~ 토)
가격	USD 120	USD 150

〈유의사항〉

• 호텔 숙박을 원하실 경우 총숙박비의 20%에 해당하는 금액을 예치금으로 지불하셔야 합니다.
• 개인사정으로 호텔 예약을 취소 또는 변경하실 때는 숙박 예정일 4일 전까지는 전액 환불이 가능하지만, 그 이후로는 하루에 20%씩 취소 수수료가 부과됩니다. 노쇼(No－Show)의 경우와 체크인 당일 취소를 하실 경우에는 환불이 불가하오니, 이점 유의해 주시기 바랍니다.

06 다음 중 D사원이 호텔에 지불한 예치금은 얼마인가?

① USD 105
② USD 108
③ USD 110
④ USD 120
⑤ USD 132

07 D사원은 출장 출발일에 회사 사정으로 다른 곳으로 급하게 출장을 가게 되어 호텔 예약을 취소하게 되었다. 이때, D사원이 호텔 규정에 따라 받을 수 있는 환불금액은?(단, D사원의 출장 출발일은 호텔 체크인 당일이었다)

① USD 108
② USD 222
③ USD 330
④ USD 432
⑤ 환불 불가능

08 K휴게소의 물품 보관함에는 자물쇠로 잠긴 채 오랫동안 방치되고 있는 보관함 네 개가 있다. 휴게소 관리 직원인 L씨는 방치 중인 보관함을 정리하기 위해 사무실에서 보유하고 있는 1 ~ 6번까지의 열쇠로 네 개의 자물쇠를 모두 열어 보았다. 다음 〈조건〉을 참고할 때, 항상 참인 것은?(단, 하나의 자물쇠는 정해진 하나의 열쇠로만 열린다)

조건

- 첫 번째 자물쇠는 1번 또는 2번 열쇠로 열렸다.
- 두 번째 자물쇠와 네 번째 자물쇠는 3번 열쇠로 열리지 않았다.
- 6번 열쇠로는 어떤 자물쇠도 열지 못했다.
- 두 번째 또는 세 번째 자물쇠는 4번 열쇠로 열렸다
- 세 번째 자물쇠는 4번 또는 5번 열쇠로 열렸다.

① 첫 번째 자물쇠는 반드시 1번 열쇠로 열린다.
② 두 번째 자물쇠가 2번 열쇠로 열리면, 세 번째 자물쇠는 5번 열쇠로 열린다.
③ 세 번째 자물쇠가 5번 열쇠로 열리면, 네 번째 자물쇠는 2번 열쇠로 열린다.
④ 네 번째 자물쇠가 5번 열쇠로 열리면, 두 번째 자물쇠는 2번 열쇠로 열린다.
⑤ 3번 열쇠로는 어떤 자물쇠도 열지 못한다.

09 시위에 가담한 A ~ G 7명이 연행되었는데, 이 중에 시위주동자가 2명이 있다. 누가 시위주동자인지에 대해서 증인 5명이 아래와 같이 진술하였다. 증인들의 진술을 고려해 볼 때, 시위주동자 중 1명은 누구인가?

증인 1 : A, B, G는 모두 아니다.
증인 2 : E, F, G는 모두 아니다.
증인 3 : C와 G 중에서 최소 1명은 시위주동자이다.
증인 4 : A, B, C, D 중에서 최소 1명은 시위주동자이다.
증인 5 : B, C, D 중에서 최소 1명이 시위주동자이고, D, E, F 중에서 최소 1명이 시위주동자이다.

① A ② B
③ C ④ F
⑤ G

10 다음은 K공사가 추진 중인 '그린수소' 사업에 관한 보도 자료와 K공사에 대한 SWOT 분석 결과이다. SWOT 분석 결과를 참고할 때, '그린수소' 사업이 해당하는 전략은 무엇인가?

K공사는 전라남도 나주시와 '그린수소 사업 협력 MOU'를 체결하였다. 지난 5월 정부는 탄소 배출 없는 그린수소 생산을 위해 K공사를 사업자로 선정하였고, 재생에너지 잉여전력을 활용한 수전해(P2G) 기술을 통해 그린수소를 만들어 저장하는 사업을 정부 과제로 선정하여 추진하기로 하였다.
그린(Green)수소란 이산화탄소 배출을 수반하지 않는 수소로, 주로 수전해(P2G) 기술을 통해 생산된다. 현재 국내에서 생산되는 수소는 그레이(Gray)수소로, 추출·생산하는 과정에서 질소산화물, 이산화탄소 등을 배출한다.
수전해(P2G) 기술은 재생에너지 잉여전력을 활용하여 물의 전기분해를 통해 수소(H_2)를 생산 및 저장하거나, 생산된 수소와 이산화탄소(CO_2)를 결합하여 천연가스의 주성분인 메탄(CH_4)으로 전환함으로써 수송, 발전 및 도시가스 연료로 활용하는 전력 가스화(P2G; Power To Gas) 기술을 말한다.
그린수소 사업은 정부의 '재생에너지 3020 계획'에 따라 계속 증가하는 재생에너지를 활용해 수소를 생산함으로써 재생에너지 잉여전력 문제를 해결할 것으로 예상된다.
MOU 체결식에서 K공사 사장은 "K공사는 전라남도 나주시와 지속적으로 협력하여 정부 에너지전환 정책에 부응하고, 사업에 필요한 기술개발을 위해 더욱 노력할 것"이라고 밝혔다.

〈SWOT 분석 결과〉

장점(Strength)	약점(Weakness)
• 적극적인 기술개발 의지 • 차별화된 환경기술 보유	• 해외시장 진출에 대한 두려움 • 경험 많은 기술 인력의 부족
기회(Opportunity)	**위협(Threat)**
• 발전설비를 동반한 환경설비 수출 유리 • 세계 전력 시장의 지속적 성장	• 재생에너지의 잉여전력 증가 • 친환경 기술 경쟁 심화

① SO전략
② ST전략
③ WO전략
④ WT전략
⑤ OT전략

11 **고객 A는 P기기를 사용 중 고장으로 인해 K기업의 A/S 서비스를 이용했다. 제품 A/S 안내문과 서비스 이용내역이 다음과 같을 때, 고객 A가 지불한 A/S 서비스 비용은 얼마인가?**

〈제품 A/S 안내문〉

1. 제품의 품질보증기간은 구입일로부터 1년입니다. 품질보증기간 중 A/S 서비스를 받는 경우 무료 A/S를 제공합니다. 품질보증기간 경과 후 A/S 서비스 비용은 소비자가 부담해야 합니다.
2. A/S 서비스 제공 시 수리비가 발생합니다(수리비 : 2만 원).
3. 부품 교체 시에는 수리비 외에도 부품비가 추가 발생합니다.
4. A/S 센터는 주중 오전 9시부터 오후 6시까지 운영하며, 토요일에는 오전 9시부터 오후 1시까지 운영합니다. 일요일 및 공휴일에는 A/S 서비스를 제공하지 않습니다.
5. 출장 A/S 서비스를 이용하는 경우 출장비가 별도로 발생합니다. A/S 센터 운영시간 내 출장 시 출장비 2만 원, 운영시간 외 출장 시 출장비 3만 원을 별도로 부과합니다.

〈A/S 서비스 이용내역〉

- 고객명 : A
- 제품명 : P기기
- 제품 구입일자 : 2023년 6월 20일 화요일
- A/S 서비스 제공 일시 : 2024년 6월 22일 토요일 오후 3시
- 서비스 내용 : P기기 전면부 파손으로 부품 일부 교체(부품비 : 5만 원), 출장 서비스 이용

① 무료
② 5만 원
③ 10만 원
④ 15만 원
⑤ 20만 원

12 K공사는 직원들의 사기 증진과 친화력 도모를 위해 전 직원이 참여하는 사내 가족 체육대회를 열기로 하였다. 8월 달력과 〈조건〉을 참고할 때 체육대회를 열기에 가장 적절한 날은?

〈8월 달력〉

월	화	수	목	금	토	일
	1	2	3	4	5	6
7	8	9	10	11	12	13
14	15	16	17	18	19	20
21	22	23	24	25	26	27
28	29	30	31			

조건

- 8월 3일부터 7일까지는 장마 기간으로 비가 온다.
- 가족 모두가 참여해야 하므로 주말(토, 일요일) 중 하루로 정한다.
- 마케팅팀은 토요일에 격주로 출근을 한다.
- 서비스팀은 토요일에 격주로 출근을 한다.
- 사장님은 8월 11일부터 15일까지 중국으로 출장을 간다.
- 마케팅팀 M사원은 12일에 출근을 했다.
- 서비스팀 L과장은 5일에 출근을 했다.
- 체육대회가 열리는 K운동장은 둘째, 넷째 주말에는 개방하지 않는다.

① 6일
② 12일
③ 13일
④ 20일
⑤ 26일

13 K의류회사는 제품의 판매촉진을 위해 TV광고를 기획하고 있다. 다음은 광고모델 후보 A ~ E에 대한 자료이다. 이를 토대로 향후 1년 동안 광고효과가 가장 클 것으로 예상되는 모델은 누구인가?

〈광고모델별 1년 계약금 및 광고 1회당 광고효과〉

(단위 : 천 원)

모델	1년 계약금	1회당 광고비	1회당 광고효과(예상)	
			수익 증대 효과	브랜드 가치 증대 효과
A	120,000	2,500	140,000	130,000
B	80,000		80,000	110,000
C	100,000		100,000	120,000
D	90,000		80,000	90,000
E	70,000		60,000	80,000
비고	• (총광고효과)=(1회당 광고효과)×(1년 광고횟수) • (1회당 광고효과)=(1회당 수익 증대 효과)+(1회당 브랜드 가치 증대 효과) • (1년 광고횟수)=(1년 광고비)÷(1회당 광고비) • (1년 광고비)=1억 8천만 원−(1년 계약금)			

① A
② B
③ C
④ D
⑤ E

14 기획팀의 A대리는 같은 팀의 B대리와 동일한 업무를 진행함에도 불구하고 항상 업무 마감 기한을 제대로 지키지 못해 어려움을 겪고 있다. B대리의 업무 처리 과정을 지켜본 결과 B대리는 업무 처리에 소요되는 시간을 미리 계획하여 일정을 여유 있게 조절하는 것을 알 수 있었다. A대리가 B대리의 업무 처리 과정을 따라 실천한다고 할 때 얻을 수 있는 효과로 적절하지 않은 것은?

① A대리의 업무 스트레스가 줄어들 것이다.
② 기업의 생산성 향상에 도움을 줄 수 있을 것이다.
③ A대리는 다양한 역할 수행을 통해 균형적인 삶을 살 수 있을 것이다.
④ A대리의 업무 목표를 달성할 수 있을 것이다.
⑤ A대리는 앞으로 가시적인 업무에 전력을 다할 수 있을 것이다.

15 K공사는 사원들의 복지 증진을 위해 안마의자를 구매할 계획이다. K공사의 평가기준이 아래와 같을 때, 〈보기〉 중 어떤 안마의자를 구매하겠는가?

〈K공사의 안마의자 구입 시 평가기준〉

- 사원들이 자주 사용할 것으로 예상되니 A/S 기간이 2년 이상이어야 한다.
- 사무실 인테리어를 고려하여 안마의자의 컬러는 레드보다는 블랙이 적절한 것으로 보인다.
- 겨울철에도 이용할 경우를 위해 안마의자에 온열기능이 있어야 한다.
- 안마의자의 구입 예산은 최대 2,500만 원까지며, 가격이 예산 안에만 해당하면 모두 구매 가능하다.
- 안마의자의 프로그램 개수는 최소 10개 이상은 되어야 하며, 많으면 많을수록 좋다.

보기

구분	가격	컬러	A/S 기간	프로그램	옵션
A안마의자	2,200만 원	블랙	2년	12개	온열기능
B안마의자	2,100만 원	레드	2년	13개	온열기능
C안마의자	2,600만 원	블랙	3년	15개	온열기능
D안마의자	2,400만 원	블랙	2년	13개	온열기능
E안마의자	2,500만 원	블랙	2년	14개	-

① A안마의자
② B안마의자
③ C안마의자
④ D안마의자
⑤ E안마의자

16 다음 중 경영 전략 추진 단계에 따른 사례가 잘못 연결된 것은?

	경영 전략 추진 단계	사례
①	전략목표 설정	A기업은 수도권의 새 수주를 확보하기 위해 경쟁력을 확보하고자 한다.
②	환경분석	B기업은 중동분쟁으로 인한 유가상승이 생산비 증가에 미치는 영향을 분석하였다.
③	환경분석	C기업은 원자재 가격이 더 낮은 곳으로 공급처를 변경하기로 하였다.
④	경영 전략 도출	D기업은 단기간 내 직원들의 생산성 증대를 위해 분기 인센티브를 추가로 지급하기로 하였다.
⑤	경영 전략 도출	E기업은 코로나로 인해 수출이 급감한 만큼, 수출부문 인력을 내수부문으로 일시적으로 이동시키기로 하였다.

17 **다음은 조직 구조에 대한 설명이다. 이에 해당되는 조직 유형은?**

> 의사결정 권한이 조직의 상층부에 집중되어 있다. 조직의 규모가 작거나 신설 조직이며 조직의 활동에 많은 예산이 필요할 때, 조직이 위기에 처하거나 직원들의 능력이 부족할 때 장점을 가지게 되는 구조로 행정의 통일성, 빠른 결정 등이 가능하다.

① 분권화　　② 집권화
③ 수평적　　④ 공식성
⑤ 유기적

18 **조직 구조의 형태 중 사업별 조직 구조는 제품이나 고객별로 부서를 구분하는 것이다. 다음 중 사업별 조직 구조의 형태로 적절하지 않은 것은?**

①
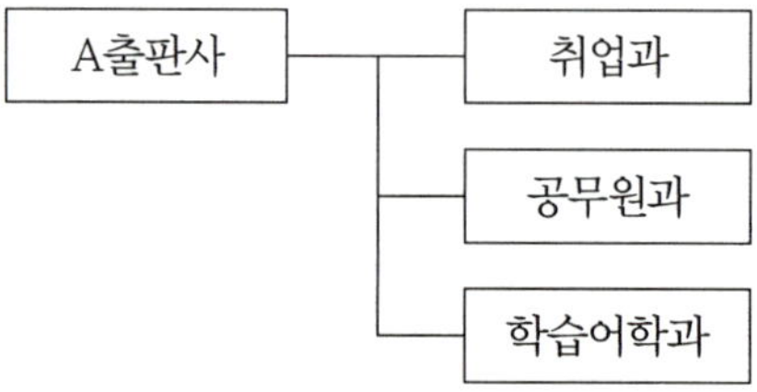

②
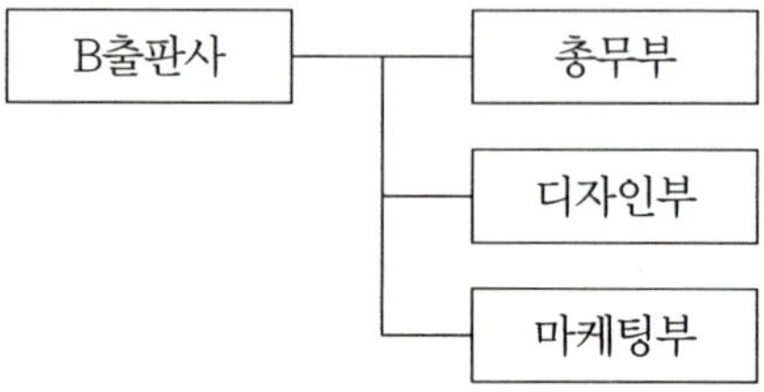

③
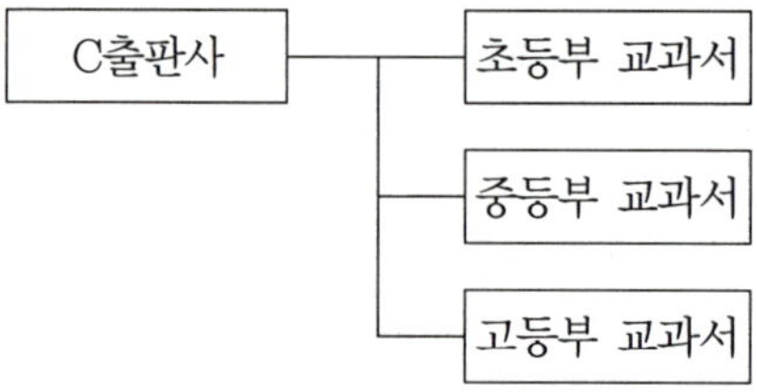

④
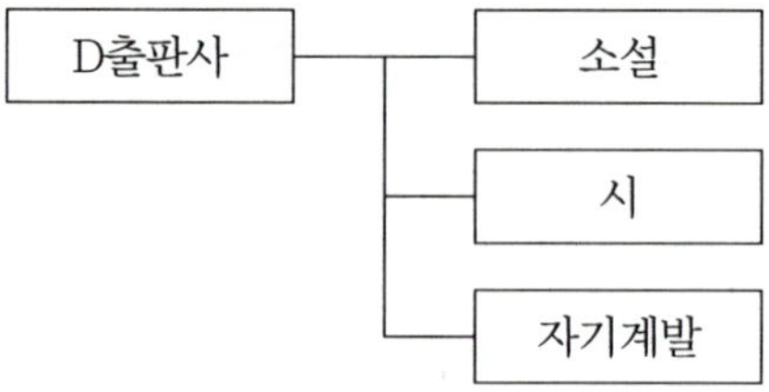

⑤
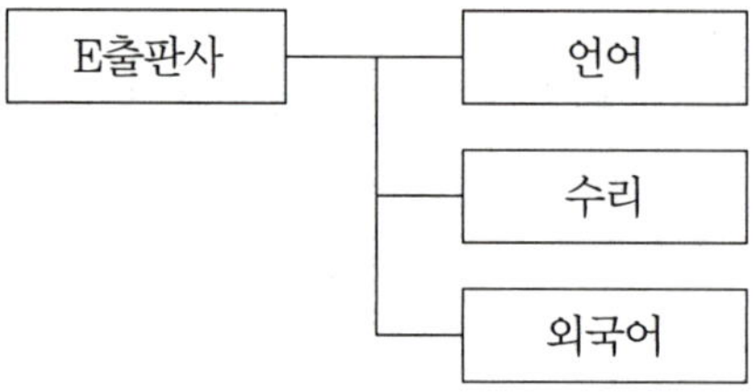

19 다음은 K공단 홍보팀의 주간회의록이다. 이에 대한 설명으로 가장 적절한 것은?

<table>
<tr><th colspan="6">주간회의록</th></tr>
<tr><td>회의일시</td><td>2024-10-21(월)</td><td>부서</td><td>홍보팀</td><td>작성자</td><td>이사원</td></tr>
<tr><td>참석자</td><td colspan="5">김과장, 박주임, 최사원, 이사원</td></tr>
<tr><td>회의안건</td><td colspan="5">1. 개인 주간 스케줄 및 업무 점검
2. 2025년 공단 홍보 브로슈어 기획</td></tr>
<tr><td rowspan="3">회의내용</td><td colspan="3">내용</td><td colspan="2">비고</td></tr>
<tr><td colspan="3">1. 개인 주간 스케줄 및 업무 점검
• 김과장 : 브로슈어 기획 관련 홍보팀 미팅,
외부 디자이너 미팅
• 박주임 : 신제품 SNS 홍보 이미지 작업,
K공단 영문 서브페이지 2차 리뉴얼 작업 진행
• 최사원 : 2025년도 홈페이지 개편 작업 진행
• 이사원 : 10월 사보 편집 작업</td><td colspan="2">• 10월 25일 AM 10:00
홍보팀 박람회 관람</td></tr>
<tr><td colspan="3">2. 2025년도 K공단 홍보 브로슈어 기획
• 브로슈어 주제 : '신뢰'
– 창립 ○○주년을 맞아 여러분들의 신뢰로 K공단이 성장했음을 강조
– 한결같은 모습으로 여러들의 지지를 받아왔음을 공단 이미지로 표현
• 20페이지 이내로 구성 예정</td><td colspan="2">• 10월 23일까지 기획팀에서 2025년도 브로슈어 최종원고 전달 예정</td></tr>
<tr><td rowspan="3">결정사항</td><td colspan="2">내용</td><td>작업자</td><td colspan="2">진행일정</td></tr>
<tr><td colspan="2">브로슈어 표지 이미지 샘플 조사</td><td>최사원, 이사원</td><td colspan="2">2024-10-21 ~
2024-10-22</td></tr>
<tr><td colspan="2">브로슈어 표지 시안 작업 및 제출</td><td>박주임</td><td colspan="2">2024-10-21 ~
2024-10-25</td></tr>
<tr><td>특이사항</td><td colspan="5">다음 회의 일정 : 10월 28일
• 브로슈어 표지 결정, 내지 1차 시안 논의</td></tr>
</table>

① K공단은 외부 디자이너에게 브로슈어 표지 이미지 샘플을 요청하였다.
② 디자인팀은 이번 주 수요일에 전시회를 관람할 예정이다.
③ 김과장은 이번 주에 내부 미팅, 외부 미팅을 모두 진행할 예정이다.
④ 이사원은 이번 주에 10월 사보 편집 작업만 하면 된다.
⑤ 최사원은 2025년도 홈페이지 개편 작업을 완료한 후 브로슈어 표지 시안을 제출할 예정이다.

20 **K공단의 인사팀 H팀장은 신입사원을 채용하고자 한다. K공단이 추구하는 다음 인재상을 참고할 때, H팀장이 채용할 지원자로 적절하지 않은 사람은?**

> • 전문인(Professional) : 전문성, 학습 능력, 글로벌 시야
> • 소통인(Open Communication) : 협동심, 리더십, 의사소통 능력
> • 혁신인(Renovation) : 창의성, 통합적 사고, 실행력
> • 윤리인(Integrity) : 공감 능력, 청렴성, 공정성

① A지원자 : 산업안전보건 분야에서 전문가가 되고자 관련 지식을 꾸준히 학습하고 있습니다.
② B지원자 : 조직 구성원과의 소통과 협업을 통해 조직의 목표를 함께 달성하겠습니다.
③ C지원자 : 창의적인 생각으로 변화를 주도하여 안전보건제도를 보다 발전시키고 싶습니다.
④ D지원자 : 모두에게 공정하고 균형 잡힌 업무를 수행하는 사원이 되고 싶습니다.
⑤ E지원자 : 모든 국민이 공감할 수 없더라도 윤리 기준과 원칙은 반드시 지키겠습니다.

21 **프랜차이즈 커피숍에서 바리스타로 근무하고 있는 귀하는 종종 '가격을 깎아달라'는 고객 때문에 고민이 많다. 이를 본 선배가 귀하에게 도움이 될 만한 몇 가지 조언을 해주었다. 다음 중 선배가 귀하에게 한 조언으로 가장 적절한 것은?**

① '절대로 안 된다.'고 딱 잘라 거절하는 태도가 필요합니다.
② 이번이 마지막이라고 말하면서 한 번만 깎아주세요.
③ 못 본 체하고 다른 손님의 주문을 받으면 됩니다.
④ 규정상 임의로 깎아줄 수 없다는 점을 상세히 설명해 드리세요.
⑤ 다음에 오실 때 깎아드리겠다고 약속드리고 지키면 됩니다.

22 다음 중 훌륭한 팀워크를 유지하기 위한 기본요소로 적절하지 않은 것은?

① 팀원 간 공동의 목표의식과 강한 도전의식을 가진다.

② 팀원 간에 상호 신뢰하고 존중한다.

③ 서로 협력하면서 각자의 역할에 책임을 다한다.

④ 팀원 개인의 능력이 최대한 발휘되는 것이 핵심이다.

⑤ 강한 자신감으로 상대방의 사기를 드높인다.

PART 2

23 다음 글을 읽고 리더(Leader)의 입장에서 이해한 내용으로 가장 적절한 것은?

> 존 맥스웰(John Maxwell)의 저서 『121가지 리더십 불변의 법칙』 중 첫 번째 법칙으로 '뚜껑의 법칙'을 살펴볼 수 있다. 뚜껑의 법칙이란 용기(容器)를 키우려면 뚜껑의 크기도 그에 맞게 키워야만 용기로서의 역할을 제대로 할 수 있으며, 그렇지 않으면 병목 현상이 생겨 제 역할을 할 수 없다는 것이다.

① 리더는 자신에 적합한 인재를 등용할 수 있어야 한다.

② 참된 리더는 부하직원에게 기회를 줄 수 있어야 한다.

③ 리더는 부하직원의 실수도 포용할 수 있어야 한다.

④ 크고 작은 조직의 성과는 리더의 역량에 달려 있다.

⑤ 리더의 재능이 용기의 크고 작음을 결정한다.

24 귀하의 쇼핑몰에서 제품을 구매한 고객의 전화문의가 접수되었다. 다음의 통화 내용 중 A직원의 응대로 적절하지 않은 것은?

A직원	① 네. 안녕하십니까? D쇼핑몰 고객지원센터 상담원 A입니다. 무엇을 도와드릴까요?
고객	아, 네. 제가 거기서 티셔츠를 샀는데 아직도 배송이 안 됐어요. 어떻게 된 거예요? 배송이 왜 이렇게 오래 걸리나요?
A직원	② 네, 고객님. 빠른 처리를 위해서 몇 가지 질문을 드리겠습니다. 실례지만 저희 제품을 온라인과 오프라인 매장 중 어디에서 구매하셨습니까?
고객	음…. 온라인에서 했을 거예요.
A직원	네. 확인 감사합니다.
고객	그런데 저 지금 근무 중에 전화하는 거라 시간이 별로 없으니까 빨리 처리 좀 해주세요.
A직원	③ 네. 최대한 빠르게 처리될 수 있도록 도와드리겠습니다. 구매하신 고객님의 성함과 구매하신 온라인 아이디를 확인할 수 있을까요?
고객	□□□이고요. 아이디는 ○○○이에요.
A직원	네. 확인 감사합니다. ④ □□□ 고객님의 주문내역을 확인한 결과, 빠르면 오늘 오후 중으로, 늦어도 내일 정오 전까지는 도착할 예정입니다.
고객	아, 그래요? 알겠습니다.
A직원	네. 더 궁금하신 점은 없으신가요?
고객	네.
A직원	⑤ 네. 귀중한 시간 내주셔서 감사합니다. 저는 상담원 A였습니다.

25 **다음은 갈등의 유형 중의 하나인 '불필요한 갈등'에 대한 설명이다. 이를 이해한 내용으로 적절하지 않은 것은?**

개개인이 저마다의 문제를 다르게 인식하거나 정보가 부족한 경우, 편견 때문에 발생한 의견 불일치로 적대적 감정이 생길 경우 '불필요한 갈등'이 일어난다.

① 근심, 걱정, 스트레스, 분노 등의 부정적인 감정으로 나타날 수 있다.
② 두 사람의 정반대되는 욕구나 목표, 가치, 이해를 통해 발생할 수 있다.
③ 관리자의 신중하지 못한 태도로 인해 불필요한 갈등은 더 심각해질 수 있다.
④ 잘못 이해하거나 부족한 정보 등 전달이 불분명한 커뮤니케이션으로 나타날 수 있다.
⑤ 변화에 대한 저항, 항상 해오던 방식에 대한 거부감 등에서 나오는 의견 불일치가 원인이 될 수 있다.

26 김대리의 작년 총소득은 4,000만 원, 소득 공제 금액은 2,000만 원, 세율은 30%였다. 올해는 작년과 비교해 총소득 20%p, 소득 공제 금액은 40%p, 세율은 10%p 증가하였다. 작년과 올해의 세액의 차이는?

① 50만 원
② 100만 원
③ 150만 원
④ 200만 원
⑤ 250만 원

27 4명의 야구선수가 안타를 칠 확률이 각각 $\frac{1}{6}$, $\frac{1}{8}$, $\frac{1}{4}$, $\frac{1}{5}$이라고 한다. 4명 중 3명 이상이 안타를 칠 확률은?

① $\frac{1}{48}$
② $\frac{1}{36}$
③ $\frac{1}{24}$
④ $\frac{1}{19}$
⑤ $\frac{1}{10}$

28 다음 수열의 16번째 항의 값은?

9, −39, 89, −159, 249, −359, 489, −639, …

① −2,779
② −2,669
③ −2,559
④ −2,449
⑤ −2,339

※ 다음은 공공체육시설 현황 및 1인당 체육시설 면적을 나타낸 자료이다. 이어지는 질문에 답하시오. **[29~30]**

〈공공체육시설 현황 및 1인당 체육시설 면적〉

(단위 : 개소, m^2)

구분		2020년	2021년	2022년	2023년
공공체육시설의 수	축구장	467	558	618	649
	체육관	529	581	639	681
	간이운동장	9,531	10,669	11,458	12,194
	테니스장	428	487	549	565
	기타	1,387	1,673	1,783	2,038
1인당 체육시설 면적	계	2.54	2.88	3.12	3.29

29 2022년에 전년 대비 시설이 가장 적게 늘어난 곳과 가장 많이 늘어난 곳의 시설 수의 합은?(단, 기타는 제외한다)

① 10,197개소
② 11,197개소
③ 11,097개소
④ 12,097개소
⑤ 12,137개소

30 2020년 전체 공공체육시설 중 체육관이 차지하고 있는 비율은?(단, 소수점 둘째 자리에서 반올림한다)

① 4.4%
② 4.3%
③ 4.2%
④ 4.1%
⑤ 4.0%

PART 2

제4회
최종점검 모의고사

※ 한국산업안전보건공단 최종점검 모의고사는 채용공고와 후기를 기준으로 구성한 것으로 실제 시험과 다를 수 있습니다.

취약영역 분석

번호	O/×	영역	번호	O/×	영역	번호	O/×	영역
1		의사소통능력	11		자원관리능력	21		대인관계능력
2			12			22		
3			13			23		
4			14			24		
5			15			25		
6		문제해결능력	16		조직이해능력	26		수리능력
7			17			27		
8			18			28		
9			19			29		
10			20			30		

평가문항	30문항	평가시간	30분
시작시간	:	종료시간	:
취약영역			

모바일 OMR

제 4 회 최종점검 모의고사

응시시간 : 30분　문항 수 : 30문항

정답 및 해설 p.060

01 다음 글의 주제로 가장 적절한 것은?

> 표준화된 언어는 효과적으로 의사소통하기 위하여 의도적으로 선택해야 할 공용어로서의 가치가 있다. 반면에 방언은 지역이나 계층의 언어와 문화를 보존하고 드러냄으로써 국가 전체의 언어와 문화를 다양하게 발전시키는 토대로서의 가치가 있다. 이러한 의미에서 표준화된 언어와 방언은 상호 보완적인 관계라고 볼 수 있다. 표준화된 언어가 있기에 정확한 의사소통이 가능하며, 방언이 있기에 개인의 언어생활에서나 언어 예술 활동에서 자유롭고 창의적인 표현이 가능하다. 결국 우리는 표준화된 언어의 가치와 방언의 가치를 모두 인정해야 하며, 발화(發話) 상황(狀況)을 잘 고려하여 표준화된 언어와 방언을 가려서 사용할 줄 아는 능력을 길러야 한다.

① 표준화된 언어는 방언보다 효용가치가 있다.
② 창의적인 예술 활동에서는 방언의 기능이 중요하다.
③ 정확한 의사소통을 위해서는 표준화된 언어가 꼭 필요하다.
④ 표준화된 언어와 방언을 구분할 줄 아는 능력을 길러야 한다.
⑤ 표준화된 언어와 방언에는 각각 독자적인 가치와 역할이 있다.

02 다음은 K공사의 홍보관 견학에 대한 안내 자료이다. 이를 이해한 내용으로 가장 적절한 것은?

> • 관람 전 안내사항
> - 자유관람은 별도의 예약신청 없이 자유롭게 이용 가능합니다.
> - 10명 이상 단체견학은 온라인으로 견학 신청을 해 주시기 바랍니다.
> - 안전한 관람을 위하여 바퀴 달린 신발, 인라인 스케이트, 킥보드 등의 착용 및 휴대를 삼가 주시기 바랍니다.
> - 홍보관 내에서는 시각장애 안내견 이외의 반려동물의 출입은 금지되어 있습니다.
>
> • 관람정보
> - 관람운영일 : 매일 오전 9시 ~ 오후 6시(오후 5시 입장 마감)
>   ※ 휴관일 : 1월 1일, 설·추석 연휴
> - 홍보관 해설 시간 : 매주 화요일 ~ 일요일 오전 11시 / 오후 2시 / 오후 4시(총 3회), 회당 40명 이내
> - 해설 코스 : 홍보관 1층 로비(회사소개 영상 관람) → 홍보관 → 특별전시
> - 해설 소요 시간 : 40분(회사소개 영상 10분, 해설 30분)
> - 해설 참여방법 : 홍보관 1층 데스크에서 선착순 접수, 방문기념품 제공
>   ※ 해당 시간에 단체견학이 있을 경우 동반 해설 진행
>   ※ 외국인 대상의 영어 해설을 원하실 경우 관람 4일 전까지 유선 신청해 주시기 바랍니다.
> - 자체제작 애니메이션 상영 : 네버랜드를 구하라(20분), 트러스트(8분) 총 2편(매일 오전 10시 30분 / 오후 1시 30분 / 오후 3시 30분, 홍보관 로비 멀티비전)
>
> • 단체견학 신청
> - 10명 이상 단체견학 신청 가능(최대 300명)
> - 단체관람코스
>   회사소개 브리핑(30분) → 홍보동영상 관람(15분) → 홍보관 투어(30분) → 특별전시관람(15분) → 원자로, 터빈 등 원자력설비 모형 소개(15분 / 별도 요청 시)

① 홍보관 관람을 위해서는 반드시 온라인으로 예약 신청을 해야 한다.

② 단체견학의 경우 1시간 30분 이상이 소요될 수도 있다.

③ 반려견과 동행하기 위해서는 애견용 가방을 사용해야 한다.

④ 외국인과 관람하는 경우 영어 해설을 들으려면 관람 4일 전까지 인터넷으로 신청해야 한다.

⑤ 해설을 듣기 위해서는 반드시 단체견학을 신청해야 한다.

PART 2

※ 다음은 경청태도에 대한 강연 내용의 일부이다. 이어지는 질문에 답하시오. [3~4]

우리는 회사생활을 하면서 많이 말하기보다 많이 들어야 합니다. 그런데 말 잘하는 법, 발표 잘하는 법에 대한 노하우는 어디서든 찾아볼 수 있지만 잘 듣는 법에 대한 이야기는 별로 없는 것 같아요. 그래서 오늘은 올바른 경청태도에 대해 이야기하고자 합니다. 제가 여러분께 어제 메일로 오늘 강의할 자료를 보내드렸습니다. 혹시 읽어 오신 분 있나요? 네, 잘 없죠. 이해합니다. 그런데 여러분, 이렇게 강연 전 수업계획서나 강의계획서를 미리 읽어두는 것도 효과적인 경청 방법에 해당한다는 사실을 알고 계셨나요? 상대의 말을 잘 알아듣기 위해서는 상대가 말하고자 하는 주제나 용어에 친숙해질 필요가 있으니까요. 이 밖에도 효과적인 경청 방법에는 주의 집중하기가 있습니다. 여러분은 지금 모두 제 말을 아주 집중해서 듣고 계시네요. 모두 좋은 경청태도를 보이고 계십니다. 경청에 도움을 주는 자세가 있다면 경청을 방해하는 요인들도 있겠죠? 상대방의 말을 듣고 받아들이기보다 자신의 생각에 들어맞는 단서를 찾아 자신의 생각을 확인하는 행동, 상대방에 대한 부정적인 판단 또는 상대방을 비판하기 위해 상대방의 말을 듣지 않는 행동 등이 있죠. 그럼 각각의 사례를 통해 경청을 방해하는 요인에 대해 더 자세히 알아보도록 하겠습니다.

03 다음 중 윗글에서 설명하고 있는 경청의 방해요인을 〈보기〉에서 모두 고르면?

보기	
(가) 다른 생각하기	(나) 짐작하기
(다) 판단하기	(라) 걸러내기

① (가), (나)
② (가), (라)
③ (나), (다)
④ (나), (라)
⑤ (다), (라)

04 **강연을 듣고 윤수, 상민, 서희, 선미는 다음과 같은 대화를 나누었다. 이를 참고할 때, 강연 내용을 잘못 이해한 사람을 모두 고르면?**

> 윤수 : 말하는 것만큼 듣는 것도 중요하구나. 경청은 그저 잘 듣기만 하면 되는 줄 알았는데, 경청에도 여러 가지 방법이 있는지 오늘 처음 알았어.
>
> 상민 : 맞아. 특히 오늘 강사님이 알려주신 경청을 방해하는 요인은 정말 도움이 되었어. 그동안 나도 모르게 했던 행동들 중에 해당되는 게 많더라고. 특히 내가 대답할 말을 생각하느라 상대의 말에 집중하지 않는 태도는 꼭 고쳐야겠다는 생각이 들었어.
>
> 서희 : 나도 상대에게 호의를 보인다고 상대의 말에 너무 쉽게 동의하거나 너무 빨리 동의하곤 했는데 앞으로 조심해야겠어. 그러고 보니 강사님께서 경청의 방해 요인은 예시까지 들어주시며 자세히 설명해 주셨는데, 경청의 올바른 자세는 몇 가지 알려주시지 않아 아쉬웠어. 또 무엇이 있을까?
>
> 선미 : 아, 그건 강사님이 보내주신 강의 자료에 더 자세히 나와 있어. 그런데 서희야, 네가 말한 행동은 경청의 올바른 자세니까 굳이 고칠 필요 없어.

① 윤수
② 상민
③ 서희
④ 선미
⑤ 상민, 선미

PART 2

05 다음 빈칸에 들어갈 문장으로 가장 적절한 것은?

무엇보다도 전통은 문화적 개념이다. 문화는 복합 생성을 그 본질로 한다. 그 복합은 질적으로 유사한 것끼리는 짧은 시간에 무리 없이 융합되지만, 이질적일수록 그 혼융의 역사적 기간과 길항이 오래 걸리는 것은 사실이다. 그러나 전통이 그 주류에 있어서 이질적인 것은 교체가 더디다 해서 전통을 단절된 것으로 볼 수는 없는 것이다. 오늘은 이미 하나의 문화적 전통을 이룬 서구의 전통도, 희랍·로마 이래 장구한 역사로써 헬레니즘과 히브리즘의 이질적 전통이 융합된 것임은 이미 다 아는 상식 아닌가.
지금은 끊어졌다는 우리의 고대 이래의 전통도 알고 보면 샤머니즘에, 선교에, 불교에, 도교에, 유교에 실학파를 통해 받아들인 천주교적 전통까지 혼합된 것이고, 그것들 사이에는 유사한 것도 있었지만 상당히 이질적인 것이 교차하여 겯고 튼 끝에 이루어진 전통이요, 그것은 어느 것이나 '우리화'시켜 받아들임으로써 우리의 전통이 되었던 것이다. 이런 의미에서 보자면 오늘날 일시적 전통의 혼미를 전통의 단절로 속단하고 이를 전통 부정의 논거로 삼는 것은 허망된 논리이다. ________________________ 그러므로 전통의 혼미란 곧 주체 의식의 혼미란 뜻에 지나지 않는다. 전통 탐구의 현대적 의의는 바로 문화의 기본적 주체 의식의 각성과 시대적 가치관의 검토, 이 양자의 관계에 대한 탐구의 요구에 다름 아니다.

① 끊어지고 바뀌고 붙고 녹는 것을 계속하면서 그것을 일관하는 것이 전통이란 것이다.
② 전통은 물론 과거로부터 이어 온 것을 말한다.
③ 전통은 대체로 그 사회 및 그 사회의 구성원인 개인의 몸에 배어 있는 것이다.
④ 우리 민족 문화의 전통은 부단한 창조 활동 속에서 이어 온 것이다.
⑤ 전통은 우리의 현실에 작용하는 경우가 있다.

06 **K공단 전략기획처 직원 A～G 7명은 신입사원 입사 기념으로 단체로 영화관에 갔다. 다음 〈조건〉에 따라 자리에 앉는다고 할 때, 항상 옳은 것은?(단, 가장 왼쪽부터 첫 번째 자리로 한다)**

조건

- 7명은 한 열에 나란히 앉는다.
- 한 열에는 7개의 좌석이 있다.
- 양 끝자리 옆에는 비상구가 있다.
- D와 F는 나란히 앉는다.
- A와 B 사이에는 한 명이 앉아 있다.
- G는 왼쪽에 사람이 있는 것을 싫어한다.
- C와 G 사이에는 한 명이 앉아 있다.
- G는 비상구와 붙어 있는 자리를 좋아한다.

① E는 D와 F 사이에 앉는다.
② G와 가장 멀리 떨어진 자리에 앉는 사람은 D이다.
③ C의 양옆에는 A와 B가 앉는다.
④ D는 비상구와 붙어 있는 자리에 앉는다.
⑤ 두 번째 자리에는 B가 앉는다.

07 **A대리는 사내 체육대회의 추첨에서 당첨된 직원들에게 나누어줄 경품을 선정하고 있다. 다음 〈조건〉의 명제가 모두 참일 때, 항상 참인 것은?**

조건

- A대리는 펜, 노트, 가습기, 머그컵, 태블릿PC, 컵받침 중 3종류의 경품을 선정한다.
- 머그컵을 선정하면, 노트는 경품에 포함하지 않는다.
- 노트는 반드시 경품에 포함된다.
- 태블릿PC를 선정하면, 머그컵을 선정한다.
- 태블릿PC를 선정하지 않으면, 가습기는 선정되고 컵받침은 선정되지 않는다.

① 가습기는 경품으로 선정되지 않는다.
② 머그컵과 가습기 모두 경품으로 선정된다.
③ 컵받침은 경품으로 선정된다.
④ 태블릿PC는 경품으로 선정된다.
⑤ 펜은 경품으로 선정된다.

08 K공단은 본사 이전으로 인해 사무실 배치를 새롭게 바꾸기로 하였다. 다음 고려사항을 참고할 때, (가로) 3,000mm×(세로) 3,400mm인 직사각형의 사무실에 가능한 가구 배치는?

〈배치 시 고려사항〉

- 사무실 문을 여닫는 데 1,000mm의 간격이 필요함
- 서랍장의 서랍(•로 표시하며, 가로면 전체에 위치)을 열려면 400mm의 간격이 필요(회의 탁자, 책상, 캐비닛은 서랍 없음)하며, 반드시 여닫을 수 있어야 함
- 붙박이 수납장 문을 열려면 앞면 전체에 550mm의 간격이 필요하며, 반드시 여닫을 수 있어야 함
- 가구들은 쌓을 수 없음
- 각각의 가구는 사무실에 넣을 수 있는 것으로 가정함
  - 회의 탁자 : (가로) 1,500mm×(세로) 2,110mm
  - 책상 : (가로) 450mm×(세로) 450mm
  - 서랍장 : (가로) 1,100mm×(세로) 500mm
  - 캐비닛 : (가로) 1,000mm×(세로) 300mm
  - 붙박이 수납장은 벽 한 면 전체를 남김없이 차지함 (깊이 650mm)

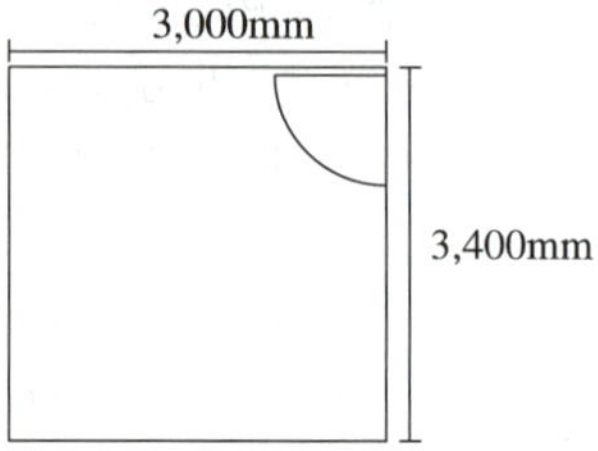

①

②
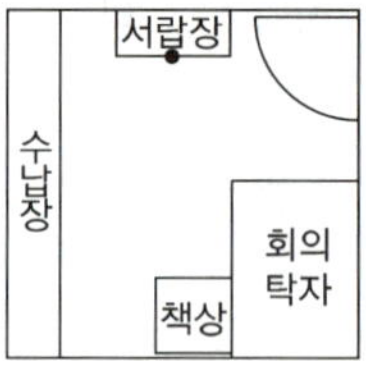

③

④
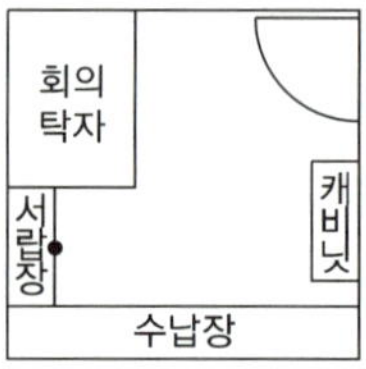

⑤

09 **안전본부 사고분석 개선처에 근무하는 B대리는 혁신우수 연구대회에 출전하여 첨단장비를 활용한 차종별 보행자사고 모형개발을 발표했다. SWOT 분석을 통해 추진방향을 도출하기 위해 다음과 같은 표를 작성했을 때, 분석 결과에 대한 전략으로 옳지 않은 것은?**

〈차종별 보행자사고 모형개발 SWOT 분석 결과〉

강점(Strength)	약점(Weakness)
10년 이상 지속적인 교육과 연구로 신기술 개발을 위한 인프라 구축	보행자 사고 모형개발을 위한 예산 및 실차 실험을 위한 연구소 부재
기회(Opportunity)	**위협(Threat)**
첨단 과학장비(3D스캐너, MADYMO) 도입으로 정밀 시뮬레이션 분석 가능	교통사고에 대한 국민의 관심과 분석수준 향상으로 공단의 사고분석 질적 제고 필요

① WO전략 : 실차 실험 대신 과학장비를 통한 시뮬레이션 연구로 모형개발

② WT전략 : 신기술 개발을 위한 연구대회를 개최해 인프라를 더욱 탄탄히 구축

③ WT전략 : 보행자 사고 실험을 위한 연구소를 만들어 사고 분석 데이터를 축적

④ SO전략 : 과학장비를 통한 정밀 시뮬레이션 분석을 토대로 국내 차량의 전면부 형상을 취득하고 보행자 사고를 분석해 신기술 개발에 도움

⑤ ST전략 : 지속적 교육과 연구로 쌓아온 데이터를 바탕으로 사고분석 프로그램 신기술 개발을 통해 사고분석 질적 향상에 기여

10 **다음 대화에서 대리가 제안할 수 있는 보완 방법으로 가장 적절한 것은?**

팀장 : 오늘 발표 내용 정말 좋았어. 준비를 열심히 한 것 같더군.
대리 : 감사합니다.
팀장 : 그런데 고객 맞춤형 서비스 실행방안이 조금 약한 것 같아. 보완할 수 있는 방안을 찾아서 추가해 주게.
대리 : 네, 팀장님. 보완 방법을 찾아본 후 다시 보고드리도록 하겠습니다.

① 고객 접점에 있는 직원에게 고객상담 전용 휴대폰 지급

② 모바일용 고객지원센터 운영 서비스 제공

③ 고객지원센터 24시간 운영 확대

④ 빅데이터를 활용한 고객유형별 전문상담사 사전 배정 서비스

⑤ 서비스 완료 후 고객지원센터 만족도 조사 실시

11 **해외로 출장을 가는 김대리는 다음 〈조건〉과 같이 이동하려고 계획하고 있다. 연착 없이 계획대로 출장지에 도착했다면, 도착했을 때의 현지 시각은?**

조건

- 서울 시각으로 5일 오후 1시 35분에 출발하는 비행기를 타고, 경유지 한 곳을 거쳐 출장지에 도착한다.
- 경유지는 서울보다 1시간 빠르고, 출장지는 경유지보다 2시간 느리다.
- 첫 번째 비행은 3시간 45분이 소요된다.
- 경유지에서 3시간 50분을 대기한 후 출발한다.
- 두 번째 비행은 9시간 25분이 소요된다.

① 오전 5시 35분
② 오전 6시
③ 오후 5시 35분
④ 오후 6시
⑤ 오전 7시

12 **K기업은 창고업체를 통해 세 가지 제품군을 보관하고 있다. 제품군에 대한 자료를 참고할 때, 다음 〈조건〉에 따라 K기업이 보관료로 지급해야 할 총금액은 얼마인가?**

구분	매출액(억 원)	용량	
		용적(CUBIC)	무게(톤)
A제품군	300	3,000	200
B제품군	200	2,000	300
C제품군	100	5,000	500

조건

- A제품군은 매출액의 1%를 보관료로 지급한다.
- B제품군은 1CUBIC당 20,000원의 보관료를 지급한다.
- C제품군은 1톤당 80,000원의 보관료를 지급한다.

① 3억 2천만 원
② 3억 4천만 원
③ 3억 6천만 원
④ 3억 8천만 원
⑤ 4억 원

13 K공사에서는 10월 셋째 주에 연속 이틀에 걸쳐 본사에 있는 B강당에서 인문학 특강을 진행하려고 한다. 강당을 이용할 수 있는 날과 강사의 스케줄을 고려할 때, 섭외 가능한 강사는?

〈B강당 이용 가능 날짜〉

구분	월요일	화요일	수요일	목요일	금요일
오전(9 ~ 12시)	×	○	×	○	○
오후(13 ~ 14시)	×	×	○	○	×

※ 가능 : ○, 불가능 : ×

〈섭외 강사 후보 스케줄〉

A강사	매주 수 ~ 목요일 10 ~ 14시 문화센터 강의
B강사	첫째 주, 셋째 주 화요일, 목요일 10 ~ 14시 대학교 강의
C강사	매월 첫째 ~ 셋째 주 월요일, 수요일 12 ~ 14시 면접 강의
D강사	매주 수요일 13 ~ 16시, 금요일 9 ~ 12시 도서관 강좌
E강사	매월 첫째, 셋째 주 화 ~ 목요일 9 ~ 11시 강의

※ K공사 본사까지의 이동거리와 시간은 고려하지 않는다.
※ 강의는 연속 이틀로 진행되며 강사는 동일해야 한다.

① A, B강사
② B, C강사
③ C, D강사
④ C, E강사
⑤ D, E강사

14 다음 중 ㉠ ~ ㉢에 들어갈 말이 순서대로 바르게 연결된 것은?

배치의 유형에는 3가지가 있다. 먼저 양적 배치는 작업량과 조업도, 여유 또는 부족 인원을 감안하여 소요인원을 결정하여 배치하는 것을 말한다. 반면, 질적 배치는 효과적인 인력배치의 3가지 원칙 중 ___㉠___ 주의에 따른 배치를 말하며, ___㉡___ 배치는 팀원의 ___㉢___ 및 흥미에 따라 배치하는 것을 말한다.

	㉠	㉡	㉢
①	균형	적성	능력
②	적재적소	균형	능력
③	적재적소	적성	적성
④	능력	적성	적성
⑤	능력	균형	적성

PART 2

15 K공단 C주임은 새롭게 부서 비품관리를 맡게 되었다. 물적 자원 관리과정에 맞춰 〈보기〉에서 C주임이 해야 하는 행동을 순서대로 나열한 것은?

보기

(A) 비품관리실 한쪽에 위치한 서랍 첫 번째 칸에 필기구와 메모지를 넣어두고 A4 용지는 습기가 없는 장소에 보관한다.
(B) 바로 사용할 비품 중 필기구와 메모지를 따로 분류한다.
(C) 기존에 있던 비품 중 사용할 사무용품과 따로 보관해둘 물품을 분리한다.

① (A) – (C) – (B)
② (B) – (A) – (C)
③ (B) – (C) – (A)
④ (C) – (A) – (B)
⑤ (C) – (B) – (A)

16 다음은 조직목표의 요소에 대한 설명이다. 다음 빈칸 ㉠, ㉡에 각각 들어갈 말이 바르게 연결된 것은?

조직설계 학자인 Richard L. Daft는 조직이 일차적으로 수행해야할 과업인 운영목표에는 조직전체의 성과, 자원, 시장, ___㉠___, 혁신과 변화, ___㉡___에 관한 목표가 포함된다고 하였다.
전체성과란 영리조직은 수익성, 사회복지기관은 서비스 제공과 같은 조직의 성장목표이다. 자원은 조직에 필요한 재료와 재무자원을 획득하는 것이며, 시장과 관련된 조직목표는 시장점유율이나 시장에서의 지위향상과 같은 목표이다. ___㉠___은/는 조직구성원에 대한 교육훈련, 승진, 성장 등과 관련된 목표이며, 혁신과 변화는 불확실한 환경변화에 대한 적응가능성을 높이고 내부의 유연성을 향상시키고자 수립하는 것이다. ___㉡___은 투입된 자원에 대비한 산출량을 높이기 위한 목표로 단위생산비용, 조직구성원 1인당 생산량 및 투입비용 등으로 산출할 수 있다.

	㉠	㉡
①	조직개편	생산성
②	인력개발	생산성
③	R&D	생산성
④	조직개편	지속가능성
⑤	인력개발	지속가능성

17 **다음 중 대학생인 지수의 일과를 통해 알 수 있는 사실로 가장 적절한 것은?**

지수는 화요일에 학교 수업, 아르바이트, 스터디, 봉사활동 등을 한다. 다음은 지수의 화요일 일과이다. • 지수는 오전 11시부터 오후 4시까지 수업이 있다. • 수업이 끝나고 학교 앞 프랜차이즈 카페에서 아르바이트를 3시간 동안 한다. • 아르바이트를 마친 후 NCS 공부를 하기 위해 스터디를 2시간 동안 한다.

① 비공식적이면서 소규모조직에서 3시간 있었다.
② 하루 중 공식조직에서 9시간 있었다.
③ 비영리조직이면서 대규모조직에서 5시간 있었다.
④ 영리조직에서 2시간 있었다.
⑤ 비공식적이면서 비영리조직에서 3시간 있었다.

PART 2

18 **K회사는 새롭게 개발한 립스틱을 대대적으로 홍보하고 있다. 다음 중 K회사의 사례에 대한 대안으로 가장 적절한 것은?**

K회사 립스틱의 특징은 지속력과 선명한 색상, 그리고 20대 여성을 타깃으로 한 아기자기한 디자인이다. 하지만 립스틱의 홍보가 안 되고 있어 매출이 좋지 않다. 조사결과 저가 화장품이라는 브랜드 이미지 때문인 것으로 드러났다.

① 블라인드 테스트를 통해 제품의 질을 인정받는다.
② 홍보비를 두 배로 늘려 더 많이 광고한다.
③ 브랜드 이름을 최대한 감추고 홍보한다.
④ 무료 증정 이벤트를 연다.
⑤ 타깃을 30대 여성으로 바꾼다.

19 **영업부장에게 '거래처로 다음 달까지 납품하기로 한 제품이 5배 더 늘었다.'라는 문자를 받았다. 이때 생산팀을 담당하고 있는 A사원의 행동으로 가장 적절한 것은?**

① 영업부장에게 왜 납품량이 5배나 늘었냐며 화를 낸다.
② 거래처 담당자에게 납품량을 다시 확인한 후 생산라인에 통보한다.
③ 잘못 보낸 문자라 생각하고 아무런 조치를 취하지 않는다.
④ 생산해야 할 제품 수가 5배나 늘었다고 바로 생산라인에 통보한다.
⑤ 추가로 더 생산할 수 없다고 단호히 거절한다.

20 **다음 상황에서 K주임이 처리해야 할 업무 순서로 가장 적절한 것은?**

안녕하세요, K주임님. 언론홍보팀 L대리입니다. 다름이 아니라 이번에 공사에서 진행하는 '소셜벤처 성장지원사업'에 관한 보도 자료를 작성하려고 하는데, 디지털소통팀의 업무 협조가 필요하여 연락드렸습니다. 디지털소통팀 P팀장님께 K주임님이 협조해 주신다는 이야기를 전해 들었습니다. 자세한 요청 사항은 회의를 통해서 말씀드리도록 하겠습니다. 혹시 내일 오전 10시에 회의를 진행해도 괜찮을까요? 일정 확인하시고 오늘 내로 답변 주시면 감사하겠습니다. 일단 회의 전에 알아두시면 좋을 것 같은 자료는 메일로 발송하였습니다. 회의 전에 미리 확인하셔서 관련 사항 숙지하시고 회의에 참석해 주시면 좋을 것 같습니다. 아! 그리고 오늘 오후 2시에 홍보실 각 팀 팀장회의가 있다고 하니, P팀장님께 꼭 전해 주세요.

① 팀장회의 참석 – 익일 업무 일정 확인 – 메일 확인 – 회의 일정 답변 전달
② 팀장회의 참석 – 메일 확인 – 익일 업무 일정 확인 – 회의 일정 답변 전달
③ 팀장회의 일정 전달 – 메일 확인 – 회의 일정 답변 전달 – 익일 업무 일정 확인
④ 팀장회의 일정 전달 – 익일 업무 일정 확인 – 회의 일정 답변 전달 – 메일 확인
⑤ 팀장회의 일정 전달 – 익일 업무 일정 확인 – 메일 확인 – 회의 일정 답변 전달

21 **다음 중 터크만의 팀 발달 4단계에 필요한 리더십으로 바르게 제시된 것은 무엇인가?**

	형성기	혼란기	규범기	성취기
①	참여	코치	위임	지시
②	지시	위임	코치	참여
③	지시	코치	참여	위임
④	코치	지시	참여	위임
⑤	코치	위임	참여	지시

PART 2

22 **최근 D사에 입사한 Y사원은 며칠 전 민원상담을 진행하는 데 어려움을 겪었다고 선임인 귀하에게 토로하였다. 귀하는 Y사원이 민원상담을 잘 수행할 수 있도록 민원처리 매뉴얼에 대해 설명하고자 한다. 다음 중 귀하의 발언으로 적절하지 않은 것은?**

① 민원처리 결과에 대하여 고객의 의견 및 만족 여부를 확인하여 D사의 신뢰를 조성하도록 노력해야 해.

② 민원처리 시 감정이 상한 고객이 있다면 먼저 공감하는 자세로 고객의 마음을 헤아리도록 노력해야 해.

③ 사실을 확인한 민원에 대해서는 적절한 해결책이 무엇인지 모색하여야 하는데, 만약 D사의 과실에 대한 것이라면 이를 인정하고 먼저 사과해야 해.

④ 고객이 민원을 제기할 때에는 주장하는 내용을 정확하게 파악할 수 있도록 경청하는 것이 중요해. 만약 부정확한 내용이 있다면 반드시 다시 확인해야 해.

⑤ 적절한 해결책이 있다면 고객에게 제시하여 해결하도록 하고, 향후 반복적인 문제가 발생하지 않도록 개인 업무노트에 기록해 두고 수시로 확인하는 것이 중요해.

23 **다음 중 팀워크에 대한 설명으로 옳지 않은 것은?**

① 사람들이 집단에 머물도록 만들고, 집단의 멤버로서 계속 남아 있기를 원하게 만드는 힘이다.
② 팀워크를 유지하기 위해 구성원은 공동의 목표의식과 강한 도전의식을 가져야 한다.
③ 공동의 목적을 달성하기 위해 상호관계성을 가지고 협력하여 업무를 수행하는 것이다.
④ 조직에 대한 이해 부족은 팀워크를 저해하는 요소이다.
⑤ 효과적인 팀은 갈등을 인정하고 상호신뢰를 바탕으로 건설적으로 해결한다.

24 **다음 글에서 A사원의 대인관계 유형으로 가장 적절한 것은?**

> 사원 A는 대인관계에 있어 외향적이고 쾌활한 성격이어서 자주 주목을 받곤 한다. 다른 직원들과 대화하기를 좋아하고 주위 사람들로부터 인정받고 싶은 욕구도 가지고 있다. 하지만 혼자서 시간을 보내는 것을 어려워하며, 타인의 활동에 관심이 많아 간섭하는 경향이 있어 나쁘게 보는 직원들도 있다.

① 실리형
② 순박형
③ 친화형
④ 사교형
⑤ 지배형

25 다음과 같은 상황에서 대응방안으로 가장 적절한 것은?

> 고객이 상품을 주문했는데 배송이 일주일이 걸렸다. 상품을 막상 받아보니 사이즈가 작아 반품을 요구했으나, 주문처에서 갑자기 반품 배송비용을 청구하였다. 고객은 반품 배송비용을 고객이 부담해야 한다는 공지를 받은 적이 없어 당황해했으며 기분이 매우 언짢아하였다.

① 사이즈를 정확하게 기재하겠습니다.
② 배송을 빨리 하도록 노력하겠습니다.
③ 반품 배송비가 있다는 항목을 제대로 명시하겠습니다.
④ 고객에게 사이즈를 교환해 주겠습니다.
⑤ 주문서를 다시 한 번 확인하겠습니다.

PART 2

26 같은 공원에서 A는 강아지와 함께 2일마다 산책을 하고, B는 혼자 3일마다 산책을 한다. A는 월요일부터 산책을 했고, B는 그 다음 날부터 산책을 했다면, A와 B가 처음으로 만나는 날은 무슨 요일인가?

① 수요일
② 목요일
③ 금요일
④ 토요일
⑤ 일요일

27 다음 수열의 31번째 항의 값은?

> 400, 399, 403, 394, 410, 385, 421, 372, …

① 865
② 875
③ 885
④ 895
⑤ 905

28 다음은 산업분류별 상용 근로일수, 임시 일용근로일수 및 월 평균 근로시간 현황에 대한 자료이다. 이에 대한 설명으로 옳은 것을 〈보기〉에서 모두 고르면?

〈산업분류별 상용 근로일수, 임시 일용근로일수 및 월 평균 근로시간 현황〉

(단위 : 일, 시간)

구분	2023년 10월			2023년 11월			2023년 12월		
	상용 근로 일수	임시 일용 근로 일수	월 평균 근로 시간	상용 근로 일수	임시 일용 근로 일수	월 평균 근로 시간	상용 근로 일수	임시 일용 근로 일수	월 평균 근로 시간
전체	20.6	13.6	163.3	20.7	13.7	164.2	20.7	13.6	163.9
광업	21.8	10.8	175.5	21.9	10.8	176.6	21.9	10.7	176.6
제조업	20.6	14.8	176.3	20.8	14.9	177.4	20.7	14.8	177.1
전기, 가스, 증기 및 수도 사업	19.0	17.5	160.6	19.2	17.6	162.1	19.2	17.6	162.1
하수·폐기물처리, 원료재생 및 환경복원업	21.7	13.5	177.0	21.8	13.2	177.9	21.8	13.2	177.8
건설업	20.5	12.9	138.0	20.7	12.9	138.7	20.6	12.9	138.5
도매 및 소매업	20.9	13.4	164.4	21.1	13.5	165.4	21.0	13.5	165.2
운수업	21.0	18.2	166.1	21.1	18.2	166.8	21.1	18.3	166.5
숙박 및 요식업	23.0	13.9	159.3	23.1	13.9	159.7	23.1	13.8	159.7
출판, 영상, 방송통신 및 정보 서비스업	19.8	16.1	160.7	19.9	16.2	162.0	19.9	16.2	161.6
금융 및 보험업	19.6	19.3	160.2	19.7	19.3	161.3	19.6	19.2	160.9
부동산 및 임대업	19.4	17.0	178.4	19.5	17.0	179.1	19.5	16.9	178.9
전문, 과학 및 기술 서비스업	19.8	16.5	159.6	19.9	16.7	160.8	19.9	16.6	160.4
사업시설관리 및 사업지원 서비스업	20.2	13.5	162.6	20.3	13.5	163.4	20.3	13.5	163.2
교육 서비스업	19.8	11.5	142.0	20.0	11.4	142.8	20.0	11.2	142.3
보건업 및 사회복지 서비스업	20.7	17.3	161.8	20.8	17.5	162.7	20.8	17.4	162.5
예술, 스포츠 및 여가 관련 서비스업	20.5	15.3	157.2	20.6	15.3	157.9	20.5	15.3	157.7
협회 및 단체, 수리 및 기타 개인 서비스업	21.5	11.7	161.3	21.6	11.6	162.1	21.6	11.6	162.0

보기

ㄱ. 2023년 10월부터 12월까지 전체 월 평균 근로시간은 매월 증가하였다.

ㄴ. 2023년 11월 건설업의 상용 근로일수는 광업의 상용 근로일수의 80% 이상이다.

ㄷ. 2023년 10월에 임시 일용근로일수가 가장 높은 산업은 2023년 12월에 10월 대비 임시 일용근로일수가 증가하였다.

ㄹ. 월 평균 근로시간이 가장 높은 산업은 2023년 11월과 12월에 동일하다.

① ㄱ, ㄴ
② ㄱ, ㄷ
③ ㄴ, ㄷ
④ ㄴ, ㄹ
⑤ ㄷ, ㄹ

※ 다음은 흡연 여부 및 흡연량에 대한 자료이다. 이어지는 질문에 답하시오. **[29~30]**

〈흡연 여부 및 흡연량〉

(단위 : %)

구분			20세 이상 인구	비흡연자			흡연자					
					금연자	비흡연자		10 개비 이하	11 ~ 20 개비	21 ~ 30 개비	31 ~ 40 개비	41 개비 이상
2022년	전국		100.0	64.9	15.2	84.8	35.1	34.9	55.2	7.2	0.3	2.4
	동부		100.0	65.1	15.1	84.9	34.9	35.9	54.7	6.8	0.3	2.3
	읍·면부		100.0	64.0	15.3	84.7	36.0	30.9	57.3	8.5	0.4	2.9
	성별	남성	100.0	32.2	55.2	44.8	67.8	32.4	57.2	7.6	0.3	2.5
		여성	100.0	95.4	2.6	97.4	4.6	68.6	28.5	1.9	0.2	0.8
2023년	전국		100.0	70.8	20.7	79.3	29.2	40.5	50.7	6.0	2.6	0.2
	동부		100.0	70.7	20.6	79.4	29.3	40.8	50.6	5.9	2.5	0.2
	읍·면부		100.0	71.3	20.8	79.2	28.7	39.2	50.9	6.4	3.1	0.4
	성별	남성	100.0	43.7	60.9	39.1	56.3	38.1	52.5	6.4	2.7	0.3
		여성	100.0	96.2	3.5	96.5	3.8	73.4	24.9	0.6	1.0	0.1

29 다음 중 2022년 대비 2023년 전국의 20세 이상 인구에서 비흡연자의 인구비율은 얼마나 증가했는가?

① 5.9%p
② 6.9%p
③ 7.9%p
④ 8.9%p
⑤ 9.9%p

30 만약 2023년 동부지역의 20세 이상 인구가 1,500,000명이라면, 비흡연자 중 금연자는 몇 명인가?

① 218,463명
② 219,523명
③ 220,584명
④ 439,500명
⑤ 842,037명

PART 2

제5회
최종점검 모의고사

※ 한국산업안전보건공단 최종점검 모의고사는 채용공고와 후기를 기준으로 구성한 것으로 실제 시험과 다를 수 있습니다.

■ 취약영역 분석

번호	O/×	영역	번호	O/×	영역	번호	O/×	영역
1		의사소통능력	11		자원관리능력	21		대인관계능력
2			12			22		
3			13			23		
4			14			24		
5			15			25		
6		문제해결능력	16		조직이해능력	26		수리능력
7			17			27		
8			18			28		
9			19			29		
10			20			30		

평가문항	30문항	평가시간	30분
시작시간	:	종료시간	:
취약영역			

모바일 OMR

제 5 회 최종점검 모의고사

응시시간 : 30분 문항 수 : 30문항

정답 및 해설 p.067

01 **다음 중 가장 적절한 의사 표현법을 사용하고 있는 사람은?**

① A대리 : (늦잠으로 지각한 후배 사원의 잘못을 지적하며) 오늘도 지각을 했네요. 어제도 늦게 출근하지 않았나요? 왜 항상 지각하는 거죠?

② B대리 : (후배 사원의 고민을 들으며) 방금 뭐라고 이야기했죠? 미안해요. 아까 이야기한 고민에 대해서 어떤 답을 해야 할지 생각하고 있었어요.

③ C대리 : (후배 사원의 실수가 발견되어 이를 질책하며) 이번 프로젝트를 위해 많이 노력했다는 것 압니다. 다만, 발신 메일 주소를 한 번 더 확인하는 습관을 갖는 것이 좋겠어요. 앞으로는 더 잘할 거라고 믿어요.

④ D대리 : (거래처 직원에게 변경된 계약서에 서명할 것을 설득하며) 이 정도는 그쪽에 큰 손해 사항도 아니지 않습니까? 지금 서명해 주지 않으시면 곤란합니다.

⑤ E대리 : (후배 사원에게 업무를 지시하며) 이번 일은 직접 발로 뛰어야 해요. 특히 빨리 처리해야 하니까 반드시 이 순서대로 진행하세요!

02 **다음 중 인상적인 의사소통능력에 대한 설명으로 적절하지 않은 것은?**

① 자신의 의견을 인상적으로 전달하기 위해서는 자신의 의견을 장식하는 것이 필요하다.

② 의사소통과정을 통하여 내가 전달하고자 하는 내용에 대해 상대방이 '과연'하며 감탄하게 만드는 것이다.

③ 인상적인 의사소통능력을 개발하기 위해서는 자주 사용하는 표현을 잘 섞어서 쓰는 것이 좋다.

④ 새로운 고객을 만나는 직업인의 경우 같은 말을 되풀이하는 것보다 새로운 표현을 사용하여 인상적인 의사소통을 만드는 것이 좋다.

⑤ 의사소통과정에서 상대방에게 같은 내용을 전달한다고 해도 이야기를 새롭게 부각시켜 좋은 인상을 주는 것을 말한다.

03 다음 문단을 논리적 순서대로 바르게 나열한 것은?

(가) 공공재원 효율적 활용을 지향하기 위해 사회 생산성 기여를 위한 공간정책이 마련되어야 함과 동시에 주민복지의 거점으로서 기능을 해야 한다. 또한 도시체계에서 다양한 목적의 흐름을 발생, 집중시키는 노드로서 다기능・복합화를 실현하여 범위의 경제를 창출하여 이용자 편의성을 증대시키고, 공공재원의 효율적 활용에도 기여해야 한다.

(나) 우리나라도 인구감소 시대에 본격적으로 진입할 가능성이 높아지고 있다. 이미 비수도권의 대다수 시・군에서는 인구가 급속하게 줄어왔으며, 수도권 내 상당수의 시・군에서도 인구정체가 나타나고 있다. 인구감소 시대에 접어들게 되면, 줄어드는 인구로 인해 고령화 및 과소화가 급속하게 진전된 상태가 될 것이고, 그 결과 취약계층, 교통약자 등 주민의 복지수요가 늘어날 것이다.

(다) 앞으로 공공재원의 효율적 활용, 주민복지의 최소 보장, 자원배분의 정의, 공유재의 사회적 가치 및 생산에 대해 관심을 기울여야 할 것이다. 또한 인구감소시대에 대비하여 창조적 축소, 거점 간 또는 거점과 주변 간 네트워크화 등에 관한 논의, 그와 관련되는 국가와 지자체의 역할 분담, 그리고 이해관계 주체의 연대, 참여, 결속에 관한 논의가 계속적으로 다루어져야 할 것이다.

(라) 이러한 상황에서는 공공재원을 확보, 확충하기가 어렵게 되므로 재원의 효율적 활용 요구가 높아질 것이다. 실제로 현재 인구 감소에 따른 과소화, 고령화가 빠르게 전개되어온 지역에서 공공서비스 공급에 제약을 받고 있으며, 비용 효율성을 높여야 한다는 과제에 직면해 있다.

① (가) – (다) – (나) – (라)
② (가) – (라) – (나) – (다)
③ (나) – (가) – (라) – (다)
④ (나) – (라) – (가) – (다)
⑤ (나) – (라) – (다) – (가)

04 다음 글의 빈칸 ㉠, ㉡에 들어갈 접속어를 순서대로 바르게 나열한 것은?

> 평화로운 시대에 시인의 존재는 문화의 비싼 장식일 수 있다. ___㉠___ 시인의 조국이 비운에 빠졌거나 혼란에 놓였을 때 시인은 장식의 의미를 떠나 민족의 예언가가 될 수 있고, 민족혼을 불러일으키는 선구자적 지위에 놓일 수도 있다. 예를 들면 스스로 군대를 가지지 못한 채 제정 러시아의 가혹한 탄압 아래 있던 폴란드 사람들은 시인의 존재를 민족의 재생을 예언하고 굴욕스러운 현실을 탈피하도록 격려하는 예언자로 여겼다. ___㉡___ 통일된 국가를 가지지 못하고 이산되어 있던 이탈리아 사람들은 시성 단테를 유일한 '이탈리아'로 숭앙했고, 제1차 세계대전 때 독일군의 잔혹한 압제에 있었던 벨기에 사람들은 베르하렌을 조국을 상징하는 시인으로 추앙하였다.

	㉠	㉡
①	따라서	또한
②	즉	그럼에도 불구하고
③	그러나	또한
④	그래도	그래서
⑤	그래서	그러나

05 다음 문단을 논리적 순서대로 바르게 나열한 것은?

> (가) 여름에는 찬 음식을 많이 먹거나 냉방기를 과도하게 사용하는 경우가 많은데, 그렇게 되면 체온이 떨어져 면역력이 약해지기 때문이다.
> (나) 만약 감기에 걸렸다면 탈수로 인한 탈진을 방지하기 위해 수분을 충분히 섭취해야 한다.
> (다) 특히 감기로 인해 열이 나거나 기침을 할 때에는 따뜻한 물을 여러 번에 나누어 먹는 것이 좋다.
> (라) 여름철 감기를 예방하기 위해서는 찬 음식을 적당히 먹어야 하고 냉방기에 장시간 노출되는 것을 피해야 하며, 충분한 휴식을 취하고, 집에 돌아온 후에는 손발을 꼭 씻어야 한다.
> (마) 일반적으로 감기는 겨울에 걸린다고 생각하지만 의외로 여름에도 감기에 걸린다.

① (가) – (다) – (나) – (라) – (마)
② (가) – (다) – (라) – (나) – (마)
③ (라) – (가) – (다) – (마) – (나)
④ (마) – (가) – (라) – (나) – (다)
⑤ (마) – (라) – (가) – (나) – (다)

06 **문제해결에 어려움을 겪고 있는 A대리는 상사인 B부장에게 면담을 요청하였고 B부장은 다음과 같이 조언하였다. B부장이 A대리에게 제시한 문제해결 사고방식으로 옳은 것은?**

> 현재 당면하고 있는 문제와 그 해결방법에만 집착하지 말고, 그 문제와 해결방안이 상위 시스템과 어떻게 연결되어 있는지를 생각해 보세요.

① 분석적 사고
② 발상의 전환
③ 내・외부자원의 활용
④ 창의적 사고
⑤ 전략적 사고

PART 2

07 **업무 수행과정에서 발생하는 문제를 발생형, 탐색형, 설정형의 세 가지 문제 유형으로 분류한다고 할 때, 다음 중 탐색형 문제에 해당하는 것은?**

① 판매된 제품에서 이물질이 발생했다는 고객의 클레임이 발생하였다.
② 국내 생산 공장을 해외로 이전할 경우 발생할 수 있는 문제들을 파악하여 보고해야 한다.
③ 대외경쟁력과 성장률을 강화하기 위해서는 생산성을 15% 이상 향상시켜야 한다.
④ 공장의 생산 설비 오작동으로 인해 제품의 발주량을 미처 채우지 못하였다.
⑤ 향후 5년간 시장의 흐름을 예측한 후 자사의 새로운 성장 목표를 설정하기로 하였다.

08 **남자 2명과 여자 2명이 다음 〈조건〉과 같이 원탁에 앉아 있다. 이를 토대로 옳은 것은?**

조건

- 네 사람의 직업은 각각 교사, 변호사, 자영업자, 의사이다.
- 네 사람은 각각 검은색 원피스, 파란색 재킷, 하얀색 니트, 밤색 티셔츠를 입고 있으며, 이 중 검은색 원피스는 여성용, 파란색 재킷은 남성용이다.
- 남자는 남자끼리, 여자는 여자끼리 인접해서 앉아 있다.
- 변호사는 하얀색 니트를 입고 있다.
- 자영업자는 남자이다.
- 의사의 왼쪽 자리에 앉은 사람은 검은색 원피스를 입었다.
- 교사는 밤색 니트를 입은 사람과 원탁을 사이에 두고 마주 보고 있다.

① 교사와 의사는 원탁을 사이에 두고 마주 보고 있다.

② 변호사는 남자이다.

③ 밤색 티셔츠를 입은 사람은 여자이다.

④ 의사는 파란색 재킷을 입고 있다.

⑤ 검은색 원피스를 입은 여자는 자영업자의 옆에 앉아 있다.

09 다음은 A기업에 대한 SWOT 분석 결과이다. 〈보기〉 중 각 전략에 따른 대응으로 적절한 것을 모두 고르면?

〈A기업의 SWOT 분석 결과〉

강점(Strength)	약점(Weakness)
• 높은 브랜드 이미지 · 평판 • 훌륭한 서비스와 판매 후 보증수리 • 확실한 거래망, 딜러와의 우호적인 관계 • 막대한 R&D 역량 • 자동화된 공장 • 대부분의 차량 부품 자체 생산	• 한 가지 차종에만 집중 • 고도의 기술력에 대한 과도한 집중 • 생산설비에 막대한 투자 → 차량모델 변경의 어려움 • 한 곳의 생산 공장만 보유 • 전통적인 가족형 기업 운영
기회(Opportunity)	**위협(Threat)**
• 소형 레저용 차량에 대한 수요 증대 • 새로운 해외시장의 출현 • 저가형 레저용 차량에 대한 선호 급증	• 휘발유의 부족 및 가격의 급등 • 레저용 차량 전반에 대한 수요 침체 • 다른 회사들과의 경쟁 심화 • 차량 안전 기준의 강화

보기

ㄱ. ST전략 : 기술개발을 통하여 연비를 개선한다.
ㄴ. SO전략 : 대형 레저용 차량을 생산한다.
ㄷ. WO전략 : 규제 강화에 대비하여 보다 안전한 레저용 차량을 생산한다.
ㄹ. WT전략 : 생산량 감축을 고려한다.
ㅁ. WO전략 : 국내 다른 지역이나 해외에 공장들을 분산 설립한다.
ㅂ. ST전략 : 경유용 레저 차량 생산을 고려한다.
ㅅ. SO전략 : 해외시장 진출보다는 내수 확대에 집중한다.

① ㄱ, ㄴ, ㅁ, ㅂ
② ㄱ, ㄹ, ㅁ, ㅂ
③ ㄴ, ㄷ, ㅂ, ㅅ
④ ㄴ, ㄹ, ㅁ, ㅅ
⑤ ㄷ, ㅁ, ㅂ, ㅅ

PART 2

10 K중학교 백일장에 참여한 A ~ E학생에게 다음 〈조건〉에 따라 점수를 부여할 때, 점수가 가장 높은 학생은?

〈K중학교 백일장 채점표〉

학생	오탈자(건)	글자 수(자)	주제의 적합성	글의 통일성	가독성
A	33	654	A	A	C
B	7	476	B	B	B
C	28	332	B	B	C
D	25	572	A	A	A
E	12	786	C	B	A

조건

- 기본 점수는 80점이다.
- 오탈자가 10건 이상일 때 1점을 감점하고, 5건이 추가될 때마다 1점을 추가로 감점한다.
- 전체 글자 수가 350자 미만일 때 10점을 감점하고, 600자 이상일 때 1점을 부여하며, 25자가 추가될 때마다 1점을 추가로 부여한다.
- 주제의 적합성, 글의 통일성, 가독성을 A, B, C등급으로 나누며 등급 개수에 따라 추가점수를 부여한다.
  - A등급 3개 : 25점
  - A등급 2개, B등급 1개 : 20점
  - A등급 2개, C등급 1개 : 15점
  - A등급 1개, B등급 2개 또는 A등급, B등급, C등급 1개 : 10점
  - B등급 3개 : 5점

예 오탈자 46건, 전체 글자 수 626자, 주제의 적합성, 글의 통일성, 가독성이 각각 A, B, A일 때 점수는 80−8+2+20=94점이다.

① A　② B
③ C　④ D
⑤ E

11 **다음은 예산 관리 시스템의 유형 중 하나인 '항목별 예산 관리'에 대한 설명이다. 항목별 예산 관리의 특징으로 보기 어려운 것은?**

> 항목별 예산 관리는 대개 회계연도를 기준으로 하는 가장 기본적인 예산 형식이며, 사회복지 조직에서 가장 많이 사용되고 있는 형식이다. 지출 항목별 회계와 전년도에 기초하여 작성되며, 액수의 점진적인 증가에 기초를 둔 점진주의적 특징을 가진다.

① 지출근거가 명확하므로 예산 통제에 효과적이다.
② 예산 항목별로 지출이 정리되므로 회계에 유리하다.
③ 예산 증감의 신축성을 가진다.
④ 예산 증감의 기준의 타당성이 희박하고 효율성을 무시한다.
⑤ 프로그램의 목표나 내용, 결과에 대한 고려가 부족하다.

12 **다음 중 물적 자원의 관리를 방해하는 요인에 대한 사례로 적절하지 않은 것은?**

① A대리는 부서 예산으로 구입한 공용 노트북을 분실하였다.
② B주임은 세미나를 위해 회의실의 의자를 옮기던 중 의자를 훼손하였다.
③ C대리는 예산의 목적과 달리 겨울에 사용하지 않는 선풍기를 구입하였다.
④ D주임은 사내 비품을 구매하는 과정에서 필요 수량을 초과하여 구입하였다.
⑤ E사원은 당장 필요한 서류철들의 보관 장소를 파악하지 못하였다.

13 다음은 임직원 출장여비 지급규정과 A차장의 출장비 지출 내역이다. 이번 출장을 통해 A차장이 받을 수 있는 출장여비는?

〈임직원 출장여비 지급규정〉

- 출장여비는 일비, 숙박비, 식비, 교통비로 구성된다.
- 일비는 출장일수에 따라 매일 10만 원씩 지급한다.
- 숙박비는 숙박일수에 따라 실비 지급한다. 다만, 항공 또는 선박 여행 시 항공기 내 또는 선박 내에서의 숙박은 숙박비를 지급하지 아니한다.
- 식비는 일수에 따라 식사 여부에 상관없이 1일 3식으로 지급하며, 1끼니당 1만 원씩 지급한다. 단, 항공 또는 선박 여행 시에는 기내식이 포함되지 않을 경우만 지급하며, 출장 마지막 날 저녁은 지급하지 않는다.
- 교통비는 교통편의 운임 혹은 유류비 산출액을 실비 지급한다.

〈A차장의 2박 3일 출장비 지출 내역〉

8월 8일	8월 9일	8월 10일
• 인천 – 일본 항공편 84,000원 (아침 기내식 포함 ×) • 점심 식사 7,500원 • 일본 J공항 – B호텔 택시비 10,000원 • 저녁 식사 12,000원 • B호텔 숙박비 250,000원	• 아침 식사 8,300원 • 호텔 – 거래처 택시비 16,300원 • 점심 식사 10,000원 • 거래처 – 호텔 택시비 17,000원 • B호텔 숙박비 250,000원	• 아침 식사 5,000원 • 일본 – 인천 항공편 89,000원 (점심 기내식 포함)

① 880,000원
② 1,053,000원
③ 1,059,100원
④ 1,086,300원
⑤ 1,106,300원

14 A사원의 팀은 출장근무를 마치고 서울로 복귀하고자 한다. 다음 자료를 참고할 때, 서울에 가장 일찍 도착할 수 있는 예정시각은 언제인가?

〈상황〉

- A사원이 소속된 팀원은 총 4명이다.
- 대전에서 출장을 마치고 서울로 돌아가려고 한다.
- 고속버스터미널에는 은행, 편의점, 화장실, 패스트푸드점 등이 있다.

※ 시설별 소요 시간 : 은행 30분, 편의점 10분, 화장실 20분, 패스트푸드점 25분

〈대화 내용〉

S과장 : 긴장이 풀려서 그런가? 배가 출출하네. 햄버거라도 사서 먹어야겠어.
B대리 : 저도 출출하긴 한데 그것보다 화장실이 더 급하네요. 금방 다녀오겠습니다.
C주임 : 그럼 그사이에 버스표를 사야 하니 은행에 들러 현금을 찾아오겠습니다.
A사원 : 저는 그동안 버스 안에서 먹을 과자를 편의점에서 사 오겠습니다.
S과장 : 지금이 16시 50분이니까 다들 각자 볼일 보고 빨리 돌아와. 다 같이 타고 가야 하니까.

〈시외버스 배차정보〉

대전 출발	서울 도착	잔여 좌석수(개)
17:00	19:00	6
17:15	19:15	8
17:30	19:30	3
17:45	19:45	4
18:00	20:00	8
18:15	20:15	5
18:30	20:30	6
18:45	20:45	10
19:00	21:00	16

① 17:45
② 19:15
③ 19:45
④ 20:15
⑤ 20:45

PART 2

15 K공단은 직원들의 교양 증진을 위해 사내 도서관에 도서를 추가로 구비하고자 한다. 새로 구매할 도서는 직원들을 대상으로 한 사전조사 결과를 바탕으로 선정점수를 결정한다. 〈조건〉에 따라 추가로 구매할 도서를 선정할 때, 다음 중 최종 선정될 도서가 바르게 연결된 것은?

〈후보 도서 사전조사 결과〉

도서명	저자	흥미도 점수(점)	유익성 점수(점)
재테크, 답은 있다	정우택	6	8
여행학개론	W. George	7	6
부장님의 서랍	김수권	6	7
IT혁명의 시작	정인성, 유오진	5	8
경제정의론	S. Collins	4	5
건강제일주의	임시학	8	5

조건

- K공단은 전 직원들을 대상으로 후보 도서들에 대한 사전조사를 하였다. 각 후보 도서에 대한 흥미도 점수와 유익성 점수는 전 직원들이 10점 만점으로 부여한 점수의 평균값이다.
- 흥미도 점수와 유익성 점수를 3 : 2의 가중치로 합산하여 1차 점수를 산정하고, 1차 점수가 높은 후보 도서 3개를 1차 선정한다.
- 1차 선정된 후보 도서 중 해외저자의 도서는 가점 1점을 부여하여 2차 점수를 산정한다.
- 2차 점수가 가장 높은 2개의 도서를 최종 선정한다. 만일 선정된 후보 도서들의 2차 점수가 모두 동일한 경우, 유익성 점수가 가장 낮은 후보 도서는 탈락시킨다.

① 재테크, 답은 있다 / 여행학개론
② 재테크, 답은 있다 / 건강제일주의
③ 여행학개론 / 부장님의 서랍
④ 여행학개론 / 건강제일주의
⑤ IT혁명의 시작 / 건강제일주의

16 K공단에 근무 중인 B차장은 새로운 사업을 실행하기에 앞서 설문조사를 하려고 한다. 다음의 방법을 이용하려고 할 때, 설문조사 순서를 바르게 나열한 것은?

> 델파이 기법은 전문가들의 의견을 종합하기 위해 고안된 기법으로 불확실한 상황을 예측하고자 할 경우 사용하는 인문사회과학 분석기법 중 하나이다. 설문지로만 이루어지기 때문에 전문가들의 익명성이 보장되고, 반복적인 설문을 통해 얻은 반응을 수집·요약해 특정한 주제에 대한 전문가 집단의 합의를 도출하는 방식으로 진행된다.

① 설문지 제작 – 발송 – 회수 – 검토 후 결론 도출 – 결론 통보
② 설문지 제작 – 1차 대면 토론 – 중간 분석 – 2차 대면 토론 – 합의 도출
③ 설문지 제작 – 발송 – 회수 – 중간 분석 – 대면 토론 – 합의 도출
④ 설문지 제작 – 발송 – 새 설문지 제작 – 발송 – 회수 – 합의 도출
⑤ 설문지 제작 – 발송 – 회수 – 중간 분석 – 재발송 – 회수 – 합의 도출

17 귀하는 K은행의 프라이빗뱅킹(PB) 서비스를 제공하는 업무를 담당하고 있다. 최근 팀 내의 실적이 감소하고 있는 추세에 대해서 근본적인 원인을 파악하기 위해서 여러 가지 떠오르는 생각들을 순서대로 기술하였다. 이를 체계적으로 분석하여 팀 회의에서 보고하려고 하는데, 다음 원인들의 인과관계를 따져보고 귀하가 택할 가장 근본적인 원인은 무엇인가?

> • 재무설계 제안서의 미흡
> • 절대적인 고객 수 감소
> • 고객과의 PB 서비스 계약 건수 감소
> • 고객정보의 수집 부족
> • 금융상품의 다양성 부족

① 고객과의 PB 서비스 계약 건수 감소
② 절대적인 고객 수 감소
③ 재무설계 제안서의 미흡
④ 금융상품의 다양성 부족
⑤ 고객정보의 수집 부족

18 다음 중 이사원이 처리해야 할 업무를 순서대로 바르게 나열한 것은?

현재 시각은 10시 30분. 이사원은 30분 후 거래처 직원과의 미팅이 예정되어 있다. 거래처 직원에게는 회사의 제1회의실에서 미팅을 진행하기로 미리 안내하였으나, 오늘 오전 현재 제1회의실 예약이 모두 완료되어 금일 사용이 불가능하다는 연락을 받았다. 또한 이사원은 오후 2시에 김팀장과 면담 예정이었으나, 오늘까지 문서 작업을 완료해달라는 부서장의 요청을 받았다. 이사원은 면담 시간을 미뤄보려 했지만 김팀장은 이사원과의 면담 이후 부서 회의에 참여해야 하므로 면담 시간을 미룰 수 없다고 답변했다.

㉠ 거래처 직원과의 미팅
㉡ 11시에 사용 가능한 회의실 사용 예약
㉢ 거래처 직원에게 미팅 장소 변경 안내
㉣ 김팀장과의 면담
㉤ 부서장이 요청한 문서 작업 완료

① ㉠－㉢－㉡－㉣－㉤
② ㉡－㉢－㉠－㉣－㉤
③ ㉡－㉢－㉤－㉠－㉣
④ ㉢－㉡－㉠－㉣－㉤
⑤ ㉢－㉡－㉠－㉤－㉣

19 다음 중 직무수행교육(OJT; On the Job Training)의 네 가지 단계를 순서대로 바르게 나열한 것은?

㉠ 시켜보고 잘못을 시정한다. 시켜보면서 작업을 설명하도록 한다. 다시 한 번 시켜보면서 급소를 말하도록 한다. 완전히 이해할 때까지 확인한다.
㉡ 편안하게 한다. 어떤 작업을 하는지 말한다. 그 작업에 대해서 어느 정도 알고 있는지 확인한다. 작업을 배우고 싶은 기분이 되도록 한다. 올바른 위치에 자세를 취하도록 한다.
㉢ 중요한 스텝(Step)을 하나씩 말해서 들려주고, 해 보이고, 기록해 보인다. 급소를 강조한다. 확실하게, 빠짐없이, 끈기 있게, 이해하는 능력 이상으로 하지 않는다.
㉣ 작업에 종사시킨다. 모를 때에 답변할 사람을 지정해 둔다. 몇 번이고 조사한다. 질문하도록 작용한다. 차츰 지도를 줄인다.

① ㉠－㉢－㉡－㉣
② ㉡－㉠－㉢－㉣
③ ㉡－㉢－㉠－㉣
④ ㉢－㉠－㉣－㉡
⑤ ㉢－㉡－㉠－㉣

20 A기업은 새로운 조직 개편 기준에 따라 다음에 제시된 조직도 (가)를 조직도 (나)로 변경하려 한다. 조직도 (나)의 빈칸에 들어갈 팀으로 적절하지 않은 것은?

(가)

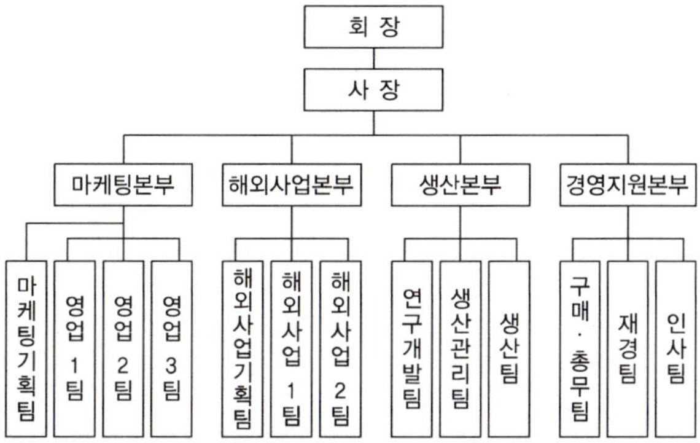

조직 개편 방향 및 기준

□ 명칭 변경 : 해외사업기획팀 → 해외마케팅기획팀
  본부 이동 : 해외사업 1·2팀(해외사업본부 → 마케팅본부)

□ 기능중심의 조직 개편
- ○ 해외사업본부의 해외사업기획팀과 마케팅본부의 마케팅기획팀을 신설한 마케팅기획본부로 이동
- ○ 마케팅본부의 영업 1·2·3팀을 두 개의 팀으로 통합
- ○ 해외사업 1·2팀 통합 후 해외영업팀 신설
- ○ 구매·총무팀에서 구매팀과 총무팀으로 분리
- ○ 총무팀과 재경팀 통합 후 재무팀 신설

(나)

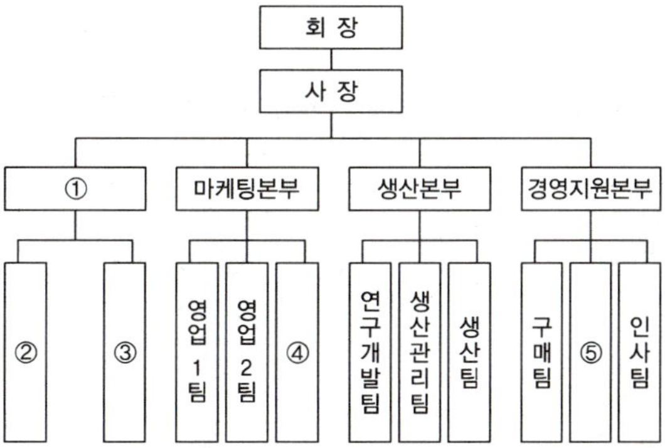

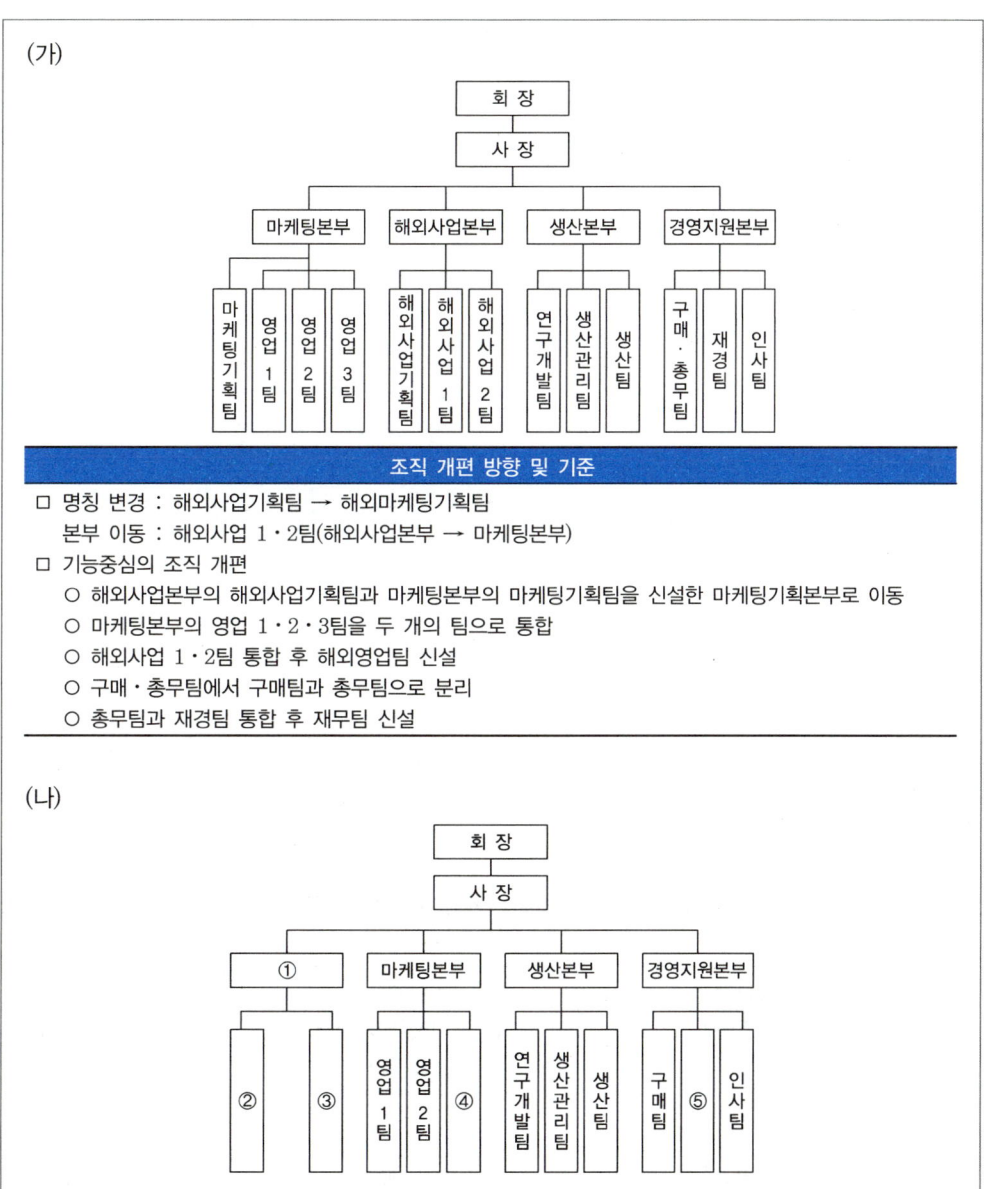

① 마케팅기획본부　　② 해외마케팅기획팀
③ 영업 3팀　　④ 해외영업팀
⑤ 재무팀

21 신입사원 A씨는 갈등 관리에 대한 책을 읽고 그 내용에 대해 정리했을 때, 적절하지 않은 것은?

① 어려운 문제여도 피하지 말고 맞서야 한다.
② 자신의 의견을 명확하게 밝히고 지속적으로 강화한다.
③ 대화에 적극적으로 참여하고 있음을 드러내기 위해 상대방과 눈을 자주 마주친다.
④ 모두에게 좋은 최선의 해결책을 찾는 것이 목표이기 때문에 타협하려고 애써야 한다.
⑤ 갈등이 인지되자마자 접근할 것이 아니라 가만히 두면 자연히 가라앉는 경우도 있기 때문에 시간을 두고 지켜보는 것이 좋다.

22 다음은 갈등해결을 위한 6단계 프로세스이다. 3단계에 해당하는 대화의 예로 가장 적절한 것은?

1단계 사전 준비하기 ⇨ **2단계** 긍정적인 분위기에서 대화 시작하기 ⇨ **3단계** 상대방의 입장 파악하기 ⇩ **4단계** 상대방의 입장에서 해결책 생각해보기 ⇦ **5단계** 해결책 평가하기 ⇦ **6단계** 최종적으로 해결책 선택 및 실행하기

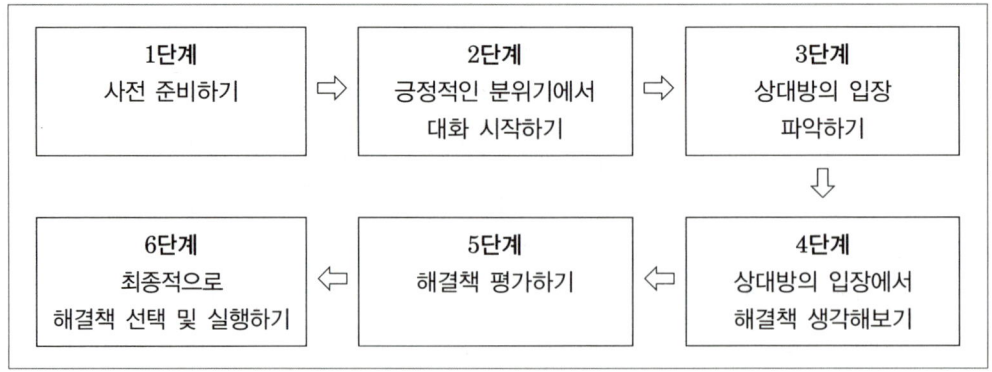

① 그럼 A씨의 생각대로 진행해 보시죠.
② 제 생각은 이런데, A씨의 생각은 어떠신지 말씀해 주시겠어요?
③ 저도 좋아요. 그것으로 결정해요.
④ 저는 모두가 만족하는 해결책을 찾고 싶어요.
⑤ A씨의 말은 아무리 들어도 이해가 안 되는데요.

23 **D부서에서는 브레인스토밍 방법으로 티셔츠 디자인의 테마를 정하는 회의를 하고 있다. 다음 중 이에 대한 내용으로 적절하지 않은 것은?**

① 회의에서 이사원이 치즈라면에 대해서 이야기하자 최과장은 노란색과 붉은색의 조화가 떠올랐다고 말했다.

② 최과장이 노란색과 붉은색의 타원을 이용한 디자인 아이디어를 제시하자, 이사원은 거기에 파란색을 넣어서 신호등처럼 만드는 것은 어떻겠냐며 웃음 섞인 제안을 했다.

③ 김부장은 회의의 효율성을 위하여 자꾸 엉뚱한 이야기만을 하는 이사원에게 조심스럽게 자제를 부탁했다.

④ 김부장은 최과장의 아이디어에 아주 작은 수정만을 가하여 삼각형을 이용한 디자인 아이디어를 제시했다.

⑤ 최과장은 이사원의 신호등처럼 만들자는 제안에 더하여 신호등 안의 사람을 이용한 디자인을 하면 어떻겠냐는 제안을 했다.

24 **다음 중 협상 전략에 대한 설명으로 옳지 않은 것을 〈보기〉에서 모두 고르면?**

보기

ㄱ. 상대방과의 협상 이외의 방법으로 쟁점해결을 위한 대안이 존재하는 경우 회피전략을 사용할 수 있다.
ㄴ. Win－Lose 전략은 상대방과 상호 간에 신뢰가 두텁고, 상대에 비해 협상력이 열위에 있는 경우에 효과적이다.
ㄷ. 유화전략은 협상의 결과로 인한 이득보다 상대방과의 우호적 관계를 통해 협력관계를 이어가는 것을 중시하는 전략이다.
ㄹ. 협상 과정에서 개발된 대안들에 대해 협상 참여자들이 공동으로 평가하는 것은 유화전략의 한 형태이다.

① ㄱ, ㄴ
② ㄱ, ㄷ
③ ㄴ, ㄷ
④ ㄴ, ㄹ
⑤ ㄷ, ㄹ

25 **다음은 D사의 직원인 귀하가 신입사원을 교육하기 위해 고객 응대 태도를 정리한 것일 때, 적절하지 않은 것은?**

① 고객을 응대할 때는 눈을 정면으로 마주친다.
② 수수료 발생 등 고객의 부담이 되는 사항은 미리 고지해야 한다.
③ 자신의 담당인 고객을 맞이할 때에는 자리에서 일어서서 인사해야 한다.
④ 고객의 직접적인 질문 외에도 관련된 질문을 먼저 드리는 것이 필요하다.
⑤ 고객 응대 중 업무 관련 전화가 왔을 때는 사적인 통화가 아니기 때문에 전화를 받으면서 일 처리를 해도 무방하다.

26 다음은 대형마트 이용자를 대상으로 소비자 만족도를 조사한 결과이다. 이에 대한 설명으로 옳은 것은?(단, 소수점 셋째 자리에서 반올림한다)

〈대형마트 업체별 소비자 만족도〉

(단위 : 점/5점 만점)

업체명	종합 만족도	서비스 품질					서비스 쇼핑 체험
		쇼핑 체험 편리성	상품 경쟁력	매장환경 / 시설	고객접점 직원	고객관리	
A마트	3.72	3.97	3.83	3.94	3.70	3.64	3.48
B마트	3.53	3.84	3.54	3.72	3.57	3.58	3.37
C마트	3.64	3.96	3.73	3.87	3.63	3.66	3.45
D마트	3.56	3.77	3.75	3.44	3.61	3.42	3.33

〈대형마트 인터넷·모바일쇼핑 소비자 만족도〉

(단위 : %, 점/5점 만점)

분야별 이용 만족도	이용률	A마트	B마트	C마트	D마트
인터넷쇼핑	65.4	3.88	3.80	3.88	3.64
모바일쇼핑	34.6	3.95	3.83	3.91	3.69

① 인터넷쇼핑과 모바일쇼핑의 소비자 만족도가 가장 큰 차이를 보이는 곳은 D마트이다.

② 종합만족도는 5점 만점에 평균 3.61점이며, 업체별로는 A마트가 가장 높고, C마트, B마트, D마트 순서로 나타났다.

③ 서비스 품질 부문에 있어 대형마트는 평균적으로 쇼핑 체험 편리성에 대한 만족도가 상대적으로 가장 높게 평가되었으며, 반대로 고객접점직원 서비스가 가장 낮게 평가되었다.

④ 대형마트를 이용하면서 느낀 감정이나 기분을 반영한 서비스 쇼핑 체험 부문의 만족도는 평균 3.41점으로 서비스 품질 부문들보다 낮았다.

⑤ 대형마트 인터넷쇼핑 이용률이 65.4%로 모바일쇼핑에 비해 높으나, 만족도에서는 모바일쇼핑이 평균 0.1점 더 높게 평가되었다.

27 귤 상자 2개에 각각 귤이 들어있다고 한다. 한 상자당 귤이 안 익었을 확률이 10%, 썩었을 확률이 15%이고 나머지는 잘 익은 귤이다. 두 사람이 각각 다른 상자에서 귤을 꺼낼 때 한 사람은 잘 익은 귤을 꺼내고, 다른 한 사람은 썩거나 안 익은 귤을 꺼낼 확률은?

① 31.5%
② 33.5%
③ 35.5%
④ 37.5%
⑤ 39.5%

28 A씨는 유아용품 판매직영점을 추가로 개장하기 위하여 팀장으로부터 다음 자료를 받았다. 팀장은 직영점을 정할 때에는 영유아 수가 많은 곳이어야 하며, 향후 5년간 수요가 지속적으로 증가하는 지역으로 선정해야 한다고 설명하였다. 이를 토대로 할 때, 유아용품 판매직영점이 설치될 최적의 지역을 선정하라는 요청에 가장 적절한 답변은 무엇인가?

지역	총인구수(명)	영유아 비중	향후 5년간 영유아 수 변동률(전년 대비)				
			1년 차	2년 차	3년 차	4년 차	5년 차
A	3,460,000	3%	−0.5%	1.0%	−2.2%	2.0%	4.0%
B	2,470,000	5%	0.5%	0.1%	−2.0%	−3.0%	−5.0%
C	2,710,000	4%	0.5%	0.7%	1.0%	1.3%	1.5%
D	1,090,000	11%	1.0%	1.2%	1.0%	1.5%	1.7%

① 현재 시점에서 영유아 수가 가장 많은 B지역을 우선적으로 개장하는 것이 좋을 것 같습니다.

② 향후 5년간 영유아 변동률을 참고하였을 때, 영유아 인구 증가율이 가장 높은 A지역이 유력합니다.

③ 총인구수가 많은 A－C－B－D지역 순서로 직영점을 개장하면 충분한 수요로 인하여 영업이 원활할 것 같습니다.

④ 현재 시점에서 영유아 비중이 가장 높은 D－B－C－A지역 순서로 직영점을 설치하는 계획을 수립하는 것이 적절할 것 같습니다.

⑤ D지역은 현재 영유아 수가 두 번째로 많으나, 향후 5년간 지속적인 영유아 수 증가가 기대되는 지역으로 예상되므로 D지역이 가장 적절하다고 판단합니다.

※ 다음과 같이 일정한 규칙으로 수를 나열할 때, 빈칸에 들어갈 수를 고르시오. [29~30]

29

$5 \quad \frac{10}{9} \quad \frac{9}{2} \quad \frac{20}{81} \quad (\quad)$

① $\frac{729}{40}$

② $\frac{718}{40}$

③ $\frac{707}{40}$

④ $\frac{729}{30}$

⑤ $\frac{718}{30}$

30

18　　13　　10.5　　9.25　　(　　)

① 6.5

② 8.5

③ 8.625

④ 9.625

⑤ 10.5

PART 2

합격의
공 식
시대에듀

S D E D U

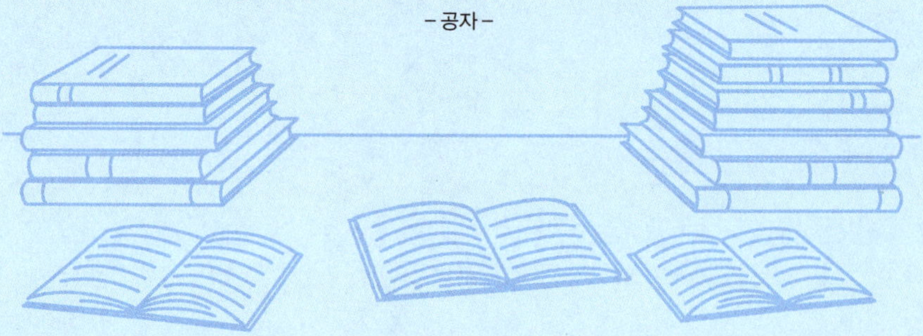

배우기만 하고 생각하지 않으면 얻는 것이 없고,
생각만 하고 배우지 않으면 위태롭다.

- 공자 -

PART 3

채용 가이드

01 블라인드 채용 소개

1. 블라인드 채용이란?

채용 과정에서 편견이 개입되어 불합리한 차별을 야기할 수 있는 출신지, 가족관계, 학력, 외모 등의 편견요인은 제외하고, 직무능력만을 평가하여 인재를 채용하는 방식입니다.

2. 블라인드 채용의 필요성

- 채용의 공정성에 대한 사회적 요구
  - 누구에게나 직무능력만으로 경쟁할 수 있는 균등한 고용기회를 제공해야 하나, 아직도 채용의 공정성에 대한 불신이 존재
  - 채용상 차별금지에 대한 법적 요건이 권고적 성격에서 처벌을 동반한 의무적 성격으로 강화되는 추세
  - 시민의식과 지원자의 권리의식 성숙으로 차별에 대한 법적 대응 가능성 증가
- 우수인재 채용을 통한 기업의 경쟁력 강화 필요
  - 직무능력과 무관한 학벌, 외모 위주의 선발로 우수인재 선발기회 상실 및 기업경쟁력 약화
  - 채용 과정에서 차별 없이 직무능력중심으로 선발한 우수인재 확보 필요
- 공정한 채용을 통한 사회적 비용 감소 필요
  - 편견에 의한 차별적 채용은 우수인재 선발을 저해하고 외모·학벌 지상주의 등의 심화로 불필요한 사회적 비용 증가
  - 채용에서의 공정성을 높여 사회의 신뢰수준 제고

3. 블라인드 채용의 특징

편견요인을 요구하지 않는 대신 직무능력을 평가합니다.

※ 직무능력중심 채용이란?
기업의 역량기반 채용, NCS기반 능력중심 채용과 같이 직무수행에 필요한 능력과 역량을 평가하여 선발하는 채용방식을 통칭합니다.

4. 블라인드 채용의 평가요소

직무수행에 필요한 지식, 기술, 태도 등을 과학적인 선발기법을 통해 평가합니다.

평가기준 = 직무수행에 필요한 직무능력

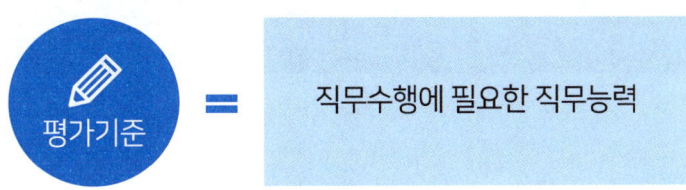

※ 과학적 선발기법이란?
직무분석을 통해 도출된 평가요소를 서류, 필기, 면접 등을 통해 체계적으로 평가하는 방법으로 입사지원서, 자기소개서, 직무수행능력평가, 구조화 면접 등이 해당됩니다.

5. 블라인드 채용 주요 도입 내용

- 입사지원서에 인적사항 요구 금지
  - 인적사항에는 출신지역, 가족관계, 결혼여부, 재산, 취미 및 특기, 종교, 생년월일(연령), 성별, 신장 및 체중, 사진, 전공, 학교명, 학점, 외국어 점수, 추천인 등이 해당
  - 채용 직무를 수행하는 데 있어 반드시 필요하다고 인정될 경우는 제외

    예 특수경비직 채용 시 : 시력, 건강한 신체 요구
    연구직 채용 시 : 논문, 학위 요구 등
- 블라인드 면접 실시
  - 면접관에게 응시자의 출신지역, 가족관계, 학교명 등 인적사항 정보 제공 금지
  - 면접관은 응시자의 인적사항에 대한 질문 금지

6. 블라인드 채용 도입의 효과성

- 구성원의 다양성과 창의성이 높아져 기업 경쟁력 강화
  - 편견을 없애고 직무능력 중심으로 선발하므로 다양한 직원 구성 가능
  - 다양한 생각과 의견을 통하여 기업의 창의성이 높아져 기업경쟁력 강화
- 직무에 적합한 인재선발을 통한 이직률 감소 및 만족도 제고
  - 사전에 지원자들에게 구체적이고 상세한 직무요건을 제시함으로써 허수 지원이 낮아지고, 직무에 적합한 지원자 모집 가능
  - 직무에 적합한 인재가 선발되어 직무이해도가 높아져 업무효율 증대 및 만족도 제고
- 채용의 공정성과 기업이미지 제고
  - 블라인드 채용은 사회적 편견을 줄인 선발 방법으로 기업에 대한 사회적 인식 제고
  - 채용과정에서 불합리한 차별을 받지 않고 실력에 의해 공정하게 평가를 받을 것이라는 믿음을 제공하고, 지원자들은 평등한 기회와 공정한 선발과정 경험

CHAPTER

02 서류전형 가이드

01 채용공고문

1. 채용공고문의 변화

기존 채용공고문	변화된 채용공고문
• 취업준비생에게 불충분하고 불친절한 측면 존재 • 모집분야에 대한 명확한 직무관련 정보 및 평가기준 부재 • 해당분야에 지원하기 위한 취업준비생의 무분별한 스펙 쌓기 현상 발생	• NCS 직무분석에 기반한 채용공고를 토대로 채용전형 진행 • 지원자가 입사 후 수행하게 될 업무에 대한 자세한 정보 공지 • 직무수행내용, 직무수행 시 필요한 능력, 관련된 자격, 직업기초능력 제시 • 지원자가 해당 직무에 필요한 스펙만을 준비할 수 있도록 안내
• 모집부문 및 응시자격 • 지원서 접수 • 전형절차 • 채용조건 및 처우 • 기타사항	• 채용절차 • 채용유형별 선발분야 및 예정인원 • 전형방법 • 선발분야별 직무기술서 • 우대사항

2. 지원 유의사항 및 지원요건 확인

채용 직무에 따른 세부사항을 공고문에 명시하여 지원자에게 적격한 지원 기회를 부여함과 동시에 채용과정에서의 공정성과 신뢰성을 확보합니다.

구성	내용	확인사항
모집분야 및 규모	고용형태(인턴 계약직 등), 모집분야, 인원, 근무지역 등	채용직무가 여러 개일 경우 본인이 해당되는 직무의 채용규모 확인
응시자격	기본 자격사항, 지원조건	지원을 위한 최소자격요건을 확인하여 불필요한 지원을 예방
우대조건	법정·특별·자격증 가점	본인의 가점 여부를 검토하여 가점 획득을 위한 사항을 사실대로 기재
근무조건 및 보수	고용형태 및 고용기간, 보수, 근무지	본인이 생각하는 기대수준에 부합하는지 확인하여 불필요한 지원을 예방
시험방법	서류·필기·면접전형 등의 활용방안	전형방법 및 세부 평가기법 등을 확인하여 지원전략 준비
전형일정	접수기간, 각 전형 단계별 심사 및 합격자 발표일 등	본인의 지원 스케줄을 검토하여 차질이 없도록 준비
제출서류	입사지원서(경력·경험기술서 등), 각종 증명서 및 자격증 사본 등	지원요건 부합 여부 및 자격 증빙서류 사전에 준비
유의사항	임용취소 등의 규정	임용취소 관련 법적 또는 기관 내부 규정을 검토하여 해당여부 확인

02 직무기술서

직무기술서란 직무수행의 내용과 필요한 능력, 관련 자격, 직업기초능력 등을 상세히 기재한 것으로 입사 후 수행하게 될 업무에 대한 정보가 수록되어 있는 자료입니다.

1. 채용분야

설명

NCS 직무분류 체계에 따라 직무에 대한 「대분류 – 중분류 – 소분류 – 세분류」 체계를 확인할 수 있습니다. 채용 직무에 대한 모든 직무기술서를 첨부하게 되며 실제 수행 업무를 기준으로 세부적인 분류정보를 제공합니다.

채용분야	분류체계			
사무행정	대분류	중분류	소분류	세분류
분류코드	02. 경영·회계·사무	03. 재무·회계	01. 재무	01. 예산
				02. 자금
			02. 회계	01. 회계감사
				02. 세무

2. 능력단위

설명

직무분류 체계의 세분류 하위능력단위 중 실질적으로 수행할 업무의 능력만 구체적으로 파악할 수 있습니다.

능력단위	(예산)	03. 연간종합예산수립 05. 확정예산 운영	04. 추정재무제표 작성 06. 예산실적 관리
	(자금)	04. 자금운용	
	(회계감사)	02. 자금관리 05. 회계정보시스템 운용 07. 회계감사	04. 결산관리 06. 재무분석
	(세무)	02. 결산관리 07. 법인세 신고	05. 부가가치세 신고

3. 직무수행내용

설명

세분류 영역의 기본정의를 통해 직무수행내용을 확인할 수 있습니다. 입사 후 수행할 직무내용을 구체적으로 확인할 수 있으며, 이를 통해 입사서류 작성부터 면접까지 직무에 대한 명확한 이해를 바탕으로 자신의 희망직무인지 아닌지, 해당 직무가 자신이 알고 있던 직무가 맞는지 확인할 수 있습니다.

직무수행내용	(예산) 일정기간 예상되는 수익과 비용을 편성, 집행하며 통제하는 일
	(자금) 자금의 계획 수립, 조달, 운용을 하고 발생 가능한 위험 관리 및 성과평가
	(회계감사) 기업 및 조직 내·외부에 있는 의사결정자들이 효율적인 의사결정을 할 수 있도록 유용한 정보를 제공, 제공된 회계정보의 적정성을 파악하는 일
	(세무) 세무는 기업의 활동을 위하여 주어진 세법범위 내에서 조세부담을 최소화시키는 조세전략을 포함하고 정확한 과세소득과 과세표준 및 세액을 산출하여 과세당국에 신고·납부하는 일

4. 직무기술서 예시

태도	(예산) 정확성, 분석적 태도, 논리적 태도, 타 부서와의 협조적 태도, 설득력
	(자금) 분석적 사고력
	(회계 감사) 합리적 태도, 전략적 사고, 정확성, 적극적 협업 태도, 법률준수 태도, 분석적 태도, 신속성, 책임감, 정확한 판단력
	(세무) 규정 준수 의지, 수리적 정확성, 주의 깊은 태도
우대 자격증	공인회계사, 세무사, 컴퓨터활용능력, 변호사, 워드프로세서, 전산회계운용사, 사회조사분석사, 재경관리사, 회계관리 등
직업기초능력	의사소통능력, 문제해결능력, 자원관리능력, 대인관계능력, 정보능력, 조직이해능력

5. 직무기술서 내용별 확인사항

항목	확인사항
모집부문	해당 채용에서 선발하는 부문(분야)명 확인 예 사무행정, 전산, 전기
분류체계	지원하려는 분야의 세부직무군 확인
주요기능 및 역할	지원하려는 기업의 전사적인 기능과 역할, 산업군 확인
능력단위	지원분야의 직무수행에 관련되는 세부업무사항 확인
직무수행내용	지원분야의 직무군에 대한 상세사항 확인
전형방법	지원하려는 기업의 신입사원 선발전형 절차 확인
일반요건	교육사항을 제외한 지원 요건 확인(자격요건, 특수한 경우 연령)
교육요건	교육사항에 대한 지원요건 확인(대졸 / 초대졸 / 고졸 / 전공 요건)
필요지식	지원분야의 업무수행을 위해 요구되는 지식 관련 세부항목 확인
필요기술	지원분야의 업무수행을 위해 요구되는 기술 관련 세부항목 확인
직무수행태도	지원분야의 업무수행을 위해 요구되는 태도 관련 세부항목 확인
직업기초능력	지원분야 또는 지원기업의 조직원으로서 근무하기 위해 필요한 일반적인 능력사항 확인

03 입사지원서

1. 입사지원서의 변화

기존지원서		능력중심 채용 입사지원서
직무와 관련 없는 학점, 개인신상, 어학점수, 자격, 수상경력 등을 나열하도록 구성	VS	해당 직무수행에 꼭 필요한 정보들을 제시할 수 있도록 구성

기존지원서		능력중심 채용 입사지원서	
직무기술서	→	인적사항	성명, 연락처, 지원분야 등 작성 (평가 미반영)
직무수행내용	→	교육사항	직무지식과 관련된 학교교육 및 직업교육 작성
요구지식 / 기술	→	자격사항	직무관련 국가공인 또는 민간자격 작성
관련 자격증 사전직무경험	→	경력 및 경험사항	조직에 소속되어 일정한 임금을 받거나(경력) 임금 없이(경험) 직무와 관련된 활동 내용 작성

2. 교육사항

- 지원분야 직무와 관련된 학교 교육이나 직업교육 혹은 기타교육 등 직무에 대한 지원자의 학습 여부를 평가하기 위한 항목입니다.
- 지원하고자 하는 직무의 학교 전공교육 이외에 직업교육, 기타교육 등을 기입할 수 있기 때문에 전공 제한 없이 직업교육과 기타교육을 이수하여 지원이 가능하도록 기회를 제공합니다.
  (기타교육 : 학교 이외의 기관에서 개인이 이수한 교육과정 중 지원직무와 관련이 있다고 생각되는 교육내용)

구분	교육과정(과목)명	교육내용	과업(능력단위)

3. 자격사항

- 채용공고 및 직무기술서에 제시되어 있는 자격 현황을 토대로 지원자가 해당 직무를 수행하는 데 필요한 능력을 가지고 있는지를 평가하기 위한 항목입니다.
- 채용공고 및 직무기술서에 기재된 직무관련 필수 또는 우대자격 항목을 확인하여 본인이 보유하고 있는 자격사항을 기재합니다.

자격유형	자격증명	발급기관	취득일자	자격증번호

4. 경력 및 경험사항

- 직무와 관련된 경력이나 경험 여부를 표현하도록 하여 직무와 관련한 능력을 갖추었는지를 평가하기 위한 항목입니다.
- 해당 기업에서 직무를 수행함에 있어 필요한 사항만을 기록하게 되어 있기 때문에 직무와 무관한 스펙을 갖추지 않아도 됩니다.
- 경력 : 금전적 보수를 받고 일정기간 동안 일했던 경우
- 경험 : 금전적 보수를 받지 않고 수행한 활동

※ 기업에 따라 경력/경험 관련 증빙자료 요구 가능

구분	조직명	직위/역할	활동기간(년/월)	주요과업/활동내용

Tip

입사지원서 작성 방법

○ 경력 및 경험사항 작성

- 직무기술서에 제시된 지식, 기술, 태도와 지원자의 교육사항, 경력(경험)사항, 자격사항과 연계하여 개인의 직무역량에 대해 스스로 판단 가능

○ 인적사항 최소화

- 개인의 인적사항, 학교명, 가족관계 등을 노출하지 않도록 유의

부적절한 입사지원서 작성 사례

- 학교 이메일을 기입하여 학교명 노출
- 거주지 주소에 학교 기숙사 주소를 기입하여 학교명 노출
- 자기소개서에 부모님이 재직 중인 기업명, 직위, 직업을 기입하여 가족관계 노출
- 자기소개서에 석·박사 과정에 대한 이야기를 언급하여 학력 노출
- 동아리 활동에 대한 내용을 학교명과 더불어 언급하여 학교명 노출

04 자기소개서

1. 자기소개서의 변화

- 기존의 자기소개서는 지원자의 일대기나 관심 분야, 성격의 장·단점 등 개괄적인 사항을 묻는 질문으로 구성되어 지원자가 자신의 직무능력을 제대로 표출하지 못합니다.
- 능력중심 채용의 자기소개서는 직무기술서에 제시된 직업기초능력(또는 직무수행능력)에 대한 지원자의 과거 경험을 기술하게 함으로써 평가 타당도의 확보가 가능합니다.

1. 우리 회사와 해당 지원 직무분야에 지원한 동기에 대해 기술해 주세요.
2. 자신이 경험한 다양한 사회활동에 대해 기술해 주세요.
3. 지원 직무에 대한 전문성을 키우기 위해 받은 교육과 경험 및 경력사항에 대해 기술해 주세요.
4. 인사업무 또는 팀 과제 수행 중 발생한 갈등을 원만하게 해결해 본 경험이 있습니까? 당시 상황에 대한 설명과 갈등의 대상이 되었던 상대방을 설득한 과정 및 방법을 기술해 주세요.
5. 과거에 있었던 일 중 가장 어려웠었던(힘들었었던) 상황을 고르고, 어떤 방법으로 그 상황을 해결했는지를 기술해 주세요.

Tip

자기소개서 작성 방법

① 자기소개서 문항이 묻고 있는 평가 역량 추측하기

> 예시
> - 팀 활동을 하면서 갈등 상황 시 상대방의 니즈나 의도를 명확히 파악하고 해결하여 목표 달성에 기여했던 경험에 대해서 작성해 주시기 바랍니다.
> - 다른 사람이 생각해내지 못했던 문제점을 찾고 이를 해결한 경험에 대해 작성해 주시기 바랍니다.

② 해당 역량을 보여줄 수 있는 소재 찾기(시간×역량 매트릭스)

예시

시간 →

평가역량 ↕

	2021년	2022년	2023년	2024년
도전정신	*대학 발표수업*	*대학 발표수업*	~~*다이어트(헬스)*~~	
대인관계	*대학 발표수업*	*대학 발표수업*		*경영 동아리*
의사소통	*편의점 아르바이트*	~~*군대 작업*~~	*봉사 동아리*	
직무역량			*경영 동아리*	*Book Study*
…				

③ 자기소개서 작성 Skill 익히기
- 두괄식으로 작성하기
- 구체적 사례를 사용하기
- ‘나’를 중심으로 작성하기
- 직무역량 강조하기
- 경험 사례의 차별성 강조하기

CHAPTER

03 인성검사 소개 및 모의테스트

01 인성검사 유형

인성검사는 지원자의 성격특성을 객관적으로 파악하고 그것이 각 기업에서 필요로 하는 인재상과 가치에 부합하는가를 평가하기 위한 검사입니다. 인성검사는 KPDI(한국인재개발진흥원), K-SAD(한국사회적성개발원), KIRBS(한국행동과학연구소), SHR(에스에이치알) 등의 전문기관을 통해 각 기업의 특성에 맞는 검사를 선택하여 실시합니다. 대표적인 인성검사의 유형에는 크게 다음과 같은 세 가지가 있으며, 채용 대행업체에 따라 달라집니다.

1. KPDI 검사

조직적응성과 직무적합성을 알아보기 위한 검사로 인성검사, 인성역량검사, 인적성검사, 직종별 인적성검사 등의 다양한 검사 도구를 구현합니다. KPDI는 성격을 파악하고 정신건강 상태 등을 측정하고, 직무검사는 해당 직무를 수행하기 위해 기본적으로 갖추어야 할 인지적 능력을 측정합니다. 역량검사는 특정 직무 역할을 효과적으로 수행하는 데 직접적으로 관련 있는 개인의 행동, 지식, 스킬, 가치관 등을 측정합니다.

2. KAD(Korea Aptitude Development) 검사

K-SAD(한국사회적성개발원)에서 실시하는 적성검사 프로그램입니다. 개인의 성향, 지적 능력, 기호, 관심, 흥미도를 종합적으로 분석하여 적성에 맞는 업무가 무엇인가 파악하고, 직무수행에 있어서 요구되는 기초능력과 실무능력을 분석합니다.

3. SHR 직무적성검사

직무수행에 필요한 종합적인 사고 능력을 다양한 적성검사(Paper and Pencil Test)로 평가합니다. SHR의 모든 직무능력검사는 표준화 검사입니다. 표준화 검사는 표본집단의 점수를 기초로 규준이 만들어진 검사이므로 개인의 점수를 규준에 맞추어 해석・비교하는 것이 가능합니다. S(Standardized Tests), H(Hundreds of Version), R(Reliable Norm Data)을 특징으로 하며, 직군・직급별 특성과 선발 수준에 맞추어 검사를 적용할 수 있습니다.

02 인성검사와 면접

인성검사는 특히 면접질문과 관련성이 높습니다. 면접관은 지원자의 인성검사 결과를 토대로 질문을 하기 때문입니다. 일관적이고 이상적인 답변을 하는 것이 가장 좋지만, 실제 시험은 매우 복잡하여 전문가라 해도 일정 성격을 유지하면서 답변을 하는 것이 힘듭니다. 또한, 인성검사에는 라이 스케일(Lie Scale) 설문이 전체 설문 속에 교묘하게 섞여 들어가 있으므로 겉치레적인 답을 하게 되면 회답태도의 허위성이 그대로 드러나게 됩니다. 예를 들어 '거짓말을 한 적이 한 번도 없다.'에 '예'로 답하고, '때로는 거짓말을 하기도 한다.'에 '예'라고 답하여 라이 스케일의 득점이 올라가게 되면 모든 회답의 신빙성이 사라지고 '자신을 돋보이게 하려는 사람'이라는 평가를 받을 수 있으므로 주의해야 합니다. 따라서 모의테스트를 통해 인성검사의 유형과 실제 시험 시 어떻게 문제를 풀어야 하는지 연습해 보고 체크한 부분 중 자신의 단점과 연결되는 부분은 면접에서 질문이 들어왔을 때 어떻게 대처해야 하는지 생각해 보는 것이 좋습니다.

03 유의사항

1. 기업의 인재상을 파악하라!

인성검사를 통해 개인의 성격 특성을 파악하고 그것이 기업의 인재상과 가치에 부합하는지를 평가하는 시험이기 때문에 해당 기업의 인재상을 먼저 파악하고 시험에 임하는 것이 좋습니다. 모의테스트에서 인재상에 맞는 가상의 인물을 설정하고 문제에 답해 보는 것도 많은 도움이 됩니다.

2. 일관성 있는 대답을 하라!

짧은 시간 안에 다양한 질문에 답을 해야 하는데, 그 안에는 중복되는 질문이 여러 번 나옵니다. 이때 앞서 자신이 체크했던 대답을 잘 기억해뒀다가 일관성 있는 답을 하는 것이 중요합니다.

3. 모든 문항에 대답하라!

많은 문제를 짧은 시간 안에 풀려다 보니 다 못 푸는 경우도 종종 생깁니다. 하지만 대답을 누락하거나 끝까지 다 못했을 경우 좋지 않은 결과를 가져올 수도 있으니 최대한 주어진 시간 안에 모든 문항에 답할 수 있도록 해야 합니다.

04 KPDI 모의테스트

※ 모의테스트는 질문 및 답변 유형 연습을 위한 것으로 실제 시험과 다를 수 있습니다.
※ 인성검사는 정답이 따로 없는 유형의 검사이므로 결과지를 제공하지 않습니다.

번호	내용	예	아니요
001	나는 솔직한 편이다.	☐	☐
002	나는 리드하는 것을 좋아한다.	☐	☐
003	법을 어겨서 말썽이 된 적이 한 번도 없다.	☐	☐
004	거짓말을 한 번도 한 적이 없다.	☐	☐
005	나는 눈치가 빠르다.	☐	☐
006	나는 일을 주도하기보다는 뒤에서 지원하는 것을 선호한다.	☐	☐
007	앞일은 알 수 없기 때문에 계획은 필요하지 않다.	☐	☐
008	거짓말도 때로는 방편이라고 생각한다.	☐	☐
009	사람이 많은 술자리를 좋아한다.	☐	☐
010	걱정이 지나치게 많다.	☐	☐
011	일을 시작하기 전 재고하는 경향이 있다.	☐	☐
012	불의를 참지 못한다.	☐	☐
013	처음 만나는 사람과도 이야기를 잘 한다.	☐	☐
014	때로는 변화가 두렵다.	☐	☐
015	나는 모든 사람에게 친절하다.	☐	☐
016	힘든 일이 있을 때 술은 위로가 되지 않는다.	☐	☐
017	결정을 빨리 내리지 못해 손해를 본 경험이 있다.	☐	☐
018	기회를 잡을 준비가 되어 있다.	☐	☐
019	때로는 내가 정말 쓸모없는 사람이라고 느낀다.	☐	☐
020	누군가 나를 챙겨주는 것이 좋다.	☐	☐
021	자주 가슴이 답답하다.	☐	☐
022	나는 내가 자랑스럽다.	☐	☐
023	경험이 중요하다고 생각한다.	☐	☐
024	전자기기를 분해하고 다시 조립하는 것을 좋아한다.	☐	☐

025	감시받고 있다는 느낌이 든다.	▢	▢
026	난처한 상황에 놓이면 그 순간을 피하고 싶다.	▢	▢
027	세상엔 믿을 사람이 없다.	▢	▢
028	잘못을 빨리 인정하는 편이다.	▢	▢
029	지도를 보고 길을 잘 찾아간다.	▢	▢
030	귓속말을 하는 사람을 보면 날 비난하고 있는 것 같다.	▢	▢
031	막무가내라는 말을 들을 때가 있다.	▢	▢
032	장래의 일을 생각하면 불안하다.	▢	▢
033	결과보다 과정이 중요하다고 생각한다.	▢	▢
034	운동은 그다지 할 필요가 없다고 생각한다.	▢	▢
035	새로운 일을 시작할 때 좀처럼 한 발을 떼지 못한다.	▢	▢
036	기분 상하는 일이 있더라도 참는 편이다.	▢	▢
037	업무능력은 성과로 평가받아야 한다고 생각한다.	▢	▢
038	머리가 맑지 못하고 무거운 느낌이 든다.	▢	▢
039	가끔 이상한 소리가 들린다.	▢	▢
040	타인이 내게 자주 고민상담을 하는 편이다.	▢	▢

05 SHR 모의테스트

※ 모의테스트는 질문 및 답변 유형 연습을 위한 것으로 실제 시험과 다를 수 있습니다.
※ 인성검사는 정답이 따로 없는 유형의 검사이므로 결과지를 제공하지 않습니다.

※ 이 성격검사의 각 문항에는 서로 다른 행동을 나타내는 네 개의 문장이 제시되어 있습니다. 이 문장들을 비교하여, 자신의 평소 행동과 가장 가까운 문장을 'ㄱ' 열에 표기하고, 가장 먼 문장을 'ㅁ' 열에 표기하십시오.

01 나는 ______________________

	ㄱ	ㅁ
A. 실용적인 해결책을 찾는다.	☐	☐
B. 다른 사람을 돕는 것을 좋아한다.	☐	☐
C. 세부 사항을 잘 챙긴다.	☐	☐
D. 상대의 주장에서 허점을 잘 찾는다.	☐	☐

02 나는 ______________________

	ㄱ	ㅁ
A. 매사에 적극적으로 임한다.	☐	☐
B. 즉흥적인 편이다.	☐	☐
C. 관찰력이 있다.	☐	☐
D. 임기응변에 강하다.	☐	☐

03 나는 ______________________

	ㄱ	ㅁ
A. 무서운 영화를 잘 본다.	☐	☐
B. 조용한 곳이 좋다.	☐	☐
C. 가끔 울고 싶다.	☐	☐
D. 집중력이 좋다.	☐	☐

04 나는 ______________________

	ㄱ	ㅁ
A. 기계를 조립하는 것을 좋아한다.	☐	☐
B. 집단에서 리드하는 역할을 맡는다.	☐	☐
C. 호기심이 많다.	☐	☐
D. 음악을 듣는 것을 좋아한다.	☐	☐

05 나는 ____________________

	ㄱ	ㅁ
A. 타인을 늘 배려한다.	☐	☐
B. 감수성이 예민하다.	☐	☐
C. 즐겨하는 운동이 있다.	☐	☐
D. 일을 시작하기 전에 계획을 세운다.	☐	☐

06 나는 ____________________

	ㄱ	ㅁ
A. 타인에게 설명하는 것을 좋아한다.	☐	☐
B. 여행을 좋아한다.	☐	☐
C. 정적인 것이 좋다.	☐	☐
D. 남을 돕는 것에 보람을 느낀다.	☐	☐

07 나는 ____________________

	ㄱ	ㅁ
A. 기계를 능숙하게 다룬다.	☐	☐
B. 밤에 잠이 잘 오지 않는다.	☐	☐
C. 한 번 간 길을 잘 기억한다.	☐	☐
D. 불의를 보면 참을 수 없다.	☐	☐

08 나는 ____________________

	ㄱ	ㅁ
A. 종일 말을 하지 않을 때가 있다.	☐	☐
B. 사람이 많은 곳을 좋아한다.	☐	☐
C. 술을 좋아한다.	☐	☐
D. 휴양지에서 편하게 쉬고 싶다.	☐	☐

09 나는 ______________________

A. 뉴스보다는 드라마를 좋아한다.
B. 길을 잘 찾는다.
C. 주말엔 집에서 쉬는 것이 좋다.
D. 아침에 일어나는 것이 힘들다.

ㄱ	ㅁ
☐	☐
☐	☐
☐	☐
☐	☐

10 나는 ______________________

A. 이성적이다.
B. 할 일을 종종 미룬다.
C. 어른을 대하는 게 힘들다.
D. 불을 보면 매혹을 느낀다.

ㄱ	ㅁ
☐	☐
☐	☐
☐	☐
☐	☐

11 나는 ______________________

A. 상상력이 풍부하다.
B. 예의 바르다는 소리를 자주 듣는다.
C. 사람들 앞에 서면 긴장한다.
D. 친구를 자주 만난다.

ㄱ	ㅁ
☐	☐
☐	☐
☐	☐
☐	☐

12 나는 ______________________

A. 나만의 스트레스 해소 방법이 있다.
B. 친구가 많다.
C. 책을 자주 읽는다.
D. 활동적이다.

ㄱ	ㅁ
☐	☐
☐	☐
☐	☐
☐	☐

04 | 면접전형 가이드

01 면접유형 파악

1. 면접전형의 변화

기존 면접전형에서는 일상적이고 단편적인 대화나 지원자의 첫인상 및 면접관의 주관적인 판단 등에 의해서 입사 결정 여부를 판단하는 경우가 많았습니다. 이러한 면접전형은 면접 내용의 일관성이 결여되거나 직무 관련 타당성이 부족하였고, 면접에 대한 신뢰도에 영향을 주었습니다.

기존 면접(전통적 면접)		능력중심 채용 면접(구조화 면접)
• 일상적이고 단편적인 대화 • 인상, 외모 등 외부 요소의 영향 • 주관적인 판단에 의존한 총점 부여 ⇩ • 면접 내용의 일관성 결여 • 직무관련 타당성 부족 • 주관적인 채점으로 신뢰도 저하	VS	• 일관성 – 직무관련 역량에 초점을 둔 구체적 질문 목록 – 지원자별 동일 질문 적용 • 구조화 – 면접 진행 및 평가 절차를 일정한 체계에 의해 구성 • 표준화 – 평가 타당도 제고를 위한 평가 Matrix 구성 – 척도에 따라 항목별 채점, 개인 간 비교 • 신뢰성 – 면접진행 매뉴얼에 따라 면접위원 교육 및 실습

2. 능력중심 채용의 면접 유형

① 경험 면접
- 목적 : 선발하고자 하는 직무 능력이 필요한 과거 경험을 질문합니다.
- 평가요소 : 직업기초능력과 인성 및 태도적 요소를 평가합니다.

② 상황 면접
- 목적 : 특정 상황을 제시하고 지원자의 행동을 관찰함으로써 실제 상황의 행동을 예상합니다.
- 평가요소 : 직업기초능력과 인성 및 태도적 요소를 평가합니다.

③ 발표 면접
- 목적 : 특정 주제와 관련된 지원자의 발표와 질의응답을 통해 지원자 역량을 평가합니다.
- 평가요소 : 직무수행능력과 인지적 역량(문제해결능력)을 평가합니다.

④ 토론 면접
- 목적 : 토의과제에 대한 의견수렴 과정에서 지원자의 역량과 상호작용능력을 평가합니다.
- 평가요소 : 직무수행능력과 팀워크를 평가합니다.

02 면접유형별 준비 방법

1. 경험 면접

① 경험 면접의 특징

- 주로 직업기초능력에 관련된 지원자의 과거 경험을 심층 질문하여 검증하는 면접입니다.
- 직무능력과 관련된 과거 경험을 평가하기 위해 심층 질문을 하며, 이 질문은 지원자의 답변에 대하여 '꼬리에 꼬리를 무는 형식'으로 진행됩니다.

> - 능력요소, 정의, 심사 기준
>   - 평가하고자 하는 능력요소, 정의, 심사기준을 확인하여 면접위원이 해당 능력요소 관련 질문을 제시합니다.
> - Opening Question
>   - 능력요소에 관련된 과거 경험을 유도하기 위한 시작 질문을 합니다.
> - Follow-up Question
>   - 지원자의 경험 수준을 구체적으로 검증하기 위한 질문입니다.
>   - 경험 수준 검증을 위한 상황(Situation), 임무(Task), 역할 및 노력(Action), 결과(Result) 등으로 질문을 구분합니다.

경험 면접의 형태

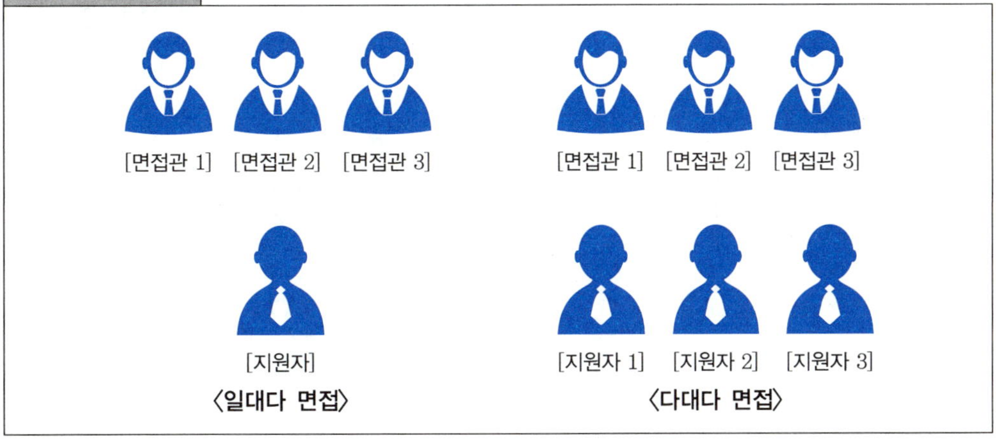

② 경험 면접의 구조

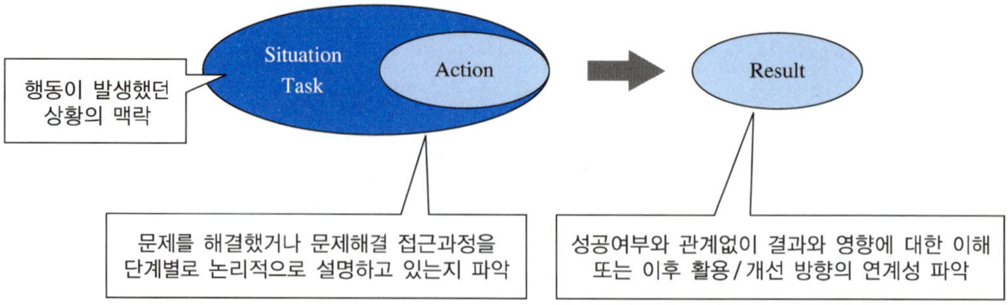

S(Situation)	귀하가 처해 있던 상황에 대해 말해 보시오.
T(Task)	귀하가 수행한 과제/과업은 무엇인가?
A(Action)	어떻게 행동(대응)했는가?
R(Result)	그 행동의 결과는 어떘는가?

( )에 관한 과거 경험에 대하여 말해 보시오.

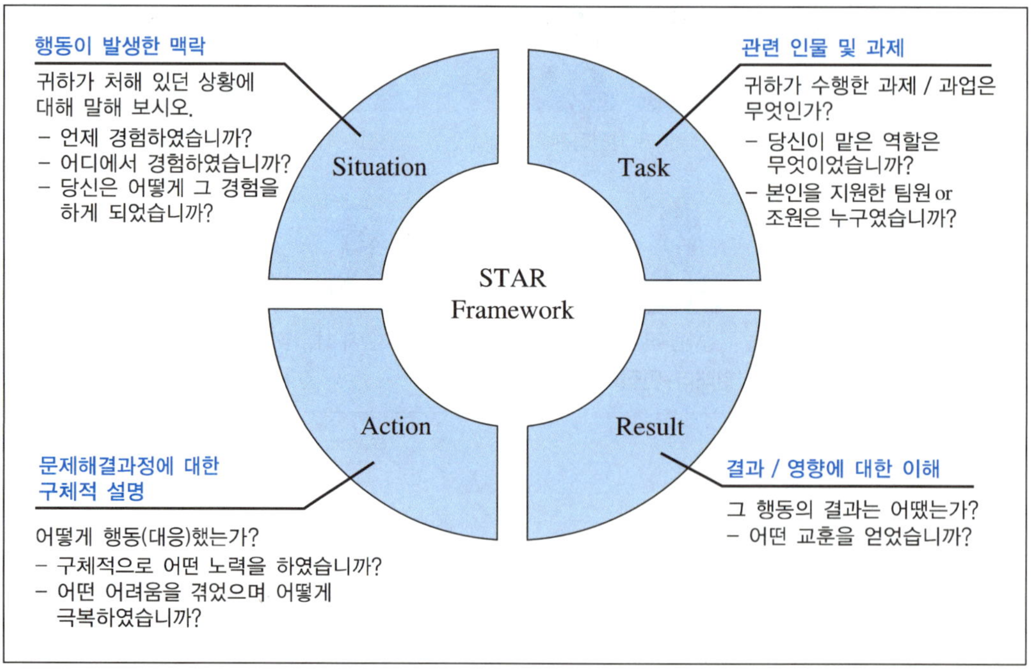

③ 경험 면접 질문 예시(직업윤리)

시작 질문	
1	남들이 신경 쓰지 않는 부분까지 고려하여 절차대로 업무(연구)를 수행하여 성과를 낸 경험을 구체적으로 말해 보시오.
2	조직의 원칙과 절차를 철저히 준수하며 업무(연구)를 수행한 것 중 성과를 향상시킨 경험에 대해 구체적으로 말해 보시오.
3	세부적인 절차와 규칙에 주의를 기울여 실수 없이 업무(연구)를 마무리한 경험을 구체적으로 말해 보시오.
4	조직의 규칙이나 원칙을 고려하여 성실하게 일했던 경험을 구체적으로 말해 보시오.
5	타인의 실수를 바로잡고 원칙과 절차대로 수행하여 성공적으로 업무를 마무리하였던 경험에 대해 말해 보시오.

후속 질문		
상황 (Situation)	상황	구체적으로 언제, 어디에서 경험한 일인가?
		어떤 상황이었는가?
	조직	어떤 조직에 속해 있었는가?
		그 조직의 특성은 무엇이었는가?
		몇 명으로 구성된 조직이었는가?
	기간	해당 조직에서 얼마나 일했는가?
		해당 업무는 몇 개월 동안 지속되었는가?
	조직규칙	조직의 원칙이나 규칙은 무엇이었는가?
임무 (Task)	과제	과제의 목표는 무엇이었는가?
		과제에 적용되는 조직의 원칙은 무엇이었는가?
		그 규칙을 지켜야 하는 이유는 무엇이었는가?
	역할	당신이 조직에서 맡은 역할은 무엇이었는가?
		과제에서 맡은 역할은 무엇이었는가?
	문제의식	규칙을 지키지 않을 경우 생기는 문제점 / 불편함은 무엇인가?
		해당 규칙이 왜 중요하다고 생각하였는가?
역할 및 노력 (Action)	행동	업무 과정의 어떤 장면에서 규칙을 철저히 준수하였는가?
		어떻게 규정을 적용시켜 업무를 수행하였는가?
		규정은 준수하는 데 어려움은 없었는가?
	노력	그 규칙을 지키기 위해 스스로 어떤 노력을 기울였는가?
		본인의 생각이나 태도에 어떤 변화가 있었는가?
		다른 사람들은 어떤 노력을 기울였는가?
	동료관계	동료들은 규칙을 철저히 준수하고 있었는가?
		팀원들은 해당 규칙에 대해 어떻게 반응하였는가?
		규칙에 대한 태도를 개선하기 위해 어떤 노력을 하였는가?
		팀원들의 태도는 당신에게 어떤 자극을 주었는가?
	업무추진	주어진 업무를 추진하는 데 규칙이 방해되진 않았는가?
		업무수행 과정에서 규정을 어떻게 적용하였는가?
		업무 시 규정을 준수해야 한다고 생각한 이유는 무엇인가?

결과 (Result)	평가	규칙을 어느 정도나 준수하였는가?
		그렇게 준수할 수 있었던 이유는 무엇이었는가?
		업무의 성과는 어느 정도였는가?
		성과에 만족하였는가?
		비슷한 상황이 온다면 어떻게 할 것인가?
	피드백	주변 사람들로부터 어떤 평가를 받았는가?
		그러한 평가에 만족하는가?
		다른 사람에게 본인의 행동이 영향을 주었다고 생각하는가?
	교훈	업무수행 과정에서 중요한 점은 무엇이라고 생각하는가?
		이 경험을 통해 느낀 바는 무엇인가?

2. 상황 면접

① 상황 면접의 특징

직무 관련 상황을 가정하여 제시하고 이에 대한 대응능력을 직무관련성 측면에서 평가하는 면접입니다.

- 상황 면접 과제의 구성은 크게 2가지로 구분
  - 상황 제시(Description) / 문제 제시(Question or Problem)
- 현장의 실제 업무 상황을 반영하여 과제를 제시하므로 직무분석이나 직무전문가 워크숍 등을 거쳐 현장성을 높임
- 문제는 상황에 대한 기본적인 이해능력(이론적 지식)과 함께 실질적 대응이나 변수 고려능력(실천적 능력) 등을 고르게 질문해야 함

상황 면접의 형태

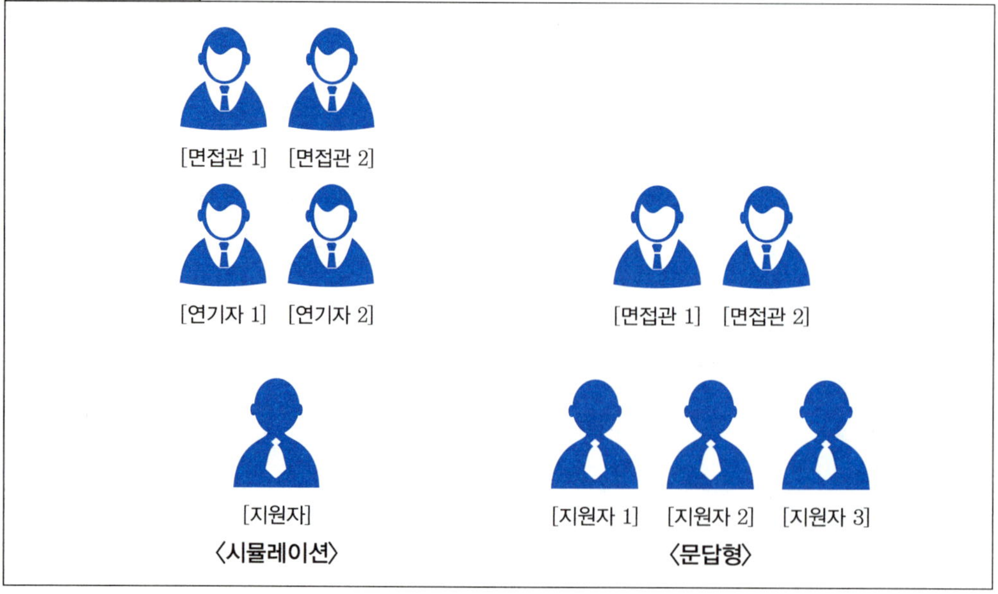

② 상황 면접 예시

상황 제시	인천공항 여객터미널 내에는 다양한 용도의 시설(사무실, 통신실, 식당, 전산실, 창고 면세점 등)이 설치되어 있습니다.	실제 업무 상황에 기반함
	금년에 소방배관의 누수가 잦아 메인 배관을 교체하는 공사를 추진하고 있으며, 당신은 이번 공사의 담당자입니다.	배경 정보
	주간에는 공항 운영이 이루어져 주로 야간에만 배관 교체 공사를 수행하던 중, 시공하는 기능공의 실수로 배관 연결 부위를 잘못 건드려 고압배관의 소화수가 누출되는 사고가 발생하였으며, 이로 인해 인근 시설물에 누수에 의한 피해가 발생하였습니다.	구체적인 문제 상황
문제 제시	일반적인 소방배관의 배관연결(이음)방식과 배관의 이탈(누수)이 발생하는 원인에 대해 설명해 보시오.	문제 상황 해결을 위한 기본 지식 문항
	담당자로서 본 사고를 현장에서 긴급히 처리하는 프로세스를 제시하고, 보수완료 후 사후적 조치가 필요한 부분 및 재발방지 방안에 대해 설명해 보시오.	문제 상황 해결을 위한 추가 대응 문항

3. 발표 면접

① 발표 면접의 특징

- 직무관련 주제에 대한 지원자의 생각을 정리하여 의견을 제시하고, 발표 및 질의응답을 통해 지원자의 직무능력을 평가하는 면접입니다.
- 발표 주제는 직무와 관련된 자료로 제공되며, 일정 시간 후 지원자가 보유한 지식 및 방안에 대한 발표 및 후속 질문을 통해 직무적합성을 평가합니다.

> • 주요 평가요소
> – 설득적 말하기 / 발표능력 / 문제해결능력 / 직무관련 전문성
> • 이미 언론을 통해 공론화된 시사 이슈보다는 해당 직무분야에 관련된 주제가 발표면접의 과제로 선정되는 경우가 최근 들어 늘어나고 있음
> • 짧은 시간 동안 주어진 과제를 빠른 속도로 분석하여 발표문을 작성하고 제한된 시간 안에 면접관에게 효과적인 발표를 진행하는 것이 핵심

발표 면접의 형태

〈개별 과제 발표〉 〈팀 과제 발표〉

※ 면접관에게 시각적 효과를 사용하여 메시지를 전달하는 쌍방향 커뮤니케이션 방식

※ 심층면접을 보완하기 위한 방안으로 최근 많은 기업에서 적극 도입하는 추세

② 발표 면접 예시

1. 지시문

당신은 현재 A사에서 직원들의 성과평가를 담당하고 있는 팀원이다. 인사팀은 지난주부터 사내 조직문화관련 인터뷰를 하던 도중 성과평가제도에 관련된 개선 니즈가 제일 많다는 것을 알게 되었다. 이에 팀장님은 인터뷰 결과를 종합하려 성과평가제도 개선 아이디어를 A4용지에 정리하여 신속 보고할 것을 지시하셨다. 당신에게 남은 시간은 1시간이다. 자료를 준비하는 대로 당신은 팀원들이 모인 회의실에서 5분 간 발표할 것이며, 이후 질의응답을 진행할 것이다.

2. 배경자료

〈성과평가제도 개선에 대한 인터뷰〉

최근 A사는 회사 사세의 급성장으로 인해 작년보다 매출이 두 배 성장하였고, 직원 수 또한 두 배로 증가하였다. 회사의 성장은 임금, 복지에 대한 상승 등 긍정적인 영향을 주었으나 업무의 불균형 및 성과보상의 불평등 문제가 발생하였다. 또한 수시로 입사하는 신입직원과 경력직원, 퇴사하는 직원들까지 인원들의 잦은 변동으로 인해 평가해야 할 대상이 변경되어 현재의 성과평가제도로는 공정한 평가가 어려운 상황이다.

[생산부서 김상호]
우리 팀은 지난 1년 동안 생산량이 급증했기 때문에 수십 명의 신규인력이 급하게 채용되었습니다. 이 때문에 저희 팀장님은 신규 입사자들의 이름조차 기억 못할 때가 많이 있습니다. 성과평가를 제대로 하고 있는지 의문이 듭니다.

[마케팅 부서 김흥민]
개인의 성과평가의 취지는 충분히 이해합니다. 그러나 현재 평가는 실적기반이나 정성적인 평가가 많이 포함되어 있어 객관성과 공정성에는 의문이 드는 것이 사실입니다. 이러한 상황에서 평가제도를 재수립하지 않고, 인센티브에 계속 반영한다면, 평가제도에 대한 반감이 커질 것이 분명합니다.

[교육부서 홍경민]
현재 교육부서는 인사팀과 밀접하게 일하고 있습니다. 그럼에도 인사팀에서 실시하는 성과평가제도에 대한 이해가 부족한 것 같습니다.

[기획부서 김경호 차장]
저는 저의 평가자 중 하나가 연구부서의 팀장님인데, 일 년에 몇 번 같이 일하지 않는데 어떻게 저를 평가할 수 있을까요? 특히 연구팀은 저희가 예산을 배정하는데, 저에게는 좋지만….

4. 토론 면접

① 토론 면접의 특징

- 다수의 지원자가 조를 편성해 과제에 대한 토론(토의)을 통해 결론을 도출해가는 면접입니다.
- 의사소통능력, 팀워크, 종합인성 등의 평가에 용이합니다.

> - 주요 평가요소
>   - 설득적 말하기, 경청능력, 팀워크, 종합인성
> - 의견 대립이 명확한 주제 또는 채용분야의 직무 관련 주요 현안을 주제로 과제 구성
> - 제한된 시간 내 토론을 진행해야 하므로 적극적으로 자신 있게 토론에 임하고 본인의 의견을 개진할 수 있어야 함

토론 면접의 형태

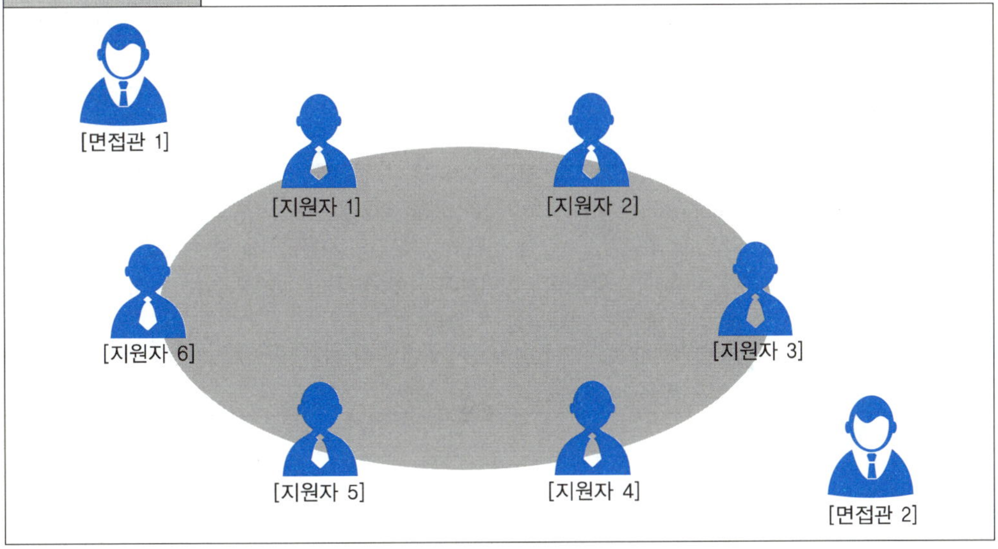

② 토론 면접 예시

고객 불만 고충처리
1. 들어가며
최근 우리 상품에 대한 고객 불만의 증가로 고객고충처리 TF가 만들어졌고 당신은 여기에 지원해 배치받았다. 당신의 업무는 불만을 가진 고객을 만나서 애로사항을 듣고 처리해 주는 일이다. 주된 업무로는 고객의 니즈를 파악해 방향성을 제시해 주고 그 해결책을 마련하는 일이다. 하지만 경우에 따라서 고객의 주관적인 의견으로 인해 제대로 된 방향으로 의사결정을 하지 못할 때가 있다. 이럴 경우 설득이나 논쟁을 해서라도 의견을 관철시키는 것이 좋을지 아니면 고객의 의견대로 진행하는 것이 좋을지 결정해야 할 때가 있다. 만약 당신이라면 이러한 상황에서 어떤 결정을 내릴 것인지 여부를 자유롭게 토론해 보시오.
2. 1분 자유 발언 시 준비사항
• 당신은 의견을 자유롭게 개진할 수 있으며 이에 따른 불이익은 없습니다. • 토론의 방향성을 이해하고, 내용의 장점과 단점이 무엇인지 문제를 명확히 말해야 합니다. • 합리적인 근거에 기초하여 개선방안을 명확히 제시해야 합니다. • 제시한 방안을 실행 시 예상되는 긍정적 · 부정적 영향요인도 동시에 고려할 필요가 있습니다.
3. 토론 시 유의사항
• 토론 주제문과 제공해드린 메모지, 볼펜만 가지고 토론장에 입장할 수 있습니다. • 사회자의 지정 또는 발표자가 손을 들어 발언권을 획득할 수 있으며, 사회자의 통제에 따릅니다. • 토론회가 시작되면, 팀의 의견과 논거를 정리하여 1분간의 자유발언을 할 수 있습니다. 순서는 사회자가 지정합니다. 이후에는 자유롭게 상대방에게 질문하거나 답변을 하실 수 있습니다. • 핸드폰, 서적 등 외부 매체는 사용하실 수 없습니다. • 논제에 벗어나는 발언이나 지나치게 공격적인 발언을 할 경우, 위에서 제시한 유의사항을 지키지 않을 경우 불이익을 받을 수 있습니다.

03 면접 Role Play

1. 면접 Role Play 편성

- 교육생끼리 조를 편성하여 면접관과 지원자 역할을 교대로 진행합니다.
- 지원자 입장과 면접관 입장을 모두 경험해 보면서 면접에 대한 적응력을 높일 수 있습니다.

경험면접

STEP 1.
지원자 그룹 경험기술서 작성(30분)

STEP 2.
경험기반 인터뷰 실시(1인당 15분)

면접위원
(최소 2인 이상 구성)

지원자
(1인 대상 권장)

STEP 3.
피드백 진행(1인당 5분)

발표면접

STEP 1.
지원자 그룹 발표 내용 작성(30분)

STEP 2.
발표 5분+추가질의 5분(1인당 10분)

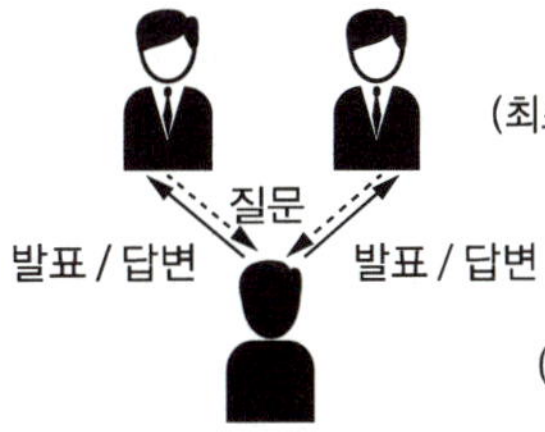

면접위원
(최소 2인 이상 구성)

지원자
(1인 대상 권장)

STEP 3.
피드백 진행(1인당 5분)

Tip

면접 준비하기

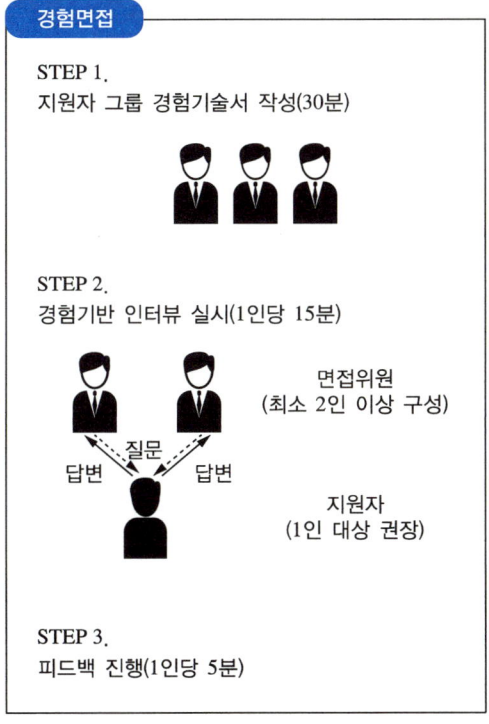

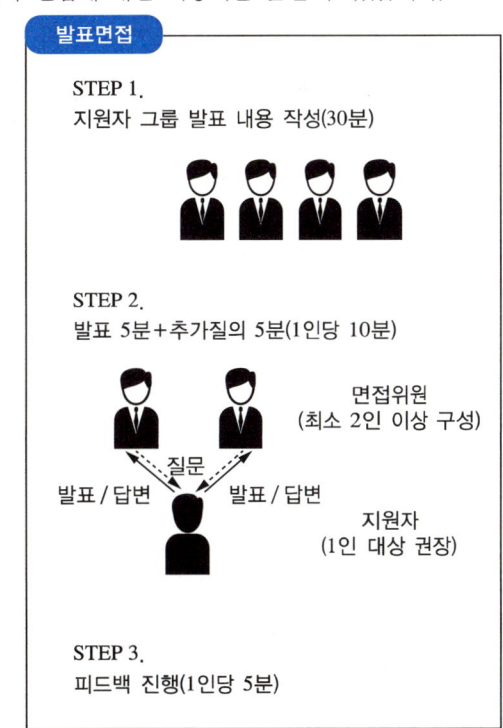

1. 면접 유형 확인 필수
   - 기업마다 면접 유형이 상이하기 때문에 해당 기업의 면접 유형을 확인하는 것이 좋음
   - 일반적으로 실무진 면접, 임원면접 2차례에 거쳐 면접을 실시하는 기업이 많고 실무진 면접과 임원 면접에서 평가요소가 다르기 때문에 유형에 맞는 준비방법이 필요
2. 후속 질문에 대한 사전 점검
   - 블라인드 채용 면접에서는 주요 질문과 함께 후속 질문을 통해 지원자의 직무능력을 판단
     → STAR 기법을 통한 후속 질문에 미리 대비하는 것이 필요

CHAPTER

05 한국산업안전보건공단 면접 기출질문

한국산업안전보건공단의 면접전형은 직무역량면접과 가치적합성면접 등으로 이루어지며, 필기전형에서 합격자를 선발하여 진행된다. 직무역량면접은 산업안전·산업보건·건설안전·경영 등 전공 지식을 평가하고, 가치적합성면접은 인재상·공직윤리·발전가능성 등을 종합적으로 평가하는 방식으로 진행된다.

1. 1차 면접(직무역량면접)

- 인화성 액체를 투입했을 시 폭발사고가 났다면, 발생원인과 해결방법을 어떻게 모색할 것인가?
- 건설현장에서 가장 큰 위험요인은 무엇인가?
- 수동 주동토압에 대해서 아는가?
- 현장경험이 있는가?
- 비계를 높게 설치할 때 유의사항은 무엇인가?
- 석유화학 산업 단지에서 발생할 수 있는 환경적 위해성은 어떤 것이 있는가?
- 산업 현장에서 각종 환경 매체에 따른 위해성 발생과 예방 방법을 말해 보시오.
- 소규모 사업장에 안전관련 지식을 전달하고 사업장에 적용시키기 위한 효과적인 방법은 무엇인가?
- 위험물 평가서가 무엇인지 아는가?
- 우리나라의 안전보건법상 안전관리체계에 대해 설명해 보시오.
- 방폭설비에 대해 아는 것을 말해 보시오.
- 누전차단기에 대해 말해 보시오.
- 정전기에 대해 아는가?
- 비파괴검사의 종류에 대해 말해 보시오.
- 중대산업재해의 정의를 말해 보시오.
- 자금이 부족하여 안전설비를 설치하지 못하는 영세사업자가 있다. 어떻게 대처할 것인가?
- 연간 산업재해자 수를 아는가?
- 방호장비나 보호구에 대해 아는 것을 말해 보시오.
- 하인리히 법칙이 무엇인지 아는가?
- 감전될만한 물체를 오른손으로 만질 때와 왼손으로 만질 때 중 언제 더 감전이 잘 될 것 같은가?
- 감전사고의 원인이 무엇인지 아는가?
- 정전기로 인한 사고가 많이 발생하고 있다. 이를 막기 위한 방법에는 무엇이 있겠는가?
- 국민들에게 안전의식을 고취시키기 위해 진행해 보고 싶은 프로젝트가 있는가?
- 펌프에 대해 아는 대로 말해 보시오.
- 고층건물에 화재가 발생했을 경우 어떻게 대처할 것인가?
- Hazard와 Risk의 차이에 대해 아는가?
- 자신이 배운 과목을 안전보건공단에서 어떻게 활용할 것인가?
- 공중도덕이 무엇이라고 생각하는가?

2. 2차 면접(가치적합성면접)

- 안전보건공단이 현재 진행하고 있는 사업에 대하여 아는 대로 말해 보시오.
- 안전보건공단을 더 많이 알리기 위한 홍보 방법을 말해 보시오.
- 안전보건공단이 나아가기 위하여 개선해야 할 점을 말해 보시오.
- 안전보건공단에서 해 보고 싶은 사업과 그 이유를 말해 보시오.
- 안전보건과 관련한 자신의 강점을 말해 보시오.
- 공단의 고객층과 고객에게 공단이 제공하는 것은 무엇인지 말해 보시오.
- 지인으로부터 청탁이 들어왔다. 어떻게 대처하겠는가?
- 지원자가 생각하기에 산업재해를 줄이려면 어떻게 해야 하는가?
- 산업안전이 뭐라고 생각하는가?
- 퇴근을 하려고 하는데 상사가 야근을 시킨다면 어떻게 하겠는가?
- 사망사고를 줄일 수 있는 방안을 말해 보시오.
- 지원자가 면접에서 떨어진다면 이유가 뭐라고 생각하는가?
- 지원자 스스로의 대인관계를 잘 유지하는 비법은 무엇이라고 생각하는가?
- 상사로부터 괴롭힘을 당하면 어떻게 대처하겠는가?
- 직장경험 또는 학교생활 때 무엇을 했으며, 어떤 것을 깨달았는가?
- 업무를 담당하게 될 때 여자에 대한 편견을 가질 수 있다. 사업장에 방문할 때 어떤 전략을 가지고 이를 타개할 것인가?
- 안전보건공단의 고객만족도가 낮은데, 그 이유가 무엇이라고 생각하고 이를 개선할 수 있는 방안은 무엇인가?
- 10년 후 자신의 모습을 말해 보시오.
- 높거나 사람이 가지 못하는 곳은 어떻게 조사할 것인가?
- 안전보건공단하면 떠오르는 이미지를 말해 보시오.
- 재해 발생의 가장 큰 원인은 무엇인가?
- 다른 지원자와 다른 나만의 장점을 말해 보시오.
- 자기소개와 지원 동기를 말해 보시오.
- 자신의 인생관에 대해 말해 보시오.
- 스스로 생각하는 장점과 단점은 무엇인가?
- 상사가 공적으로 부당한 일을 지시한다면 어떻게 대처하겠는가?
- 살아오면서 가장 힘들었던 일을 말해 보시오.
- 희망하지 않은 부서에 배정된다면 어떻게 할지 말해 보시오.
- 회사에 큰 문제점이 있다는 것을 자신만이 알고 있을 때, 어떻게 할 것인가?
- 이직을 결심하게 된 이유를 말해 보시오.
- 우리 공단의 비전에 대해 이야기해 보시오.
- 봉사활동에서 자신이 맡은 역할은 무엇이었는지 말해 보시오.
- 다른 사람을 위해 희생했던 경험을 말해 보시오.
- 자신이 가장 존경하는 사람은 누구인지 말해 보시오.
- 더 좋은 곳에서 스카우트 제의가 오면 어떻게 하겠는가?
- 입사 후 5년간의 계획을 말해 보시오.

작은 기회로부터 종종 위대한 업적이 시작된다.

– 데모스테네스 –

답안채점 • 성적분석 서비스

모바일 OMR

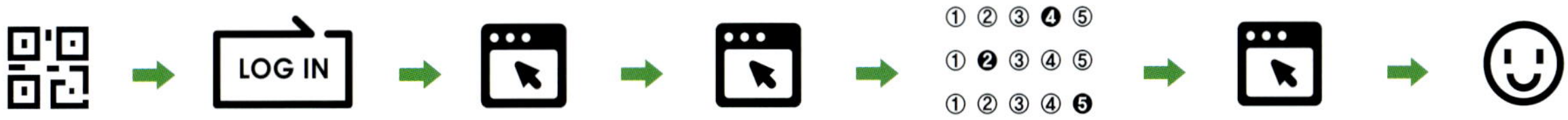

도서 내 모의고사 우측 상단에 위치한 QR코드 찍기 → 로그인 하기 → '시작하기' 클릭 → '응시하기' 클릭 → 나의 답안을 모바일 OMR 카드에 입력 → '성적분석 & 채점결과' 클릭 → 현재 내 실력 확인하기

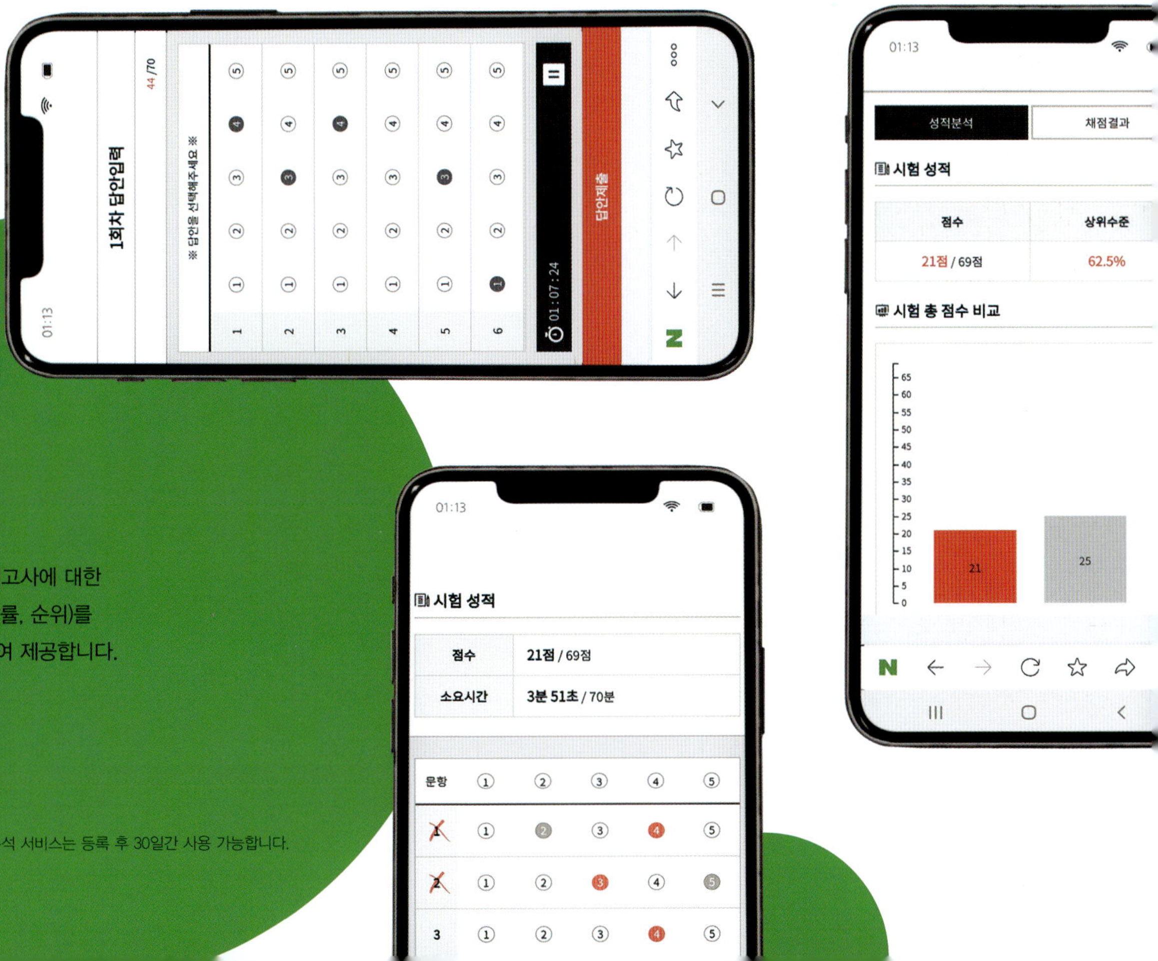

도서에 수록된 모의고사에 대한
객관적인 결과(정답률, 순위)를
종합적으로 분석하여 제공합니다.

※OMR 답안채점 / 성적분석 서비스는 등록 후 30일간 사용 가능합니다.

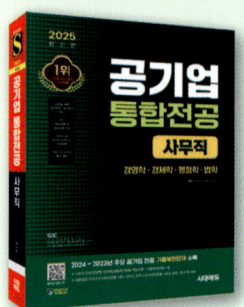

2025
최신판

한국산업 안전보건 공단

정답 및 해설

판매량 1위 한국산업안전보건공단 YES24

NCS+최종점검 모의고사 7회

편저 | SDC(Sidae Data Center)

기출복원문제부터 대표유형 및 모의고사까지

한 권으로 마무리!

SDC

SDC는 시대에듀 데이터 센터의 약자로 약 30만 개의 NCS · 적성 문제 데이터를 바탕으로 최신 출제경향을 반영하여 문제를 출제합니다.

시대에듀

Add+

2024년 주요 공기업 NCS 기출복원문제

2024 주요 공기업 NCS 기출복원문제

01	02	03	04	05	06	07	08	09	10	11	12	13	14	15	16	17	18	19	20
③	④	⑤	③	②	③	①	③	④	⑤	②	③	③	①	④	②	①	⑤	①	②
21	22	23	24	25	26	27	28	29	30	31	32	33	34	35	36	37	38	39	40
①	④	③	③	②	④	③	②	②	④	②	④	③	④	①	②	④	③	②	③
41	42	43	44	45	46	47	48	49	50										
③	③	③	⑤	②	③	②	②	①	⑤										

01

정답 ③

제시된 시는 신라시대 6두품 출신의 문인인 최치원이 지은 『촉규화』이다. 최치원은 자신을 향기 날리는 탐스런 꽃송이에 비유하여 뛰어난 학식과 재능을 뽐내고 있지만, 수레와 말 탄 사람에 비유한 높은 지위의 사람들이 자신을 외면하는 현실을 한탄하고 있다.

최치원

신라시대 6두품 출신의 문인으로, 12세에 당나라로 유학을 간 후 6년 만에 당의 빈공과에 장원으로 급제할 정도로 학문적 성취가 높았다. 그러나 당나라에서 제대로 인정을 받지 못했으며, 신라에 돌아와서도 6두품이라는 출신의 한계로 원하는 만큼의 관직에 오르지는 못하였다. 『촉규화』는 최치원이 당나라 유학시절에 지은 시로 알려져 있으며, 자신을 알아주지 않는 시대에 대한 개탄을 담고 있다. 최치원은 인간 중심의 보편성과 그에 따른 다양성을 강조하였으며, 신라의 쇠퇴로 인해 이러한 그의 정치 이념과 사상은 신라 사회에서는 실현되지 못하였으나 이후 고려 국가의 체제 정비에 영향을 미쳤다.

02

정답 ④

네 번째 문단에서 백성들이 적지 않고, 토산품이 구비되어 있지만 이로운 물건이 세상에 나오지 않고, 그렇게 하는 방법을 모르기 때문에 경제를 윤택하게 하는 것 자체를 모른다고 하였다. 따라서 조선의 경제가 윤택하지 못한 이유를 부족한 생산량이 아니라 유통의 부재로 보고 있다.

오답분석

① 세 번째 문단에서 쓸모없는 물건을 사용하여 유용한 물건을 유통하고 거래하지 않는다면 유용한 물건들이 대부분 한 곳에 묶여서 고갈될 것이라고 하며 유통이 원활하지 않은 현실을 비판하고 있다.

② 세 번째 문단에서 옛날의 성인과 제왕은 유통의 중요성을 알고 있었기 때문에 주옥과 화폐 등의 물건을 조성하여 재물이 원활하게 유통될 수 있도록 노력했다고 하며 재물 유통을 위한 성현들의 노력을 제시하고 있다.

③ 여섯 번째 문단에서 재물을 우물에 비유하여 설명하고 있다. 재물의 소비를 하지 않으면 물을 길어내지 않는 우물처럼 말라 버릴 것이며, 소비를 한다면 물을 퍼내는 우물처럼 물이 가득할 것이라며 재물에 대한 소비가 경제의 규모를 늘릴 것이라고 강조하고 있다.

⑤ 여섯 번째 문단에서 비단옷을 입지 않으면 비단을 짜는 사람과 베를 짜는 여인 등 관련 산업 자체가 황폐해질 것이라고 하고 있다. 따라서 산업의 발전을 위한 적당한 사치(소비)가 있어야 함을 제시하고 있다.

03

정답 ⑤

'말로는 친한 듯 하나 속으로는 해칠 생각이 있음'을 뜻하는 한자성어는 '口蜜腹劍(구밀복검)'이다.

- 刻舟求劍(각주구검) : 융통성 없이 현실에 맞지 않는 낡은 생각을 고집하는 어리석음

오답분석

① 水魚之交(수어지교) : 아주 친밀하여 떨어질 수 없는 사이
② 結草報恩(결초보은) : 죽은 뒤에라도 은혜를 잊지 않고 갚음
③ 靑出於藍(청출어람) : 제자나 후배가 스승이나 선배보다 나음
④ 指鹿爲馬(지록위마) : 윗사람을 농락하여 권세를 마음대로 함

04

정답 ③

③에서 '뿐이다'는 체언(명사, 대명사, 수사)인 '셋'을 수식하므로 조사로 사용되었다. 따라서 앞말과 붙여 써야 한다.

오답분석

① 종결어미 '-는지'는 앞말과 붙여 써야 한다.
② '만큼'은 용언(동사, 형용사)인 '애쓴'을 수식하므로 의존명사로 사용되었다. 따라서 앞말과 띄어 써야 한다.
④ '큰지'와 '작은지'는 모두 연결어미 '-ㄴ지'로 쓰였으므로 앞말과 붙여 써야 한다.
⑤ '-판'은 앞의 '씨름'과 합성어를 이루므로 붙여 써야 한다.

05

정답 ②

'채이다'는 '차이다'의 잘못된 표기이다. 따라서 '차였다'로 표기해야 한다.

- 차이다 : 주로 남녀 관계에서 일방적으로 관계가 끊기다.

오답분석

① 금세 : 지금 바로. '금시에'의 준말
③ 핼쑥하다 : 얼굴에 핏기가 없고 파리하다.
④ 낯설다 : 전에 본 기억이 없어 익숙하지 아니하다.
⑤ 곰곰이 : 여러모로 깊이 생각하는 모양

06

정답 ③

한자어에서 'ㄹ' 받침 뒤에 연결되는 'ㄷ, ㅅ, ㅈ'은 된소리로 발음되므로 [몰쌍식]으로 발음해야 한다.

오답분석

①·④ 받침 'ㄴ'은 'ㄹ'의 앞이나 뒤에서 [ㄹ]로 발음하지만, 결단력, 공권력, 상견례 등에서는 [ㄴ]으로 발음한다.
② 받침 'ㄱ(ㄲ, ㅋ, ㄳ, ㄺ), ㄷ(ㅅ, ㅆ, ㅈ, ㅊ, ㅌ, ㅎ), ㅂ(ㅍ, ㄼ, ㄿ, ㅄ)'은 'ㄴ, ㅁ' 앞에서 [ㅇ, ㄴ, ㅁ]으로 발음한다.
⑤ 받침 'ㄷ, ㅌ(ㄾ)'이 조사나 접미사의 모음 'ㅣ'와 결합되는 경우에는 [ㅈ, ㅊ]으로 바꾸어서 뒤 음절 첫소리로 옮겨 발음한다.

07

정답 ①

$865\times865+865\times270+135\times138-405$
$=865\times865+865\times270+135\times138-135\times3$
$=865\times(865+270)+135\times(138-3)$
$=865\times1,135+135\times135$
$=865\times(1,000+135)+135\times135$
$=865\times1,000+(865+135)\times135$
$=865,000+135,000$
$=1,000,000$

따라서 식을 계산하여 나온 수의 백의 자리는 0, 십의 자리는 0, 일의 자리는 0이다.

08

정답 ③

터널의 길이를 xm라 하면 다음과 같은 식이 성립한다.

$\frac{x+200}{60} : \frac{x+300}{90} = 10 : 7$

$\frac{x+300}{90} \times 10 = \frac{x+200}{60} \times 7$

→ $600(x+300)=630(x+200)$

→ $30x=54,000$

∴ $x=1,800$

따라서 터널의 길이는 1,800m이다.

09

정답 ④

나열된 수의 규칙은 (첫 번째 수)×[(두 번째 수)−(세 번째 수)]=(네 번째 수)이다.

따라서 빈칸에 들어갈 수는 9×(16−9)=63이다.

10

정답 ⑤

제시된 수열은 +3, +5, +7, +9, … 씩 증가하는 수열이다.

따라서 빈칸에 들어갈 수는 97+21=118이다.

11

정답 ②

A반과 B반 모두 2번의 경기를 거쳐 결승에 만나는 경우는 다음과 같다.

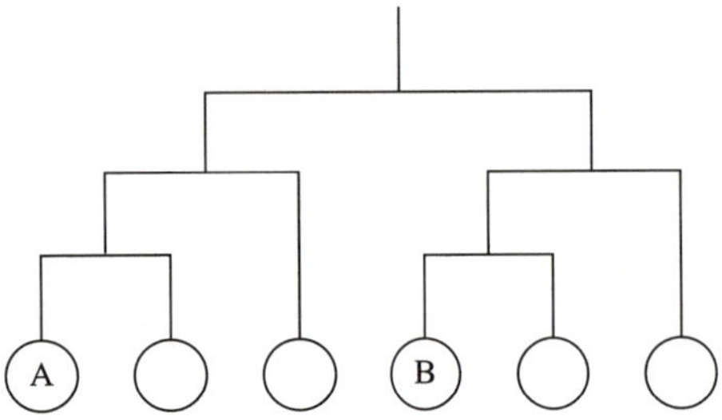

이때 남은 네 반을 배치할 때마다 모두 다른 경기가 진행되므로 구하고자 하는 경우의 수는 4!=24가지이다.

12

정답 ③

첫 번째 조건에 따라 ①, ②는 70대 이상에서 도시의 여가생활 만족도(1.7점)가 같은 연령대의 농촌(ㄹ) 만족도(3.5점)보다 낮으므로 제외되고, 두 번째 조건에 따라 도시에서 10대의 여가생활 만족도는 농촌에서 10대(1.8점)의 2배보다 높으므로 1.8×2=3.6점을 초과해야 하나 ④는 도시에서 10대(ㄱ)의 여가생활 만족도가 3.5점이므로 제외된다. 또한, 세 번째 조건에 따라 ⑤는 도시에서 여가생활 만족도가 가장 높은 연령대인 40대(3.9점)보다 30대(ㄴ)가 4.0점으로 높으므로 제외된다.

따라서 마지막 조건까지 만족하는 것은 ③이다.

13

정답 ③

가격을 10,000원 인상할 때 판매량은 (10,000−160)개이고, 20,000원 인상할 때 판매량은 (10,000−320)개이다. 또한, 가격을 10,000원 인하할 때 판매량은 (10,000+160)개이고, 20,000원 인하할 때 판매량은 (10,000+320)개이다. 그러므로 가격이 (500,000+10,000x)원일 때 판매량은 (10,000−160x)개이므로, 총 판매금액을 y원이라 하면 (500,000+10,000x)×(10,000−160x)원이 된다.

y는 x에 대한 이차식이므로 이를 표준형으로 표현하면 다음과 같다.

$$y=(500{,}000+10{,}000x)\times(10{,}000-160x)$$
$$=-1{,}600{,}000\times(x+50)\times(x-62.5)$$
$$=-1{,}600{,}000\times(x^2-12.5x-3{,}125)$$
$$=-1{,}600{,}000\times\left(x-\frac{25}{4}\right)^2+1{,}600{,}000\times\left(\frac{25}{4}\right)^2+1{,}600{,}000\times3{,}125$$

따라서 $x=\frac{25}{4}$일 때 총판매금액이 최대이지만 가격은 10,000원 단위로만 변경할 수 있으므로 $\frac{25}{4}$와 가장 가까운 자연수인 $x=6$일 때 총판매금액이 최대가 되고, 제품의 가격은 500,000+10,000×6=560,000원이 된다.

14

정답 ①

방사형 그래프는 여러 평가 항목에 대하여 중심이 같고 크기가 다양한 원 또는 다각형을 도입하여 구역을 나누고, 각 항목에 대한 도수 등을 부여하여 점을 찍은 후 그 점끼리 이어 생성된 다각형으로 자료를 분석할 수 있다. 따라서 방사형 그래프인 ①을 사용하면 항목별 균형을 쉽게 파악할 수 있다.

15

정답 ④

3월의 경우 K톨게이트를 통과한 영업용 승합차 수는 229천 대이고, 영업용 대형차 수는 139천 대이다.
139×2=278>229이므로 3월의 영업용 승합차 수는 영업용 대형차 수의 2배 미만이다.
따라서 모든 달에서 영업용 승합차 수는 영업용 대형차 수의 2배 이상이 아니므로 옳지 않은 설명이다.

오답분석

① 월별 전체 승용차 수와 전체 승합차 수의 합은 다음과 같다.
- 1월 : 3,807+3,125=6,932천 대
- 2월 : 3,555+2,708=6,263천 대
- 3월 : 4,063+2,973=7,036천 대
- 4월 : 4,017+3,308=7,325천 대
- 5월 : 4,228+2,670=6,898천 대
- 6월 : 4,053+2,893=6,946천 대
- 7월 : 3,908+2,958=6,866천 대
- 8월 : 4,193+3,123=7,316천 대
- 9월 : 4,245+3,170=7,415천 대
- 10월 : 3,977+3,073=7,050천 대
- 11월 : 3,953+2,993=6,946천 대
- 12월 : 3,877+3,040=6,917천 대

따라서 전체 승용차 수와 전체 승합차 수의 합이 가장 많은 달은 9월이고, 가장 적은 달은 2월이다.

② 4월을 제외하고 K톨게이트를 통과한 비영업용 승합차 수는 월별 3,000천 대(=300만 대)를 넘지 않는다.

③ 모든 달에서 (영업용 대형차 수)×10≥(전체 대형차 수)이므로 영업용 대형차 수의 비율은 모든 달에서 전체 대형차 수의 10% 이상이다.

⑤ 승용차가 가장 많이 통과한 달은 9월이고, 이때 영업용 승용차 수의 비율은 9월 전체 승용차 수의 $\frac{140}{4{,}245}\times100≒3.3$%로 3% 이상이다.

16

정답 ②

제시된 열차의 부산역 도착시간을 계산하면 다음과 같다.

- KTX
  8:00(서울역 출발) → 10:30(부산역 도착)
- ITX-청춘
  7:20(서울역 출발) → 8:00(대전역 도착) → 8:15(대전역 출발) → 11:05(부산역 도착)
- ITX-마음
  6:40(서울역 출발) → 7:20(대전역 도착) → 7:35(대전역 출발) → 8:15(울산역 도착) → 8:30(울산역 출발) → 11:00(부산역 도착)
- 새마을호
  6:30(서울역 출발) → 7:30(대전역 도착) → 7:40(ITX-마음 출발 대기) → 7:55(대전역 출발) → 8:55(울산역 도착) → 9:10(울산역 출발) → 10:10(동대구역 도착) → 10:25(동대구역 출발) → 11:55(부산역 도착)
- 무궁화호
  5:30(서울역 출발) → 6:50(대전역 도착) → 7:05(대전역 출발) → 8:25(울산역 도착) → 8:35(ITX-마음 출발 대기) → 8:50(울산역 출발) → 10:10(동대구역 도착) → 10:30(새마을호 출발 대기) → 10:45(동대구역 출발) → 12:25(부산역 도착)

따라서 가장 늦게 도착하는 열차는 무궁화호로, 12시 25분에 부산역에 도착한다.

오답분석

① ITX-청춘은 11시 5분에 부산역에 도착하고, ITX-마음은 11시에 부산역에 도착한다.
③ ITX-마음은 정차역인 대전역과 울산역에서 다른 열차와 시간이 겹치지 않는다.
④ 부산역에 가장 빨리 도착하는 열차는 KTX로, 10시 30분에 도착한다.
⑤ 무궁화호는 울산역에서 8시 15분에 도착한 ITX-마음으로 인해 8시 35분까지 대기하며, 동대구역에서 10시 10분에 도착한 새마을호로 인해 10시 30분까지 대기한다.

17

정답 ①

A과장과 팀원 1명은 7시 30분까지 K공사에서 사전 회의를 가져야 하므로 8시에 출발하는 KTX만 이용할 수 있다. 남은 팀원 3명은 11시 30분까지 부산역에 도착해야 하므로 10시 30분에 도착하는 KTX, 11시 5분에 도착하는 ITX-청춘, 11시에 도착하는 ITX-마음을 이용해야 한다. 이 중 가장 저렴한 열차를 이용해야 하므로 ITX-마음을 이용한다. 따라서 KTX 2인, ITX-마음 3인의 요금을 계산하면 $(59,800\times2)+(42,600\times3)=119,600+127,800=247,400$원이다.

18

정답 ⑤

A는 B의 부정적인 의견들을 구조화하여 B가 그러한 논리를 가지게 된 궁극적 원인인 경쟁력 부족을 찾아내었고, 이러한 원인을 해소할 수 있는 방법을 찾아 자신의 계획을 재구축하여 B에게 설명하였다. 따라서 제시문에서 나타난 논리적 사고의 구성요소는 '상대 논리의 구조화'이다.

오답분석

① 설득 : 논증을 통해 나의 생각을 다른 사람에게 이해·공감시키고, 타인이 내가 원하는 행동을 하도록 하는 것이다.
② 구체적인 생각 : 상대가 말하는 것을 잘 알 수 없을 때, 이미지를 떠올리거나 숫자를 활용하는 등 구체적인 방법을 활용하여 생각하는 것이다.
③ 생각하는 습관 : 논리적 사고를 개발하기 위해 일상적인 모든 것에서 의문점을 가지고 그 원인을 생각해 보는 습관이다.
④ 타인에 대한 이해 : 나와 상대의 주장이 서로 반대될 때, 상대의 주장 전부를 부정하지 않고 상대의 인격을 존중하는 것이다.

19

정답 ①

마지막 조건에 따라 C는 두 번째에 도착하게 되고, 첫 번째 조건에 따라 A－B가 순서대로 도착했으므로 A, B는 첫 번째로 도착할 수 없다. 또한 두 번째 조건에 따라 D는 E보다 늦어야 하므로 가능한 경우를 정리하면 다음과 같다.

구분	첫 번째	두 번째	세 번째	네 번째	다섯 번째
경우 1	E	C	A	B	D
경우 2	E	C	D	A	B

따라서 E는 항상 가장 먼저 도착한다.

20

정답 ②

전제 1의 전건(P)인 'TV를 오래 보면'은 후건(Q)인 '눈이 나빠진다.'가 성립하는 충분조건이며, 후건은 전건의 필요조건이 된다(P → Q). 그러나 삼단논법에서 단순히 전건을 부정한다고 해서 후건 또한 부정되지는 않는다(～P → ～Q, 역의 오류). 철수가 TV를 오래 보지 않아도 눈이 나빠질 수 있는 가능성은 얼마든지 있기 때문이다. 이러한 형식적 오류를 '전건 부정의 오류'라고 한다.

오답분석

① 사개명사의 오류 : 삼단논법에서 개념이 4개일 때 성립하는 오류이다(A는 B이고, A와 C는 모두 D이다. 따라서 B는 C이다).
③ 후건 긍정의 오류 : 후건을 긍정한다고 전건 또한 긍정이라고 하는 오류이다(P → Q이므로 Q → P이다. 이의 오류).
④ 선언지 긍정의 오류 : 어느 한 명제를 긍정하는 것이 필연적으로 다른 명제의 부정을 도출한다고 여기는 오류이다(A는 B와 C이므로 A가 B라면 반드시 C는 아니다. ∵ B와 C 둘 다 해당할 가능성이 있음).
⑤ 매개념 부주연의 오류 : 매개념(A)이 외연 전부(B)에 대하여 성립되지 않을 때 발생하는 오류이다(A는 B이고, C는 B이므로 A는 C이다).

21

정답 ①

K공단에서 위촉한 자문 약사는 다제약물 관리사업 대상자가 먹고 있는 약물의 복용상태, 부작용, 중복 등을 종합적으로 검토하고 그 결과를 바탕으로 상담, 교육 및 처방조정 안내를 실시한다. 또한 우리나라는 2000년에 시행된 의약 분업의 결과, 일부 예외사항을 제외하면 약사는 환자에게 약물의 처방을 할 수 없다. 따라서 약사는 환자의 약물점검 결과를 의사에게 전달하여 처방에 반영될 수 있도록 할 뿐 직접적인 처방을 할 수는 없다.

오답분석

② 다제약물 관리사업으로 인해 중복되는 약물을 파악하고 조치할 수 있다. 실제로 세 번째 문단의 다제약물 관리사업 평가에서 효능이 유사한 약물을 중복해서 복용하는 환자가 40.2% 감소되는 등의 효과가 확인되었다.
③ 다제약물 관리사업은 10종 이상의 약을 복용하는 만성질환자를 대상으로 약물관리 서비스를 제공하는 사업이다.
④ 병원의 경우 입원 및 외래환자를 대상으로 의사, 약사 등으로 구성된 다학제팀이 약물관리 서비스를 제공하는 반면, 지역사회에서는 다학제 협업 시스템이 미흡하다는 의견이 나오고 있다. 이에 K공단은 도봉구 의사회와 약사회, 전문가로 구성된 지역협의체를 구성하여 의·약사 협업 모형을 개발하였다.

22

정답 ④

제시문의 첫 번째 문단은 아토피 피부염의 정의를 나타내므로 이어서 연결될 수 있는 문단은 아토피 피부염의 원인을 설명하는 (라) 문단이다. 또한, (가) 문단의 앞부분 내용이 (라) 문단의 뒷부분과 연계되므로 (가) 문단이 다음에 오는 것이 적절하다. 그리고 (나) 문단의 첫 번째 문장에서 앞의 약물치료와 더불어 일상생활에서의 예방법을 말하고 있으므로 (나) 문단의 앞에는 아토피 피부염의 약물치료 방법인 (다) 문단이 오는 것이 가장 자연스럽다. 따라서 (라) － (가) － (다) － (나)의 순서로 나열해야 한다.

23

정답 ③

제시문은 뇌경색이 발생하는 원인과 발생했을 때 치료 방법을 소개하고 있다. 따라서 글의 주제로 가장 적절한 것은 '뇌경색의 발병 원인과 치료 방법'이다.

오답분석

① 뇌경색의 주요 증상에 대해서는 제시문에서 언급하고 있지 않다.
② 뇌경색 환자는 기전에 따라 항혈소판제나 항응고제 약물 치료를 한다고 하였지만, 글의 전체 내용을 담는 주제는 아니다.
④ 뇌경색이 발생했을 때의 조치사항은 제시문에서 언급하고 있지 않다.

24

정답 ③

2021년의 건강보험료 부과 금액은 전년 대비 69,480−63,120=6,360십억 원 증가하였다. 이는 2020년 건강보험료 부과 금액의 10%인 63,120×0.1=6,312십억 원보다 크므로 2021년의 건강보험료 부과 금액은 전년 대비 10% 이상 증가하였음을 알 수 있다. 2022년 또한 76,775−69,480=7,295십억 > 69,480×0.1=6,948십억 원이므로 건강보험료 부과 금액은 전년 대비 10% 이상 증가하였다.

오답분석

① 제시된 자료를 통해 확인할 수 있다.
② 연도별 전년 대비 1인당 건강보험 급여비 증가액을 구하면 다음과 같다.
- 2020년 : 1,400,000−1,300,000=100,000원
- 2021년 : 1,550,000−1,400,000=150,000원
- 2022년 : 1,700,000−1,550,000=150,000원
- 2023년 : 1,900,000−1,700,000=200,000원

따라서 1인당 건강보험 급여비가 전년 대비 가장 크게 증가한 해는 2023년이다.
④ 2019년 대비 2023년의 1인당 건강보험 급여비 증가율은 $\frac{1,900,000-1,300,000}{1,300,000}\times 100 \fallingdotseq 46\%$이므로 40% 이상 증가하였다.

25

정답 ②

'잎이 넓다.'를 P, '키가 크다.'를 Q, '더운 지방에서 자란다.'를 R, '열매가 많이 맺힌다.'를 S라 하면, 첫 번째 명제는 P → Q, 두 번째 명제는 ~P → ~R, 네 번째 명제는 R → S이다. 두 번째 명제의 대우인 R → P와 첫 번째 명제인 P → Q에 따라 R → P → Q이므로 네 번째 명제가 참이 되려면 Q → S인 명제 또는 이와 대우 관계인 ~S → ~Q인 명제가 필요하다.

오답분석

① ~P → S이므로 참인 명제가 아니다.
③ 제시된 모든 명제와 관련이 없는 명제이다.
④ R → Q와 대우 관계인 명제이지만, 네 번째 명제가 참임을 판단할 수 없다.

26

정답 ④

'풀을 먹는 동물'을 P, '몸집이 크다.'를 Q, '사막에서 산다.'를 R, '물속에서 산다.'를 S라 하면, 첫 번째 명제는 P → Q, 두 번째 명제는 R → ~S, 네 번째 명제는 S → Q이다. 네 번째 명제가 참이 되려면 두 번째 명제와 대우 관계인 S → ~R에 의해 ~R → P인 명제 또는 이와 대우 관계인 ~P → R인 명제가 필요하다.

오답분석

① Q → S로 네 번째 명제의 역이지만, 어떤 명제가 참이라고 해서 그 역이 반드시 참이 될 수는 없다.
② 제시된 모든 명제와 관련이 없는 명제이다.
③ R → Q이므로 참인 명제가 아니다.

27

정답 ③

모든 1과 사원은 가장 실적이 많은 2과 사원보다 실적이 많고, 3과 사원 중 일부는 가장 실적이 많은 2과 사원보다 실적이 적다. 따라서 3과 사원 중 일부는 모든 1과 사원보다 실적이 적다.

28

정답 ②

- A : 초청 목적이 6개월가량의 외국인 환자의 간병이므로 G-1-10 비자를 발급받아야 한다.
- B : 초청 목적이 국내 취업조건을 모두 갖춘 자의 제조업체 취업이므로 E-9-1 비자를 발급받아야 한다.
- C : 초청 목적이 K대학교 교환학생이므로 D-2-6 비자를 발급받아야 한다.
- D : 초청 목적이 국제기구 정상회의 참석이므로 A-2 비자를 발급받아야 한다.

29

정답 ②

나열된 수의 규칙은 [(첫 번째 수)+(두 번째 수)]×(세 번째 수)−(네 번째 수)=(다섯 번째 수)이다.
따라서 빈칸에 들어갈 수는 $(9+7)\times5-1=79$이다.

30

정답 ④

두 주사위 A, B를 던져 나온 수를 각각 a, b라 할 때, 가능한 순서쌍 (a, b)의 경우의 수는 $6\times6=36$가지이다.
이때 $a=b$의 경우의 수는 (1, 1), (2, 2), (3, 3), (4, 4), (5, 5), (6, 6)인 6가지이므로 $a\neq b$의 경우의 수는 $36-6=30$가지이다.
따라서 $a\neq b$일 확률은 $\frac{30}{36}=\frac{5}{6}$이다.

31

정답 ②

$$\frac{(\text{빨간색 공 2개 중 1개를 뽑는 경우의 수})\times(\text{노란색 공 3개 중 2개를 뽑는 경우의 수})}{(\text{전체 공 5개 중 3개를 뽑는 경우의 수})}=\frac{{}_2C_1\times{}_3C_2}{{}_5C_3}=\frac{2\times3}{\frac{5\times4\times3}{3\times2\times1}}=\frac{3}{5}$$

32

정답 ④

A씨와 B씨가 만날 때 A씨의 이동거리와 B씨의 이동거리의 합은 산책로의 둘레 길이와 같다.
그러므로 두 번째 만났을 때 (A씨의 이동거리)+(B씨의 이동거리)=2×(산책로의 둘레 길이)이다. 이때 A씨가 출발 후 x시간이 지났다면 다음 식이 성립한다.

$$3x+7\left(x-\frac{1}{2}\right)=4$$

$$\rightarrow 3x+7x-\frac{7}{2}=4$$

$$\therefore x=\frac{15}{20}$$

그러므로 $\frac{15}{20}$시간, 즉 45분이 지났음을 알 수 있다.
따라서 A씨와 B씨가 두 번째로 만날 때의 시각은 오후 5시 45분이다.

33

정답 ③

모니터 화면을 분할하는 단축키는 '〈Window 로고 키〉+〈화살표 키〉'이다. 임의의 폴더나 인터넷 창 등이 열린 상태에서 '〈Window 로고 키〉+〈왼쪽 화살표 키〉'를 입력하면 모니터 중앙을 기준으로 절반씩 좌우로 나눈 후 열린 폴더 및 인터넷 창 등을 왼쪽 절반 화면으로 밀어서 띄울 수 있다. 이 상태에서 다른 폴더나 인터넷 창 등을 열고 '〈Window 로고 키〉+〈오른쪽 화살표 키〉'를 입력하면 같은 형식으로 오른쪽이 활성화된다. 또한, 왼쪽 또는 오른쪽으로 분할된 상태에서 〈Window 로고 키〉+〈위쪽 / 아래쪽 화살표 키〉'를 입력하여 최대 4분할까지 가능하다. 단 '〈Window 로고 키〉+〈위쪽 / 아래쪽 화살표 키〉'를 먼저 입력하여 화면을 상하로 분할할 수는 없다. 좌우 분할이 안 된 상태에서 '〈Window 로고 키〉+〈위쪽 / 아래쪽 화살표 키〉'를 입력하면 창을 최소화 / 원래 크기 / 최대 크기로 변경할 수 있다.

34

정답 ④

'〈Window 로고 키〉+〈D〉'를 입력하면 활성화된 모든 창을 최소화하고 바탕화면으로 돌아갈 수 있으며, 이 상태에서 다시 '〈Window 로고 키〉+〈D〉'를 입력하면 단축키를 입력하기 전 상태로 되돌아간다. 비슷한 기능을 가진 단축키로 '〈Window 로고 키〉+〈M〉'이 있지만, 입력하기 전 상태의 화면으로 되돌아갈 수는 없다.

오답분석

① 〈Window 로고 키〉+〈R〉 : 실행 대화 상자를 여는 단축키이다.
② 〈Window 로고 키〉+〈I〉 : 설정 창을 여는 단축키이다.
③ 〈Window 로고 키〉+〈L〉 : PC를 잠그거나 계정을 전환하기 위해 잠금화면으로 돌아가는 단축키이다.

35

정답 ①

특정 텍스트를 다른 텍스트로 수정하는 함수는 「=SUBSTITUTE(참조 텍스트,수정해야 할 텍스트,수정한 텍스트,[위치])」이며, [위치]가 빈칸이면 모든 수정해야 할 텍스트가 수정한 텍스트로 수정된다.
따라서 입력해야 할 함수식은 「=SUBSTITUTE("서울특별시 영등포구 홍제동","영등포","서대문")」이다.

오답분석

② IF(조건,참일 때 값,거짓일 때 값) 함수는 조건부가 참일 때 TRUE 값을 출력하고, 거짓일 때 FALSE 값을 출력하는 함수이다. "서울특별시 영등포구 홍제동"="영등포"는 항상 거짓이므로 빈칸으로 출력된다.
③ MOD(수,나눌 수) 함수는 입력한 수를 나눌 수로 나누었을 때 나머지를 출력하는 함수이므로 텍스트를 입력하면 오류가 발생한다.
④ NOT(인수) 함수는 입력된 인수를 부정하는 함수이며, 인수는 1개만 입력할 수 있다.

36

정답 ②

제시된 조건이 포함되는 셀의 수를 구하는 조건부 함수를 사용한다. 따라서 「=COUNTIF(B2:B16,">50000")」를 입력해야 한다.

37

정답 ④

지정된 자릿수 이하의 수를 버림하는 함수는 「=ROUNDDOWN(버림할 수,버림할 자릿수)」이다. 따라서 입력해야 할 함수는 「=ROUNDDOWN((AVERAGE(B2:B16)),−2)」이다.

오답분석

① LEFT 함수는 왼쪽에서 지정된 차례까지의 텍스트 또는 인수를 출력하는 함수이다. 따라서 「=LEFT((AVERAGE(B2:B16)),2)」를 입력하면 '65'가 출력된다.
② RIGHT 함수는 오른쪽에서 지정된 차례까지의 텍스트 또는 인수를 출력하는 함수이다. 따라서 「=RIGHT((AVERAGE(B2:B16)),2)」를 입력하면 '33'이 출력된다.
③ ROUNDUP 함수는 지정된 자릿수 이하의 수를 올림하는 함수이다. 따라서 「=ROUNDUP((AVERAGE(B2:B16)),−2)」를 입력하면 '65,400'이 출력된다.

38

정답 ③

오전 10시부터 오후 12시까지 근무를 할 수 있는 사람은 B뿐이고, 오후 6시부터 오후 8시까지 근무를 할 수 있는 사람은 D뿐이다. A와 C가 남은 오후 12시부터 오후 6시까지 나누어 근무해야 하지만, A는 오후 5시까지 근무할 수 있고 모든 직원의 최소 근무시간은 2시간이므로 A가 오후 12시부터 4시까지 근무하고, C가 오후 4시부터 오후 6시까지 근무할 때 인건비가 최소이다.
각 직원의 근무시간과 인건비를 정리하면 다음과 같다.

직원	근무시간	인건비
B	오전 10:00 ~ 오후 12:00	10,500×1.5×2=31,500원
A	오후 12:00 ~ 오후 4:00	10,000×1.5×4=60,000원
C	오후 4:00 ~ 오후 6:00	10,500×1.5×2=31,500원
D	오후 6:00 ~ 오후 8:00	11,000×1.5×2=33,000원

따라서 가장 적은 인건비는 31,500+60,000+31,500+33,000=156,000원이다.

39

정답 ②

「COUNTIF(셀의 범위,"조건")」 함수는 어떤 범위에서 제시되는 조건이 포함되는 셀의 수를 구하는 함수이다. 판매량이 30개 이상인 과일의 수를 구해야 하므로 [C9] 셀에 들어갈 함수식은 「=COUNTIF(C2:C8,">=30")」이다.

오답분석

① MID 함수 : 지정한 셀의 텍스트의 일부를 추출하는 함수이다.
③ MEDIAN 함수 : 지정한 셀의 범위의 중간값을 구하는 함수이다.
④ AVERAGEIF 함수 : 어떤 범위에 포함되는 셀의 평균을 구하는 함수이다.
⑤ MIN 함수 : 지정한 셀의 범위의 최솟값을 구하는 함수이다.

40

정답 ③

팔로워십의 유형

구분	자아상	동료 / 리더의 시각	조직에 대한 자신의 느낌
소외형	• 자립적인 사람 • 일부러 반대의견 제시 • 조직의 양심	• 냉소적 • 부정적 • 고집이 셈	• 자신을 인정해 주지 않음 • 적절한 보상이 없음 • 불공정하고 문제가 있음
순응형	• 기쁜 마음으로 과업 수행 • 팀플레이를 함 • 리더나 조직을 믿고 헌신함	• 아이디어가 없음 • 인기 없는 일은 하지 않음 • 조직을 위해 자신의 요구를 양보	• 기존 질서를 따르는 것이 중요 • 리더의 의견을 거스르지 못함 • 획일적인 태도와 행동에 익숙함
실무형	• 조직의 운영 방침에 민감 • 사건을 균형 잡힌 시각으로 봄 • 규정과 규칙에 따라 행동함	• 개인의 이익을 극대화하기 위한 흥정에 능함 • 적당한 열의와 수완으로 업무 진행	• 규정 준수를 강조 • 명령과 계획의 빈번한 변경 • 리더와 부하 간의 비인간적 풍토
수동형	• 판단과 사고를 리더에 의존 • 지시가 있어야 행동	• 하는 일이 없음 • 제 몫을 하지 못함 • 업무 수행에는 감독이 필요	• 조직이 나의 아이디어를 원치 않음 • 노력과 공헌을 해도 소용이 없음 • 리더는 항상 자기 마음대로 함

41

정답 ③

갈등의 과정 단계

1. 의견 불일치 : 서로 생각이나 신념, 가치관, 성격이 다르므로 다른 사람들과의 의견 불일치가 발생한다. 의견 불일치는 상대방의 생각과 동기를 설명하는 기회를 주고 대화를 나누다 보면 오해가 사라지고 더 좋은 관계로 발전할 수 있지만, 그냥 내버려 두면 심각한 갈등으로 발전하게 된다.
2. 대결 국면 : 의견 불일치가 해소되지 않아 발생하며, 단순한 해결방안은 없고 다른 새로운 해결점을 찾아야 한다. 대결 국면에 이르게 되면 감정이 개입되어 상대방의 주장에 대한 문제점을 찾기 시작하고, 자신의 입장에 대해서는 그럴듯한 변명으로 옹호하면서 양보를 완강히 거부하는 상태에 이르는 등 상대방의 입장은 부정하면서 자기주장만 하려고 한다. 서로의 입장을 고수하려는 강도가 높아지면 긴장은 높아지고 감정적인 대응이 더욱 격화된다.
3. 격화 국면 : 상대방에 대하여 더욱 적대적으로 변하며, 설득을 통해 문제를 해결하기보다 강압적 · 위협적인 방법을 쓰려고 하며, 극단적인 경우 언어폭력이나 신체적 폭행으로 번지기도 한다. 상대방에 대한 불신과 좌절, 부정적인 인식이 확산되면서 갈등 요인이 다른 요인으로 번지기도 한다. 격화 국면에서는 상대방의 생각이나 의견, 제안을 부정하고, 상대방은 그에 대한 반격을 함으로써 자신들의 반격을 정당하게 생각한다.
4. 진정 국면 : 계속되는 논쟁과 긴장이 시간과 에너지를 낭비하고 있음을 깨달으며, 갈등상태가 무한정 유지될 수 없다는 것을 느끼고 흥분과 불안이 가라앉으면서 이성과 이해의 원상태로 돌아가려 한다. 이후 협상이 시작된다. 협상과정을 통해 쟁점이 되는 주제를 논의하고 새로운 제안을 하고 대안을 모색하게 된다. 진정 국면에서는 중개자, 조정자 등의 제3자가 개입함으로써 갈등 당사자 간에 신뢰를 쌓고 문제를 해결하는 데 도움이 되기도 한다.
5. 갈등의 해소 : 진정 국면에 들어서면 갈등 당사자들은 문제를 해결하지 않고는 자신들의 목표를 달성하기 어렵다는 것을 알게 된다. 모두가 만족할 수 없는 경우도 있지만, 불일치한 서로 간의 의견을 일치하려고 한다. 갈등의 해소는 회피형, 지배 또는 강압형, 타협형, 순응형, 통합 또는 협력형 등의 방법으로 이루어진다.

42

정답 ③

원만한 직업생활을 위해 직업인이 갖추어야 할 직업윤리는 근로윤리와 공동체윤리로 나누어지며, 각 윤리의 덕목은 다음과 같다.

- 근로윤리 : 일에 대한 존중을 바탕으로 근면하고, 성실하고, 정직하게 업무에 임하는 자세
  - 근면한 태도(㉠)
  - 정직한 행동(㉤)
  - 성실한 자세(㉥)
- 공동체윤리 : 인간존중을 바탕으로 봉사하며, 책임감 있게 규칙을 준수하고, 예의바른 태도로 업무에 임하는 자세
  - 봉사와 책임의식(㉡)
  - 준법성(㉢)
  - 예절과 존중(㉣)

43

정답 ③

직장 내 괴롭힘이 성립하려면 다음의 행위 요건이 성립해야 한다.

- 직장에서의 지위 또는 관계 등의 우위를 이용할 것
- 업무상 적정 범위를 넘는 행위일 것
- 신체적 · 정신적 고통을 주거나 근무환경을 악화시키는 행위일 것

A팀장이 지위를 이용하여 B사원에게 수차례 업무를 지시했지만 이는 업무상 필요성이 있는 정당한 지시이며, 완수해야 하는 적정 업무에 해당하므로 직장 내 괴롭힘으로 보기 어렵다.

오답분석

① 업무 이외에 개인적인 용무를 자주 지시하는 것은 업무상 적정 범위를 넘은 행위이다.
② 업무배제는 업무상 적정 범위를 넘은 행위로, 직장 내 괴롭힘의 주요 사례이다.
④ A대리는 동기인 B대리보다 지위상의 우위는 없으나, 다른 직원과 함께 수적 우위를 이용하여 괴롭혔으므로 직장 내 괴롭힘에 해당한다.
⑤ 지시나 주의, 명령행위의 모습이 폭행이나 과도한 폭언을 수반하는 등 사회 통념상 상당성을 결여하였다면 업무상 적정 범위를 넘었다고 볼 수 있으므로 직장 내 괴롭힘에 해당한다.

44

정답 ⑤

S는 자신의 일이 능력과 적성에 맞다 여기고 발전을 위해 열성을 가지고 성실히 노력하고 있다. 따라서 S의 사례에서 나타난 직업윤리 의식은 천직의식이다.

직업윤리 의식

- 소명의식 : 자신이 맡은 일은 하늘에 의해 맡겨진 일이라고 생각하는 태도이다.
- 천직의식 : 자신의 일이 자신의 능력과 적성에 꼭 맞는다 여기고 그 일에 열성을 가지고 성실히 임하는 태도이다.
- 직분의식 : 자신이 하고 있는 일이 사회나 기업을 위해 중요한 역할을 하고 있다고 믿고 자신의 활동을 수행하는 태도이다.
- 책임의식 : 직업에 대한 사회적 역할과 책무를 충실히 수행하고 책임을 다하는 태도이다.
- 전문가의식 : 자신의 일이 누구나 할 수 있는 것이 아니라 해당 분야의 지식과 교육을 밑바탕으로 성실히 수행해야만 가능한 것이라 믿고 수행하는 태도이다.
- 봉사의식 : 직업 활동을 통해 다른 사람과 공동체에 대하여 봉사하는 정신을 갖추고 실천하는 태도이다.

45

정답 ②

경력개발의 단계별 내용

1. 직업선택
   - 최대한 여러 직업의 정보를 수집하여 탐색한 후 나에게 적합한 최초의 직업을 선택함
   - 관련 학과 외부 교육 등 필요한 교육을 이수함
2. 조직입사
   - 원하는 조직에서 일자리를 얻음
   - 정확한 정보를 토대로 적성에 맞는 적합한 직무를 선택함
3. 경력 초기
   - 조직의 규칙과 규범에 대해 배움
   - 직업과 조직에 적응해 감
   - 역량(지식, 기술, 태도)을 증대시키고 꿈을 추구해 나감
4. 경력 중기
   - 경력 초기를 재평가하고 더 업그레이드된 꿈으로 수정함
   - 성인 중기에 적합한 선택을 하고 지속적으로 열심히 일함
5. 경력 말기
   - 지속적으로 열심히 일함
   - 자존심을 유지함
   - 퇴직 준비의 자세한 계획을 세움(경력 중기부터 준비하는 것이 바람직)

46

정답 ③

나열된 수는 짝수 개이므로 수를 작은 수부터 순서대로 나열했을 때, 가운데에 있는 두 수의 평균이 중앙값이다.

- 빈칸의 수가 7 이하인 경우 : 가운데에 있는 두 수는 7, 8이므로 중앙값은 $\frac{7+8}{2}=7.5$이다.
- 빈칸의 수가 8인 경우 : 가운데에 있는 두 수는 8, 8이므로 중앙값은 8이다.
- 빈칸의 수가 9 이상인 경우 : 가운데에 있는 두 수는 8, 9이므로 중앙값은 $\frac{8+9}{2}=8.5$이다.

따라서 중앙값이 8일 때 빈칸에 들어갈 수는 8이다.

47

정답 ②

1 ~ 200의 자연수 중에서 2, 3, 5 중 어느 것으로도 나누어떨어지지 않는 수의 개수는 각각 2의 배수, 3의 배수, 5의 배수가 아닌 수의 개수이다.

- 1 ~ 200의 자연수 중 2의 배수의 개수 : $\frac{200}{2}=100$이므로 100개이다.
- 1 ~ 200의 자연수 중 3의 배수의 개수 : $\frac{200}{3}=66 \cdots 2$이므로 66개이다.
- 1 ~ 200의 자연수 중 5의 배수의 개수 : $\frac{200}{5}=40$이므로 40개이다.
- 1 ~ 200의 자연수 중 6의 배수의 개수 : $\frac{200}{6}=33 \cdots 2$이므로 33개이다.
- 1 ~ 200의 자연수 중 10의 배수의 개수 : $\frac{200}{10}=20$이므로 20개이다.
- 1 ~ 200의 자연수 중 15의 배수의 개수 : $\frac{200}{15}=13 \cdots 5$이므로 13개이다.
- 1 ~ 200의 자연수 중 30의 배수의 개수 : $\frac{200}{30}=6 \cdots 20$이므로 6개이다.

따라서 1 ~ 200의 자연수 중에서 2, 3, 5 중 어느 것으로도 나누어떨어지지 않는 수의 개수는 $200-[(100+66+40)-(33+20+13)+6]=200-(206-66+6)=54$개이다.

48

정답 ②

A지점에서 출발하여 최단거리로 이동하여 B지점에 도착하기까지 가능한 경로의 수를 구하면 다음과 같다.

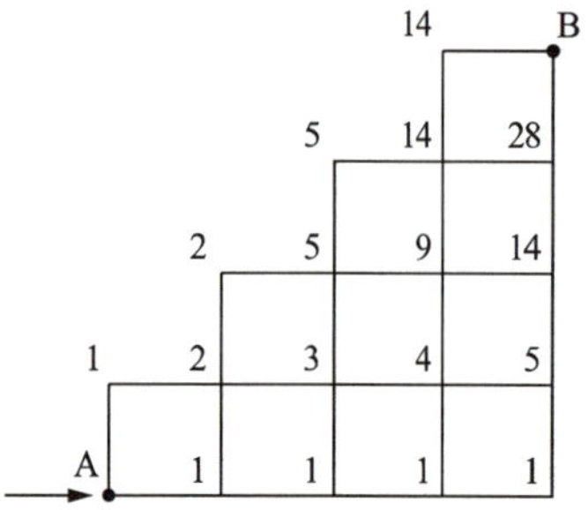

따라서 구하고자 하는 경우의 수는 $14+28=42$가지이다.

49

정답 ①

분침은 60분에 1바퀴 회전하므로 1분 지날 때 분침은 $\frac{360}{60}=6°$ 움직이고, 시침은 12시간에 1바퀴 회전하므로 1분 지날 때 시침은 $\frac{360}{12\times60}=0.5°$ 움직인다.

따라서 4시 30분일 때 시침과 분침이 만드는 작은 부채꼴의 각도는 $6\times30-0.5\times(60\times4+30)=180-135=45°$이므로, 부채꼴의 넓이와 전체 원의 넓이의 비는 $\frac{45}{360}=\frac{1}{8}$이다.

50

정답 ⑤

2020 ~ 2023년 동안 전년 대비 전체 설비 발전량의 증감량과 신재생 설비 발전량의 증가량은 다음과 같다.

- 2020년
  전체 설비 발전량 : 563,040−570,647=−7,607GWh, 신재생 설비 발전량 : 33,500−28,070=5,430GWh
- 2021년
  전체 설비 발전량 : 552,162−563,040=−10,878GWh, 신재생 설비 발전량 : 38,224−33,500=4,724GWh
- 2022년
  전체 설비 발전량 : 576,810−552,162=24,648GWh, 신재생 설비 발전량 : 41,886−38,224=3,662GWh
- 2023년
  전체 설비 발전량 : 594,400−576,810=17,590GWh, 신재생 설비 발전량 : 49,285−41,886=7,399GWh

따라서 전체 설비 발전량의 증가량이 가장 많은 해는 2022년이고, 신재생 설비 발전량의 증가량이 가장 적은 해 또한 2022년이다.

오답분석

① 2020 ~ 2023년 기력 설비 발전량의 전년 대비 증감 추이는 '감소 – 감소 – 증가 – 감소'이지만, 전체 설비 발전량의 전년 대비 증감 추이는 '감소 – 감소 – 증가 – 증가'이다.

② 2019 ~ 2023년 전체 설비 발전량의 1%와 수력 설비 발전량을 비교하면 다음과 같다.
- 2019년 : 7,270 > 570,647×0.01 ≒ 5,706GWh
- 2020년 : 6,247 > 563,040×0.01 ≒ 5,630GWh
- 2021년 : 7,148 > 552,162×0.01 ≒ 5,522GWh
- 2022년 : 6,737 > 576,810×0.01 ≒ 5,768GWh
- 2023년 : 7,256 > 594,400×0.01=5,944GWh

따라서 2019 ~ 2023년 동안 수력 설비 발전량은 항상 전체 설비 발전량의 1% 이상이다.

③ 2019 ~ 2023년 전체 설비 발전량의 5%와 신재생 설비 발전량을 비교하면 다음과 같다.
- 2019년 : 28,070 < 570,647×0.05 ≒ 28,532GWh
- 2020년 : 33,500 > 563,040×0.05=28,152GWh
- 2021년 : 38,224 > 552,162×0.05 ≒ 27,608GWh
- 2022년 : 41,886 > 576,810×0.05 ≒ 28,841GWh
- 2023년 : 49,285 > 594,400×0.05=29,720GWh

따라서 2019년 신재생 설비 발전량은 전체 설비 발전량의 5% 미만이고, 그 외에는 5% 이상이다.

④ 신재생 설비 발전량은 꾸준히 증가하였지만 원자력 설비 발전량은 2022년에 전년 대비 감소하였다.

무언가를 위해 목숨을 버릴 각오가 되어 있지 않는 한
그것이 삶의 목표라는 어떤 확신도 가질 수 없다.

- 체 게바라 -

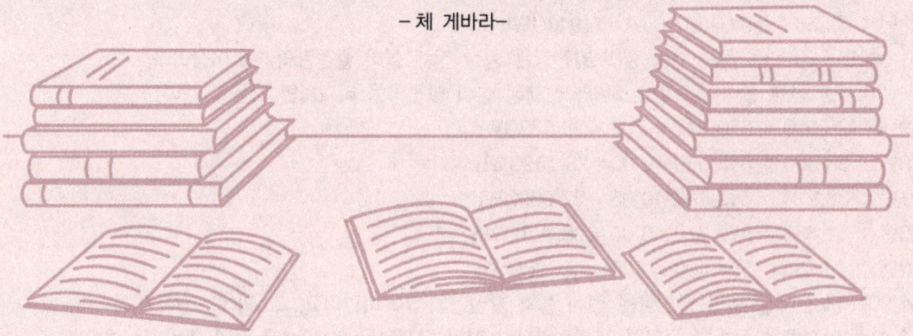

PART 1

직업기초능력평가

CHAPTER

01 의사소통능력

대표기출유형 01 기출응용문제

01

정답 ④

두 번째 문단에서 지방자치단체와 시민단체, 기업 등을 중심으로 감정노동자 보호를 위한 대안들이 나오고 있다고 했으므로, 무관심이 업무 환경을 더욱 악화시킨다는 설명은 적절하지 않다.

오답분석

① '산업재해보상보험법 시행령 및 시행규칙 개정안'이 여전히 계류 중인 상황을 설명하며 우리 사회의 노력이 많이 부족하다고 했으므로 적절한 설명이다.
② 감정노동자의 80%가 인격 모독과 욕설 등을 경험했다고 했으므로 적절한 설명이다.
③ 우울감이 심한 경우 불안장애나 공황장애 등의 질환으로 발전할 수 있다고 했으므로 적절한 설명이다.
⑤ 서비스업의 특성상 질병의 인과관계를 밝히기 어렵다는 것을 악용해 기업들이 '산업재해보상보험법 시행령 및 시행규칙 개정안'을 반대한다고 했으므로 적절한 설명이다.

02

정답 ①

오답분석

② 도래하는 검사기간 내 1회에 한정하며 1년간 유효하다.
③ 매월 마지막 주 수요일에 전국 K공단 검사소에서 자동차를 무상으로 점검해준다.
④ 냉각수는 과열된 엔진을 식히는 역할을 한다.
⑤ 퀴즈의 정답은 '위 사항 모두!'로 타이어 공기압 체크, 엔진오일 점검 및 브레이크 점검, 냉각수 점검 및 워셔액 보충이 모두 해당한다.

03

정답 ②

찬성 측은 공공 자전거 서비스 제도의 효과에 대해 예상하나, 구체적인 근거를 제시하고 있지는 않다.

오답분석

① 반대 측은 자전거를 이용하지 않는 사람들도 공공 자전거 서비스 제도에 필요한 비용을 지불해야 하므로 형평성의 문제가 발생할 수 있다고 보았다.
③ 반대 측은 찬성 측의 공공 자전거 서비스는 사람들 모두가 이용할 수 있다는 주장에 대해 '물론 그렇게 볼 수도 있습니다만'과 같이 대답하며 찬성 측의 주장을 일부 인정하고 있다.
④ 반대 측은 공공 자전거 서비스 제도로 도로에 자전거와 자동차가 섞이게 되는 상황을 예상하면서 찬성 측의 주장에 대해 의문을 제기하고 있다.
⑤ 찬성 측은 공공 자전거 서비스 제도로 교통 체증 문제를 완화할 수 있다고 보았으며, 반대 측은 도로에 자전거와 자동차가 섞이게 되어 교통 혼잡 문제가 발생할 수 있다고 봄으로써 서로 대립하는 논점을 가짐을 알 수 있다.

대표기출유형 02 기출응용문제

01

정답 ①

제시된 기사문은 홍역환자가 발생함에 따라 홍역 유행을 차단하기 위해 대응 체계를 구축했다는 내용이므로, 이를 모두 포함하는 ①이 기사문의 제목으로 가장 적절하다.

02

정답 ⑤

제시문에서는 4단계로 나뉘는 감염병 위기경보 수준을 설명하며, 각 단계에 따라 달라지는 정부의 주요 대응 활동에 관해 이야기하고 있다. 따라서 제목으로 가장 적절한 것은 ⑤이다.

03

정답 ②

제시문은 행위별수가제에 대한 내용으로 환자, 의사, 건강보험 재정 등 많은 곳에서 한계점이 있다고 설명하면서 건강보험 고갈을 막기 위해 다양한 지불방식을 도입하는 등 구조적인 개편이 필요함을 설명하고 있다. 따라서 글의 주제로 '행위별수가제의 한계점'이 가장 적절하다.

대표기출유형 03 기출응용문제

01

정답 ③

제시문은 풀기 어려운 문제에 둘러싸인 기업적·개인적 상황을 제시하고, 위기의 시대임을 언급하고 있다. 그리고 그 위기를 이겨내는 자가 성공하는 자가 될 수 있음을 말하며, 위기를 이겨내기 위해서 지혜가 필요하다는 것에 대해 설명하고 있는 글이다. 따라서 (나) 풀기 어려운 문제에 둘러싸인 현재의 상황 → (라) 위험과 기회라는 이중의미를 가지는 '위기' → (다) 위기를 이겨내는 것이 필요 → (가) 위기를 이겨내기 위한 지혜와 성공이라는 결과로 나열되어야 한다.

02

정답 ④

제시문은 효율적 제품 생산을 위한 한 방법인 제품별 배치 방법의 장단점에 대한 내용의 글이다. 따라서 (다) 효율적 제품 생산을 위해 필요한 생산 설비의 효율적 배치 → (라) 효율적 배치의 한 방법인 제품별 배치 방식 → (가) 제품별 배치 방식의 장점 → (나) 제품별 배치 방식의 단점의 순서대로 나열하는 것이 가장 적절하다.

03

정답 ⑤

제시문은 셰익스피어의 작품 『맥베스』에 나타난 비극의 요소를 설명하는 글이다. 주어진 단락의 마지막 문장을 통해 『맥베스』가 처음으로 언급되고 있으므로, 이어질 내용은 『맥베스』라는 작품에 대한 설명이 오는 것이 적절하다. 따라서 (다) 『맥베스』의 기본적인 줄거리 → (나) 『맥베스』의 전개 특징 → (라) 『맥베스』가 인간의 내면 변화를 집중적으로 다루는 이유 → (가) 『맥베스』에 대한 일반적인 평가의 순서대로 나열되어야 한다.

04

정답 ③

제시문은 IC카드의 개발 및 원리에 대한 글이다. 제시된 단락의 경우 자석 접촉 시 데이터가 손상되는 마그네틱 카드의 단점과 이를 보완한 것이 IC카드라고 설명하였다. 따라서 (나) 데이터 손상의 방지 및 여러 기능의 추가가 가능한 IC카드 → (가) EEPROM이나 플래시 메모리를 내장한 IC카드 → (다) 메모리 외에 프로세서 기능이 추가된 IC카드의 순서대로 나열하는 것이 가장 적절하다.

대표기출유형 04 기출응용문제

01

정답 ①

첫 번째 빈칸에는 문장의 서술어가 '때문이다'로 되어 있으므로 빈칸에는 이와 호응하는 '왜냐하면'이 와야 한다. 다음으로 두 번째 빈칸에는 문장의 내용이 앞 문장과 상반되는 내용이 아닌, 앞 문장을 부연하는 내용이므로 병렬 기능의 접속 부사 '그리고'가 들어가야 한다. 마지막으로 세 번째 빈칸은 내용상 결론에 해당하므로 '그러므로'가 적절하다.

02

정답 ①

- 첫 번째 빈칸 : 공간 정보가 정보 통신 기술의 발전으로 시간에 따른 변화를 반영할 수 있게 되었다는 빈칸 뒤의 내용을 통해 빈칸에는 시간에 따른 공간의 변화를 포함한 공간 정보를 이용할 수 있게 되면서 '최적의 경로 탐색'이 가능해졌다는 내용의 ㉠이 적절함을 알 수 있다.
- 두 번째 빈칸 : ㉡은 빈칸 앞 문장의 '탑승할 버스 정류장의 위치, 다양한 버스 노선, 최단 시간 등을 분석하여 제공하는' 지리정보 시스템이 '더 나아가' 제공하는 정보에 관해 이야기한다. 따라서 빈칸에는 ㉡이 적절하다.
- 세 번째 빈칸 : 빈칸 뒤의 내용에서는 공간 정보가 활용되고 있는 다양한 분야와 앞으로 활용될 수 있는 분야를 이야기하고 있으므로 빈칸에는 공간 정보의 활용 범위가 계속 확대되고 있다는 ㉢이 적절함을 알 수 있다.

03

정답 ①

갑돌이의 성품이 탁월하다고 볼 수 있는 것은 그의 성품이 곧고 자신감이 충만하며, 다수의 옳지 않은 행동에 대하여 비판의 목소리를 낼 것이고 그렇게 하는 데 별 어려움을 느끼지 않을 것이기 때문이다. 또한, 세 번째 문단에 따르면 탁월한 성품은 올바른 훈련을 통해 올바른 일을 바르고 즐겁게 그리고 어려워하지 않으며 처리할 수 있는 능력을 뜻한다. 따라서 아리스토텔레스의 입장에서는 '엄청난 의지를 발휘'하고 자신과의 '힘든 싸움'을 해야 했던 병식이보다는 잘못된 일에 '별 어려움' 없이 '비판의 목소리'를 내는 갑돌이의 성품을 탁월하다고 여길 것이다.

대표기출유형 05 기출응용문제

01

정답 ①

조직은 다양한 사회적 경험과 사회적 지위를 토대로 한 개인의 집단이므로 동일한 내용을 제시하더라도 각 구성원은 서로 다르게 받아들이고 반응할 수 있다. 제시된 사례에서는 이로 인해 갈등이 발생하였다.

오답분석

②·③·④·⑤ 제시된 갈등 상황에서는 메시지 이해 방식, 표현 및 전달 방식, 서로 간의 선입견 등의 문제보다는 서로 다른 의견이 문제가 되고 있으므로 적절하지 않다.

02

정답 ③

언쟁하기란 단지 논쟁을 위해 상대방의 말에 귀를 기울이는 것으로, 상대방이 무슨 주제를 꺼내든지 설명하는 것을 무시하고 자신의 생각만을 늘어놓는 것이다. 하지만 C사원의 경우 K사원과 언쟁을 하려 한다기보다는 K사원에 귀 기울이며 동의하고 있다. 또 K사원이 앞으로 취해야 할 행동에 대해 자신의 생각을 조언하고 있다.

오답분석

① 짐작하기 : 상대방의 말을 듣고 받아들이기보다 자신의 생각에 들어맞는 단서들을 찾아 자신의 생각을 확인하는 것으로, A사원의 경우 K사원의 말을 듣고 받아들이기보단, P부장이 매일매일 체크한다는 것을 단서로 K사원에게 문제점이 있다고 보고 있다.
② 판단하기 : 상대방에 대한 부정적인 선입견 또는 상대방을 비판하기 위해 상대방의 말을 듣지 않는 것을 말한다. B사원은 K사원이 예민하다는 선입견 때문에 P부장의 행동보다 K사원의 행동을 문제시하고 있다.
④ 슬쩍 넘어가기 : 대화가 너무 사적이거나 위협적이면 주제를 바꾸거나 농담으로 넘기려 하는 것으로 문제를 회피하려 해 상대방의 진정한 고민을 놓치는 것을 말한다. D사원의 경우 K사원의 부정적인 감정을 회피하기 위해 다른 주제로 대화방향을 바꾸고 있다.
⑤ 비위 맞추기 : 상대방을 위로하기 위해 혹은 비위를 맞추기 위해 너무 빨리 동의하는 것을 말한다. E사원은 K사원을 지지하고 동의하는 데 너무 치중함으로써 K사원이 충분히 자신의 감정과 상황을 표현할 시간을 주지 못하고 있다.

03

정답 ⑤

김과장은 직원들에 대한 높은 관심으로 간섭하려는 경향이 있고, 남에게 자신의 업적을 이야기하며 인정받으려 하는 욕구가 강하다. 따라서 김과장은 타인에 대한 높은 관심과 간섭을 자제하고, 지나친 인정욕구에 대한 태도를 성찰할 필요성이 있다.

오답분석

① 김과장이 독단적으로 결정했다는 내용은 언급되어 있지 않다.
② 직원들은 김과장의 지나친 관심으로 힘들어하고 있는 상황이므로 적절하지 않은 조언 내용이다.
③ 직원들에게 지나친 관심을 보이는 김과장에게는 적절하지 않은 조언 내용이다.
④ 인정이 많다거나 직원들의 요구를 거절하지 못한다는 내용은 제시문에서 찾을 수 없다.

04

정답 ④

말하지 않아도 상대방이 이해할 것이라는 선입견과 고정관념이 의사소통의 저해 요인이 되고 있다.

05

정답 ⑤

좋은 경청은 상대방과 상호작용하고, 말한 내용에 관해 생각하고, 무엇을 말할지 기대하는 것을 의미한다. 질문에 대한 답이 즉각적으로 이루어질 수 없다고 하더라도 질문을 하려고 하면 오히려 경청하는 데 적극적 태도를 갖게 되고 집중력이 높아질 수 있다.

06

정답 ③

직업생활에서 요구되는 문서적인 의사소통능력은 문서로 작성된 글이나 그림을 읽고 내용을 이해하고 요점을 판단하며, 이를 바탕으로 목적과 상황에 적합하도록 아이디어와 정보를 전달할 수 있는 등 문서를 작성하는 능력을 말한다. 반면, 언어적인 의사소통능력은 상대방의 이야기를 듣고 의미를 파악하며, 이에 적절히 반응하고 자신의 의사를 목적과 상황에 맞게 설득력을 가지고 표현하는 능력을 말한다.

• 문서적인 의사소통 : ㉠, ㉢, ㉤
• 언어적인 의사소통 : ㉡, ㉣

02 문제해결능력

대표기출유형 01 기출응용문제

01

정답 ①

'물을 녹색으로 만든다.'를 p, '냄새 물질을 배출한다.'를 q, '독소 물질을 배출한다.'를 r, '물을 황색으로 만든다.'를 s라고 하면 $p \to q$, $r \to \sim q$, $s \to \sim p$이 성립한다. 첫 번째 명제의 대우인 $\sim q \to \sim p$가 성립함에 따라 $r \to \sim q \to \sim p$가 성립한다. 따라서 '독소 물질을 배출하는 조류는 물을 녹색으로 만들지 않는다.'는 반드시 참이 된다.

02

정답 ⑤

마지막 조건에 의해 대리는 1주 차에 휴가를 갈 수 없다. 따라서 2～5주 차, 즉 4주 동안 대리 2명이 휴가를 다녀와야 한다. 두 번째 조건에 의해 한 명은 2～3주 차, 다른 한 명은 4～5주 차에 휴가를 간다. 그러므로 대리는 3주 차에 휴가를 출발할 수 없다.

오답분석

①·③

1주 차	2주 차	3주 차	4주 차	5주 차
	사원 1	사원 1	사원 2	사원 2
	대리 1	대리 1	대리 2	대리 2
	과장	과장	부장	부장

②

1주 차	2주 차	3주 차	4주 차	5주 차
사원 1	사원 1		사원 2	사원 2
	대리 1	대리 1	대리 2	대리 2
과장	과장		부장	부장

④

1주 차	2주 차	3주 차	4주 차	5주 차
사원 1	사원 1	사원 2	사원 2	
	대리 1	대리 1	대리 2	대리 2
과장	과장	부장	부장	

03

정답 ⑤

세 번째, 일곱 번째 조건에 의해 자전거 동호회에 참여한 직원은 남직원 1명이다. 또한 다섯 번째 조건에 의해 과장과 부장은 자전거 동호회 또는 영화 동호회에 참여하게 된다. 그중에서 여덟 번째 조건에 의해 부장은 영화 동호회에 참여하므로 과장은 자전거 동호회에 참여하므로, 자전거 동호회에 참여한 직원의 성은 남자이고, 직위는 과장이다. 네 번째 조건에 의해 여직원 1명이 영화 동호회에 참여하므로 영화 동호회에 참여한 직원의 성은 여자이고 직위는 부장이다. 남은 동호회는 농구, 축구, 야구, 테니스 동호회이고 여섯 번째 조건에 의해 참여 인원이 없는 동호회가 2개이므로, 어떤 동호회의 참여 인원은 2명이다. 아홉 번째 조건에 의해 축구에 참여한 직원의 성은 남자이고, 여덟 번째 조건에 의해 야구 동호회에 참여한 직원의 성은 여자이고, 직위는 주임이다.

또한, 일곱 번째 조건에 의해 야구 동호회에 참여한 직원 수는 1명이므로 남은 축구 동호회에 참여한 직원은 2명이고, 성은 남자이며, 직위는 각각 대리와 사원이다.

04

정답 ③

가장 먼저 오전 9시에 B과 진료를 본다면 오전 10시에 진료가 끝나고, 셔틀을 타고 본관으로 이동하면 오전 10시 30분이 된다. 이후 C과 진료를 이어보면 오후 12시 30분이 되고, 점심시간 이후 바로 A과 진료를 본다면 오후 2시에 진료를 다 받을 수 있다. 따라서 가장 빠른 경로는 B－C－A이다.

05

정답 ②

가대리와 마대리의 진술이 서로 모순이므로, 둘 중 한 사람은 거짓을 말하고 있다.

i) 가대리의 진술이 거짓인 경우
가대리의 말이 거짓이라면 나사원의 말도 거짓이 되고, 라사원의 말도 거짓이 되므로 모순이 된다.

ii) 가대리의 진술이 진실인 경우
가대리, 나사원, 라사원의 말이 진실이 되고, 다사원과 마대리의 말이 거짓이 된다.

• 진실
  – 가대리 : 가대리·마대리 출근, 결근 사유 모름
  – 나사원 : 다사원 출근, 가대리 진술은 진실
  – 라사원 : 나사원 진술은 진실

• 거짓
  – 다사원 : 라사원 결근 → 라사원 출근
  – 마대리 : 라사원 결근, 라사원이 가대리한테 결근 사유 전함 → 라사원 출근, 가대리는 결근 사유 듣지 못함

따라서 나사원이 출근하지 않았다.

06

정답 ②

조건에 따라 갑, 을, 병, 정의 사무실 위치를 정리하면 다음과 같다.

구분	2층	3층	4층	5층
경우 1	부장	을과장	대리	갑부장
경우 2	을과장	대리	부장	갑부장
경우 3	을과장	부장	대리	갑부장

따라서 을이 과장이므로 대리가 아닌 갑은 부장의 직위를 가진다.

오답분석

① 갑부장 외의 또 다른 부장은 2층, 3층 또는 4층에 근무한다.
③ 대리는 3층 또는 4층에 근무한다.
④ 을은 2층 또는 3층에 근무한다.
⑤ 병의 직위는 알 수 없다.

대표기출유형 02 기출응용문제

01

정답 ③

리스크 관리 능력의 부족은 기업 내부환경의 약점 요인에 해당한다. 위협은 외부환경 요인에 해당하므로 위협 요인에는 회사 내부를 제외한 외부에서 비롯되는 요인이 들어가야 한다.

02

정답 ②

ㄱ. 회사가 가지고 있는 신속한 제품 개발 시스템의 강점을 활용하여 새로운 해외시장의 소비자 기호를 반영한 제품을 개발하는 것은 강점을 통해 기회를 포착하는 SO전략에 해당한다.

ㄷ. 공격적 마케팅을 펼치고 있는 해외 저가 제품과 달리 오히려 회사가 가지고 있는 차별화된 제조 기술을 활용하여 고급화 전략을 추구하는 것은 강점으로 위협을 회피하는 ST전략에 해당한다.

오답분석

ㄴ. 저임금을 활용한 개발도상국과의 경쟁 심화와 해외 저가 제품의 공격적 마케팅을 고려하면 국내에 화장품 생산 공장을 추가로 건설하는 것은 적절한 전략으로 볼 수 없다. 약점을 보완하여 위협을 회피하는 전략을 활용하기 위해서는 오히려 저임금의 개발도상국에 공장을 건설하여 가격 경쟁력을 확보하는 것이 더 적절하다.

ㄹ. 낮은 브랜드 인지도가 약점이기는 하나, 해외시장에서의 한국 제품에 대한 선호가 증가하고 있는 점을 고려하면 현지 기업의 브랜드로 제품을 출시하는 것은 적절한 전략으로 볼 수 없다. 약점을 보완하여 기회를 포착하는 전략을 활용하기 위해서는 오히려 한국 제품임을 강조하는 홍보 전략을 세우는 것이 더 적절하다.

03

정답 ②

경쟁자의 시장 철수로 인한 새로운 시장으로의 진입 가능성은 K공사가 가지고 있는 내부환경의 약점이 아닌 외부환경에서 비롯되는 기회에 해당한다.

SWOT 분석

기업의 내부환경과 외부환경을 분석하여 강점(Strength), 약점(Weakness), 기회(Opportunity), 위협(Threat) 요인을 규정하고 이를 토대로 경영전략을 수립하는 기법이다.

- 강점(Strength) : 내부환경(자사 경영자원)의 강점
- 약점(Weakness) : 내부환경(자사 경영자원)의 약점
- 기회(Opportunity) : 외부환경(경쟁, 고객, 거시적 환경)에서 비롯된 기회
- 위협(Threat) : 외부환경(경쟁, 고객, 거시적 환경)에서 비롯된 위협

04

정답 ③

- (가) : 외부의 기회를 활용하면서 내부의 강점을 더욱 강화시키는 SO전략
- (나) : 외부의 기회를 활용하여 내부의 약점을 보완하는 WO전략
- (다) : 외부의 위협을 회피하며 내부의 강점을 적극 활용하는 ST전략
- (라) : 외부의 위협을 회피하고 내부의 약점을 보완하는 WT전략

따라서 바르게 나열한 것은 ③이다.

대표기출유형 03 기출응용문제

01

정답 ⑤

각 펀드의 총점을 통해 비교 결과를 유추하면 다음과 같다.

- A펀드 : 한 번은 우수(5점), 한 번은 우수 아님(2점)
- B펀드 : 한 번은 우수(5점), 한 번은 우수 아님(2점)
- C펀드 : 두 번 모두 우수 아님(2점+2점)
- D펀드 : 두 번 모두 우수(5점+5점)

각 펀드의 비교 대상은 다른 펀드 중 두 개이며, 총 4번의 비교를 했다고 하였으므로 다음과 같은 경우를 고려할 수 있다.

i)

A		B		C		D	
B	D	A	C	B	D	A	C
5	2	2	5	2	2	5	5

표의 결과를 정리하면 D>A>B, A>B>C, B·D>C, D>A·C이므로 D>A>B>C이다.

ii)

A		B		C		D	
B	C	A	D	A	D	C	B
2	5	5	2	2	2	5	5

표의 결과를 정리하면 B>A>C, D>B>A, A·D>C, D>C·B이므로 D>B>A>C이다.

iii)

A		B		C		D	
D	C	C	D	A	B	A	B
2	5	5	2	2	2	5	5

표의 결과를 정리하면 D>A>C, D>B>C, A·B>C, D>A·B이므로 D>A·B>C이다.

ㄱ. 세 가지 경우에서 모두 D펀드는 C펀드보다 우수하다.
ㄴ. 세 가지 경우에서 모두 B펀드보다 D펀드가 우수하다.
ㄷ. 마지막 경우에서 A펀드와 B펀드의 우열을 가릴 수 있으면 A～D까지 우열순위를 매길 수 있다.

02

정답 ①

250만+1,000만×0.03=280만 원

오답분석

② 1,350만+20,000만×0.004=1,430만 원
③ 1,000만+20,000만×0.005=1,100만 원
④ 1,750만+30,000만×0.002=1,810만 원
⑤ 1,350만+540,000만×0.004=3,510만 원이지만 총한도 1,750만 원을 초과하므로 보상 지급금액은 1,750만 원이다.

03

정답 ③

내구성과 안전성이 1순위라고 하였으므로 내구성에서 '보통' 평가를 받은 D모델은 제외한다. 그 다음 바닥에 대한 청소 성능 중 '보통' 평가를 받은 B모델을 제외하고, 자율주행 성능에서 '보통' 평가를 받은 A모델과 E모델을 제외하면 남는 것은 C모델이므로 K씨의 조건을 모두 만족한 것은 C모델이다.

대표기출유형 04 기출응용문제

01

정답 ②

창의적 사고는 선천적으로 타고날 수도 있지만, 후천적 노력에 의해 개발이 가능하기 때문에 조언으로 적절하지 않다.

오답분석

① 새로운 경험을 찾아 나서는 사람은 적극적이고, 모험심과 호기심 등을 가진 사람으로 창의력 교육훈련에 필요한 요소를 가지고 있는 사람이다.
③ 창의적인 사고는 창의력 교육훈련을 통해 후천적 노력에 의해서도 개발이 가능하다.
④ 창의력은 본인 스스로 자신의 틀에서 벗어나도록 노력하는 것으로 통상적인 사고가 아니라, 기발하고 독창적인 것을 말한다.
⑤ 창의적 사고는 전문지식보다 자신의 경험 및 기존의 정보를 특정한 요구 조건에 맞추거나 유용하도록 새롭게 조합시킨 것이다.

02

정답 ②

창의적 사고를 개발하는 방법

- 자유 연상법 : 어떤 생각에서 다른 생각을 계속해서 떠올리는 작용을 통해 어떤 주제에서 생각나는 것을 계속해서 열거해 나가는 방법 [예] 브레인스토밍
- 강제 연상법 : 각종 힌트에서 강제적으로 연결지어서 발상하는 방법 [예] 체크리스트
- 비교 발상법 : 주제와 본질적으로 닮은 것을 힌트로 하여 새로운 아이디어를 얻는 방법 [예] NM법, Synetics

03

정답 ③

브레인스토밍(Brainstorming)

- 한 사람이 생각하는 것보다 다수가 생각하는 것이 아이디어가 많다.
- 아이디어 수가 많을수록 질적으로 우수한 아이디어가 나올 수 있다.
- 아이디어는 비판이 가해지지 않으면 많아진다.

오답분석

① 스캠퍼(Scamper) 기법 : 창의적 사고를 유도하여 신제품이나 서비스 등을 생각하는 발상 도구이다.
② 여섯 가지 색깔 모자(Six Thinking Hats) : 각각 중립적, 감정적, 부정적, 낙관적, 창의적, 이성적 사고를 뜻하는 여섯 가지 색의 모자를 차례대로 바꾸어 쓰면서 모자 색깔이 뜻하는 유형대로 생각해보는 방법이다.
④ TRIZ(Teoriya Resheniya Izobretatelskikh Zadatch) : 문제에 대하여 이상적인 결과를 정하고, 그 결과를 얻는 데 모순이 되는 것을 찾아 모순을 극복할 수 있는 해결안을 찾는 40가지 방법에 대한 이론이다.
⑤ Logic Tree 방법 : 문제의 원인을 깊이 파고들거나 해결책을 구체화할 때, 제한된 시간 안에 넓이와 깊이를 추구하는 데 도움이 되는 기술로, 주요 과제를 나무 모양으로 분해하여 정리하는 기술이다.

04

정답 ④

퍼실리테이션은 커뮤니케이션을 통한 문제해결 방법으로, 구성원의 동기 강화, 팀워크 향상 등을 이룰 수 있다. 구성원이 자율적으로 실행하는 것으로 제3자가 합의점이나 줄거리를 준비해놓고 예정대로 결론을 도출하는 것이 아니다.

05

정답 ①

분석적 사고

- 성과 지향의 문제 : 기대하는 결과를 명시하고 효과적으로 달성하는 방법을 사전에 구상하고 실행에 옮긴다.
- 가설 지향의 문제 : 현상 및 원인분석 전에 지식과 경험을 바탕으로 일의 과정이나 결과, 결론을 가정한 다음 검증 후 사실일 경우 다음 단계의 일을 수행한다.
- 사실 지향의 문제 : 일상 업무에서 일어나는 상식, 편견을 타파하여 사고와 행동을 객관적 사실로부터 시작한다.

06

정답 ④

㉠은 Logic Tree 방법에 대한 설명으로 문제 도출 단계에서 사용되며, ㉡은 3C 분석 방법에 대한 설명으로 문제 인식 단계의 환경 분석 과정에서 사용된다. ㉢은 Pilot Test에 대한 설명으로 실행 및 평가 단계에서 사용된다. 마지막으로 ㉣은 해결안을 그룹화하는 방법으로 해결안을 도출하는 해결안 개발 단계에서 사용된다. 따라서 문제해결절차에 따라 문제해결 방법을 나열하면 ㉡ → ㉠ → ㉣ → ㉢의 순서가 된다.

CHAPTER

03 자원관리능력

대표기출유형 01 기출응용문제

01

정답 ④

팀원의 모든 스케줄이 비어 있는 시간대인 16:00 ~ 17:00가 가장 적절하다.

02

정답 ③

밴쿠버 지사에 메일이 도착한 밴쿠버 현지 시각은 4월 22일 오전 12시 15분이지만, 업무 시간이 아니므로 메일을 읽을 수 없다. 따라서 밴쿠버 지사에서 가장 빠르게 읽을 수 있는 시각은 전력 점검이 끝난 4월 22일 오전 10시 15분이다. 모스크바는 밴쿠버와 10시간의 시차가 있으므로 이때의 모스크바 현지 시각은 4월 22일 오후 8시 15분이다.

03

정답 ⑤

ⓒ 시간 계획을 하는 데 있어서 가장 중요한 것은 그 계획을 따르는 것이지만, 너무 계획에 얽매여서는 안 된다. 이를 방지하기 위해 융통성 있는 시간 계획을 세워야 한다.

ⓓ 시간 계획을 세우더라도 실제 행동할 때는 차이가 발생하기 마련이다. 자신은 뜻하지 않았지만 다른 일을 해야 할 상황이 발생할 수 있기 때문이다. 따라서 이를 염두하고 시간 계획을 세우는 것이 중요하다.

ⓔ 이동시간이나 기다리는 시간 등 자유로운 여유 시간도 시간 계획에 포함하여 활용해야 한다.

04

정답 ③

같은 시간을 어떻게 활용하느냐에 따라 시간의 가치는 달라진다. 누구에게나 하루 24시간이라는 시간이 주어지지만, 시간관리를 어떻게 하느냐에 따라 하루의 가치가 달라지는 것이다. 이를 제시문의 단어로 표현해 보면 효과적인 시간관리란 모두에게 똑같이 주어지는 크로노스의 시간을 내용으로 규정되는 카이로스의 시간으로 관리하는 것으로 나타낼 수 있다. 따라서 빈칸에 들어갈 내용으로 가장 적절한 것은 ③이다.

05

정답 ②

시간 계획의 기본원리 설명에 기본 원칙으로 '60 : 40의 원칙'을 정의하였다. 마지막 문장에서는 좀 더 구체적으로 설명해 주는 것이므로 바로 앞 문장을 한 번 더 되풀이한다고 생각하면 된다. 따라서 ㉠은 계획 행동, ㉡은 계획 외 행동, ㉢은 자발적 행동이다.

06

정답 ④

- 규모가 큰 업무나 등가의 업무는 따로 처리하라.
  → 규모가 큰 업무나 등가의 업무는 모아서 한꺼번에 처리하라.
- 의도적으로 외부의 방해를 받아들여라.
  → 의도적으로 외부의 방해를 차단하라.

- 큰 규모의 업무는 한 번에 해결하라.
  → 큰 규모의 업무는 세분화하라.
- 중점 과제는 나중에 처리하라.
  → 중점 과제를 먼저 처리하라.

대표기출유형 02 기출응용문제

01

정답 ⑤

- A팀장은 1박으로만 숙소를 예약하므로 S닷컴을 통해 예약할 경우 할인 적용을 받지 못한다.
- M투어를 통해 예약하는 경우 3박 이용 시 다음 달에 30% 할인 쿠폰 1매가 제공되므로 9월에 30% 할인 쿠폰을 1개 사용할 수 있으며, A팀장은 총숙박비용을 최소화하고자 하므로 9월 또는 10월에 30% 할인 쿠폰을 사용할 것이다.
- H트립을 이용하는 경우 6월부터 8월 사이 1박 이상 숙박 이용내역이 있을 시 10% 할인받을 수 있으므로 총 5번의 숙박 중 7월과 8월에 10% 할인받을 수 있다.
- T호텔스의 경우 멤버십 가입 여부에 따라 숙박비용을 비교해야 한다.

위의 조건을 고려하여 예약 사이트별 숙박비용을 계산하면 다음과 같다.

예약 사이트	총숙박비용
M투어	(120,500×4)+(120,500×0.7×1)=566,350원
H트립	(111,000×3)+(111,000×0.9×2)=532,800원
S닷컴	105,500×5=527,500원
T호텔스	• 멤버십 미가입 : 105,000×5=525,000원 • 멤버십 가입 : (105,000×0.9×5)+20,000=492,500원

따라서 숙박비용이 가장 낮은 예약 사이트는 T호텔스이며, 총숙박비용은 492,500원이다.

02

정답 ①

무조건 비용을 적게 들이는 것이 좋은 것은 아니다. 예를 들어 한 기업에서 개발 프로젝트를 한다고 할 때, 개발 비용을 실제보다 높게 책정하면 경쟁력을 잃어버리게 되고, 낮게 책정하면 프로젝트 자체가 이익을 주는 것이 아니라 오히려 적자가 나는 경우가 발생할 수 있다. 따라서 책정 비용과 실제 비용의 차이를 줄이고, 비슷한 상태가 가장 이상적인 상태라고 할 수 있다.

03

정답 ③

잔액에는 당월 실적이 아닌 배정액에서 누적 실적(㉢)을 뺀 값을 작성한다.

04

정답 ①

- (가) 적자 발생 : 예산을 실제보다 낮게 책정하면 프로젝트 자체가 이익을 주는 것이 아니라 오히려 적자가 나는 경우가 발생할 수 있다.
- (나) 경쟁력 손실 : 예산을 실제보다 높게 책정하면 비용이 제품에 반영되어 경쟁력을 잃어버리게 된다.
- (다) 이상적 상태 : 예산과 실제 비용이 비슷한 상태가 가장 이상적인 상태라고 할 수 있다.

대표기출유형 03 기출응용문제

01

정답 ①

물적 자원관리 과정

- 사용 물품과 보관 물품의 구분 : 반복 작업 방지, 물품 활용의 편리성
- 동일 및 유사 물품으로의 분류 : 통일성의 원칙, 유사성의 원칙
- 물품 특성에 맞는 보관 장소 선정 : 물품의 형상, 물품의 소재

02

정답 ⑤

RFID 태그의 종류에 따라 반복적으로 데이터를 기록하는 것이 가능하며, 물리적인 손상이 없는 한 반영구적으로 이용할 수 있다.

RFID 기술

RFID 무선 주파수(RF; Radio Frequency)를 이용하여 대상을 식별(IDentification)하는 것으로, 정보가 저장된 RFID 태그를 대상에 부착한 뒤 RFID 리더를 통하여 정보를 인식한다. 기존의 바코드를 읽는 것과 비슷한 방식으로 이용되나, 바코드와 달리 물체에 직접 접촉하지 않고도 데이터를 인식할 수 있으며, 여러 개의 정보를 동시에 인식하거나 수정할 수 있다. 또한, 바코드에 비해 많은 양의 데이터를 허용함에도 데이터를 읽는 속도가 매우 빠르며 데이터의 신뢰도 또한 높다.

03

정답 ①

세상에 존재하는 모든 물체는 물적 자원에 포함된다.

04

정답 ④

물품 보관 시에는 물품의 특성에 따라 보관 장소를 달리하여야 한다. 제시문처럼 종이와 유리, 플라스틱 같이 재질이 다를 경우에는 서로 부딪힘으로써 발생하는 각종 파손의 우려를 대비해 재질별로 보관하는 장소를 달리하여야 한다. 또한 상대적으로 무게와 부피가 클수록 아래로, 작을수록 위로 보관해야 파손을 줄일 수 있으며, 사용빈도 또한 높은 것은 출입구에 가까운 쪽으로 낮은 것은 출입구에서 먼 쪽으로 보관함으로써 활용빈도가 높은 물품을 반복적으로 가져다 쓸 때의 사고를 줄일 수 있다. 따라서 물품 보관 장소를 선정할 때 고려해야 할 요소로 적절하지 않은 것은 '모양'이다.

05

정답 ①

두 번째 조건에서 총구매금액이 30만 원 이상이면 총금액에서 5% 할인을 해주므로 한 벌당 가격이 300,000÷50=6,000원 이상인 품목은 할인 적용이 들어간다. 업체별 품목 금액을 보면 모든 품목이 6,000원 이상이므로 5% 할인 적용 대상이다. 따라서 모든 품목이 할인 조건이 적용되어 정가로 비교가 가능하다.

마지막 조건에서 차순위 품목이 1순위 품목보다 총금액이 20% 이상 저렴한 경우 차순위를 선택하므로 한 벌당 가격으로 계산하면 1순위인 카라 티셔츠의 20% 할인된 가격은 8,000×0.8=6,400원이다. 정가가 6,400원 이하인 품목은 A업체의 티셔츠이므로 팀장은 1순위 카라 티셔츠보다 2순위인 A업체의 티셔츠를 구입할 것이다.

대표기출유형 04 기출응용문제

01

정답 ④

B동에 사는 변학도는 매주 월, 화 오전 8시부터 오후 3시까지 하는 카페 아르바이트로 화 ~ 금 오전 9시 30분부터 오후 12시까지 진행되는 '그래픽 편집 달인되기'를 수강할 수 없다.

02

정답 ④

인맥관리카드는 자신의 주변에 있는 인맥을 관리카드로 작성하여 관리하는 것으로, 모두를 하나의 인맥관리카드에 작성하는 것보다 핵심인맥과 파생인맥을 구분하여 작성하는 것이 효과적이다.

오답분석

① SNS상 정기적인 연락을 통해 인맥을 관리할 수 있다.
② NQ(Network Quotient)는 인맥 지수를 의미하며, 다른 사람들의 경조사에 참석함으로써 인맥을 관리할 수 있다.
③ 인맥을 키워나가기 위해서는 가장 먼저 인맥 지도 그리기를 통해 자신의 현재 인맥 상태를 점검해 보는 것이 좋다.
⑤ 명함을 효과적으로 관리하기 위해서는 명함에 상대에 대한 구체적인 정보들을 적어두는 것이 좋다.

03

정답 ④

영리기반 공유경제 플랫폼은 효율적이지만, 노동자의 고용안정성을 취약하게 하고 소수에게 이익이 독점되는 문제가 있다.

04

정답 ①

㉠은 능력주의, ㉡은 적재적소주의, ㉢은 적재적소주의, ㉣은 능력주의이다. 개인에게 능력을 발휘할 수 있는 기회와 장소를 부여하고, 그 성과를 바르게 평가한 뒤 평가된 능력과 실적에 대해 그에 상응하는 보상을 주는 능력주의 원칙은 적재적소주의 원칙의 상위개념이라고 할 수 있다. 즉, 적재적소주의는 능력주의의 하위개념에 해당한다.

CHAPTER

04 조직이해능력

대표기출유형 01 기출응용문제

01

정답 ①

(A)는 경영 전략 추진과정 중 환경분석이며, 이는 외부 환경분석과 내부 환경분석으로 구분된다. 외부 환경으로는 기업을 둘러싸고 있는 경쟁자, 공급자, 소비자, 법과 규제, 정치적 환경, 경제적 환경 등을 볼 수 있으며, 내부 환경에는 기업구조, 기업문화, 기업자원 등이 해당된다. ①에서 설명하는 예산은 기업자원으로서 내부 환경분석의 성격을 가지며, 다른 사례들은 모두 외부 환경분석의 성격을 가짐을 알 수 있다.

02

정답 ④

밑줄 친 마케팅 기법은 한정 판매 마케팅 기법으로 한정판 제품의 공급을 통해 의도적으로 공급의 가격탄력성을 0에 가깝게 조정한 것이다. 이 기법은 판매 기업의 입장에서는 이윤 증대를 위한 경영 혁신이지만 소비자의 합리적 소비를 저해할 수 있다.

03

정답 ④

경영은 경영목적, 인적자원, 자금, 전략의 4요소로 구성된다. 경영목적은 조직의 목적을 달성하기 위해 경영자가 수립하는 것으로, 보다 구체적인 방법과 과정이 담겨 있다. 인적자원은 조직에서 일하는 구성원으로, 경영은 이들의 직무수행에 기초하여 이루어지기 때문에 인적자원의 배치 및 활용이 중요하다. 자금은 경영을 하는 데 사용할 수 있는 돈으로, 자금이 충분히 확보되는 정도에 따라 경영의 방향과 범위가 정해지게 된다. 경영 전략은 조직이 변화하는 환경에 적응하기 위하여 경영활동을 체계화하는 것으로, 목표달성을 위한 수단이다. 경영 전략은 조직의 목적에 따라 전략 목표를 설정하고, 조직의 내・외부 환경을 분석하여 도출한다.

04

정답 ③

C는 K사의 이익과 자사의 이익 모두를 고려하여 서로 원만한 합의점을 찾고 있다. 따라서 가장 바르게 협상한 사람은 C이다.

오답분석

① K사의 협상 당사자는 현재 가격에서는 불가능하다고 한계점을 정했지만, A의 대답은 설정한 목표와 한계에서 벗어나는 요구이므로 바르게 협상한 것이 아니다.
② B는 합의점을 찾기보다는 자사의 특정 입장만 고집하고 있다. 따라서 바르게 협상한 것이 아니다.
④ D는 상대방의 상황에 대해서 지나친 염려를 하고 있다. 따라서 바르게 협상한 것이 아니다.
⑤ K사의 협상 당사자는 가격에 대한 결정권을 가지고 있으므로 협상을 시도한 것이며, 회사의 최고 상급자는 협상의 세부사항을 잘 알지 못하므로 E는 잘못된 사람과의 협상을 요구하고 있다. 따라서 바르게 협상한 것이 아니다.

05

정답 ④

④는 제품차별화에 대한 설명으로 반도체의 이러한 특성은 반도체 산업 내의 경쟁을 심화시키고, 신규기업의 진입 장벽을 낮추기도 한다. 또한 낮은 차별성으로 인한 치열한 가격경쟁은 구매자의 교섭력을 높이는 반면, 공급자의 교섭력은 낮아지게 한다. 따라서 ④는 ㉣을 제외한 ㉠·㉡·㉢·㉤에 해당하는 사례이다. ㉣은 반도체를 대체할 수 있는 다른 제품의 여부에 관한 것으로 대체재의 상대가격, 대체재에 대한 구매자의 성향이 이에 해당한다.

〈포터의 산업구조분석기법〉

공급자의 교섭력

공급자의 교섭력의 결정요인은 구매자의 교섭력의 결정요인과 동일

↓

잠재적 진입

1. 자본소요량
2. 규모의 경제
3. 절대비용우위
4. 제품차별화
5. 유통채널

→

산업 내의 경쟁

1. 산업의 집중도
2. 제품차별화
3. 초과설비
4. 퇴거장벽
5. 비용구조

←

대체재의 위협

1. 대체재에 대한 구매자의 성향
2. 대체재의 상대 가격

↑

구매자의 교섭력

1. 구매자가 갖고 있는 정보력
2. 전환비용
3. 수직적 통합

대표기출유형 02 기출응용문제

01

정답 ④

㉠ 영리조직 : 재산상의 이익을 목적으로 활동하는 조직이다.
㉡ 비영리조직 : 자체의 이익을 추구하지 않고 공익을 목적으로 하는 조직이다.

02

정답 ①

조직의 규칙과 규정은 조직의 목표나 전략에 따라 수립되어 조직구성원들의 활동범위를 제약하고 일관성을 부여하는 기능을 한다. 예를 들어 인사규정, 총무규정, 회계규정 등이 있다.

03

정답 ②

조직이 투입요소를 산출물로 전환하는 지식과 기계, 절차 등을 기술이라 하는데, 소량생산기술을 가진 조직은 유기적 조직구조를, 대량생산기술을 가진 조직은 기계적 조직 구조를 따른다. 조직은 환경의 변화에 적절하게 대응해야 하므로 환경에 따라 조직의 구조를 달리한다. 안정적이고 확실한 환경에서는 기계적 조직이 적합하고, 급변하는 환경에서는 유기적 조직이 적합하다.

04

정답 ②

K사는 기존에 수행하지 않던 해외 판매 업무가 추가될 것이므로 그에 따른 해외영업팀 등의 신설 조직이 필요하게 된다. 해외에 공장 등의 조직을 보유하게 됨으로써 이를 관리하는 해외관리 조직이 필요할 것이며, 물품의 수출에 따른 통관 업무를 담당하는 통관물류팀, 외화 대금 수취 및 해외 조직으로부터의 자금 이동 관련 업무를 담당할 외환업무팀, 국제 거래상 발생하게 될 해외 거래 계약 실무를 담당할 국제법무 조직 등이 필요하게 된다. 기업회계팀은 K사의 해외 사업과 상관없이 기존 회계를 담당하는 조직이라고 볼 수 있다.

05

정답 ③

오답분석

- B : 사장 직속으로 4개의 본부가 있다는 설명은 옳지만, 인사를 전담하고 있는 본부는 없으므로 적절하지 않다.
- C : 감사실이 분리되어 있다는 설명은 옳지만, 사장 직속이 아니므로 적절하지 않다.

06

정답 ③

조직은 목적을 가지고 있어야 하고, 구조가 있어야 한다. 또한 목적을 달성하기 위해 구성원들은 서로 협동적인 노력을 하고, 외부 환경과 긴밀한 관계를 가지고 있어야 한다. 따라서 야구장에 모인 관중들은 동일한 목적만 가지고 있을 뿐 구조를 갖춘 조직으로 볼 수 없다.

대표기출유형 03 기출응용문제

01

정답 ⑤

A팀장이 요청한 중요 자료를 가장 먼저 메일로 보내고, 그 다음에 PPT 자료를 전송한다. 점심 예약전화는 오전 10시 이전에 처리해야 하고, 오전 내에 거래처 미팅일자 변경 전화를 해야 한다.

02

정답 ⑤

현재 시각이 오전 11시이므로 오전 중으로 처리하기로 한 업무를 가장 먼저 처리해야 한다. 따라서 오전 중으로 고객에게 보내기로 한 자료 작성(ㄹ)을 가장 먼저 처리한다. 다음으로 오늘까지 처리해야 하는 업무 두 가지(ㄱ, ㄴ) 중 비품 신청(ㄱ)보다는 부서장이 지시한 부서 업무 사항(ㄴ)을 먼저 처리하는 것이 적절하다. 그리고 특별한 상황이 아닌 이상 개인의 단독 업무보다는 타인·타 부서와 협조된 업무를 우선적으로 처리해야 한다. 따라서 '고객에게 보내기로 한 자료 작성 – 부서 업무 사항 – 인접 부서의 협조 요청 – 단독 업무인 비품 신청' 순서로 업무를 처리해야 한다.

03

정답 ④

김팀장의 업무 지시에 따르면 이번 주 금요일 회사 창립 기념일 행사가 끝난 후 진행될 총무팀 회식의 장소 예약은 목요일 퇴근 전까지 처리되어야 한다. 따라서 이대리는 ⓜ을 목요일 퇴근 전까지 처리해야 한다.

04

정답 ⑤

팀장의 업무지시 내용을 살펴보면 지출결의서는 퇴근하기 1시간 전까지는 제출해야 한다. 업무스케줄 상에서 퇴근 시간은 18시이므로, 퇴근 1시간 전인 17시까지는 지출결의서를 제출해야 한다. 따라서 업무스케줄의 '16:00 ~ 17:00' 란에 작성하는 것이 적절하다.

05 대인관계능력

대표기출유형 01 기출응용문제

01

정답 ②

효과적인 팀의 구성원들은 서로 직접적이고 솔직하게 대화한다. 이를 통해 팀원들은 상대방으로부터 조언을 구하고, 상대방의 말을 충분히 고려하며, 아이디어를 적극적으로 활용하게 된다.

02

정답 ③

시험 준비는 각자 자신의 성적을 위한 것으로 팀워크의 특징인 공동의 목적으로 보기 어렵다. 또한 상호 관계성을 가지고 협력하는 업무로 보기 어려우므로 팀워크의 사례로 적절하지 않다.

03

정답 ③

B사원의 업무방식은 그의 성격으로 나타나는 것이며, B사원의 잘못이 아님을 알 수 있다. 따라서 A대리는 업무방식에 대해 서로 다른 부분을 인정하는 상호 인정에 대한 역량이 필요하다고 볼 수 있다.

대표기출유형 02 기출응용문제

01

정답 ④

기러기는 무리를 이끄는 리더십과 이를 받쳐주는 팔로워십을 함께 가지고 장거리 비행을 한다.

- 리더십 : 단체나 공동체의 구성원들에게 미래의 비전을 제시하고, 그들이 자발적으로 그 비전에 참여하고 그 비전을 성취하도록 움직이게 하는 지도자로서의 능력이나 영향력이다.
- 팔로워십 : 부하로서 바람직한 특성과 행동이다.

오답분석

- 헤드십 : 공식적인 계층제적 직위의 권위를 근거로 하여 구성원을 조정하며 동작하게 하는 능력이다.

02

정답 ③

리더는 조직 구성원들 중 한 명일 뿐이라는 점에서 파트너십 유형임을 알 수 있다. 독재자 유형과 민주주의에 근접한 유형은 리더와 집단 구성원 사이에 명확한 구분이 있으나, 파트너십 유형에서는 그러한 구분이 희미하고, 리더가 조직에서 한 구성원이 되기도 하는 것을 볼 수 있다.

오답분석

① 독재자 유형 : 독재자에 해당하는 리더가 집단의 규칙하에 지배자로 군림하며, 팀원들이 자신의 권위에 대한 도전이나 반항없이 순응하도록 요구하고, 개개인들에게 주어진 업무만을 묵묵히 수행할 것을 기대한다.

② 민주주의에 근접한 유형 : 리더는 팀원들이 동등하다는 것을 확신시키고 경쟁과 토론, 새로운 방향의 설정에 팀원들을 참여시킨다. 비록 민주주의적이긴 하지만 최종 결정권은 리더에게 있음이 특징이다.
④ 변혁적 유형 : 변혁적 리더를 통해 개개인과 팀이 유지해 온 업무수행 상태를 뛰어넘으려 한다. 변혁적 리더는 특정한 카리스마를 통해 조직에 명확한 비전을 제시하고, 그 비전을 향해 자극을 주고 도움을 주는 일을 수행한다.
⑤ 자유방임적 유형 : 리더가 조직의 의사결정과정을 이끌지 않고 조직 구성원들에게 의사결정 권한을 위임해 버리는 리더십 유형이다. 자유로운 회의를 통해 다양한 의견을 제시할 수 있으나, 리더의 지시나 명령이 영향력을 발휘하지 못하고, 구성원의 역량이 낮을 때 의사결정을 내리기 어려운 단점을 볼 수 있다.

대표기출유형 03 기출응용문제

01

정답 ②

모든 사람은 대부분의 문제에 대해 나름의 의견을 가지고 있다는 점을 인식하고 의견의 차이를 인정하는 것이 중요하다. 이러한 의견의 차이를 인정하고, 상호 간의 관점을 이해할 수 있게 됨으로써 갈등을 최소화할 수 있다.

02

정답 ⑤

여섯 번째 단계에 따라 해결 방안을 확인한 후 혼자서 해결하는 것이 아니라 책임을 분할하여 다 같이 협동 및 실행해야 한다.

오답분석

① 네 번째 단계에 해당하는 내용이다.
② 첫 번째 단계에 해당하는 내용이다.
③ 세 번째 단계에 해당하는 내용이다.
④ 두 번째 단계에 해당하는 내용이다.

대표기출유형 04 기출응용문제

01

정답 ⑤

상대방에 비해 자신의 힘이 강한 경우 유리한 협상 전략은 강압 전략으로, E사원이 제시한 협상 전략은 유화 전략이다.

오답분석

① B사원의 협상 전략은 회피 전략이다. 회피 전략은 상대방에게 돌아갈 결과나 자신에게 돌아올 결과에 대해서 전혀 관심을 가지지 않을 때 사용할 수 있고, 자신이 얻게 되는 결과나 인간관계 모두에 대해서 관심이 없을 때 상대방과의 협상을 거절할 수 있다.
② C사원의 협상 전략은 협력 전략이다. 협력 전략은 참여자들 간에 신뢰에 기반을 둔 협력을 통해 진행해야 하는 것이 특징이다.
③ 협력 전략은 신뢰에 기반을 둔 협력이 핵심이다. 따라서 협상 당사자 간에 신뢰가 쌓여 있는 경우 매우 유리함을 알 수 있다.
④ D사원의 협상 전략은 강압 전략이다. 강압 전략은 명시적 또는 묵시적으로 강압적 위협이나 강압적 설득, 처벌 등의 무력시위 또는 카드 등을 사용하여 상대방을 굴복시키거나 순응시키는 것이 특징이다.

02

정답 ②

A씨는 두 딸이 오렌지를 왜 원하는지에 대한 갈등 원인을 확인하지 못해 협상에 실패한 것으로 볼 수 있다. 따라서 협상하기 전에는 반드시 이해 당사자들이 가지는 갈등 원인을 파악해야 한다.

CHAPTER

06 수리능력

대표기출유형 01 기출응용문제

01

정답 ②

초대장을 만드는 일의 양을 1이라고 가정하자. 혼자서 만들 때 걸리는 기간은 A대리는 6일, B사원은 12일이므로 각각 하루에 끝낼 수 있는 일의 양은 $\frac{1}{6}$, $\frac{1}{12}$이다. 두 사람이 함께 일할 경우 하루에 끝내는 양은 $\frac{1}{6}+\frac{1}{12}=\frac{3}{12}=\frac{1}{4}$이다. 따라서 A대리와 B사원이 함께 초대장을 만들 경우 하루에 할 수 있는 일의 양은 $\frac{1}{4}$이므로 완료하는 데 걸리는 시간은 4일이다.

02

정답 ②

천희의 수학시험 점수를 x점이라고 하면, 네 사람의 수학시험 점수 평균이 105점이므로

$$\frac{101+105+108+x}{4}=105$$

→ $x+314=420$

∴ $x=106$

따라서 천희의 수학시험 점수는 106점이다.

03

정답 ③

• 9명의 신입사원을 3명씩 3조로 나누는 경우의 수 : ${}_9C_3\times{}_6C_3\times{}_3C_3\times\frac{1}{3!}=\frac{9\times8\times7}{3\times2\times1}\times\frac{6\times5\times4}{3\times2\times1}\times1\times\frac{1}{3\times2\times1}=280$가지

• A, B, C에 한 조씩 배정하는 경우의 수 : $3!=3\times2\times1=6$가지

따라서 가능한 모든 경우의 수는 $280\times6=1,680$가지이다.

04

정답 ④

제시된 그림의 운동장 둘레는 왼쪽과 오른쪽 반원을 합친 지름이 50m인 원의 원주[(지름)×(원주율)]와 위, 아래 직선거리 90m를 더하면 된다. 따라서 학생이 운동장 한 바퀴를 달린 거리는 $(50\times3)+(90\times2)=330$m이다.

05

정답 ①

9개의 숫자에서 4개의 숫자를 뽑아 나열할 수 있는 방법은 ${}_9P_4=9\times8\times7\times6=3,024$가지이다. 여기서 5와 6을 제외하고, 1과 8이 포함된 4자리 숫자를 만들 수 있는 방법은 9개의 숫자에서 제외할 숫자와 포함될 숫자를 빼고, 남은 숫자 중에서 2개의 숫자를 뽑아 1과 8을 포함한 4개 숫자를 나열하는 것이다.

$${}_{(9-4)}C_2\times4!={}_5C_2\times4!=\frac{5\times4}{2}\times4\times3\times2\times1=240\text{가지}$$

따라서 한별이가 5와 6을 제외하고 1과 8을 포함하여 비밀번호를 만들 확률은 $\frac{240}{3,024}=\frac{5}{63}$이다.

06

정답 ④

동전을 던져서 앞면이 나오는 횟수를 x회, 뒷면이 나오는 횟수를 y회라고 하면

$x+y=5$ ⋯ ㉠

0에서 출발하여 동전의 앞면이 나오면 +2만큼 이동하고, 뒷면이 나오면 −1만큼 이동하므로

$2x-y=4$ ⋯ ㉡

㉠과 ㉡을 연립하면 $x=3$, $y=2$

동전의 앞면이 나올 확률과 뒷면이 나올 확률은 각각 $\frac{1}{2}$이다.

따라서 동전을 던져 수직선 위의 A가 4로 이동할 확률은 ${}_5C_3\times\left(\frac{1}{2}\right)^3\times\left(\frac{1}{2}\right)^2=\frac{5}{16}$이다.

07

정답 ①

할인되지 않은 KTX 표의 가격을 x원이라 하자.

표를 40% 할인된 가격으로 구매하였으므로 구매 가격은 $(1-0.4)x=0.6x$원이다.

환불 규정에 따르면 하루 전에 표를 취소하는 경우 70%의 금액을 돌려받을 수 있으므로 이를 식으로 정리하면 다음과 같다.

$0.6x\times0.7=16,800$

→ $0.42x=16,800$

∴ $x=40,000$

따라서 할인되지 않은 KTX 표의 가격은 40,000원이다.

대표기출유형 02 기출응용문제

01

정답 ③

분자와 분모에 교대로 3씩 곱하는 수열이다.

따라서 ( )$=\frac{18\times3}{45}=\frac{54}{45}$이다.

02

정답 ④

앞의 항에 $+2^0\times10$, $+2^1\times10$, $+2^2\times10$, $+2^3\times10$, $+2^4\times10$, $+2^5\times10$, ⋯을 더한다.

따라서 ( )$=632+2^6\times10=632+640=1,272$이다.

03

정답 ②

각 항을 3개씩 묶고 각각 A B C라고 하면 다음과 같다.

$\underline{A\ B\ C}$ → $B=(A+C)\div3$

따라서 ( )$=(12-1)\div3=\frac{11}{3}$이다.

04

정답 ①

홀수 항은 3씩 나누는 수열이고, 짝수 항은 9씩 더하는 수열이다.
따라서 ( )=−9÷3=−3이다.

05

정답 ④

+0.2, +0.25, +0.3, +0.35, …씩 더해지고 있다.
따라서 빈칸에 들어갈 숫자는 1.8+0.4=2.2이다.

06

정답 ①

홀수 항은 ×2+0.2, ×2+0.4, ×2+0.6, …인 수열이고, 짝수 항은 ×3−0.1인 수열이다.
따라서 빈칸에 들어갈 숫자는 12.2×3−0.1=36.5이다.

07

정답 ①

앞의 두 항을 더하면 다음 항이 되는 수열이다.
따라서 ( )=35−15=20이다.

08

정답 ③

앞의 항에 6, 7, 8, … 을 더하는 수열이다.
따라서 ( )=34+10=44이다.

09

정답 ②

−5, ×(−2)가 반복된다.
따라서 ( )=14−5=9이다.

대표기출유형 03 기출응용문제

01

정답 ②

ㄱ. 석유와 천연가스, 원자력 소비량의 상위 3개 지역은 각각 석유의 상위 소비량 3개 지역 '인천 – 서울 – 경기', 천연가스의 상위 소비량 3개 지역 '서울 – 경기 – 인천', 원자력의 상위 소비량 3개 지역 '인천 – 서울 – 경기'이므로 상위 3개 지역은 모두 동일하다.

ㄷ. 석유의 소비량이 가장 많은 지역은 인천으로 그 소비량은 3,120만 토이고, 가장 적은 지역은 광주로 그 소비량은 725만 토이다. 따라서 인천의 소비량은 광주의 소비량의 3,120÷725≒4.3배로 4배 이상이다.

오답분석

ㄴ. 강원의 소비량 1위인 에너지원은 석탄 하나이므로 옳지 않다.

ㄹ. 수력·풍력의 소비량 상위 5개 지역은 제주, 강원, 부산, 인천, 충청 지역이다. 이들의 소비량의 합은 41+28+6+4+4=83만 톤으로 전체의 $\frac{83}{96}\times 100 \fallingdotseq 86.5\%$이므로 90% 미만이다.

02

정답 ⑤

- 석탄(제주) : $\frac{102}{13,520}\times100 \fallingdotseq 0.75\%$
- 석유(광주) : $\frac{725}{20,867}\times100 \fallingdotseq 3.47\%$
- 천연가스(광주) : $\frac{31}{3,313}\times100 \fallingdotseq 0.94\%$
- 수력 · 풍력(대전) : $\frac{0.5}{96}\times100 \fallingdotseq 0.52\%$
- 원자력(광주) : $\frac{40}{2,668}\times100 \fallingdotseq 1.50\%$

따라서 그 비율이 큰 순서대로 에너지원을 나열하면 석유 – 원자력 – 천연가스 – 석탄 – 수력 · 풍력 순서이다.

03

정답 ②

뉴질랜드의 무역수지는 9월에서 10월까지 증가했다가 11월에 감소한 후 12월에 다시 증가했다.

오답분석

① 한국의 무역수지가 전월 대비 증가한 달은 9월, 10월, 11월이며, 증가량이 가장 많았던 달은 45,309−41,983=3,326백만 USD인 11월이다.

③ 그리스의 12월 무역수지는 2,426백만 USD이며 11월 무역수지는 2,409백만 USD이므로, 12월 무역수지의 전월 대비 증가율은 $\frac{2,426-2,409}{2,409}\times100 \fallingdotseq 0.7\%$이다.

④ 10월부터 12월 사이 한국의 무역수지는 '증가 – 감소'의 추이이다. 이와 같은 양상을 보이는 나라는 독일과 미국으로 2개국이다.

⑤ 제시된 자료를 통해 확인할 수 있다.

04

정답 ③

대치동의 증권자산은 23.0−17.7−3.1=2.2조 원이고, 서초동의 증권자산은 22.6−16.8−4.3=1.5조 원이므로 옳은 설명이다.

오답분석

① 압구정동의 가구 수는 $\frac{14.4\text{조}}{12.8\text{억}}$=11,250가구, 여의도동의 가구 수는 $\frac{24.9\text{조}}{26.7\text{억}} \fallingdotseq$ 9,300가구이므로 압구정동의 가구 수가 더 많다.

② 이촌동의 가구 수가 2만 이상이려면 총자산이 7.4×20,000=14.8조 원 이상이어야 한다. 그러나 이촌동은 총자산이 14.4조 원인 압구정동보다도 순위가 낮으므로 이촌동의 가구 수는 2만 가구 미만이다.

④ 여의도동의 부동산자산은 12.3조 원 미만이다. 따라서 여의도동의 증권자산은 최소 3조 원 이상이다.

⑤ 도곡동의 총자산 대비 부동산자산의 비율은 $\frac{12.3}{15.0}\times100=82\%$이고, 목동의 총자산 대비 부동산자산의 비율은 $\frac{13.7}{15.5}\times100 \fallingdotseq$ 88.39%이므로 옳지 않은 설명이다.

PART 2

최종점검 모의고사

제 1 회 최종점검 모의고사

01	02	03	04	05	06	07	08	09	10	11	12	13	14	15	16	17	18	19	20
③	①	③	④	⑤	④	④	②	⑤	③	②	③	②	①	⑤	③	②	④	①	④
21	22	23	24	25	26	27	28	29	30										
②	⑤	④	①	③	③	③	②	⑤	④										

01 의사 표현 **정답** ③

제시된 상황은 김대리가 공급업체 담당자를 설득해서 공급업체의 요청을 해결해야 하는 상황이다. 자신의 의견에 공감할 수 있도록 논리적으로 이야기하는 것은 상대방을 설득할 때 사용하는 적절한 의사 표현법이다.

오답분석

① 상대방을 칭찬할 때 사용하는 의사 표현법이다.
② 상대방의 요구를 거절할 때 사용하는 의사 표현법이다.
④ 상대방에게 부탁해야 할 때 사용하는 의사 표현법이다.
⑤ 상대방의 잘못을 지적해야 할 때 사용하는 의사 표현법이다.

02 의사 표현 **정답** ①

김대리는 우선적으로 가격 인상과 납기 조정에 대한 공급처 담당자의 요청을 거절해야 한다. ㉠과 ㉡은 상대방의 요구를 거절할 때 사용하는 의사 표현법이다.

오답분석

㉢ 충고를 할 때 사용하는 의사 표현법이다.
㉣ 설득을 할 때 사용하는 의사 표현법이다.

03 문단 나열 **정답** ③

제시문의 서론에서 지방은 건강에 반드시 필요한 것이라고 서술하고 있으며, 결론에서는 현대인들의 지방이 풍부한 음식을 찾는 경향이 부작용으로 이어졌다고 한다. 따라서 본론은 (나) 비만과 다이어트의 문제는 찰스 다윈의 진화론과 관련이 있음 – (라) 자연 선택에서 생존한 종들이 번식하여 자손을 남기게 됨 – (다) 인류의 역사에서 인간이 끼니 걱정을 하지 않고 살게 된 것은 수십 년의 일임 – (가) 생존에 필수적인 능력은 에너지를 몸에 축적하는 능력이었음의 순서로 나열하는 것이 가장 적절하다.

04 문서 내용 이해 **정답** ④

'개성 있는 단독주택에서 살고 싶다는 욕구를 가진 사람들이 증가하고 있다지만, 아파트가 주는 편안한 생활을 포기할 사람이 많지 않을 것이라는 분석인 것이다.'라는 내용을 통해 유추해 볼 수 있다.

오답분석

① 모듈러 주택과 콘크리트 주택의 비용의 차이는 제시문에서 알 수 없다.
② 모듈러 주택의 조립과 마감에 걸리는 시간은 30 ~ 40일이다.

③ 모듈러 공법은 주요 자재의 최대 80 ~ 90%가량을 재활용할 수 있다는 내용만 있을 뿐, 일반 철근콘크리트 주택의 재활용에 대해서는 제시문에서 확인할 수 없다.
⑤ 모듈러 주택이 처음 한국에 등장한 시기는 해외 대비 늦지만, 해외보다 소요되는 비용이 적은지는 알 수 없다.

05 글의 주제

정답 ⑤

제시문은 빠른 사회변화 속 다양해지는 수요에 맞춘 주거복지 정책의 예로 예술인을 위한 공동주택, 창업 및 취업자를 위한 주택, 의료안심주택을 들고 있다. 따라서 제시문의 주제로 가장 적절한 것은 '다양성을 수용하는 주거복지 정책'이다.

06 SWOT 분석

정답 ④

ㄴ. 간편식 점심에 대한 회사원들의 수요가 증가함에 따라 계절 채소를 이용한 샐러드 런치 메뉴를 출시하는 것은 강점을 통해 기회를 포착하는 SO전략에 해당한다.
ㄹ. 경기 침체로 인한 외식 소비가 위축되고 있는 상황에서 주변 회사와의 제휴를 통해 할인 서비스를 제공하는 것은 약점을 보완하여 위협을 회피하는 WT전략에 해당한다.

오답분석

ㄱ. 다양한 연령층을 고려한 메뉴가 강점에 해당하기는 하나, 샐러드 도시락 가게에서 한식 도시락을 출시하는 것은 적절한 전략으로 볼 수 없다.
ㄷ. 홍보 및 마케팅 전략의 부재가 약점에 해당하므로 약점을 보완하기 위해서는 적극적인 홍보 활동을 펼쳐야 한다. 따라서 홍보 방안보다 먼저 품질 향상 방안을 마련하는 것은 적절한 전략으로 볼 수 없다.

07 명제 추론

정답 ④

A의 진술 중 'D가 두 번째이다.'가 참이라고 가정하면 D, E의 진술 중 'E가 네 번째이다.'가 거짓이다. 따라서 A가 가장 많이 나오고, D가 두 번째이다. 그러면 B의 진술이 모두 거짓이므로 모순이다. 그러므로 A의 진술 중 '내가 세 번째이다.'가 참이다. A가 세 번째이므로, C의 진술 중 'B가 제일 적게 나왔다.'가 참이고, E의 진술 중 '내가 네 번째이다.'가 참이므로 D의 진술 중 'E가 네 번째이다.'가 참이다. 또한 B의 진술 중 'C가 두 번째로 많이 나왔다.'가 참이다. 따라서 요금이 많이 나온 순으로 나열하면 D – C – A – E – B이다.

08 명제 추론

정답 ②

세 번째 조건에 의해 한주 – 평주 순서로 존재하였다. 또한, 네 번째 조건에 의해 관주 – 금주 순서로 존재하였음을 알 수 있고, 금주가 수도인 나라는 시대순으로 네 번째에 위치하지 않음을 알 수 있다.

∴ 관주 – 금주 – 한주 – 평주

네 번째, 다섯 번째 조건에 의해 갑, 병, 정은 첫 번째 나라가 될 수 없다.

∴ 을 – 병 – 갑 – 정(∵ 마지막 조건)

따라서 평주는 정의 수도임을 추론할 수 있다.

09 창의적 사고

정답 ⑤

문제 인식 단계

㉠ 환경 분석 : 문제가 발생하였을 경우 가장 먼저 해야 하는 일로, 주로 3C 분석이나 SWOT 분석 방법을 사용한다.
㉡ 주요 과제 도출 : 환경 분석을 통해 현상을 파악한 후에는 주요 과제 도출의 단계를 거친다. 과제 도출을 위해서는 다양한 과제 후보안을 도출해내는 일이 선행되어야 한다.
㉢ 과제 선정 : 도출된 여러 과제안들 중 효과 및 실행 가능성 등을 평가하여 우선순위를 부여하고 가장 우선순위가 높은 안을 선정한다.

10 명제 추론

정답 ③

ㄱ. B의 마지막 발언에 따르면 중생대에 우리나라 바다에서 퇴적된 해성층이 있었을 가능성이 있으므로 거짓이다.
ㄴ. B의 견해에 따르면 공룡 화석은 중생대에만 한정되어 생존하였다고 말하고 있다. 따라서 공룡 화석이 암모나이트 화석과 같은 중생대 표준화석이 아니라고 말할 수 없으므로 거짓이다.
ㅂ. 공룡 화석이 나왔으므로 경상도 지역에는 중생대 지층이 없다는 판단은 거짓이다.

오답분석

ㄷ. B의 마지막 발언에 따르면, 우리나라에서도 우리나라 바다에서 퇴적된 해성층이 있었을 가능성이 있으므로 당연히 암모나이트 화석이 발견될 가능성이 있다.
ㄹ. 육지의 표준화석인 공룡 화석과 바다의 표준화석인 암모나이트 화석이 같이 발견되었으므로 타당한 판단이다.
ㅁ. 일본 북해도에서 암모나이트가 발견되었으므로 바다에서 퇴적된 해성층이 분포되어 있다고 말할 수 있다.

11 인원 선발

정답 ②

임유리 직원은 첫째 주 일요일 6시간, 넷째 주 토요일 5시간으로 월 최대 10시간 미만인 당직 규정에 어긋나므로 당직 일정을 수정해야 한다.

12 품목 확정

정답 ③

대회의실에 2인용 테이블이 4개 있었고 첫 번째 주문 후 2인용 테이블 4개가 더 생겨 총 8개지만 16명만 앉을 수 있기 때문에 테이블 하나를 추가로 주문해야 한다. 의자는 회의실에 9개, 창고에 2개, 주문한 1개를 더하면 총 12개로, 5개를 더 주문해야 한다.

13 시간 계획

정답 ②

A씨의 업무시간은 점심시간 1시간을 제외하면 8시간이다. 주간업무계획 수립으로 8시간$\times\frac{1}{8}$=1시간을, 프로젝트 회의로 8시간$\times\frac{2}{5}$=192분=3시간 12분을, 거래처 방문으로 8시간$\times\frac{1}{3}$=160분=2시간 40분을 보냈다. 따라서 남은 시간은 8시간−(1시간+3시간 12분+2시간 40분)=1시간 8분이다.

14 품목 확정

정답 ①

동일성의 원칙은 보관한 물품을 다시 활용할 때 보다 쉽고 빠르게 찾을 수 있도록 같은 품종은 같은 장소에 보관하는 것을 말한다.

오답분석

② 유사성의 원칙 : 유사품은 인접한 장소에 보관한다.

15 비용 계산

정답 ⑤

- 직접비용 : ㉠, ㉡, ㉤, ㉥
- 간접비용 : ㉢, ㉣

직접비용은 제품 또는 서비스를 창출하기 위해 직접 소비된 것으로 여겨지는 비용을 말하며, 재료비, 원료와 장비 구입비, 인건비, 출장비 등이 해당한다.
간접비용은 생산에 직접 관련되지 않은 비용을 말하며, 광고비, 보험료, 통신비 등이 해당한다.

16 조직 구조 　　　　정답 ③

백화점에 모여 있는 직원과 고객은 조직의 특징인 조직의 목적과 구조가 없고, 목적을 위해 서로 협동하는 모습도 볼 수 없으므로 조직의 사례로 적절하지 않다.

17 경영 전략 　　　　정답 ②

대화를 통해 A대리 스스로 업무성과가 떨어지고 있고, 업무방법이 잘못되었음을 인식시켜서 이를 해결할 방법을 스스로 생각하도록 해야 한다. 이후 B팀장이 조언하며 A대리를 독려한다면, B팀장은 A대리의 자존감과 자기결정권을 침해하지 않으면서도 A대리 스스로 책임감을 느끼고 문제를 해결할 가능성이 높아지게 할 수 있다.

오답분석

① 징계를 통해 억지로 조언을 듣도록 하는 것은 자존감과 자기결정권을 중시하는 A대리에게 적절하지 않다.
③ 칭찬은 A대리로 하여금 자신의 잘못을 인식하지 못하도록 할 수 있어 적절하지 않다.
④ 자존감과 자기결정권을 중시하는 A대리에게 강한 질책은 효과적이지 못하다.
⑤ A대리가 자기 잘못을 인식하지 못한 상태로 시간만 흘러갈 수 있다.

PART 2

18 업무 종류 　　　　정답 ④

부서 명칭만 듣고도 대략 어떤 업무를 담당하는지 알고 있어야 한다. 인사팀의 주요 업무는 근태관리·채용관리·인사관리 등이 있다. 인사기록카드 작성은 인사팀의 업무인 인사관리에 해당하는 부분이므로, 인사팀에 제출하는 것이 올바르다. 한편, 총무팀은 회사의 재무와 관련된 전반적 업무를 총괄한다. 회사의 부서 구성을 보았을 때, 비품 구매는 총무팀의 소관 업무로 보는 것이 옳다.

19 조직 구조 　　　　정답 ①

조직이 생존하기 위해서는 급변하는 환경에 적응하여야 한다. 이를 위해서는 원칙이 확립되어 있고 고지식한 기계적 조직보다는 운영이 유연한 유기적 조직이 더 적합하다.

오답분석

② 대규모 조직은 소규모 조직과는 다른 조직 구조를 갖게 되는데, 대규모 조직은 소규모 조직에 비해 업무가 전문화, 분화되어 있고 많은 규칙과 규정이 존재하게 된다.
③ 조직 구조 결정요인으로는 크게 전략, 규모, 기술, 환경이 있다. 전략은 조직의 목적을 달성하기 위하여 수립한 계획으로 조직이 자원을 배분하고 경쟁적 우위를 달성하기 위한 주요 방침이며, 조직 규모 외에도 기술은 조직이 투입요소를 산출물로 전환시키는 지식, 기계, 절차 등을 의미한다. 또한 조직은 환경의 변화에 적절하게 대응하기 위해 환경에 따라 조직의 구조를 다르게 조작한다.
④ 조직 활동의 결과에 따라 조직의 성과와 조직만족이 결정되며, 그 수준은 조직 구성원들의 개인적 성향과 조직문화의 차이에 따라 달라진다.
⑤ 조직 구조의 중요 요인 중 하나인 기술은 조직이 투입요소를 산출물로 전환시키는 지식, 기계, 절차 등을 의미하며, 소량생산기술을 가진 조직은 유기적 조직 구조를, 대량생산기술을 가진 조직은 기계적 조직 구조를 가진다.

20 경영 전략 　　　　정답 ④

ㄱ. 경영능력이 부족한 근로자가 경영에 참여할 경우, 의사결정이 지연되고 합리성이 저하될 수 있다.
ㄴ. 근로자 측 대표가 조합원의 권리와 이익을 회사 경영환경과 무관하게 지속적으로 보장할 수 있을지 알 수 없다.
ㄷ. 경영참가제도를 통해 분배문제를 해결함으로써 노동조합의 단체교섭 기능이 약화될 수 있다.

오답분석

ㄹ. 경영참가제도는 근로자가 경영에 간섭하게 함으로써 경영자의 고유한 권리인 경영권을 약화시킬 수 있다.

21 정보 이해

정답 ②

거래처의 관리에 있어서 최초 선정 시 또는 임원이나 동료의 추천 시에는 추천된 업체와 그렇지 않은 업체와의 가격, 서비스 비교를 통해 결정한다. 결정된 업체와는 일정 기간을 유지하여 장기 거래처로서의 이점을 활용하지만, 오래된 거래업체라고 해도 가끔 다른 업체와의 비교 · 분석으로 교차점검을 하는 것이 바람직하다.

22 갈등 관리

정답 ⑤

갈등을 성공적으로 해결하기 위해서는 누가 옳고 그른지 논쟁하는 일은 피하는 것이 좋으며, 상대방의 의견과 입장을 이해하고 배려하는 것이 중요하다.

23 고객 서비스

정답 ④

기업의 제품이나 서비스의 불만족은 고객이탈로 이어질 수 있다.

24 팀워크

정답 ①

대인관계는 이해와 양보의 미덕을 기반으로 이루어진다. 신입사원 A는 팀원들과 교류가 없는 선임과 같이 일을 하면서 그를 이해하게 되고 적극적으로 다가가면서 관계가 가까워졌다.

25 팀워크

정답 ③

제시된 상황은 다른 팀원들이 선임과 개방적으로 의사소통을 하지도 않고, 건설적으로 해결하려는 모습을 보여주고 있지 않기 때문에 신입사원 A는 팀에 좋은 영향을 미치지 못할 것이라고 판단하고 있다.

26 응용 수리

정답 ③

증발한 물의 양을 xg이라 하면 다음과 같다.

$$\frac{3}{100}\times 400=\frac{5}{100}\times(400-x)$$

$\rightarrow$ $1,200=2,000-5x$

$\therefore$ $x=160$

따라서 증발한 물의 양이 160g이므로, 남아있는 설탕물의 양은 $400-160=240$g이다.

27 응용 수리

정답 ③

(좋아하는 색이 다를 확률)=1−(좋아하는 색이 같을 확률)

ⅰ) 2명 모두 빨간색을 좋아할 확률 : $\left(\frac{2}{10}\right)^2$

ⅱ) 2명 모두 파란색을 좋아할 확률 : $\left(\frac{3}{10}\right)^2$

ⅲ) 2명 모두 검은색을 좋아할 확률 : $\left(\frac{5}{10}\right)^2$

따라서 학생 2명을 임의로 선택할 때, 좋아하는 색이 다를 확률은 $1-\left(\frac{4}{100}+\frac{9}{100}+\frac{25}{100}\right)=1-\frac{38}{100}=\frac{62}{100}=\frac{31}{50}$이다.

28 자료 이해

정답 ②

㉠ 근로자가 총 90명이고 전체에게 지급된 임금의 총액이 2억 원이므로 근로자당 평균 월 급여액은 $\frac{2억\ 원}{90명}$≒222만 원이다.
따라서 평균 월 급여액은 230만 원 이하이므로 옳은 설명이다.

㉡ 월 210만 원 이상 급여를 받는 근로자 수는 26+12+8+4=50명이다. 따라서 총 90명의 절반인 45명보다 많으므로 옳은 설명이다.

오답분석

㉢ 월 180만 원 미만의 급여를 받는 근로자 수는 6+4=10명이다. 따라서 전체에서 $\frac{10}{90}$≒11%의 비율을 차지하고 있으므로 옳지 않은 설명이다.

㉣ 월 240만 원 이상 270만 원 미만의 구간에서 월 250만 원 이상 받는 근로자의 수는 주어진 자료만으로는 확인할 수 없다. 따라서 옳지 않은 설명이다.

29 수열 규칙

정답 ⑤

×1, ×2, ×3, …을 하는 수열이다.
따라서 96×5=480이다.

30 수열 규칙

정답 ④

첫 항부터 +3, −3, ×3이 반복된다.
따라서 2×3=6이다.

PART 2

제 2 회 최종점검 모의고사

01	02	03	04	05	06	07	08	09	10	11	12	13	14	15	16	17	18	19	20
③	③	④	②	②	③	③	③	②	①	①	④	②	⑤	④	⑤	①	⑤	④	⑤
21	22	23	24	25	26	27	28	29	30										
⑤	④	②	③	④	④	④	⑤	③	③										

01 경청

정답 ③

경청이란 다른 사람의 말을 주의 깊게 들으며, 공감(㉠)하는 능력이다. 경청은 대화의 과정에서 당신에 대한 신뢰(㉡)를 쌓을 수 있는 최고의 방법이다. 우리가 경청하면 상대는 본능적으로 안도감을 느끼고, 우리가 말을 할 경우 자신도 모르게 더 집중(㉢)하게 된다.

02 의사 표현

정답 ③

공식적 말하기는 대중을 상대로 사전에 준비된 내용을 말하는 것이므로 ㉠ 토론, ㉡ 연설, ㉢ 토의가 이에 해당한다.

오답분석

㉣·㉤ 의례적 말하기에 해당한다.
㉥ 친교적 말하기에 해당한다.

03 문단 나열

정답 ④

제시문은 '원님재판'이라 불리는 죄형전단주의의 정의와 한계, 그리고 그와 대립되는 죄형법정주의의 정의와 탄생, 그리고 파생원칙에 대하여 설명하고 있다. 제시된 문단에서는 '원님재판'이라는 용어의 원류에 대해 설명하고 있으므로 이어지는 문단으로는 원님재판의 한계에 대해 설명하고 있는 (다)가 먼저 오는 것이 자연스럽다. 따라서 (다) 원님재판의 한계와 죄형법정주의 → (가) 죄형법정주의의 정의 → (라) 죄형법정주의의 탄생 → (나) 죄형법정주의의 정립에 따른 파생원칙의 등장의 순서로 나열하는 것이 적절하다.

04 글의 제목

정답 ②

구비문학에서는 단일한 작품, 원본이라는 개념이 성립하기 어렵다. 따라서 선창자의 재간과 그때그때의 분위기에 따라 새롭게 변형되거나 창작되는 일이 흔하다. 다시 말해 정해진 틀이 있다기보다는 상황이나 분위기에 따라 바뀌는 것이 가능하다. 유동성이란 형편이나 때에 따라 변화될 수 있음을 뜻하는 말이다. 따라서 글의 제목은 '구비문학의 유동성'이라고 볼 수 있다.

05 빈칸 삽입

정답 ②

- (가) : 청소년의 척추 질환을 예방하는 대응 방안과 관련된 ㉡이 적절하다.
- (나) : 책상 앞에 앉아 있는 바른 자세와 관련된 ㉢이 적절하다.
- (다) : 틈틈이 척추 근육을 강화하는 운동을 해 주는 것과 관련된 자세인 ㉠이 적절하다.

06 SWOT 분석

정답 ③

보유한 글로벌 네트워크를 통해 해외 시장에 진출하는 것은 강점을 활용하여 기회를 포착하는 SO전략이다.

오답분석

① SO전략은 강점을 활용하여 외부환경의 기회를 포착하는 전략이므로 적절하다.
② WO전략은 약점을 보완하여 외부환경의 기회를 포착하는 전략이므로 적절하다.
④ ST전략은 강점을 활용하여 외부환경의 위협을 회피하는 전략이므로 적절하다.
⑤ WT전략은 약점을 보완하여 외부환경의 위협을 회피하는 전략이므로 적절하다.

07 명제 추론

정답 ③

선택 1 ~ 4의 3가지 변인 적용에 따른 독감 여부를 정리하면 다음과 같다.

구분	수분섭취	영양섭취	예방접종	독감 여부
선택 1	○	×	×	×
선택 2	×	○	○	×
선택 3	○	○	○	×
선택 4	○	○	×	○

ㄴ. 선택 1, 4를 비교해 보면 수분섭취와 예방접종의 차이는 없으나, 영양섭취에서 차이가 있음을 알 수 있다. 이때, 영양섭취를 한 선택 4와 달리 영양섭취를 하지 않은 선택 1에서 독감에 걸리지 않았으므로 영양섭취를 하지 않아 독감에 걸리지 않았을 것으로 추정할 수 있다.

ㄹ. 선택 3, 4를 비교해 보면 수분섭취와 영양섭취의 차이는 없으나, 예방접종에서 차이가 있음을 알 수 있다. 이때, 예방접종을 하지 않은 선택 4와 달리 예방접종을 한 선택 3에서 독감에 걸리지 않았으므로 예방접종을 하면 독감에 걸리지 않는 것으로 추정할 수 있다.

오답분석

ㄱ. 선택 1, 2를 비교해 보면 수분섭취 여부와 관계없이 모두 독감에 걸리지 않았으므로 수분섭취와 독감의 상관관계는 알 수 없다.

ㄷ. 선택 2, 4를 비교해 보면 수분섭취와 예방접종에서 차이가 있음을 알 수 있다. 따라서 독감에 걸리는 원인을 예방접종 한 가지로만 볼 수 없다. 게다가 예방접종을 한 선택 2에서 독감에 걸리지 않았으므로 예방접종을 하여 독감에 걸렸을 것이라는 추정은 옳지 않다.

08 규칙 적용

정답 ③

CBP-WK4A-P31-B0803 : 배터리 형태 중 WK는 없는 형태이다.
PBP-DK1E-P21-A8B12 : 고속충전 규격 중 P21은 없는 규격이다.
NBP-LC3B-P31-B3230 : 생산 날짜의 2월은 30일이 없다.
CNP-LW4E-P20-A7A29 : 제품 분류 중 CNP는 없는 분류이다.
따라서 보기에서 시리얼 넘버가 잘못 부여된 제품은 모두 4개이다.

09 규칙 적용

정답 ②

고객이 설명한 제품정보를 정리하면 다음과 같다.

- 설치형 : PBP
- 도킹형 : DK
- 20,000mAH 이상 : 2
- 60W 이상 : B
- USB-PD3.0 : P30
- 2022년 10월 12일 : B2012

따라서 S주임이 데이터베이스에 검색할 시리얼 넘버는 PBP-DK2B-P30-B2012이다.

10 명제 추론

정답 ①

조건을 충족하는 경우를 표로 정리하면 다음과 같다.

구분	첫 번째	두 번째	세 번째	네 번째	다섯 번째	여섯 번째
경우 1	교육	보건	농림	행정	국방	외교
경우 2	교육	보건	농림	국방	행정	외교
경우 3	보건	교육	농림	행정	국방	외교
경우 4	보건	교육	농림	국방	행정	외교

따라서 교육부는 항상 첫 번째 또는 두 번째에 감사를 시작한다.

11 인원 선발

정답 ①

평가지표 결과와 지표별 가중치를 이용하여 지원자들의 최종 점수를 계산하면 다음과 같다.

- A지원자 : $(3\times3)+(3\times3)+(5\times5)+(4\times4)+(4\times5)+5=84$점
- B지원자 : $(5\times3)+(5\times3)+(2\times5)+(3\times4)+(4\times5)+5=77$점
- C지원자 : $(5\times3)+(3\times3)+(3\times5)+(3\times4)+(5\times5)=76$점
- D지원자 : $(4\times3)+(3\times3)+(3\times5)+(5\times4)+(4\times5)+5=81$점
- E지원자 : $(4\times3)+(4\times3)+(2\times5)+(5\times4)+(5\times5)=79$점

따라서 K공사에서 올해 채용할 지원자는 A, D지원자이다.

12 품목 확정

정답 ④

자연자원의 경우 자연 상태에 있는 그대로의 자원을 말하므로 석탄, 햇빛, 구리, 철광석, 나무 등이 이에 해당한다. 반면 인공자원의 경우 사람들이 인위적으로 가공하여 만든 물적 자원으로, 시설이나 장비 등이 포함되므로 댐, 인공위성, 컴퓨터가 이에 해당한다.

13 품목 확정

정답 ②

편리성 추구는 지나치게 편한 방향으로만 자원을 활용하는 것을 의미한다. 일회용품을 사용하는 것, 늦잠을 자는 것, 주위 사람들에게 멋대로 대하는 것 등이 이에 포함된다. 지나친 편리성 추구는 물적 자원뿐만 아니라 시간과 돈의 낭비를 초래할 수 있으며, 주위의 인맥도 줄어들게 될 수 있다.

오답분석

① 비계획적 행동 : 자원을 어떻게 활용하는 것인가에 대한 계획이 없는 것으로, 계획 없이 충동적이고 즉흥적으로 행동하여 자원을 낭비하게 된다.

③ 자원에 대한 인식 부재 : 자신이 가지고 있는 중요한 자원을 인식하지 못하는 것으로, 무의식적으로 중요한 자원을 낭비하게 된다.

④ 노하우 부족 : 자원관리의 중요성을 인식하면서도 자원관리에 대한 경험이나 노하우가 부족하여 자원을 효과적으로 활용할 줄 모르는 경우를 말한다.

14 시간 계획

정답 ⑤

주어진 조건에 따르면 1팀, 2팀, 3팀은 팀별로 번갈아가며 모내기 작업을 하며, 팀별로 시간은 겹칠 수 없고 한번 일을 하면 2시간 연속으로 해야 한다. 2팀의 경우 오전 9시 ~ 오후 12시, 오후 3시 ~ 6시 중에서 일손을 도울 수 있는데, 오전 10시에서 오후 12시에는 1팀이, 오후 2시에서 4시는 3팀이 일손을 돕기 때문에 2팀이 일손을 도울 수 있는 시간은 오후 4시에서 6시(16:00 ~ 18:00)이다.

<table>
<tr><th rowspan="2">시간</th><th colspan="3">팀별 스케줄</th></tr>
<tr><th>1팀</th><th>2팀</th><th>3팀</th></tr>
<tr><td>09:00 ~ 10:00</td><td>상품기획 회의</td><td></td><td>시장조사</td></tr>
<tr><td>10:00 ~ 11:00</td><td rowspan="2">일손 돕기</td><td></td><td></td></tr>
<tr><td>11:00 ~ 12:00</td><td></td><td>비품 요청</td></tr>
<tr><td>12:00 ~ 13:00</td><td colspan="3">점심시간</td></tr>
<tr><td>13:00 ~ 14:00</td><td></td><td></td><td>사무실 청소</td></tr>
<tr><td>14:00 ~ 15:00</td><td>업무지원</td><td>상품기획 회의</td><td rowspan="2">일손 돕기</td></tr>
<tr><td>15:00 ~ 16:00</td><td></td><td></td></tr>
<tr><td>16:00 ~ 17:00</td><td>경력직 면접</td><td rowspan="2">일손 돕기</td><td>마케팅 전략 회의</td></tr>
<tr><td>17:00 ~ 18:00</td><td></td><td></td></tr>
</table>

15 비용 계산

정답 ④

- (가)안 : 3・4분기 자재구매 비용은 7,000×40+10,000×40=680,000원이다. 3분기에 재고가 10개가 남으므로 재고관리비는 10×1,000=10,000원이다. 따라서 자재구매・관리 비용은 680,000+10,000=690,000원이다.
- (나)안 : 3・4분기 자재구매 비용은 7,000×60+10,000×20=620,000원이다. 3분기에 재고가 30개가 남으므로 재고관리비는 30×1,000=30,000원이다. 따라서 자재구매・관리 비용은 620,000+30,000=650,000원이다.

따라서 (가)안과 (나)안의 비용 차이는 690,000−650,000=40,000원이다.

16 조직 구조

정답 ⑤

기계적 조직과 유기적 조직의 특징을 통해 안정적이고 확실한 환경에서는 기계적 조직이, 급변하는 환경에서는 유기적 조직이 적합함을 알 수 있다.

기계적 조직과 유기적 조직의 특징

기계적 조직	유기적 조직
• 구성원들의 업무가 분명하게 정의된다. • 많은 규칙과 규제들이 있다. • 상하 간 의사소통이 공식적인 경로를 통해 이루어진다. • 엄격한 위계질서가 존재한다. • 대표적인 기계조직으로 군대를 볼 수 있다.	• 의사결정 권한이 조직의 하부구성원들에게 많이 위임되어 있다. • 업무가 고정되지 않고, 공유 가능하다. • 비공식적인 상호의사소통이 원활하게 이루어진다. • 규제나 통제의 정도가 낮아 변화에 따라 의사결정이 쉽게 변할 수 있다.

17 경영 전략

정답 ①

K사가 안전과 가격, 디자인 면에서 호평을 받으며 미국시장의 최강자가 될 수 있었던 요인은 OEM 방식을 활용할 수도 있었지만 내실 경영 및 자기 브랜드를 고집한 대표이사의 선택으로, 개별 도매상들을 상대로 직접 물건을 판매하고 평판 좋은 도매상들과 유대관계를 강화하는 등 단단한 유통망을 갖추었기 때문이다.

18 경영 전략

정답 ⑤

K사는 해외 진출 시 분석을 위해 공급능력 확보를 위한 방안, 현지 시장의 경쟁상황이나 경쟁업체에 대한 차별화 전략으로 인한 제품 가격 및 품질향상, 시장점유율 등을 활용하였다.

19 업무 종류

정답 ④

인·적성검사 합격자의 조 구성은 은경씨가 하지만, 합격자에게 몇 조인지를 미리 공지하는지는 알 수 없다.

20 조직 구조

정답 ⑤

조직문화는 구성원 개개인의 개성을 인정하고 그 다양성을 강화하기보다는 구성원들의 행동을 통제하는 기능을 한다. 즉, 구성원을 획일화·사회화시킨다.

21 리더십

정답 ⑤

현상을 유지하고 조직에 순응하려는 경향은 반임파워먼트 환경에서 나타나는 모습이다.

22 갈등 관리

정답 ④

올바른 갈등해결 방법

- 다른 사람들의 입장을 이해한다.
- 어려운 문제는 피하지 말고 맞선다.
- 사람들과 눈을 자주 마주친다.
- 타협하려 애쓴다.
- 논쟁하고 싶은 유혹을 떨쳐낸다.
- 사람들이 당황하는 모습을 자세하게 살핀다.
- 자신의 의견을 명확하게 밝히고 지속적으로 강화한다.
- 마음을 열어놓고 적극적으로 경청한다.
- 어느 한쪽으로 치우치지 않는다.
- 존중하는 자세로 사람들을 대한다.

23 고객 서비스

정답 ②

고객은 대출 이자가 잘못 나갔다고 생각하고 일처리를 잘못한다고 의심하는 상황이기 때문에 의심형 불만고객이다.

불만 표현 유형

- 거만형 : 자신의 과시욕을 드러내고 싶어 하는 사람으로, 보통 제품을 폄하하는 고객
- 의심형 : 직원의 설명이나 제품의 품질에 대해 의심을 많이 하는 고객
- 트집형 : 사소한 것으로 트집을 잡는 까다로운 고객
- 빨리빨리형 : 성격이 급하고, 확신 있는 말이 아니면 잘 믿지 않는 고객

24 고객 서비스

정답 ③

Ⓒ 빠른 해결을 약속하지 않으면 다른 불만을 야기하거나 불만이 더 커질 수 있다.
Ⓓ 고객의 불만인 대출과 관련된 내용에 대해 답변을 해야 한다.

오답분석

Ⓐ 해결 방안은 고객이 아닌 I기관에서 제시하는 것이 적절하다.
Ⓑ 불만을 동료에게 전달하는 것은 고객의 입장에서는 알 필요가 없는 정보이다.

25 리더십

정답 ④

반복적인 업무로 지친 팀원들에게 새로운 업무의 기회를 부여하는 것은 팀원들에게 동기를 부여할 수 있는 효과적인 방법이다. 팀원들은 매일 해왔던 업무와 전혀 다른 일을 처리하면서 새로운 도전이 주는 자극과 스릴감을 가지게 될 것이며, 나아가 자신의 능력을 인정받았다는 뿌듯함과 성취감을 느낄 수 있다.

오답분석

① 자신의 책임을 전가하는 팀원들에게 필요한 방법이다.
② 코칭은 문제를 함께 살피고, 지원하며, 지도 및 격려하는 활동을 말한다.
③ 지속적인 교육은 팀원들에게 성장의 기회를 제공하는 방법이다.
⑤ 칭찬과 격려는 팀원들에게 동기를 부여하는 긍정적 강화법으로 볼 수 있다.

26 응용 수리 정답 ④

첫날 경작한 논의 넓이를 1이라고 할 때, 마지막 날까지 경작한 논의 넓이는 다음과 같다.

1일	2일	3일	4일	5일	6일	7일	8일
1	2	4	8	16	32	64	128

전체 경작한 논의 넓이가 128이므로 논 전체의 $\frac{1}{4}$ 넓이는 32이다. 따라서 A씨는 경작을 시작한 지 6일째 되는 날 논 전체의 $\frac{1}{4}$을 완료하게 된다.

27 자료 이해 정답 ④

ⓛ HCHO가 가장 높게 측정된 역은 청량리역이고 가장 낮게 측정된 역은 신설동역이다. 두 역의 평균은 $\frac{11.4+4.8}{2}=8.1\mu g/m^3$로 1호선 평균인 $8.4\mu g/m^3$보다 낮다.
ⓔ 청량리역은 HCHO, CO, NO_2, Rn 총 4가지 항목에서 1호선 평균보다 높게 측정되었다.

오답분석

㉠ CO의 1호선 평균은 0.5ppm이며, 종로5가역과 신설동역은 0.4ppm이다. 따라서 옳은 설명이다.
ⓒ 시청역은 PM-10이 $102.0\mu g/m^3$로 가장 높게 측정됐지만, TVOC는 $44.4\mu g/m^3$로 가장 낮게 측정되었다. 따라서 옳은 설명이다.

28 자료 이해 정답 ⑤

9월 말을 기점으로 이후의 그래프가 모두 하향곡선을 그리고 있다.

오답분석

①·③ 표를 통해 쉽게 확인할 수 있다.
② 환율이 하락하면 반대로 원화가치가 높아진다.
④ 유가 범위는 125~85 사이의 변동 폭을 보이고 있다.

29 수열 규칙 정답 ③

앞의 항에 38을 빼는 수열이다.
따라서 193−38=155이다.

30 수열 규칙 정답 ③

$n\geq3$일 때, $(n-2)$항$+(n-1)$항$+1=(n)$항인 수열이다.
따라서 27+44+1=72이다.

제 3 회 최종점검 모의고사

01	02	03	04	05	06	07	08	09	10	11	12	13	14	15	16	17	18	19	20
②	④	③	④	③	②	⑤	⑤	③	②	③	④	②	⑤	④	③	②	②	③	⑤
21	22	23	24	25	26	27	28	29	30										
④	④	④	②	②	④	①	③	④	②										

01 문단 나열 　정답 ②

제시문은 나무를 가꾸기 위해 고려해야 하는 사항과 나무를 심을 때 자주 저지르는 실수에 대해 설명하고 있다. 따라서 (가) 나무를 가꾸기 위해 고려해야 할 사항과 생육조건 → (라) 식재계획을 위한 올바른 나무 선정 위치 → (다) 나무 선정 위치에서 자주 발생하는 실수 → (나) 또 다른 식재계획 시 주의점의 순서로 나열해야 한다.

02 글의 주제 　정답 ④

제시문의 두 번째 문단에서 전기자동차 산업이 확충되고 있음을 언급하면서 구리가 전기자동차의 배터리를 만드는 데 핵심 재료임을 설명하고 있기 때문에 ④가 글의 핵심 내용으로 가장 적절하다.

오답분석

①·⑤ 제시문에서 언급하고 있는 내용이기는 하나, 핵심 내용으로 보기는 어렵다.
② 제시문에서 '그린 열풍'을 언급하고 있으나, 그 현상의 발생 원인은 제시되어 있지 않다.
③ 제시문에서 산업금속 공급난이 우려된다고 언급하고 있으나, 그로 인한 문제는 제시되어 있지 않다.

03 경청 　정답 ③

질문에 대한 답이 즉각적으로 이루어질 수 없다고 하더라도, 질문을 하려고 하면 적극적으로 경청하게 되고 집중력이 높아진다.

04 경청 　정답 ④

A씨의 아내는 A씨가 자신의 이야기에 공감해 주길 바랐지만, A씨는 아내의 이야기를 들어주기보다는 해결책을 찾아 아내의 문제에 대해 조언하려고만 하였다. 즉, 아내는 마음을 털어놓고 남편에게 위로받고 싶었지만, A씨의 조언하려는 태도 때문에 더 이상 대화가 이어질 수 없었다.

오답분석

① 짐작하기 : 상대방의 말을 듣고 받아들이기보다 자신의 생각에 들어맞는 단서들을 찾아 자신의 생각을 확인하는 것이다.
② 걸러내기 : 상대의 말을 듣기는 하지만 상대방의 메시지를 온전하게 듣는 것이 아닌 경우이다.
③ 판단하기 : 상대방에 대한 부정적인 판단 때문에, 또는 상대방을 비판하기 위하여 상대방의 말을 듣지 않는 것이다.
⑤ 옳아야만 하기 : 자존심이 강한 사람은 자존심에 관한 것을 전부 막아버리려 하기 때문에 자신의 부족한 점에 대한 상대방의 말을 들을 수 없게 된다.

05 의사 표현

정답 ③

의미가 단순한 언어를 사용하면 메시지의 전달이 분명해진다.

오답분석

① 정보의 양이 너무 많으면 핵심이 가려지기 쉽다.
② 필요 이상으로 진지한 분위기는 의사소통에 부정적인 영향을 준다.
④ 대화 구성원의 사이가 어떤가에 따라 둘 사이의 대화, 즉 의사소통도 달라진다.
⑤ 시·공간 등 물리적인 제약이 있으면 그 속에서 이루어지는 의사소통도 원활히 이루어지기 어렵다.

06 자료 해석

정답 ②

D사원의 출장 기간은 4박 5일로, 숙박 요일은 수·목·금·토요일이다. 숙박비를 계산하면 120+120+150+150=USD 540이고, 총숙박비의 20%를 예치금으로 지불해야 하므로 예치금은 540×0.2=USD 108이다. 이때 일요일은 체크아웃하는 날이므로 숙박비가 들지 않는다.

07 자료 해석

정답 ⑤

D사원의 출장 출발일은 호텔 체크인 당일이다. 체크인 당일 취소 시 환불이 불가능하므로 D사원은 환불받을 수 없다.

08 명제 추론

정답 ⑤

주어진 조건에 따라 자물쇠를 열 수 없는 열쇠를 정리하면 다음과 같다.

구분	1번 열쇠	2번 열쇠	3번 열쇠	4번 열쇠	5번 열쇠	6번 열쇠
첫 번째 자물쇠			×	×	×	×
두 번째 자물쇠			×			×
세 번째 자물쇠	×	×	×			×
네 번째 자물쇠			×	×		×

따라서 3번 열쇠로는 어떤 자물쇠도 열지 못하는 것을 알 수 있다.

오답분석

① 첫 번째 자물쇠는 1번 또는 2번 열쇠로 열릴 수 있다.
② 두 번째 자물쇠가 2번 열쇠로 열리면, 세 번째 자물쇠는 4번 열쇠로 열린다.
③ 세 번째 자물쇠가 5번 열쇠로 열리면, 네 번째 자물쇠는 1번 또는 2번 열쇠로 열린다.
④ 네 번째 자물쇠가 5번 열쇠로 열리면, 두 번째 자물쇠는 1번 또는 2번 열쇠로 열린다.

09 명제 추론

정답 ③

주어진 진술을 정리하면 다음과 같다.

증인	A	B	C	D	E	F	G
1	×	×					×
2					×	×	×
3			○				
4			○				
5			○	○			

따라서 시위주동자는 C, D이다.

10 SWOT 분석

정답 ②

K공사는 계속 증가하고 있는 재생에너지를 활용하여 수소를 생산하는 그린수소 사업을 통해 재생에너지 잉여전력 문제를 해결할 것으로 기대하고 있으며, 이러한 그린수소 사업에 필요한 기술을 개발하기 위해 노력하고 있다. 이를 K공사의 SWOT 분석 결과에 적용하면, K공사는 현재 재생에너지의 잉여전력이 증가하고 있는 위협적 상황을 해결하기 위하여 장점인 적극적인 기술개발 의지를 활용하여 그린수소 사업을 추진한다. 따라서 K공사의 그린수소 사업은 위협을 피하기 위하여 강점을 활용하는 방법인 'ST전략'에 해당한다.

11 비용 계산

정답 ③

고객 A는 제품을 구입한 지 1년이 지났으므로 수리비 2만 원을 부담해야 하며, A/S 서비스가 출장 서비스로 진행되어 출장비를 지불해야 하는데, 토요일 오후 3시는 A/S 센터 운영시간이 아니므로 3만 원의 출장비를 지불해야 한다. 또한 부품을 교체하였으므로 고객 A는 부품비 5만 원까지 합하여 총 10만 원의 A/S 서비스 비용을 지불해야 한다.

12 시간 계획

정답 ④

체육대회는 주말에 한다고 하였으므로 평일과 비가 오는 장마기간은 제외한다. 12일과 13일에는 사장이 출장으로 자리를 비우고, 마케팅팀이 출근해야 하므로 적절하지 않다. 19일은 서비스팀이 출근해야 하며, 26일은 마케팅팀이 출근해야 한다. 또한, K운동장은 둘째, 넷째 주말엔 개방하지 않으므로 27일을 제외하면 남은 날은 20일이다.

13 인원 선발

정답 ②

주어진 자료를 토대로 모델별 향후 1년 동안의 광고효과를 계산하면 다음과 같다.

(단위 : 백만 원, 회)

모델	1년 광고비	1년 광고횟수	1회당 광고효과	총광고효과
A	180−120=60	60÷2.5=24	140+130=270	24×270=6,480
B	180−80=100	100÷2.5=40	80+110=190	40×190=7,600
C	180−100=80	80÷2.5=32	100+120=220	32×220=7,040
D	180−90=90	90÷2.5=36	80+90=170	36×170=6,120
E	180−70=110	110÷2.5=44	60+80=140	44×140=6,160

따라서 총광고효과가 가장 높은 B가 TV광고 모델로 적합하다.

14 시간 계획

정답 ⑤

많은 시간을 직장에서 보내는 일 중독자는 최우선 업무보다 가시적인 업무에 전력을 다하는 경향이 있다. 장시간 일을 한다는 것은 오히려 자신의 일에 대한 시간관리능력의 부족으로 잘못된 시간관리 행동을 하고 있다는 것이다. 시간관리를 잘하여 일을 수행하는 시간을 줄일 수 있다면 일 외에 다양한 여가를 즐길 수 있을 것이다.

15 품목 확정

정답 ④

먼저 B안마의자는 색상이 블랙이 아니고, C안마의자는 가격이 최대 예산을 초과하며, E안마의자는 온열기능이 없으므로 고려 대상에서 제외한다. 남은 A안마의자와 D안마의자 중 프로그램 개수가 많으면 많을수록 좋다고 하였으므로, K공사는 D안마의자를 구매할 것이다.

16 경영 전략

정답 ③

환경분석 단계에는 내부환경 분석과 외부환경 분석이 있다. C기업의 경우는 환경에 대한 분석이 아닌, 환경분석에 기반하여 경영 전략을 도출하는 단계의 사례에 해당된다.

오답분석

① 신규 수주 확보를 위한 경쟁력 확보라는 경영 전략목표를 설정하는 단계로서 적절한 사례이다.
② 경영 전략 추진 단계 중 환경분석 단계에는 내부환경 분석과 외부환경 분석이 있다. B기업의 사례는 그중 외부환경 분석의 사례로서 적절하다.
④・⑤ 전략목표 달성을 위한 경영 전략 도출에는 크게 조직전략 도출, 사업전략 도출, 부문전략 도출이 있다. 그중 D기업의 경우는 조직전략에 해당되는 사례이고, E기업의 경우 부문전략 및 조직전략에 해당되는 사례로서 적절하다.

17 조직 구조

정답 ②

오답분석

① 분권화 : 의사결정 권한이 하급기관에 위임되는 조직 구조이다.
③ 수평적 : 부서의 수가 증가하는 것으로 조직 구조의 복잡성에 해당된다.
④ 공식성 : 조직구성원의 행동이 어느 정도의 규칙성, 몰인격성을 갖는지에 대한 정도를 말한다.
⑤ 유기적 : 조직이 생물체처럼 서로 밀접하게 관련되어 뗄 수 없게 되는 것이다.

18 조직 구조

정답 ②

②는 업무의 내용이 유사하고 관련성이 있는 업무들을 결합해서 구분한 것으로, 기능식 조직 구조의 형태로 볼 수 있다. 기능식 구조의 형태는 재무부, 영업부, 생산부, 구매부 등의 형태로 구분된다.

19 업무 종류

정답 ③

김과장의 개인 주간 스케줄 및 업무 점검을 보면 홍보팀, 외부 디자이너와의 미팅이 기재되어 있다. 즉, 김과장은 이번 주에 내부 미팅과 외부 미팅을 모두 진행할 예정이다.

20 업무 종류

정답 ⑤

K공단이 추구하는 인재상 중 '윤리인'의 핵심역량은 공감 능력, 청렴성, 공정성이다. 즉, 국민 모두의 공감을 바탕으로 윤리 기준과 원칙을 지키고, 공정하고 균형 잡힌 업무를 수행할 수 있어야 한다. 따라서 국민 모두가 공감할 수 없더라도 윤리 기준과 원칙을 지키겠다는 E지원자는 '윤리인' 인재상에 벗어나기 때문에 K공단에 채용될 지원자로 적절하지 않다.

21 갈등 관리

정답 ④

서비스업에 종사하다 보면 난처한 요구를 하는 고객을 종종 만나기 마련이다. 특히 판매 가격이 정해져 있는 프랜차이즈 매장에서 가격을 조금만 깎아달라는 고객의 요구는 매우 난감하다. 하지만 이러한 고객의 요구를 모두 들어주다 보면 더욱 곤란한 상황이 발생할 수 있다. 그러므로 고객에게 가격을 깎아줄 수 없는 이유에 대해 친절하게 설명하면서 불쾌하지 않도록 고객을 설득할 필요가 있다.

22 팀워크

정답 ④

팀워크는 개인의 능력이 발휘되는 것도 중요하지만 팀원들 간의 협력이 더 중요하다. 팀원 개개인의 능력이 최대치일 때 팀워크가 가장 뛰어난 것은 아니다.

23 리더십

정답 ④

뚜껑의 법칙에서 뚜껑은 리더를 의미하며, 뚜껑의 크기로 표현되는 리더의 역량이 조직의 성과를 이끈다는 것을 의미한다. 리더의 역량이 작다면 부하직원이 아무리 뛰어나도 병목 현상이 발생할 수 있는 것이다.

24 고객 서비스

정답 ②

전체적인 대화 내용을 살펴보면, 고객이 자신이 주문한 제품이 언제 배송이 되는지를 문의하고 있다. 특히, 고객의 대화 내용 중 '아직도 배송이 안 됐어요. 배송이 왜 이렇게 오래 걸리나요?'라는 부분에서 배송에 대한 불만을 표하고 있음을 알 수 있다. 이 같은 고객 불만을 응대할 경우에는 고객에게 불편을 끼친 부분에 대해서 양해를 먼저 구하는 것이 기본적인 응대 방법이다. 따라서 업무 처리 전에 '먼저 불편을 드려서 죄송합니다.'라는 식으로 고객의 감정에 동의하는 말을 해야 한다.

25 갈등 관리

정답 ②

②는 '해결할 수 있는 갈등'에 대한 설명이다. 해결할 수 있는 갈등은 목표와 욕망, 가치, 문제를 바라보는 시각과 이해하는 시각이 다를 경우에 일어날 수 있는 갈등이다.

26 응용 수리

정답 ④

김대리가 작년에 낸 세금은 (4,000−2,000)×0.3=600만 원이다. 올해의 총소득은 20% 증가한 4,000×1.2=4,800만 원이고, 소득 공제 금액은 40% 증가한 2,000×1.4=2,800만 원이다. 올해의 세액은 작년보다 10%p 증가한 세율 40%를 적용한 (4,800−2,800)×0.4=800만 원이다.

따라서 작년과 올해의 세액의 차이는 800−600=200만 원이다.

27 응용 수리

정답 ①

i) 3명이 안타를 칠 확률

$$\left(\frac{5}{6}\times\frac{1}{8}\times\frac{1}{4}\times\frac{1}{5}\right)+\left(\frac{1}{6}\times\frac{7}{8}\times\frac{1}{4}\times\frac{1}{5}\right)+\left(\frac{1}{6}\times\frac{1}{8}\times\frac{3}{4}\times\frac{1}{5}\right)+\left(\frac{1}{6}\times\frac{1}{8}\times\frac{1}{4}\times\frac{4}{5}\right)=\frac{(5+7+3+4)}{960}=\frac{19}{960}$$

ii) 4명이 안타를 칠 확률

$$\frac{1}{6}\times\frac{1}{8}\times\frac{1}{4}\times\frac{1}{5}=\frac{1}{960}$$

$$\therefore\ \frac{19}{960}+\frac{1}{960}=\frac{20}{960}=\frac{1}{48}$$

따라서 구하고자 하는 확률은 $\frac{1}{48}$ 이다.

28 수열 규칙

정답 ③

제시된 수열의 홀수 번째 항은 +80, +160, +240, … 씩 더하고, 짝수 번째 항은 −120, −200, −280씩 더하는 순열이다. 수열의 일반항을 a_n 이라 하면, $a_{10}=-639-360=-999$, $a_{12}=-999-440=-1,439$, $a_{14}=-1,439-520=-1,959$, $a_{16}=-1,959-600=-2,559$이다. 따라서 16번째 항의 값은 −2,559이다.

29 자료 계산

정답 ④

2022년 전년 대비 각 시설의 증가량은 축구장 60개소, 체육관 58개소, 간이운동장 789개소, 테니스장 62개소로 가장 적게 늘어난 곳은 체육관이며, 가장 많이 늘어난 곳은 간이운동장이다. 따라서 639+11,458=12,097개소이다.

30 자료 계산

정답 ②

$$\frac{529}{467+529+9,531+428+1,387}\times 100 \fallingdotseq 4.3\%$$

제 4 회 최종점검 모의고사

01	02	03	04	05	06	07	08	09	10	11	12	13	14	15	16	17	18	19	20
⑤	②	③	④	①	③	⑤	①	②	④	①	④	④	③	⑤	②	③	①	②	④
21	22	23	24	25	26	27	28	29	30										
③	⑤	①	④	③	③	①	④	①	①										

01 글의 주제

정답 ⑤

마지막 문장의 '표준화된 언어와 방언 둘 다의 가치를 인정'하고, '가려서 사용할 줄 아는 능력을 길러야 한다.'라는 내용을 바탕으로 ⑤와 같은 주제를 이끌어낼 수 있다.

02 문서 내용 이해

정답 ②

단체견학의 경우 별도 요청 시 원자로, 터빈 등 원자력설비 모형 소개를 15분간 더 진행하므로, 1시간 45분이 소요될 수도 있다.

오답분석

① 자유관람의 경우 별도의 예약 신청 없이도 가능하다.
③ 시각장애 안내견 이외의 애완동물의 출입은 금지되어 있다.
④ 영어 해설을 위해서는 관람 4일 전까지 인터넷이 아닌 유선으로 신청해야 한다.
⑤ 단체견학을 하지 않더라도 홍보관 1층 데스크에서 선착순으로 접수하여 해설에 참여할 수 있다.

03 경청

정답 ③

제시문에서 설명하고 있는 '상대방의 말을 듣고 받아들이기보다 자신의 생각에 들어맞는 단서를 찾아 자신의 생각을 확인하는 행동'은 '(나) 짐작하기'에 해당하며, '상대방에 대한 부정적인 판단 또는 상대방을 비판하기 위해 상대방의 말을 듣지 않는 행동'은 '(다) 판단하기'에 해당한다.

오답분석

- (가) 다른 생각하기 : 상대방에게 관심을 기울이는 것이 점차 더 힘들어지고 상대방이 말을 할 때 자꾸 다른 생각을 하게 된다면, 이는 현실이 불만족스럽지만 이러한 상황을 회피하고 있다는 위험한 신호이다.
- (라) 걸러내기 : 상대의 말을 듣기는 하지만 상대방의 메시지를 온전하게 듣는 것이 아닌 경우이다.

04 경청

정답 ④

서희가 말하고 있는 비위 맞추기는 올바른 경청의 자세가 아닌 방해요인이므로, 이를 고치지 않아도 된다고 말하는 선미의 의견은 옳지 않다.

05 빈칸 삽입

정답 ①

제시문에서는 '전통'의 의미를 '상당히 이질적인 것이 교차하여 겯고 튼 끝에 이루어진 것', '어느 것이나 우리화시켜 받아들인 것'으로 규정하고, '전통의 혼미란 곧 주체 의식의 혼미란 뜻에 지나지 않는다.'라는 주장을 펴고 있다. 따라서 빈칸에 들어갈 내용으로 ①이 적절하다.

06 명제 추론

정답 ③

다음 논리 순서에 따라 주어진 조건을 정리하면 쉽게 접근할 수 있다.

- 여섯 번째, 여덟 번째 조건 : G는 첫 번째 자리에 앉는다.
- 일곱 번째 조건 : C는 세 번째 자리에 앉는다.
- 네 번째, 다섯 번째 조건 : 만약 A와 B가 네 번째, 여섯 번째 또는 다섯 번째, 일곱 번째 자리에 앉으면, D와 F는 나란히 앉을 수 없다. 따라서 A와 B는 두 번째, 네 번째 자리에 앉는다. 이때, 남은 자리는 다섯, 여섯, 일곱 번째 자리이므로, D와 F는 다섯, 여섯 번째 또는 여섯, 일곱 번째 자리에 앉게 되고, 나머지 한 자리에 E가 앉는다.

이 사실을 종합하여 주어진 조건을 표로 정리하면 다음과 같다.

구분	첫 번째	두 번째	세 번째	네 번째	다섯 번째	여섯 번째	일곱 번째
경우 1	G	A	C	B	D	F	E
경우 2	G	A	C	B	F	D	E
경우 3	G	A	C	B	E	D	F
경우 4	G	A	C	B	E	F	D
경우 5	G	B	C	A	D	F	E
경우 6	G	B	C	A	F	D	E
경우 7	G	B	C	A	E	D	F
경우 8	G	B	C	A	E	F	D

따라서 C의 양옆에는 항상 A와 B가 앉는다.

오답분석

① 조건에서 D와 F는 나란히 앉는다고 하였다.
②·④ 경우 4, 8일 때에만 성립한다.
⑤ B는 네 번째 자리에도 앉을 수 있다.

07 명제 추론

정답 ⑤

조건의 주요 명제들을 순서대로 논리 기호화하여 표현하면 다음과 같다.

- 두 번째 명제 : 머그컵 → ~노트
- 세 번째 명제 : 노트
- 네 번째 명제 : 태블릿PC → 머그컵
- 다섯 번째 명제 : ~태블릿PC → (가습기 ∧ ~컵받침)

세 번째 명제에 따라 노트는 반드시 선정되며, 두 번째 명제의 대우(노트 → ~머그컵)에 따라 머그컵은 선정되지 않는다. 그리고 네 번째 명제의 대우(~머그컵 → ~태블릿PC)에 따라 태블릿PC도 선정되지 않으며, 다섯 번째 명제에 따라 가습기는 선정되고 컵받침은 선정되지 않는다. 따라서 총 3개의 경품을 선정한다고 하였으므로, 노트, 가습기와 함께 펜이 경품으로 선정된다.

08 자료 해석

정답 ①

오답분석

② 서랍장의 가로 길이와 붙박이 수납장 문을 여는 데 필요한 간격과 폭을 더한 길이는 각각 1,100mm, 1,200mm(=550+650)이고, 사무실 문을 여닫는 데 필요한 1,000mm의 공간을 포함하면 총길이는 3,300mm이다. 따라서 사무실의 가로 길이인 3,000mm를 초과하므로 불가능한 배치이다.

③ 서랍장과 캐비닛의 가로 길이는 각각 1,100mm, 1,000mm이고, 사무실 문을 여닫는 데 필요한 1,000mm의 공간을 포함하면 총길이는 3,100mm이다. 따라서 사무실의 가로 길이인 3,000mm를 초과하므로 불가능한 배치이다.

④ 회의 탁자의 세로 길이와 서랍장의 가로 길이는 각각 2,110mm, 1,100mm이고, 붙박이 수납장 문을 여는 데 필요한 간격과 폭을 더한 길이인 1,200mm(=550+650)를 포함하면 총길이는 4,410mm이다. 따라서 사무실의 세로 길이인 3,400mm를 초과하므로 불가능한 배치이다.

⑤ 회의 탁자의 가로 길이와 서랍장의 가로 길이는 각각 1,500mm, 1,100mm이고, 사무실 문을 여닫는 데 필요한 1,000mm의 공간을 포함하면 총길이는 3,600mm이다. 따라서 사무실의 세로 길이인 3,400mm를 초과하므로 불가능한 배치이다.

09 SWOT 분석

정답 ②

WT전략은 외부 환경의 위협 요인을 회피하고 약점을 보완하는 전략을 적용해야 한다. ②는 강점인 'S'를 강화하는 방법에 대해 이야기하고 있다.

오답분석

① WO전략은 외부의 기회를 사용해 약점을 보완하는 전략이므로 옳다.
③ WT전략은 외부 환경의 위협을 회피하고 약점을 보완하는 전략이므로 옳다.
④ SO전략은 기회를 활용하면서 강점을 더욱 강화시키는 전략이므로 옳다.
⑤ ST전략은 외부 환경의 위협을 회피하며 강점을 적극 활용하는 전략이므로 옳다.

10 창의적 사고

정답 ④

고객 맞춤형 서비스 실행방안에 대한 개선방향을 제안해야 하므로 ④가 가장 적절한 방안이다.

오답분석

① 직원에게 전용 휴대폰 지급은 고객 맞춤형이 아니다.
②·③ 모바일용 고객지원센터 운영 서비스를 제공하는 점은 고객지원의 편의성을 높이는 것일 뿐 고객 맞춤형이라고 할 수 없다.
⑤ 고객지원센터에서 피드백을 받는 것은 고객 맞춤형 서비스가 아니다.

11 시간 계획

정답 ①

두 번째 조건에서 경유지는 서울보다 +1시간, 출장지는 경유지보다 −2시간이므로 출장지는 서울과 −1시간 차이다.
김대리가 서울에서 경유지를 거쳐 출장지까지 가는 과정을 서울 시각 기준으로 정리하면 다음과 같다.
서울 5일 오후 1시 35분 출발 → 오후 1시 35분+3시간 45분=오후 5시 20분 경유지 도착 → 오후 5시 20분+3시간 50분(대기시간)=오후 9시 10분 경유지에서 출발 → 오후 9시 10분+9시간 25분=6일 오전 6시 35분 출장지 도착
따라서 출장지에 도착했을 때 현지 시각은 서울보다 1시간 느리므로 오전 5시 35분이다.

12 비용 계산

정답 ④

제품군별 지급해야 할 보관료는 다음과 같다.

- A제품군 : 300억×0.01=3억 원
- B제품군 : 2,000×20,000=4천만 원
- C제품군 : 500×80,000=4천만 원

따라서 K기업이 보관료로 지급해야 할 총금액은 3억 8천만 원이다.

13 인원 선발

정답 ④

• C강사 : 셋째 주 화요일 오전, 목요일, 금요일 오전에 스케줄이 비어 있으므로 목요일과 금요일에 이틀간 강의가 가능하다.
• E강사 : 첫째, 셋째 주 화~목요일 오전에 스케줄이 있으므로 수요일과 목요일 오후에는 강의가 가능하다.

오답분석

• A강사 : 매주 수~목요일에 스케줄이 있으므로 화요일과 금요일 오전에 강의가 가능하지만, 강의가 연속 이틀에 걸쳐 진행되어야 한다는 조건에 부합하지 않는다.
• B강사 : 화요일과 목요일에 스케줄이 있으므로 수요일 오후와 금요일 오전에 강의가 가능하지만, 강의가 연속 이틀에 걸쳐 진행되어야 한다는 조건에 부합하지 않는다.
• D강사 : 수요일 오후와 금요일 오전에 스케줄이 있으므로 화요일 오전과 목요일에 강의가 가능하지만, 강의가 연속 이틀에 걸쳐 진행되어야 한다는 조건에 부합하지 않는다.

14 인원 선발

정답 ③

배치의 3가지 유형
• 양적 배치 : 작업량과 조업도, 여유 또는 부족 인원을 감안하여 소요인원을 결정하고 배치하는 것
• 질적 배치 : 적재적소의 배치
• 적성 배치 : 팀원의 적성 및 흥미에 따라 배치하는 것

15 품목 확정

정답 ⑤

물적 자원의 관리과정은 다음과 같다.
1. 사무 용품과 보관 물품의 구분
   – 반복 작업 방지, 물품 활용의 편리성
2. 동일 및 유사 물품으로 분류
   – 동일성, 유사성의 원칙
3. 물품 특성에 맞는 보관 장소 선정
   – 물품의 형상 및 소재

위 과정에 맞춰 C주임의 행동을 배열한다면 기존 비품 중 바로 사용할 사무용품과 따로 보관해둘 물품을 분리하는 (C), 동일 및 유사 물품으로 분류하는 (B), 물품의 형상 및 소재에 따라 보관 장소를 선정하는 (A)의 순서가 적절하다.

16 경영 전략

정답 ②

조직구성원에 대한 교육훈련, 승진, 성장 등과 관련된 목표는 ㉠ 인력개발이다.
조직의 일차적 과업인 운영목표에 포함되어야 하는 것으로서, 투입된 자원 대비 산출량을 개선하기 위한 목표는 ㉡ 생산성이다.

17 조직 구조

정답 ③

비영리조직이면서 대규모조직인 학교에서 5시간 있었다.
• 학교 : 공식조직, 비영리조직, 대규모조직
• 카페 : 공식조직, 영리조직, 대규모조직
• 스터디 : 비공식조직, 비영리조직, 소규모조직

오답분석

① 비공식적이면서 소규모조직인 스터디에서 2시간 있었다.
② 공식조직인 학교와 카페에서 8시간 있었다.
④ 영리조직인 카페에서 3시간 있었다.
⑤ 비공식적이면서 비영리조직인 스터디에서 2시간 있었다.

18 경영 전략

정답 ①

제품의 질은 우수하나 브랜드의 저가 이미지 때문에 매출이 좋지 않은 것이므로 선입견을 제외하고 제품의 우수성을 증명할 수 있는 블라인드 테스트를 통해 인정을 받는다. 그리고 그 결과를 홍보의 수단으로 사용하는 것이 적절하다.

19 업무 종류

정답 ②

영업부장이 실수할 수도 있으므로 바로 생산계획을 변경하는 것보다는 이중 확인 후 생산라인에 통보하는 것이 좋다.

20 업무 종류

정답 ④

K주임이 가장 먼저 해야 하는 일은 오늘 오후 2시에 예정된 팀장회의 일정을 P팀장에게 전달하는 것이다. 다음으로 내일 진행될 언론홍보팀과의 회의 일정에 대한 답변을 오늘 내로 전달해달라는 요청을 받았으므로 먼저 익일 업무 일정을 확인 후 회의 일정에 대한 답변을 전달해야 한다. 이후 회의 전에 미리 숙지해야 할 자료를 확인하는 것이 바람직하다. 따라서 K주임은 ④의 순서로 업무를 처리하는 것이 가장 적절하다.

21 리더십

정답 ③

터크만(Tuckman)의 팀 발달 4단계

- 형성기 : 리더가 단독으로 의사결정을 하며 구성원들을 이끄는 지시형의 리더십이 필요하다.
- 혼란기 : 리더가 사전에 구성원들에게 충분한 설명을 제공한 후 의사결정을 하는 코치형의 리더십이 필요하다.
- 규범기 : 리더와 구성원들이 공동으로 참여하여 의사를 결정하는 참여형의 리더십이 필요하다.
- 성취기 : 권한을 위임받은 구성원들이 의사결정을 하는 위임형 리더십이 필요하다.

22 고객 서비스

정답 ⑤

고객이 제기한 민원이 반복적으로 발생하지 않도록 조치하기 위해서 자신의 개인 업무노트에 기록해 두는 것보다 민원사례를 전 직원에게 공유하여 교육이 될 수 있도록 하는 것이 더 적절하다.

23 팀워크

정답 ①

사람들이 집단에 머물고, 계속 남아있기를 원하게 만드는 힘은 응집력이다. 팀워크는 단순히 사람들이 모여 있는 것이 아니라 목표 달성의 의지를 가지고 성과를 내는 것이다.

24 팀워크

정답 ④

사교형은 외향적이고 쾌활하며 타인과 함께 대화하기를 좋아하고 타인으로부터 인정받고자 하는 욕구가 강하다. 또한 혼자서 시간 보내는 것을 어려워하며 타인의 활동에 관심이 많아서 간섭하는 경향도 가지고 있다. 이런 유형의 사람은 타인에 대한 관심보다 혼자만의 내면적 생활에 좀 더 깊은 관심을 지니고, 타인으로부터 인정받으려는 자신의 욕구에 대해 깊이 생각해 볼 필요가 있다.

오답분석

① 실리형 : 대인관계에서 이해관계에 예민하고 치밀하며 성취지향적이고, 자기중심적이고 경쟁적이며 자신의 이익을 우선적으로 생각하기 때문에 타인에 대한 관심과 배려가 부족하다.
② 순박형 : 단순하고 솔직하며 대인관계에서 너그럽고 겸손한 경향으로 타인에게 쉽게 설득 당할 수 있어 주관 없이 타인에게 지나치게 끌려 다닐 수 있으며 잘 속거나 이용당할 가능성이 높다.
③ 친화형 : 따뜻하고 인정이 많아 대인관계에서 타인을 잘 배려하며 도와주고, 자기희생적인 태도를 취한다. 타인의 요구를 잘 거절하지 못하고 타인의 필요를 자신의 것보다 앞세우는 경향이 있다.
⑤ 지배형 : 대인관계에 자신이 있으며 자기주장이 강하고, 타인에 대해 주도권을 행사한다. 지도력과 추진력이 있어서 집단적인 일을 잘 지휘하지만, 강압적, 독단적, 논쟁적이어서 타인과 잦은 마찰을 빚는다.

25 고객 서비스

정답 ③

제시문은 고객에게 사전에 반품 배송비가 있다는 것을 공지하지 않아서 발생한 상황이다. 따라서 반품 배송비가 있다는 항목을 명시하겠다는 대응이 가장 적절하다.

26 응용 수리

정답 ③

A는 월요일부터 시작하여 2일 간격으로 산책하고, B는 그 다음 날인 화요일부터 3일마다 산책을 하므로 이를 표로 정리하면 다음과 같다.

월	화	수	목	금	토	일
A		A		A		A
	B			B		

따라서 A와 B가 처음 만나는 날은 같은 주 금요일이다.

27 수열 규칙

정답 ①

제시된 수열의 홀수 번째 항은 +3, +7, +11, … 씩 더하고, 짝수 번째 항은 −5, −9, −13, … 씩 더하는 순열이다. m번째 홀수 항의 값을 a_{2m-1}라 하면

$$a_{2m-1}=400+\sum_{k=1}^{m-1}(4k-1)$$
$$=400+\{4\times\frac{m(m-1)}{2}-(m-1)\}$$
$$=400+2m^2-3m+1$$
$$=2m^2-3m+401$$ 이다.

따라서 31번째 항의 값은 $a_{31}=a_{16\times2-1}=2\times16^2-3\times16+401=865$이다.

28 자료 이해

정답 ④

ㄴ. 2023년 11월 건설업의 상용 근로일수는 20.7일로, 광업의 상용 근로일수의 80%인 21.9×0.8≒17.5일 이상이다.

ㄹ. 월 평균 근로시간이 가장 높은 산업은 2023년 11월(179.1시간)과 12월(178.9시간) 모두 부동산 및 임대업으로 동일하다.

오답분석

ㄱ. 2023년 10월부터 12월까지 전체 월 평균 근로시간은 163.3시간, 164.2시간, 163.9시간으로, 11월에는 전월 대비 증가하였지만, 12월에는 전월 대비 감소하였으므로 옳지 않은 설명이다.

ㄷ. 2023년 10월에 임시 일용근로일수가 가장 높은 산업은 금융 및 보험업으로 19.3일이며, 12월 임시 일용근로일수는 19.2일로, 10월 대비 0.1일 감소하였으므로 옳지 않은 설명이다.

29 자료 계산

정답 ①

2023년 20세 이상 인구 중 비흡연자는 70.8%이고, 2022년 20세 이상 인구 중 비흡연자는 64.9%이므로 70.8−64.9=5.9%p 증가했다.

30 자료 계산

정답 ①

2023년 동부지역 20세 이상 인구 1,500,000명 중 비흡연자는 70.7%이므로, 1,500,000명×0.707=1,060,500명이다. 그중 20.6%가 금연자이므로 2023년 동부지역 20세 이상 인구 중 금연자는 1,060,500명×0.206=218,463명이다.

제 5 회 최종점검 모의고사

01	02	03	04	05	06	07	08	09	10	11	12	13	14	15	16	17	18	19	20
③	③	④	③	④	⑤	③	④	②	④	③	④	④	③	①	⑤	⑤	②	③	③
21	22	23	24	25	26	27	28	29	30										
⑤	②	③	④	⑤	④	④	⑤	①	③										

01 의사 표현

정답 ③

상대방에게 잘못을 지적하며 질책을 해야 할 때는 '칭찬 – 질책 – 격려'의 순서인 샌드위치 화법으로 표현하는 것이 좋다. 즉, 칭찬을 먼저 한 다음 질책의 말을 하고, 끝에 격려의 말로 마무리한다면 상대방은 크게 반발하지 않고 질책을 받아들이게 될 것이다.

오답분석

① 상대방의 잘못을 지적할 때는 지금 당장의 잘못에만 한정해야 하며, 추궁하듯이 묻지 않아야 한다.
② 상대방의 말이 끝나기 전에 어떤 답을 할까 궁리하는 것은 좋지 않다.
④ 상대방을 설득해야 할 때는 일방적으로 강요하거나 상대방에게만 손해를 보라는 식으로 대화해서는 안 된다. 먼저 양보해서 이익을 공유하겠다는 의지를 보여주는 것이 좋다.
⑤ 상대방에게 명령을 해야 할 때는 강압적으로 말하기보다는 부드럽게 표현하는 것이 효과적이다.

02 의사 표현

정답 ③

인상적인 의사소통능력을 개발하기 위해서는 자주 사용하는 표현을 섞어 쓰지 않고 자신의 의견을 전달할 수 있는 것이 중요하다.

03 문단 나열

정답 ④

인구 감소시대에 돌입하였다는 문제를 제기하고 있는 (나)문단이 제일 먼저 와야 하며, 공공재원 확보와 확충의 어려움이라는 문제를 분석한 (라)문단이 다음에 오는 것이 자연스럽다. 그 다음으로 공공재원의 효율적 활용 방안이라는 문제해결 방법을 제시하고 있는 (가)문단이 이어져야 하고, 공공재원의 효율적 활용 등에 관한 논의가 필요하다는 향후과제를 던지는 (다)문단이 마지막에 오는 것이 매끄럽다.

04 빈칸 삽입

정답 ③

㉠의 앞에서는 평화로운 시대에는 시인의 존재가 문화의 비싼 장식으로 여겨질 수 있다고 하였으나, ㉠의 뒤에서는 조국이 비운에 빠졌거나 혼란에 놓였을 때는 시인이 민족의 예언가 또는 선구자가 될 수 있다고 하였다. 따라서 ㉠에는 역접의 의미인 '그러나'가 적절하다.

㉡의 앞에서는 과거에 탄압받던 폴란드 사람들이 시인을 예언자로 여겼던 사례를 제시하고 있으며, ㉡의 뒤에서는 또 다른 사례로 불행한 시절 이탈리아와 벨기에 사람들이 시인을 조국 그 자체로 여겼던 점을 제시하고 있다. 따라서 ㉡에는 '거기에다 더'라는 의미를 지닌 '또한'이 적절하다.

05 문단 나열

정답 ④

제시문은 여름에도 감기에 걸리는 이유와 예방 및 치료방법에 대해 설명하고 있다. 따라서 (마) 의외로 여름에도 감기에 걸림 → (가) 찬 음식과 과도한 냉방기 사용으로 체온이 떨어져 면역력이 약해짐 → (라) 감기 예방을 위해 찬 음식은 적당히 먹고 충분한 휴식을 취하고, 귀가 후 손발을 씻어야 함 → (나) 감기에 걸렸다면 수분을 충분히 섭취해야 함 → (다) 열이나 기침이 날 때에는 따뜻한 물을 여러 번 나눠 먹는 것이 좋음의 순서로 나열해야 한다.

06 창의적 사고

정답 ⑤

전략적 사고란 현재 당면하고 있는 문제와 그 해결방법에만 집착하지 않고, 그 문제와 해결방안이 상위 시스템과 어떻게 연결되어 있는지를 생각하는 것을 의미한다.

오답분석

① 분석적 사고 : 전체를 각각의 요소로 나누어 그 요소의 의미를 도출한 다음 우선순위를 부여하여 구체적인 문제해결방법을 실행하는 것을 의미한다.
② 발상의 전환 : 사물과 세상을 바라보는 기존의 인식 틀을 전환하여 새로운 관점에서 바라보는 것을 의미한다.
③ 내·외부자원의 활용 : 문제해결 시 기술, 재료, 방법, 사람 등 필요한 자원 확보 계획을 수립하고 내·외부자원을 효과적으로 활용하는 것을 의미한다.
④ 창의적 사고 : 당면한 문제를 해결하기 위해 이미 알고 있는 경험지식을 해체하여 새로운 아이디어를 다시 도출하는 것을 의미한다.

07 창의적 사고

정답 ③

탐색형 문제는 현재의 상황을 개선하거나 효율을 높이기 위한 문제로, 눈에 보이지 않지만 방치하면 뒤에 큰 손실이 따르거나 결국 해결할 수 없는 문제로 나타날 수 있다. 현재 상황은 문제가 되지 않지만, 생산성 향상을 통해 현재 상황을 개선하면 대외경쟁력과 성장률을 강화할 수 있으므로 ③은 탐색형 문제에 해당한다.

오답분석

①·④ 현재 직면하고 있으면서 바로 해결해야 하는 발생형 문제에 해당한다.
②·⑤ 앞으로 발생할 수 있는 설정형 문제에 해당한다.

08 명제 추론

정답 ④

의사의 왼쪽 자리에 앉은 사람이 검은색 원피스를 입었고 여자이므로, 의사가 여자인 경우와 남자인 경우로 나눌 수 있다.

• 의사가 여자인 경우

검은색 원피스를 입은 여자가 교사가 아닌 경우와 교사인 경우로 나눌 수 있다.

i) 검은색 원피스를 입은 여자가 교사가 아닌 경우 : 의사가 밤색 티셔츠를 입고, 반대편에 앉은 남자가 교사가 되며, 그 옆의 남자가 변호사이고 하얀색 니트를 입는다. 그러면 검은색 원피스를 입은 여자가 자영업자가 되어야 하는데, 5번째 조건에 따르면 자영업자는 남자이므로 주어진 조건에 어긋난다.

ii) 검은색 원피스를 입은 여자가 교사인 경우 : 건너편에 앉은 남자는 밤색 티셔츠를 입었고 자영업자이며, 그 옆의 남자는 변호사이고 하얀색 니트를 입는다. 이 경우 의사인 여자는 남성용인 파란색 재킷을 입어야 하므로 주어진 조건에 어긋난다.

• 의사가 남자인 경우

검은색 원피스를 입은 여자가 교사가 아닌 경우와 교사인 경우로 나눌 수 있다.

i) 검은색 원피스를 입은 여자가 교사가 아닌 경우 : 검은색 원피스를 입은 여자가 아닌 또 다른 여자가 교사이고, 그 옆에 앉은 남자는 자영업자이다. 이 경우 검은색 원피스를 입은 여자가 변호사가 되는데, 4번째 조건에 따르면 변호사는 하얀색 니트를 입어야 하므로 주어진 조건에 어긋난다.

ii) 검은색 원피스를 입은 여자가 교사인 경우 : 검은색 원피스를 입은 여자의 맞은편에 앉은 남자는 자영업자이고 밤색 니트를 입으며, 그 옆에 앉은 여자는 변호사이고 하얀색 니트를 입는다. 따라서 의사인 남자는 파란색 재킷을 입고, 모든 조건이 충족된다.

따라서 모든 조건을 충족할 때 의사는 파란색 재킷을 입는다.

09 SWOT 분석

정답 ②

ㄱ. 기술개발을 통해 연비를 개선하는 것은 막대한 R&D 역량이라는 강점으로 휘발유의 부족 및 가격의 급등이라는 위협을 회피하거나 최소화하는 전략에 해당하므로 적절하다.
ㄹ. 생산설비에 막대한 투자를 했기 때문에 차량모델 변경의 어려움이라는 약점이 있고, 레저용 차량 전반에 대한 수요 침체 및 다른 회사들과의 경쟁이 심화되고 있으므로 생산량 감축을 고려할 수 있다.
ㅁ. 생산 공장을 한 곳만 가지고 있다는 약점이 있지만 새로운 해외시장이 출현하고 있는 기회를 살려서 국내 다른 지역이나 해외에 공장들을 분산 설립할 수 있을 것이다.
ㅂ. 막대한 R&D 역량이라는 강점을 이용하여 휘발유의 부족 및 가격의 급등이라는 위협을 회피하거나 최소화하기 위해 경유용 레저 차량 생산을 고려할 수 있다.

오답분석

ㄴ. 소형 레저용 차량에 대한 수요 증대라는 기회 상황에서 대형 레저용 차량을 생산하는 것은 적절하지 않은 전략이다.
ㄷ. 차량모델 변경의 어려움이라는 약점을 보완하는 전략도 아니고, 소형 또는 저가형 레저용 차량에 대한 선호가 증가하는 기회에 대응하는 전략도 아니다. 또한, 차량 안전 기준의 강화와 같은 규제 강화는 기회 요인이 아니라 위협 요인이다.
ㅅ. 내수 확대에 집중하는 것은 새로운 해외시장의 출현과 같은 기회를 살리는 전략이 아니다.

PART 2

10 자료 해석

정답 ④

- A : 기본 점수 80점에 오탈자 33건이므로 5점 감점, 전체 글자 수 654자이므로 3점 추가, A등급 2개와 C등급 1개이므로 15점 추가하여 총 80−5+3+15=93점이다.
- B : 기본 점수 80점에 오탈자 7건이므로 0점 감점, 전체 글자 수 476자이므로 0점 추가, B등급 3개이므로 5점 추가하여 총 80+5=85점이다.
- C : 기본 점수 80점에 오탈자 28건이므로 4점 감점, 전체 글자 수 332자이므로 10점 감점, B등급 2개와 C등급 1개이므로 0점 추가하여 총 80−4−10=66점이다.
- D : 기본 점수 80점에 오탈자 25건이므로 4점 감점, 전체 글자 수가 572자이므로 0점 추가, A등급 3개이므로 25점 추가하여 총 80−4+25=101점이다.
- E : 기본 점수 80점에 오탈자 12건이므로 1점 감점, 전체 글자 수가 786자이므로 8점 추가, A등급 1개와 B등급 1개와 C등급 1개이므로 10점 추가하여 총 80−1+8+10=97점이다.

따라서 점수가 가장 높은 학생은 D이다.

11 비용 계산

정답 ③

항목별 예산 관리는 전년도 예산을 기준으로 하며 점진주의적인 특징이 있기 때문에 예산 증감의 신축성이 없다는 것이 단점이다.

12 품목 확정

정답 ④

적절한 수준의 여분은 사용 중인 물품의 파손 등 잠재적 위험에 즉시 대응할 수 있어 생산성을 향상시킬 수 있다.

오답분석

① 물품의 분실 사례에 해당한다. 물품의 분실은 훼손과 마찬가지로 물품을 다시 구입해야 하므로 경제적인 손실을 가져올 수 있다.
② 물품의 훼손 사례에 해당한다. 물품을 제대로 관리하지 못하여 새로 구입해야 한다면 경제적인 손실이 발생할 수 있다.
③ 분명한 목적 없이 물품을 구입한 사례에 해당한다. 분명한 목적 없이 물품을 구입할 경우 관리가 소홀해지면서 분실, 훼손의 위험이 커질 수 있다.
⑤ 보관 장소를 파악하지 못한 사례에 해당한다. 물품의 위치를 제대로 파악하지 못한다면, 물품을 찾는 시간이 지체되어 어려움을 겪을 수 있다.

13 비용 계산

정답 ④

- 일비 : 하루에 10만 원씩 지급 → 100,000×3=300,000원
- 숙박비 : 실비 지급 → B호텔 2박 → 250,000×2=500,000원
- 식비 : 8～9일까지는 3식이고 10일에는 점심 기내식을 제외하여 아침만 포함
  → (10,000×3)+(10,000×3)+(10,000×1)=70,000원
- 교통비 : 실비 지급 → 84,000+10,000+16,300+17,000+89,000=216,300원
- 합계 : 300,000+500,000+70,000+216,300=1,086,300원

따라서 A차장이 받을 수 있는 출장여비는 1,086,300원이다.

14 시간 계획

정답 ③

대화 내용을 살펴보면 S과장은 패스트푸드점, B대리는 화장실, C주임은 은행, A사원은 편의점을 이용한다. 이는 동시에 이루어지는 일이므로 가장 오래 걸리는 일의 시간만을 고려하면 된다. 은행이 30분으로 가장 오래 걸리므로 17:20에 모두 모이게 된다. 따라서 17:00, 17:15에 출발하는 버스는 이용하지 못하며, 17:30에 출발하는 버스는 잔여석이 부족하여 이용하지 못한다. 따라서 17:45에 출발하는 버스를 탈 수 있고, 가장 빠른 서울 도착 예정시각은 19:45이다.

15 품목 확정

정답 ①

제시된 조건에 따라 가중치를 적용한 각 후보 도서의 점수를 나타내면 다음과 같다.

(단위 : 점)

도서명	흥미도 점수	유익성 점수	1차 점수	2차 점수
재테크, 답은 있다	6×3=18	8×2=16	34	34
여행학개론	7×3=21	6×2=12	33	33+1=34
부장님의 서랍	6×3=18	7×2=14	32	–
IT혁명의 시작	5×3=15	8×2=16	31	–
경제정의론	4×3=12	5×2=10	22	–
건강제일주의	8×3=24	5×2=10	34	34

1차 점수가 높은 3권은 '재테크, 답은 있다', '여행학개론', '건강제일주의'이다. 이 중 '여행학개론'은 해외저자의 서적이므로 2차 선정에서 가점 1점을 받는다. 1차 선정된 도서 3권의 2차 점수가 34점으로 모두 동일하므로, 유익성 점수가 가장 낮은 '건강제일주의'가 탈락한다. 따라서 최종 선정될 도서는 '재테크, 답은 있다'와 '여행학개론'이다.

16 경영 전략

정답 ⑤

델파이 기법은 반복적인 설문 조사를 통해 의견 차이를 좁혀 합의를 도출하는 방식으로, 이를 순서대로 나열한 것은 ⑤이다.

17 경영 전략

정답 ⑤

문제에 대한 원인을 물어 근본 원인을 도출하는 5Why의 사고법으로 문제를 접근한다.

- 팀 내의 실적이 감소하고 있는 이유 : 고객과의 PB 서비스 계약 건수 감소
- 고객과의 PB 서비스 건수가 계약 감소한 이유 : 절대적인 고객 수 감소
- 절대적인 고객 수가 감소한 이유 : 미흡한 재무설계 제안서
- 재무설계가 미흡한 이유 : 은행 금융상품의 다양성 부족
- 금융상품의 다양성 부족 : 고객정보의 수집 부족

따라서 고객정보의 수집 부족이 근본적인 원인이다.

18 업무 종류

정답 ②

이사원에게 현재 가장 긴급한 업무는 미팅 장소를 변경해야 하는 것이다. 미리 안내했던 장소를 사용할 수 없으므로 11시에 사용 가능한 다른 회의실을 예약해야 한다. 그 후 바로 거래처 직원에게 미팅 장소가 변경된 점을 안내해야 하므로 ㉡이 ㉢보다 먼저 이루어져야 한다. 거래처 직원과의 11시 미팅 이후에는 오후 2시에 예정된 김팀장과의 면담이 이루어져야 한다. 김팀장과의 면담 시간은 미룰 수 없으므로 이미 예정되었던 시간에 맞춰 면담을 진행한 후 부서장이 요청한 문서 작업 업무를 처리하는 것이 적절하다. 따라서 이사원은 ㉡－㉢－㉠－㉣－㉤의 순서로 업무를 처리해야 한다.

19 경영 전략

정답 ③

OJT에 의한 교육방법의 4단계는 다음과 같다.

㉡ 제1단계 : 배울 준비를 시킨다.

㉢ 제2단계 : 작업을 설명한다.

㉠ 제3단계 : 시켜본다.

㉣ 제4단계 : 가르친 결과를 본다.

따라서 순서대로 바르게 나열한 것은 ㉡－㉢－㉠－㉣이다.

20 조직 구조

정답 ③

마케팅기획본부는 해외마케팅기획팀과 마케팅기획팀으로 구성된다고 했으므로 적절하지 않다.

오답분석

① · ② 마케팅본부의 마케팅기획팀과 해외사업본부의 해외마케팅기획팀을 통합해 마케팅기획본부가 신설된다고 했으므로 적절하다.

④ 해외사업본부의 해외사업 1팀과 해외사업 2팀을 해외영업팀으로 통합하고 마케팅본부로 이동한다고 했으므로 적절하다.

⑤ 구매 · 총무팀에서 구매팀과 총무팀이 분리되고 총무팀과 재경팀을 통합 후 재무팀이 신설된다고 했으므로 적절하다.

21 갈등 관리

정답 ⑤

사람 사이에서는 갈등이 없을 수 없다. 회피하는 것보다는 갈등 그대로를 마주하고 해결을 위해 노력해야 한다. 대부분의 갈등은 어느 정도의 시간이 지난 뒤 겉으로 드러나기 때문에 갈등이 인지되었다면 해결이 급한 상황일 가능성이 높다. 따라서 시간을 두고 지켜보는 것은 적절하지 못하다.

22 갈등 관리

정답 ②

3단계는 상대방의 입장을 파악하는 단계이다. 자기 생각을 말한 뒤 A씨의 견해를 물으며 상대방의 입장을 파악하려는 ②가 3단계에 해당하는 대화로 가장 적절하다.

23 팀워크

정답 ③

브레인스토밍은 일정한 테마에 관하여 회의 형식을 채택하고, 구성원의 자유 발언을 통한 아이디어의 제시를 요구하여 발상을 찾아내려는 방법을 말한다. 브레인스토밍에서는 어떠한 내용의 발언이라도 그에 대한 비판을 해서는 안 되며, 오히려 자유분방하고 엉뚱한 의견을 출발점으로 해서 아이디어를 전개시켜 나가도록 하고 있다.

24 협상 전략

정답 ④

ㄴ. Win-Lose 전략은 강압전략으로, 상호 간에 신뢰가 없고, 협상력의 우위에 있을 때 효과적인 전략이다.
ㄹ. 협력전략의 한 형태에 해당한다.

오답분석

ㄱ. 회피전략을 취하는 경우, 회피전략을 통한 압박에 실패하면 상대방도 협상에서 철수할 수 있다. 이러한 경우에 다른 방안이 필요하므로 회피전략을 위해서는 반드시 다른 대안이 있어야 한다.
ㄷ. 유화전략은 협상의 결과로 인한 이득보다 상대방과의 우호적 관계를 통해 협력관계를 이어가는 것을 중시하는 전략으로, 결과보다는 상대방과의 인간관계 유지를 선호하는 경우, 상대방과의 충돌을 피하고자 하는 경우, 자신의 이익보다는 상대방의 이익을 고려해야 하는 경우 등에 사용된다.

25 고객 서비스

정답 ⑤

아무리 사적인 통화가 아닌 업무 관련 전화라고 하더라도 전화를 받으면서 응대하면 응대받고 있는 고객 입장에서는 자신을 무시하고 있다는 생각에 불쾌할 수 있다. 고객을 응대하고 있지 않은 다른 행원에게 통화를 부탁하거나, 꼭 자신이 해야 하는 것이면 나중에 다시 걸 것을 약속하고 전화를 끊는 것이 적절한 고객 응대 태도이다.

26 자료 이해

정답 ④

서비스 품질 5가지 항목의 점수와 서비스 쇼핑 체험 점수를 비교해 보면, 모든 대형마트에서 서비스 쇼핑 체험 점수가 가장 낮다는 것을 확인할 수 있다. 따라서 서비스 쇼핑 체험 부문의 만족도는 서비스 품질 부문들보다 모두 낮으며, 이때 서비스 쇼핑 체험 점수의 평균은 $\frac{3.48+3.37+3.45+3.33}{4} \fallingdotseq 3.41$점이다.

오답분석

① 인터넷쇼핑과 모바일쇼핑 만족도의 차를 구해 보면 A마트는 0.07점, B마트와 C마트는 0.03점, D마트는 0.05점으로, A마트가 가장 크다.
② 단위를 살펴보면 5점 만점으로 조사되었음을 알 수 있으며, 종합만족도의 평균은 $\frac{3.72+3.53+3.64+3.56}{4} \fallingdotseq 3.61$점이다. 이때 업체별로는 A마트 → C마트 → D마트 → B마트 순서로 종합만족도가 낮아짐을 알 수 있다.
③ 평균적으로 고객접점직원 서비스보다는 고객관리 서비스가 더 낮게 평가되었다.
⑤ 모바일쇼핑 만족도는 평균 3.85점이며, 인터넷쇼핑은 평균 3.8점이다. 따라서 모바일쇼핑이 평균 0.05점 높게 평가되었다.

27 응용 수리

정답 ④

- 잘 익은 귤을 꺼낼 확률 : $1-\left(\frac{10}{100}+\frac{15}{100}\right)=\frac{75}{100}$
- 썩거나 안 익은 귤을 꺼낼 확률 : $\frac{10}{100}+\frac{15}{100}=\frac{25}{100}$

따라서 한 사람은 잘 익은 귤을, 다른 한 사람은 그렇지 않은 귤을 꺼낼 확률은 $2\times\frac{75}{100}\times\frac{25}{100}=37.5\%$이다.

28 자료 이해

정답 ⑤

제시된 문제에서 팀장의 요구조건은 1) 영유아 수가 많은 곳, 2) 향후 5년간 지속적인 수요 증가 두 가지이며, 두 조건을 모두 충족하는 지역을 선정해야 한다.

i) 주어진 자료에서 영유아 수를 구하면 다음과 같다.

※ (영유아 수)=(총인구수)×(영유아 비중)

- A지역 : 3,460,000×3%=103,800명
- B지역 : 2,470,000×5%=123,500명
- C지역 : 2,710,000×4%=108,400명
- D지역 : 1,090,000×11%=119,900명

따라서 B－D－C－A지역 순서로 영유아 수가 많은 것을 알 수 있다.

ii) 향후 5년간 영유아 변동률을 보았을 때 A지역은 1년 차와 3년 차에 감소하였고, B지역은 3～5년 차 동안 감소하는 것을 확인할 수 있다. 그러므로 지속적으로 수요가 증가하는 지역은 C지역, D지역이다. 두 지역 중 D지역은 현재 영유아 수가 C지역보다 많고, 향후 5년간 전년 대비 영유아 수 증가율이 3년 차에는 같으나 다른 연도에는 D지역이 C지역보다 크므로, D지역을 우선적으로 선정할 수 있다.

따라서 위의 조건을 모두 고려하였을 때, D지역이 유아용품 판매직영점을 설치하는 데 가장 적절한 지역이 된다.

오답분석

① B지역에 영유아 수가 가장 많은 것은 맞으나, 향후 5년 동안 영유아 변동률이 감소하는 추세를 보이므로 적절하지 않다.
② 향후 5년간 영유아 인구 증가율이 가장 높은 곳은 D지역이다.
③ 총인구수로 판단하는 것은 주어진 조건과 무관하므로 적절하지 않다.
④ 단순히 영유아 비율이 높다고 하여 영유아 수가 많은 것이 아니므로, 조건에 부합하지 않는다.

29 수열 규칙

정답 ①

n을 자연수라고 하면 n항과 $(n+1)$항의 역수를 곱한 값이 $(n+2)$항인 수열이다.

따라서 ($\quad$)$=\frac{9}{2}\times\frac{81}{20}=\frac{729}{40}$이다.

30 수열 규칙

정답 ③

[(앞의 항)+8]÷2=(다음 항)인 수열이다.

따라서 ($\quad$)=(9.25+8)÷2=8.625이다.

PART 2

성공한 사람은 대개 지난번 성취한 것보다 다소 높게,

그러나 과하지 않게 다음 목표를 세운다.

이렇게 꾸준히 자신의 포부를 키워간다.

– 커트 르윈 –

남에게 이기는 방법의 하나는 예의범절로 이기는 것이다.

– 조쉬 빌링스 –

성 명

지원 분야

문제지 형별기재란	
(　　)형	Ⓐ Ⓑ

수 험 번 호						
⓪	⓪	⓪	⓪	⓪	⓪	⓪
①	①	①	①	①	①	①
②	②	②	②	②	②	②
③	③	③	③	③	③	③
④	④	④	④	④	④	④
⑤	⑤	⑤	⑤	⑤	⑤	⑤
⑥	⑥	⑥	⑥	⑥	⑥	⑥
⑦	⑦	⑦	⑦	⑦	⑦	⑦
⑧	⑧	⑧	⑧	⑧	⑧	⑧
⑨	⑨	⑨	⑨	⑨	⑨	⑨

감독위원 확인
㊞ 인

한국산업안전보건공단 NCS 직업기초능력평가

1	①	②	③	④	⑤	16	①	②	③	④	⑤
2	①	②	③	④	⑤	17	①	②	③	④	⑤
3	①	②	③	④	⑤	18	①	②	③	④	⑤
4	①	②	③	④	⑤	19	①	②	③	④	⑤
5	①	②	③	④	⑤	20	①	②	③	④	⑤
6	①	②	③	④	⑤	21	①	②	③	④	⑤
7	①	②	③	④	⑤	22	①	②	③	④	⑤
8	①	②	③	④	⑤	23	①	②	③	④	⑤
9	①	②	③	④	⑤	24	①	②	③	④	⑤
10	①	②	③	④	⑤	25	①	②	③	④	⑤
11	①	②	③	④	⑤	26	①	②	③	④	⑤
12	①	②	③	④	⑤	27	①	②	③	④	⑤
13	①	②	③	④	⑤	28	①	②	③	④	⑤
14	①	②	③	④	⑤	29	①	②	③	④	⑤
15	①	②	③	④	⑤	30	①	②	③	④	⑤

※ 본 답안지는 마킹연습용 모의 답안지입니다.

〈절취선〉

성 명

지원 분야

문제지 형별기재란	
(　　　)형	Ⓐ Ⓑ

수 험 번 호						
⓪	⓪	⓪	⓪	⓪	⓪	⓪
①	①	①	①	①	①	①
②	②	②	②	②	②	②
③	③	③	③	③	③	③
④	④	④	④	④	④	④
⑤	⑤	⑤	⑤	⑤	⑤	⑤
⑥	⑥	⑥	⑥	⑥	⑥	⑥
⑦	⑦	⑦	⑦	⑦	⑦	⑦
⑧	⑧	⑧	⑧	⑧	⑧	⑧
⑨	⑨	⑨	⑨	⑨	⑨	⑨

감독위원 확인
(인)

한국산업안전보건공단 NCS 직업기초능력평가

1	①	②	③	④	⑤	16	①	②	③	④	⑤
2	①	②	③	④	⑤	17	①	②	③	④	⑤
3	①	②	③	④	⑤	18	①	②	③	④	⑤
4	①	②	③	④	⑤	19	①	②	③	④	⑤
5	①	②	③	④	⑤	20	①	②	③	④	⑤
6	①	②	③	④	⑤	21	①	②	③	④	⑤
7	①	②	③	④	⑤	22	①	②	③	④	⑤
8	①	②	③	④	⑤	23	①	②	③	④	⑤
9	①	②	③	④	⑤	24	①	②	③	④	⑤
10	①	②	③	④	⑤	25	①	②	③	④	⑤
11	①	②	③	④	⑤	26	①	②	③	④	⑤
12	①	②	③	④	⑤	27	①	②	③	④	⑤
13	①	②	③	④	⑤	28	①	②	③	④	⑤
14	①	②	③	④	⑤	29	①	②	③	④	⑤
15	①	②	③	④	⑤	30	①	②	③	④	⑤

※ 본 답안지는 마킹연습용 모의 답안지입니다.

한국산업안전보건공단 NCS 직업기초능력평가

성 명

지원 분야

문제지 형별기재란	
( )형	Ⓐ Ⓑ

수 험 번 호						
⓪	⓪	⓪	⓪	⓪	⓪	⓪
①	①	①	①	①	①	①
②	②	②	②	②	②	②
③	③	③	③	③	③	③
④	④	④	④	④	④	④
⑤	⑤	⑤	⑤	⑤	⑤	⑤
⑥	⑥	⑥	⑥	⑥	⑥	⑥
⑦	⑦	⑦	⑦	⑦	⑦	⑦
⑧	⑧	⑧	⑧	⑧	⑧	⑧
⑨	⑨	⑨	⑨	⑨	⑨	⑨

감독위원 확인
인

1	①	②	③	④	⑤	16	①	②	③	④	⑤
2	①	②	③	④	⑤	17	①	②	③	④	⑤
3	①	②	③	④	⑤	18	①	②	③	④	⑤
4	①	②	③	④	⑤	19	①	②	③	④	⑤
5	①	②	③	④	⑤	20	①	②	③	④	⑤
6	①	②	③	④	⑤	21	①	②	③	④	⑤
7	①	②	③	④	⑤	22	①	②	③	④	⑤
8	①	②	③	④	⑤	23	①	②	③	④	⑤
9	①	②	③	④	⑤	24	①	②	③	④	⑤
10	①	②	③	④	⑤	25	①	②	③	④	⑤
11	①	②	③	④	⑤	26	①	②	③	④	⑤
12	①	②	③	④	⑤	27	①	②	③	④	⑤
13	①	②	③	④	⑤	28	①	②	③	④	⑤
14	①	②	③	④	⑤	29	①	②	③	④	⑤
15	①	②	③	④	⑤	30	①	②	③	④	⑤

※ 본 답안지는 마킹연습용 모의 답안지입니다.

〈절취선〉

한국산업안전보건공단 NCS 직업기초능력평가

성 명

지원 분야

문제지 형별기재란	
(　　　)형	Ⓐ Ⓑ

수 험 번 호						
⓪	⓪	⓪	⓪	⓪	⓪	⓪
①	①	①	①	①	①	①
②	②	②	②	②	②	②
③	③	③	③	③	③	③
④	④	④	④	④	④	④
⑤	⑤	⑤	⑤	⑤	⑤	⑤
⑥	⑥	⑥	⑥	⑥	⑥	⑥
⑦	⑦	⑦	⑦	⑦	⑦	⑦
⑧	⑧	⑧	⑧	⑧	⑧	⑧
⑨	⑨	⑨	⑨	⑨	⑨	⑨

감독위원 확인
㉮인

1	①	②	③	④	⑤	16	①	②	③	④	⑤
2	①	②	③	④	⑤	17	①	②	③	④	⑤
3	①	②	③	④	⑤	18	①	②	③	④	⑤
4	①	②	③	④	⑤	19	①	②	③	④	⑤
5	①	②	③	④	⑤	20	①	②	③	④	⑤
6	①	②	③	④	⑤	21	①	②	③	④	⑤
7	①	②	③	④	⑤	22	①	②	③	④	⑤
8	①	②	③	④	⑤	23	①	②	③	④	⑤
9	①	②	③	④	⑤	24	①	②	③	④	⑤
10	①	②	③	④	⑤	25	①	②	③	④	⑤
11	①	②	③	④	⑤	26	①	②	③	④	⑤
12	①	②	③	④	⑤	27	①	②	③	④	⑤
13	①	②	③	④	⑤	28	①	②	③	④	⑤
14	①	②	③	④	⑤	29	①	②	③	④	⑤
15	①	②	③	④	⑤	30	①	②	③	④	⑤

※ 본 답안지는 마킹연습용 모의 답안지입니다.

한국산업안전보건공단 NCS 직업기초능력평가

성 명

지원 분야

문제지 형별기재란	
(　　　)형	Ⓐ Ⓑ

수 험 번 호						
⓪	⓪	⓪	⓪	⓪	⓪	⓪
①	①	①	①	①	①	①
②	②	②	②	②	②	②
③	③	③	③	③	③	③
④	④	④	④	④	④	④
⑤	⑤	⑤	⑤	⑤	⑤	⑤
⑥	⑥	⑥	⑥	⑥	⑥	⑥
⑦	⑦	⑦	⑦	⑦	⑦	⑦
⑧	⑧	⑧	⑧	⑧	⑧	⑧
⑨	⑨	⑨	⑨	⑨	⑨	⑨

감독위원 확인
㉧ 인

1	①	②	③	④	⑤	16	①	②	③	④	⑤
2	①	②	③	④	⑤	17	①	②	③	④	⑤
3	①	②	③	④	⑤	18	①	②	③	④	⑤
4	①	②	③	④	⑤	19	①	②	③	④	⑤
5	①	②	③	④	⑤	20	①	②	③	④	⑤
6	①	②	③	④	⑤	21	①	②	③	④	⑤
7	①	②	③	④	⑤	22	①	②	③	④	⑤
8	①	②	③	④	⑤	23	①	②	③	④	⑤
9	①	②	③	④	⑤	24	①	②	③	④	⑤
10	①	②	③	④	⑤	25	①	②	③	④	⑤
11	①	②	③	④	⑤	26	①	②	③	④	⑤
12	①	②	③	④	⑤	27	①	②	③	④	⑤
13	①	②	③	④	⑤	28	①	②	③	④	⑤
14	①	②	③	④	⑤	29	①	②	③	④	⑤
15	①	②	③	④	⑤	30	①	②	③	④	⑤

※ 본 답안지는 마킹연습용 모의 답안지입니다.

〈절취선〉

한국산업안전보건공단 NCS 직업기초능력평가

성 명

지원 분야

문제지 형별기재란	
(　　　)형	Ⓐ Ⓑ

수 험 번 호						
⓪	⓪	⓪	⓪	⓪	⓪	⓪
①	①	①	①	①	①	①
②	②	②	②	②	②	②
③	③	③	③	③	③	③
④	④	④	④	④	④	④
⑤	⑤	⑤	⑤	⑤	⑤	⑤
⑥	⑥	⑥	⑥	⑥	⑥	⑥
⑦	⑦	⑦	⑦	⑦	⑦	⑦
⑧	⑧	⑧	⑧	⑧	⑧	⑧
⑨	⑨	⑨	⑨	⑨	⑨	⑨

감독위원 확인
㉩

1	①	②	③	④	⑤	16	①	②	③	④	⑤
2	①	②	③	④	⑤	17	①	②	③	④	⑤
3	①	②	③	④	⑤	18	①	②	③	④	⑤
4	①	②	③	④	⑤	19	①	②	③	④	⑤
5	①	②	③	④	⑤	20	①	②	③	④	⑤
6	①	②	③	④	⑤	21	①	②	③	④	⑤
7	①	②	③	④	⑤	22	①	②	③	④	⑤
8	①	②	③	④	⑤	23	①	②	③	④	⑤
9	①	②	③	④	⑤	24	①	②	③	④	⑤
10	①	②	③	④	⑤	25	①	②	③	④	⑤
11	①	②	③	④	⑤	26	①	②	③	④	⑤
12	①	②	③	④	⑤	27	①	②	③	④	⑤
13	①	②	③	④	⑤	28	①	②	③	④	⑤
14	①	②	③	④	⑤	29	①	②	③	④	⑤
15	①	②	③	④	⑤	30	①	②	③	④	⑤

※ 본 답안지는 마킹연습용 모의 답안지입니다.

성 명

지원 분야

문제지 형별기재란	
(　　　)형	Ⓐ Ⓑ

수 험 번 호						
⓪	⓪	⓪	⓪	⓪	⓪	⓪
①	①	①	①	①	①	①
②	②	②	②	②	②	②
③	③	③	③	③	③	③
④	④	④	④	④	④	④
⑤	⑤	⑤	⑤	⑤	⑤	⑤
⑥	⑥	⑥	⑥	⑥	⑥	⑥
⑦	⑦	⑦	⑦	⑦	⑦	⑦
⑧	⑧	⑧	⑧	⑧	⑧	⑧
⑨	⑨	⑨	⑨	⑨	⑨	⑨

감독위원 확인
ⓘ인

한국산업안전보건공단 NCS 직업기초능력평가

1	①	②	③	④	⑤	16	①	②	③	④	⑤
2	①	②	③	④	⑤	17	①	②	③	④	⑤
3	①	②	③	④	⑤	18	①	②	③	④	⑤
4	①	②	③	④	⑤	19	①	②	③	④	⑤
5	①	②	③	④	⑤	20	①	②	③	④	⑤
6	①	②	③	④	⑤	21	①	②	③	④	⑤
7	①	②	③	④	⑤	22	①	②	③	④	⑤
8	①	②	③	④	⑤	23	①	②	③	④	⑤
9	①	②	③	④	⑤	24	①	②	③	④	⑤
10	①	②	③	④	⑤	25	①	②	③	④	⑤
11	①	②	③	④	⑤	26	①	②	③	④	⑤
12	①	②	③	④	⑤	27	①	②	③	④	⑤
13	①	②	③	④	⑤	28	①	②	③	④	⑤
14	①	②	③	④	⑤	29	①	②	③	④	⑤
15	①	②	③	④	⑤	30	①	②	③	④	⑤

※ 본 답안지는 마킹연습용 모의 답안지입니다.

〈절취선〉

성 명

지원 분야

문제지 형별기재란	
(　　　)형	Ⓐ Ⓑ

수 험 번 호						
⓪	⓪	⓪	⓪	⓪	⓪	⓪
①	①	①	①	①	①	①
②	②	②	②	②	②	②
③	③	③	③	③	③	③
④	④	④	④	④	④	④
⑤	⑤	⑤	⑤	⑤	⑤	⑤
⑥	⑥	⑥	⑥	⑥	⑥	⑥
⑦	⑦	⑦	⑦	⑦	⑦	⑦
⑧	⑧	⑧	⑧	⑧	⑧	⑧
⑨	⑨	⑨	⑨	⑨	⑨	⑨

감독위원 확인
㊞ 인

한국산업안전보건공단 NCS 직업기초능력평가

1	①	②	③	④	⑤	16	①	②	③	④	⑤
2	①	②	③	④	⑤	17	①	②	③	④	⑤
3	①	②	③	④	⑤	18	①	②	③	④	⑤
4	①	②	③	④	⑤	19	①	②	③	④	⑤
5	①	②	③	④	⑤	20	①	②	③	④	⑤
6	①	②	③	④	⑤	21	①	②	③	④	⑤
7	①	②	③	④	⑤	22	①	②	③	④	⑤
8	①	②	③	④	⑤	23	①	②	③	④	⑤
9	①	②	③	④	⑤	24	①	②	③	④	⑤
10	①	②	③	④	⑤	25	①	②	③	④	⑤
11	①	②	③	④	⑤	26	①	②	③	④	⑤
12	①	②	③	④	⑤	27	①	②	③	④	⑤
13	①	②	③	④	⑤	28	①	②	③	④	⑤
14	①	②	③	④	⑤	29	①	②	③	④	⑤
15	①	②	③	④	⑤	30	①	②	③	④	⑤

※ 본 답안지는 마킹연습용 모의 답안지입니다.

한국산업안전보건공단 NCS 직업기초능력평가

성 명

지원 분야

문제지 형별기재란	
(　　　)형	Ⓐ Ⓑ

수 험 번 호						
⓪	⓪	⓪	⓪	⓪	⓪	⓪
①	①	①	①	①	①	①
②	②	②	②	②	②	②
③	③	③	③	③	③	③
④	④	④	④	④	④	④
⑤	⑤	⑤	⑤	⑤	⑤	⑤
⑥	⑥	⑥	⑥	⑥	⑥	⑥
⑦	⑦	⑦	⑦	⑦	⑦	⑦
⑧	⑧	⑧	⑧	⑧	⑧	⑧
⑨	⑨	⑨	⑨	⑨	⑨	⑨

감독위원 확인
ⓘ인

1	①	②	③	④	⑤	16	①	②	③	④	⑤
2	①	②	③	④	⑤	17	①	②	③	④	⑤
3	①	②	③	④	⑤	18	①	②	③	④	⑤
4	①	②	③	④	⑤	19	①	②	③	④	⑤
5	①	②	③	④	⑤	20	①	②	③	④	⑤
6	①	②	③	④	⑤	21	①	②	③	④	⑤
7	①	②	③	④	⑤	22	①	②	③	④	⑤
8	①	②	③	④	⑤	23	①	②	③	④	⑤
9	①	②	③	④	⑤	24	①	②	③	④	⑤
10	①	②	③	④	⑤	25	①	②	③	④	⑤
11	①	②	③	④	⑤	26	①	②	③	④	⑤
12	①	②	③	④	⑤	27	①	②	③	④	⑤
13	①	②	③	④	⑤	28	①	②	③	④	⑤
14	①	②	③	④	⑤	29	①	②	③	④	⑤
15	①	②	③	④	⑤	30	①	②	③	④	⑤

※ 본 답안지는 마킹연습용 모의 답안지입니다.

〈절취선〉

한국산업안전보건공단 NCS 직업기초능력평가

성 명

지원 분야

문제지 형별기재란	
(　　　)형	Ⓐ Ⓑ

수 험 번 호						
⓪	⓪	⓪	⓪	⓪	⓪	⓪
①	①	①	①	①	①	①
②	②	②	②	②	②	②
③	③	③	③	③	③	③
④	④	④	④	④	④	④
⑤	⑤	⑤	⑤	⑤	⑤	⑤
⑥	⑥	⑥	⑥	⑥	⑥	⑥
⑦	⑦	⑦	⑦	⑦	⑦	⑦
⑧	⑧	⑧	⑧	⑧	⑧	⑧
⑨	⑨	⑨	⑨	⑨	⑨	⑨

감독위원 확인
㊞

1	①	②	③	④	⑤	16	①	②	③	④	⑤
2	①	②	③	④	⑤	17	①	②	③	④	⑤
3	①	②	③	④	⑤	18	①	②	③	④	⑤
4	①	②	③	④	⑤	19	①	②	③	④	⑤
5	①	②	③	④	⑤	20	①	②	③	④	⑤
6	①	②	③	④	⑤	21	①	②	③	④	⑤
7	①	②	③	④	⑤	22	①	②	③	④	⑤
8	①	②	③	④	⑤	23	①	②	③	④	⑤
9	①	②	③	④	⑤	24	①	②	③	④	⑤
10	①	②	③	④	⑤	25	①	②	③	④	⑤
11	①	②	③	④	⑤	26	①	②	③	④	⑤
12	①	②	③	④	⑤	27	①	②	③	④	⑤
13	①	②	③	④	⑤	28	①	②	③	④	⑤
14	①	②	③	④	⑤	29	①	②	③	④	⑤
15	①	②	③	④	⑤	30	①	②	③	④	⑤

※ 본 답안지는 마킹연습용 모의 답안지입니다.

2025 최신판 시대에듀 한국산업안전보건공단 NCS + 최종점검 모의고사 7회 + 무료NCS특강

개정10판2쇄 발행	2025년 07월 15일 (인쇄 2025년 07월 07일)
초 판 발 행	2014년 03월 20일 (인쇄 2014년 03월 06일)
발 행 인	박영일
책 임 편 집	이해욱
편 저	SDC(Sidae Data Center)
편 집 진 행	안희선
표지디자인	김도연
편집디자인	유가영 · 장성복
발 행 처	(주)시대고시기획
출 판 등 록	제 10-1521호
주 소	서울시 마포구 큰우물로 75 [도화동 538 성지 B/D] 9F
전 화	1600-3600
팩 스	02-701-8823
홈 페 이 지	www.sdedu.co.kr

I S B N	979-11-383-8270-0 (13320)
정 가	25,000원

한국산업 안전보건공단

NCS+최종점검 모의고사 7회

최신 출제경향 전면 반영

NEXT STEP
시대에듀가 합격을 준비하는
당신에게 제안합니다.
성공의 기회
시대에듀를 잡으십시오.
시대에듀
기회란 포착되어 활용되기 전에는 기회인지조차 알 수 없는 것이다.
– 마크 트웨인 –